编委会主要成员

（按姓氏笔画排序）

方忠进　朱节中　刘　生　李振宏
杨　轩　陈　遥　姜青山

"十二五"江苏省高等学校重点教材（编号：2014-2-046）

计算机文化基础

耿焕同　主编

科学出版社

北　京

内 容 简 介

本书以教育部考试中心最新制定的《全国计算机等级考试一级 MS Office考试大纲（2013年版）》和《全国计算机等级考试二级公共基础知识考试大纲（2013年版）》为依据，兼顾文、理科通用的编写原则，注重知识性、应用性和技能性的有机结合，对计算机文化基础涉及的核心知识点进行系统讲解。全书共分八章，内容主要包括：计算机基础知识、计算机网络与Internet应用、计算机组成与操作系统、文字处理软件Word 2010、电子表格软件Excel 2010、演示文稿PowerPoint 2010、程序设计基础与基本数据结构、数据库系统与软件工程基础，各章均配有习题。

本书可作为普通高校计算机文化基础公共课的教材，文理专业均适用。同时，本书也可以作为备考计算机等级（一、二级）考试的专用书，计算机培训学校的培训教材以及计算机爱好者的自学参考书。

图书在版编目(CIP)数据

计算机文化基础/耿焕同主编．—北京：科学出版社，2014.6
ISBN 978-7-03-040845-7

Ⅰ.①计… Ⅱ.①耿… Ⅲ.①电子计算机-高等学校-教材 Ⅳ.①TP3
中国版本图书馆CIP数据核字（2014）第116693号

责任编辑：伍宏发 刘婷婷/责任校对：郑金红
责任印制：师艳茹/封面设计：许 瑞

科学出版社 出版
北京东黄城根北街16号
邮政编码：100717
http://www.sciencep.com

新科印刷有限公司 印刷

科学出版社发行 各地新华书店经销
*
2015年7月第 一 版　开本：787×1092 1/16
2020年8月第九次印刷　印张：24 3/4
字数：585 000

定价：49.00元
（如有印装质量问题，我社负责调换）

前　　言

随着科学技术的飞速发展，信息技术的日新月异，尤其是数字地球不断建设和计算机的大量普及，计算机应用以其特有的渗透力和易用性，已经深入到人类社会活动的各个领域，对社会进步和经济发展产生了巨大影响。因此，计算机文化基础知识已成为当今大学生不可或缺的重要知识，计算机操作应用能力更是成为当今大学生必备的一项基本技能。

随着计算机软、硬件的不断推陈出新，以培养应用技能型人才为己任的独立学院则更迫切需要主动吸收信息技术最新的发展成果，并及时更新学校的计算机文化课程的教学内容。目前市场上符合教育部考试中心最新制定的一、二级等级考试要求的教材并不多。因此编写组根据教育部考试中心最新制定的《全国计算机等级考试一级 MS Office 考试大纲（2013 年版）》和《全国计算机等级考试二级公共基础知识考试大纲（2013 年版）》的具体要求，以及文、理科学生都适用的建设目标，依托编者多年从事计算机文化基础教学工作积累的经验和教学心得，做到科学设计教程、巧妙组织内容和精心编写。

本书在内容上循序渐进、理论联系实践、从入门到掌握，共分为三大篇：第一篇为软件技术基础（一级）篇，主要介绍计算机基础知识、计算机网络与 Internet 应用、计算机组成与操作系统、Windows 7 基本操作等国家一级等级考试内容；第二篇为微软 Office 2010 操作篇，主要介绍微软 Office 2010 组件中应用最为广泛且重要的 Word 2010、Excel 2010 和 PowerPoint 2010 三个组件的功能和操作；第三篇为计算机软件技术基础（二级）篇，主要介绍程序设计基础、基本数据结构、数据库系统以及软件工程基础等国家二级等级考试内容。

本书的主要特色和创新之处有：

1）理念新颖。围绕现代大学生应用技能型人才的培养目标，精心选择内容和科学编排组织，力求学生能快速地、系统地掌握计算机文化基础知识和相关操作。

2）科学组织。针对信息技术实践能力的培养特点，兼顾全国最新一、二级等级考试大纲的要求，采用先理论后实践的学习方法，变抽象为具体的学习策略，增强学习的目的性，合理组织知识点。

3）文理适用。从等级考试备考级别来分，全书分为两大部分。第一部分是全国计算机等级一级考试要求以及文科专业需掌握的计算机文化基础知识，涉及教材的第一、二篇内容；第二部分是全国计算机等级二级考试中要求理工科专业应掌握的计算机软件技术基础内容，属第三篇内容。

4）注重能力。围绕能力培养，注重从易于读者学习的角度出发，以实例和易接受的直观方式来阐述枯燥的理论知识及相关操作。目的是提高计算机文化素养，切实做到培养能力。

本教材由南京信息工程大学滨江学院耿焕同教授、博士生导师主持并负责全书的统稿和主审工作。其中，杨轩、刘生、姜青山、陈遥、方忠进、朱节中和李振宏老师依次负责编写了第一章至第六章和第八章；耿焕同老师负责编写了第七章和附录。

本书的编写得到江苏省"青蓝工程"资助项目（2012）和南京信息工程大学滨江学院三期教改课题（No.2014JC03）的资助，也得到诸多专家和领导的有力支持与指导，在此表示衷心的感谢。

限于编者水平有限，书中难免有错误和不足之处，恳请专家和广大读者批评指正。

作　者

2014 年 3 月

目 录

前言

第一篇 软件技术基础（一级）

第一章 计算机基础知识 ... 3
- 1.1 计算机概述 ... 3
  - 1.1.1 计算机的发展 ... 3
  - 1.1.2 计算机特点与分类 ... 5
  - 1.1.3 计算机的应用 ... 7
  - 1.1.4 未来计算机的发展趋势 ... 9
- 1.2 数据的处理 ... 10
  - 1.2.1 数据与信息 ... 11
  - 1.2.2 进位计数制及其转换 ... 11
  - 1.2.3 数值型数据的表示与存储 ... 16
  - 1.2.4 非数值型数据的表示与存储 ... 19
- 1.3 多媒体技术 ... 22
  - 1.3.1 多媒体与多媒体技术 ... 22
  - 1.3.2 多媒体信息的计算机表示 ... 24
  - 1.3.3 多媒体数据压缩技术 ... 30
- 1.4 计算机病毒及预防 ... 33
  - 1.4.1 计算机病毒的特征和分类 ... 34
  - 1.4.2 计算机病毒的预防 ... 36
- 1.5 小结 ... 36
- 1.6 习题 ... 37

第二章 计算机网络与 Internet 应用 ... 38
- 2.1 计算机网络基本概念 ... 38
  - 2.1.1 计算机网络的定义与发展 ... 38
  - 2.1.2 计算机网络的组成与分类 ... 39
  - 2.1.3 网络拓扑结构 ... 41
  - 2.1.4 网络硬件与软件 ... 45
  - 2.1.5 计算机网络的体系结构 ... 53
  - 2.1.6 IP 地址 ... 56
  - 2.1.7 网络安全 ... 58

2.2 Internet 概念与原理 ··· 62
2.2.1 Internet 概念 ··· 62
2.2.2 Internet 中的客户机/服务器体系结构 ··· 63
2.2.3 接入 Internet ··· 63
2.2.4 下一代 Internet ··· 65
2.3 简单的 Internet 应用 ··· 67
2.3.1 网页浏览 ··· 67
2.3.2 信息搜索 ··· 69
2.3.3 FTP 传输文件 ··· 70
2.3.4 电子邮件 ··· 70
2.3.5 流媒体 ··· 77
2.4 小结 ··· 77
2.5 习题 ··· 78

第三章 计算机组成与操作系统 ··· 79
3.1 计算机硬件系统 ··· 80
3.1.1 计算机硬件组成 ··· 80
3.1.2 计算机工作原理 ··· 86
3.1.3 主要性能指标 ··· 86
3.2 计算机软件系统 ··· 87
3.2.1 软件概念 ··· 87
3.2.2 软件系统及其组成 ··· 87
3.3 操作系统 ··· 87
3.3.1 操作系统的概念 ··· 87
3.3.2 操作系统的功能 ··· 88
3.3.3 操作系统的分类 ··· 89
3.4 Windows 7 操作系统 ··· 90
3.4.1 Windows 7 介绍 ··· 90
3.4.2 Windows 7 的基本知识 ··· 91
3.5 Windows 7 的基本操作 ··· 94
3.5.1 Windows 7 的启动 ··· 94
3.5.2 Windows 7 的退出 ··· 94
3.5.3 Windows 7 的注销 ··· 94
3.5.4 Windows 7 的桌面 ··· 95
3.5.5 设置桌面背景 ··· 95
3.5.6 设置屏幕分辨率 ··· 95
3.5.7 任务栏的基本操作 ··· 96
3.5.8 "开始"菜单的基本操作 ··· 98
3.5.9 Windows 7 的窗口、对话框和菜单的操作 ··· 99

3.6 Windows 常见操作 ……………………………………………………… 102
　　3.6.1 基本概念 …………………………………………………………… 103
　　3.6.2 创建、选定文件和文件夹 ………………………………………… 105
　　3.6.3 重命名文件和文件夹 ……………………………………………… 105
　　3.6.4 复制、移动文件和文件夹 ………………………………………… 105
　　3.6.5 删除、恢复文件和文件夹 ………………………………………… 106
　　3.6.6 文件属性和文件夹选项 …………………………………………… 107
　　3.6.7 查找文件和文件夹 ………………………………………………… 109
　　3.6.8 创建快捷方式 ……………………………………………………… 109
　　3.6.9 程序的运行 ………………………………………………………… 110
　　3.6.10 程序的安装/卸载 ………………………………………………… 111
　　3.6.11 任务管理器 ………………………………………………………… 111
　　3.6.12 磁盘的管理和维护 ………………………………………………… 112
　　3.6.13 控制面板 …………………………………………………………… 115
　　3.6.14 附件 ………………………………………………………………… 118
3.7 小结 ……………………………………………………………………… 120
3.8 习题 ……………………………………………………………………… 120

第二篇　微软 Office 2010 操作

第四章　文字处理软件 Word 2010 ………………………………………… 123
4.1 Word 2010 概述 ………………………………………………………… 123
　　4.1.1 Word 2010 介绍 …………………………………………………… 123
　　4.1.2 Word 2010 窗口及其组成 ………………………………………… 123
　　4.1.3 启动与退出 ………………………………………………………… 128
4.2 Word 2010 的基本操作 ………………………………………………… 129
　　4.2.1 创建文档 …………………………………………………………… 129
　　4.2.2 打开文档 …………………………………………………………… 129
　　4.2.3 保存文档 …………………………………………………………… 131
　　4.2.4 文档保护 …………………………………………………………… 132
　　4.2.5 打印文档 …………………………………………………………… 134
　　4.2.6 基本文本编辑操作 ………………………………………………… 134
　　4.2.7 多窗口编辑方法 …………………………………………………… 138
4.3 Word 2010 的排版技术 ………………………………………………… 139
　　4.3.1 字体设置 …………………………………………………………… 139
　　4.3.2 段落设置 …………………………………………………………… 143
　　4.3.3 版面设置 …………………………………………………………… 147
　　4.3.4 文档打印 …………………………………………………………… 152

4.4 Word 2010 的表格制作 ·· 153
　4.4.1 表格创建 ··· 153
　4.4.2 表格修饰 ··· 154
　4.4.3 表格的数据编辑 ··· 160
　4.4.4 表格的数据排序和计算 ··· 160
4.5 Word 2010 的图文混排 ·· 161
　4.5.1 插入图片 ··· 162
　4.5.2 绘制图形 ··· 163
　4.5.3 文本框使用 ··· 166
　4.5.4 艺术字使用 ··· 167
4.6 小结 ·· 167
4.7 习题 ·· 167

第五章 电子表格软件 Excel 2010 ··· 170
5.1 Excel 2010 概述 ·· 170
　5.1.1 Excel 2010 介绍 ·· 170
　5.1.2 Excel 2010 窗口及其组成 ·· 175
　5.1.3 启动与退出 ··· 176
5.2 Excel 2010 的基本操作 ·· 177
　5.2.1 工作簿与工作表 ··· 177
　5.2.2 创建工作簿与工作表 ··· 178
　5.2.3 操作工作表和单元格 ··· 180
　5.2.4 数据输入 ··· 185
　5.2.5 保存工作簿 ··· 186
5.3 工作表格式化 ·· 187
　5.3.1 设置单元格格式 ··· 187
　5.3.2 设置列宽和行高 ··· 189
　5.3.3 设置条件格式 ··· 189
　5.3.4 使用样式和套用表格格式 ··· 191
5.4 公式与函数的使用 ·· 191
　5.4.1 单元格地址 ··· 191
　5.4.2 使用公式 ··· 192
　5.4.3 使用函数 ··· 194
5.5 图表 ·· 199
　5.5.1 图表的基本概念 ··· 199
　5.5.2 创建图表 ··· 201
　5.5.3 编辑图表 ··· 203
5.6 数据统计与分析 ·· 205
　5.6.1 排序数据 ··· 205

5.6.2　筛选数据 ………………………………………………………… 206
　　　5.6.3　数据分类汇总 …………………………………………………… 207
　　　5.6.4　合并计算 ………………………………………………………… 207
　　　5.6.5　建立数据透视表 ………………………………………………… 209
　5.7　工作表的打印和超链接 ………………………………………………… 212
　　　5.7.1　页面布局和视图 ………………………………………………… 212
　　　5.7.2　打印预览和打印 ………………………………………………… 213
　5.8　保护数据 ………………………………………………………………… 214
　　　5.8.1　保护工作簿和工作表 …………………………………………… 214
　　　5.8.2　隐藏工作表 ……………………………………………………… 214
　5.9　小结 ……………………………………………………………………… 215
　5.10　习题 …………………………………………………………………… 215

第六章　演示文稿 PowerPoint 2010 ……………………………………… 217
　6.1　PowerPoint 2010 概述 …………………………………………………… 217
　　　6.1.1　PowerPoint 2010 介绍 …………………………………………… 217
　　　6.1.2　PowerPoint 2010 窗口及其组成 ………………………………… 220
　　　6.1.3　启动与退出 ……………………………………………………… 221
　6.2　PowerPoint 2010 的基本操作 …………………………………………… 224
　　　6.2.1　创建与打开演示文稿 …………………………………………… 224
　　　6.2.2　编辑幻灯片 ……………………………………………………… 226
　　　6.2.3　增加幻灯片 ……………………………………………………… 228
　　　6.2.4　删除幻灯片 ……………………………………………………… 232
　　　6.2.5　保存演示文稿 …………………………………………………… 232
　　　6.2.6　打包演示文稿 …………………………………………………… 234
　　　6.2.7　打印演示文稿 …………………………………………………… 236
　6.3　PowerPoint 2010 视图 …………………………………………………… 238
　6.4　PowerPoint 2010 的基本制作 …………………………………………… 242
　　　6.4.1　插入文本 ………………………………………………………… 242
　　　6.4.2　插入图片 ………………………………………………………… 244
　　　6.4.3　插入艺术字 ……………………………………………………… 245
　　　6.4.4　插入形状 ………………………………………………………… 245
　　　6.4.5　插入表格 ………………………………………………………… 249
　　　6.4.6　插入 SmartArt 图表 ……………………………………………… 249
　　　6.4.7　添加视频和音频 ………………………………………………… 253
　6.5　PowerPoint 2010 的外观修饰 …………………………………………… 254
　　　6.5.1　选用主题 ………………………………………………………… 254
　　　6.5.2　设置幻灯片背景 ………………………………………………… 255
　6.6　PowerPoint 2010 的放映设计 …………………………………………… 259

6.6.1 放映演示文稿 ·········· 259
6.6.2 为幻灯片中的对象设置动画效果 ·········· 263
6.6.3 幻灯片的切换效果设计 ·········· 268
6.6.4 幻灯片放映方式设置 ·········· 269
6.7 小结 ·········· 270
6.8 习题 ·········· 271

第三篇 软件技术基础（二级）

第七章 程序设计基础与基本数据结构 ·········· 275
  7.1 程序设计基础 ·········· 275
    7.1.1 程序设计方法学与风格 ·········· 275
    7.1.2 结构化程序设计 ·········· 278
    7.1.3 面向对象的程序设计 ·········· 282
  7.2 基本数据结构 ·········· 286
    7.2.1 算法与数据结构 ·········· 286
    7.2.2 基本线性数据结构 ·········· 298
    7.2.3 基本非线性数据结构 ·········· 308
    7.2.4 基本数据结构的应用 ·········· 314
  7.3 小结 ·········· 329
  7.4 习题 ·········· 330

第八章 数据库系统与软件工程基础 ·········· 331
  8.1 数据库系统基础 ·········· 331
    8.1.1 数据库系统概述 ·········· 331
    8.1.2 数据模型 ·········· 336
    8.1.3 关系代数 ·········· 340
    8.1.4 数据库设计与管理 ·········· 344
  8.2 软件工程基础 ·········· 346
    8.2.1 软件工程的概述 ·········· 346
    8.2.2 结构化分析方法 ·········· 350
    8.2.3 结构化设计方法 ·········· 357
    8.2.4 软件测试 ·········· 368
  8.3 小结 ·········· 375
  8.4 习题 ·········· 375

参考文献 ·········· 377
附录 A 标准 ASCII 码表 ·········· 378
附录 B 全国计算机等级考试一级 MS Office 考试大纲（2013 年版） ·········· 379
附录 C 全国计算机等级考试二级公共基础知识考试大纲（2013 年版） ·········· 382

第一篇 软件技术基础（一级）

第一章 计算机基础知识

计算机是 20 世纪最重要的科学技术发明之一，对人类的生产和社会活动产生了极其重要的影响，并以强大的生命力飞速发展。它的应用领域从最初的军事科研领域扩展到社会的各个方面，已经形成了规模巨大的计算机产业，并带动了全球范围内的科技进步。计算机已经融入人们的生活中，从工作单位到普通家庭，再到人们的衣兜中，它已经成为信息社会中必不可少的工具。本章将介绍与计算机相关的基础知识以及计算机中信息的表示方式等方面的内容。

1.1 计算机概述

计算机（computer），俗称电脑，是一种可以高速完成数值运算和逻辑运算的电子设备，并具有存储和记忆功能。计算机能够按照事先存储在设备中的程序运行，自动、高速处理海量数据。

一般来说，信息处理可以分成五个基本过程：信息获取（采集）、信息存储、信息处理、信息传输和信息表示。借助于计算机这个高速电子信息处理工具，可以快速、高效地完成信息处理上述五个过程。

1.1.1 计算机的发展

计算工具的演化经历了由简单到复杂、从低级到高级的不同阶段，例如从"结绳记事"中的绳结到算筹、算盘、计算尺、机械计算机等。它们在不同的历史时期发挥了各自的作用，同时也启发了人们研制和设计电子计算机。

1946 年 2 月 14 日，由美国军方研制的世界上公认的第一台电子计算机"电子数字积分计算机"（Electronic Numerical Integrator and Computer，简称 ENIAC 或埃尼阿克）在美国宾夕法尼亚大学问世，如图 1-1 所示。ENIAC 为美国陆军的弹道研究实验室（BRL）所使用，用于计算火炮的火力表。这台计算机使用了大约 17468 支电子管，占地面积约 170m^2，重达 30t，功耗 150kW，运算速度为每秒 5000 次的加法运算。ENIAC 的问世具有划时代的意义，表明了电子计算机时代的到来。

自 ENIAC 诞生以来，以电子计算机所采用的逻辑元件为依据，可以将计算机的发展过程分为以下四个阶段。

第 1 代：电子管数字机（1946～1958 年）

硬件方面，逻辑元件采用的是真空电子管，主存储器采用汞延迟线、阴极射线示波管静电存储器、磁鼓、磁芯，而外存储器采用的是磁带。软件方面，计算机的程序编写主要采用的是机器语言、汇编语言。其应用领域以军事和科学计算为主。

图 1-1　世界上第一台公认的电子计算机 ENIAC

第 1 代计算机体积大，功耗高，可靠性差，速度慢（一般为每秒数千次至数万次），价格昂贵，但为以后的电子计算机发展奠定了基础。

第 2 代：晶体管数字机（1958～1964 年）

硬件方面，逻辑元件采用的是晶体管，这使计算机的体积大大地缩小了。软件方面，开始出现了早期的操作系统、高级语言及其编译程序。其应用领域以科学计算和事务处理为主，并开始进入工业控制领域。

第 2 代计算机体积缩小，能耗降低，可靠性提高，运算速度提高（一般为每秒数十万次，可高达三百万次），其性能比第 1 代计算机有了很大的提高。

第 3 代：集成电路数字机（1964～1971 年）

硬件方面，逻辑元件采用中、小规模集成电路（MSI、SSI），主存储器仍采用磁芯。软件方面出现了分时操作系统以及结构化、规模化程序设计方法。其应用领域开始进入文字处理和图形图像处理领域。

第 3 代计算机速度更快（一般为每秒数百万次至数千万次），而且可靠性有了显著提高，价格进一步下降，产品走向了通用化、系列化和标准化。

第 4 代：大规模集成电路机（1971 年至今）

1971 年世界上第一台微处理器在美国硅谷诞生，开创了微型计算机的新时代。硬件方面，逻辑元件采用大规模和超大规模集成电路（LSI 和 VLSI）。软件方面出现了数据库管理系统、网络管理系统和面向对象语言等。应用领域从科学计算、事务管理、过程控制逐步扩展到社会的各行各业。

由于集成技术的发展，半导体芯片的集成度更高，每块芯片可容纳数万乃至数百万个晶体管，可以把运算器和控制器都集成到一个芯片上，进而出现了微处理器，从而可以用微处理器和大规模、超大规模集成电路组装成微型计算机，就是我们常说的微电脑或 PC 机。微型计算机体积小，价格便宜，使用方便，但它的功能和运算速度已经达到甚至超过了过去的大型计算机。另一方面，利用大规模、超大规模集成电路制造的各种逻辑芯片，已经制成了体积并不很大但运算速度可达一亿甚至几十亿次的巨型计算机。

1.1.2 计算机特点与分类

1. 计算机的特点

1）运算速度快

计算机的内部电路可以高速准确地完成各种算术运算。当今计算机系统的运算速度已达到每秒万亿次，微机也可达每秒亿次以上，使大量复杂的科学计算问题得以解决。例如：卫星轨道的计算、大型水坝的计算、24 小时天气预报运算等，这些问题用计算机只需几分钟即可完成。

2）计算精确度高

科学技术的发展特别是尖端科学技术的发展，需要高度精确的计算。计算机控制的导弹之所以能准确地击中预定目标，与计算机的精确计算分不开。一般计算机可以有十几位甚至几十位（二进制）有效数字，计算精度可由千分之几到百万分之几，是其他计算工具望尘莫及的。

3）逻辑运算能力强

计算机不仅能进行精确计算，而且具有逻辑运算功能，能对信息进行比较和判断。计算机能把参加运算的数据、程序以及中间结果和最后结果保存起来，并能根据判断的结果自动执行下一条指令。

4）存储容量大

计算机内部的存储器具有记忆特性，可以存储大量的信息。这些信息不仅包括各类数据信息，还包括加工这些数据的程序。

5）自动化程度高

由于计算机具有存储记忆能力和逻辑判断能力，所以人们可以将预先编写好的程序组纳入计算机内存。在程序控制下，计算机可以连续、自动地工作，不需要人工干预。

2. 计算机的分类

随着计算机及相关技术的迅速发展，带动计算机类型也不断分化，形成了各种不同种类的计算机。按照计算机的结构原理可分为模拟计算机、数字计算机和混合式计算机。按计算机用途可分为专用计算机和通用计算机。较为普遍的分类方法是按照计算机的运算速度、字长、存储容量等综合性能指标，分为巨型机、大型机、中型机、小型机、微型机。

随着技术的进步，各种型号的计算机性能指标都在不断地改进和提高，以至于过去一台大型机的性能可能还比不上今天一台微型计算机。按照巨、大、中、小、微的标准来划分计算机的类型也有其时代的局限性，因此计算机的类别划分很难有一个精确的标准。可以根据计算机的综合性能指标，结合计算机应用领域的分布将其分为如下五大类。

1) 高性能计算机

高性能计算机也就是俗称的超级计算机，或者以前所说的巨型机。目前国际上对高性能计算机的最权威的评测是世界计算机排名（即 Top 500），通过测评的计算机是目前世界上运算速度和处理能力均堪称一流的计算机。我国生产的曙光5000A、深腾7000、天河一号、天河二号都进入了排行榜（国际 Top 500 组织2013年公布了最新全球超级计算机500强排行榜榜单，中国国防科学技术大学研制的"天河二号"以每秒33.86千万亿次的浮点运算速度，成为全球最快的超级计算机。这是继2010年11月"天河一号"首次夺冠之后，中国超级计算机再夺世界第一），这标志着我国高性能计算机的研究和发展取得了可喜的成绩。中国已成为继美国、日本之后第三个进入世界前十位的高性能计算机应用的国家。

2) 微型计算机

大规模集成电路及超大规模集成电路的发展是微型计算机得以产生的前提。通过集成电路技术将计算机的核心部件运算器和控制器集成在一块大规模或超大规模集成电路芯片上，统称为中央处理器（Center Processing Unit，CPU）。中央处理器是微型计算机的核心部件，是微型计算机的心脏。目前微型计算机已广泛应用于办公、学习、娱乐等社会生活的方方面面，是发展最快、应用最为普及的计算机。我们日常使用的台式计算机、笔记本计算机、掌上型计算机等都属于微型计算机。

3) 工作站

工作站是一种高档的微型计算机，通常配有高分辨率的大屏幕显示器及容量很大的内存储器和外部存储器，主要面向专业应用领域，具备强大的数据运算与图形、图像处理能力。工作站主要是为满足工程设计、动画制作、科学研究、软件开发、金融管理、信息服务、模拟仿真等专业领域而设计开发的同性能微型计算机。

需要指出的是，这里所说的工作站不同于计算机网络系统中的工作站概念，计算机网络系统中的工作站仅是网络中的任何一台普通微型机或终端，只是网络中的任一用户节点。

4）服务器

服务器是指在网络环境下为网上多个用户提供共享信息资源和各种服务的一种高性能计算机，在服务器上需要安装网络操作系统、网络协议和各种网络服务软件。服务器主要为网络用户提供文件、数据库、应用及通信方面的服务。

5）嵌入式计算机

嵌入式计算机是指嵌入对象体系中，实现对象体系智能化控制的专用计算机系统。嵌入式计算机系统是以应用为中心，以计算机技术为基础，并且软、硬件可裁剪，适用于应用系统，对功能、可靠性、成本、体积、功耗有严格要求的专用计算机系统。它一般由嵌入式微处理器、外围硬件设备、嵌入式操作系统以及用户的应用程序等四个部分组成，用于实现对其他设备的控制、监视或管理等功能。例如，我们日常生活中使用的所谓"智能化"的电冰箱、全自动洗衣机、空调、电饭煲、数码产品等都采用了嵌入式计算机技术。

1.1.3 计算机的应用

起初，体积庞大而价格昂贵的数字计算机主要是用作科学计算，特别是军工领域。随着计算机的不断发展，特别是对计算机体积与成本的控制，计算机的应用领域开始向各行各业延伸。20世纪80年代，个人计算机全面流行，电子文档写作与印刷、表格计算等工作越来越多地开始依赖计算机。随着计算机越来越便宜，创作性的艺术工作也开始使用它们。人们利用合成器、计算机图形和动画来创作和修改声音、图像和视频。视频游戏的产业化说明了计算机在娱乐方面开创了新的历史。现在，计算机的领域非常广泛，很难全部列举出来，下面介绍一些比较典型的计算机应用。

1. 科学计算

科学计算又称数值计算，是计算机最早的应用领域，指利用计算机来完成科学研究和工程技术中提出的数值计算问题。在现代科学技术工作中，科学计算的任务是大量的和复杂的。利用计算机的运算速度高、存储容量大和连续运算的能力，可以解决人工无法完成的各种科学计算问题。科学计算仍然是计算机应用的一个重要领域，如：高能物理、工程设计、地震预测、气象预报、航天技术等。由于计算机具有高运算速度和精度以及逻辑判断能力，因此出现了计算力学、计算物理、计算化学、生物控制论等新的学科。

2. 信息管理

信息管理又称信息处理，是以数据库管理系统为基础，辅助管理者提高决策水平，改善运营策略的计算机技术。信息处理具体包括数据的采集、存储、加工、分类、排序、检索和发布等一系列工作。信息处理已成为当代计算机的主要任务，是现代化管理的基础。据统计，80%以上的计算机主要应用于信息管理，这已成为计算机应用的主导方向。信息管理已广泛应用于办公自动化、企事业计算机辅助管理与决策、情报检索、图书馆里、电影电视动画设计、会计电算化等领域。

3. 过程控制

过程控制是利用计算机实时采集数据、分析数据，按最优值迅速地对控制对象进行自动调节或自动控制。采用计算机进行过程控制，不仅可以大大提高控制的自动化水平，而且可以提高控制的时效性和准确性，从而改善劳动条件、提高产量及合格率。因此，计算机过程控制已在机械、冶金、石油、化工、电力等部门得到广泛的应用。

4. 辅助技术

计算机辅助技术包括计算机辅助设计（computer aided design，CAD）、计算机辅助制造（computer aided manufacturing，CAM）和计算机辅助教学（computer aided instruction，CAI）等。

1）计算机辅助设计

计算机辅助设计是利用计算机系统辅助设计人员进行工程或产品设计，以实现最佳设计效果的一种技术。CAD技术已应用于飞机设计、船舶设计、建筑设计、机械设计、大规模集成电路设计等。采用计算机辅助设计，可缩短设计时间，提高工作效率，节省人力、物力和财力，更重要的是提高了设计质量。

2）计算机辅助制造

计算机辅助制造是利用计算机系统进行产品的加工控制过程，输入的信息是零件的工艺路线和工程内容，输出的信息是刀具的运动轨迹。将CAD和CAM技术集成，可以实现设计产品生产的自动化，这种技术被称为计算机集成制造系统。有些国家已把计算机辅助设计CAD和计算机辅助制造CAM、计算机辅助测试（computer aided test）及计算机辅助工程（computer aided engineering）组成一个集成系统，使设计、制造、测试和管理有机地组成为一体，形成高度的自动化系统，因此产生了自动化生产线和"无人工厂"。

3）计算机辅助教学

计算机辅助教学是利用计算机系统进行课堂教学。教学课件可以用PowerPoint或Flash等制作。CAI不仅能减轻教师的负担，还能使教学内容生动、形象逼真，能够动态演示实验原理或操作过程，激发学生的学习兴趣，提高教学质量，为培养现代化高质量人才提供了更为有效的方法。

5. 人工智能

人工智能（artificial intelligence，AI）是研究、开发用于模拟、延伸和扩展人的智能的理论、方法、技术及应用系统的一门新的技术科学。人工智能是计算机科学的一个分支，它企图了解智能的实质，并生产出一种新的能以人类智能相似的方式作出反应的智能机器，该领域的研究包括机器人、语言识别、图像识别、自然语言处理和专家系统等。利用人工智能可以将人类已经掌握的知识通过计算机来完成那些以前需要由人的智能才能完成的工作。人工智能的研究人员也希望可以让计算机在完成智能任务的同时产生新的知识，帮助提高人们对现实世界的认知能力。

6. 电子商务

电子商务（electronic commerce）通常是指是在全球各地广泛的商业贸易活动中，在Internet开放的网络环境下，买卖双方互不谋面地进行各种商贸活动，实现消费者的网上购物、商户之间的网上交易和在线电子支付以及各种商务活动、交易活动、金融活动和相关的综合服务活动的一种新型的商业运营模式。电子商务是利用计算机技术和网络通信技术进行的商务活动。随着电子商务的高速发展，它已不仅仅包括购物的主要内涵，还应包括物流配送等附带服务。

电子商务极大地改变了人们完成商务活动的方式，使得商务活动可以在任何时间、任务地点完成。随着人们对于Internet认识和理解的不断加深，除了将传统的商务活动融入到Internet中之外，还发掘了前所未有的伴随着Internet而生的新的商业模式和商务活动形式。这些都是所谓的新经济、数字经济、网络经济的重要组成部分，对未来社会经济活动的规律、人类生活的方式都产生了巨大的影响。

7. 数字娱乐

数字娱乐是指动漫、卡通、网络游戏等基于数字技术的娱乐产品。数字娱乐涉及移动内容、互联网、游戏、动画、影音、数字出版和数字化教育培训等多个领域，数字娱乐产业以强力的发展支持了新经济，在新兴的文化产业价值链中，数字娱乐产业是创造性最强，对高科技的依存度最高，对日常生活渗透最直接，对相关产业带动最广、增长最快、发展潜力最大的部分。

1.1.4　未来计算机的发展趋势

随着科技的进步，各种计算机技术、网络技术的飞速发展，计算机的发展已经进入了一个快速而又崭新的时代，计算机已经从功能单一、体积较大发展到了功能复杂、体积微小、资源网络化等。当今世界的科技发展速度越来越快，计算机未来的发展充满了变数。但是，从对于计算机的基本要求来说，计算机运算能力的大幅度提高是毋庸置疑的，不过性能的大幅提升并不是计算机发展的唯一路线，计算机的发展还应当针对计算机应用领域的扩展变得更加人性化，能够更加方便地使人利用计算机解决现实问题。从总体上来看，未来的计算机将向着巨型化、微型化、网络化、智能化和多媒体化等方向发展。

1. 巨型化

巨型化是指为了适应尖端科学技术的需要，发展高速度、大存储容量和功能强大的超级计算机。随着人们对计算机的依赖性越来越强，特别是在军事和科研教育方面对计算机的存储空间和运行速度等要求会越来越高，此外计算机的功能更加多元化。

2. 微型化

随着微型处理器的出现，计算机开始采用微型处理器，使计算机体积缩小了、成本降低了。另一方面，软件行业的飞速发展提高了计算机内部操作系统的便捷度，计算机外部设备也趋于完善。计算机理论和技术上的不断完善促使微型计算机很快渗透到社会的各个行业和部门中，并成为人们生活、工作和学习的必需品。计算机的体积不断地缩小，台式电脑、笔记本电脑、掌上电脑、平板电脑体积逐步微型化，从而为人们提供更为便捷的服务。因此，未来计算机仍会不断趋于微型化，体积将越来越小。

3. 网络化

计算机网络的出现是自计算诞生以来，在计算机领域中的又一次巨大的飞跃。计算机网络，特别是Internet将世界各地的计算机连接在一起，人类社会从此进入了网络时代。计算机的网络化彻底地改变了当今世界，人们可以方便地通过Internet进行沟通、交流，资源共享、信息检索，特别是无线网络的出现，极大地提高了人们使用网络的便捷性。计算机网络的出现也为提高计算机系统的性能及可靠性提供了新的思路。

4. 智能化

计算机被形象地称为电脑，计算机领域内的专家在计算机发展的早期就已经对利用计算机模拟人类大脑的思维能力展开了研究。现代计算机具有强大的功能和运行速度，但与人脑相比，其智能化和逻辑能力仍有待提高。人类不断在探索如何让计算机更好地反映人类思维，使计算机能够具有人类的逻辑思维和判断能力，可以通过思考与人类沟通交流，抛弃以往的依靠通过编码程序来运行计算机的方法，直接对计算机发出指令。计算机智能化是未来发展的必然趋势。

5. 多媒体化

早期计算机处理的信息主要是字符和数字。事实上，人们更习惯的是图片、文字、声音、图像等多种形式的多媒体信息。多媒体技术可以集图形、图像、音频、视频、文字为一体，使信息处理的对象和内容更加接近真实世界，也更加方便普通人使用计算机完成各类应用。

1.2 数据的处理

计算机是用来处理信息的电子工具，而数据是信息的载体，计算机对于信息的处理最终都要转换为对各种类型数据的处理。数据的种类很多，在了解计算机是如何对于数据进行处理之前，首先需要了解数据在计算机中是如何表示和存储的。

1.2.1 数据与信息

数据与信息是数据处理最基本的两个概念，这两个概念既有联系又有区别。在理解计算机处理信息的过程中，必须首先分清这两个概念。

信息是关于现实世界事物的存在方式或运动状态的反映的综合，具体说是一种被加工为特定形式的数据，但这种数据形式对接收者来说是有意义的，而且对当前和将来的决策具有明显的或实际的价值。比如，"2013年12月5日凌晨6点，南京市最低气温为5℃"这句话就是一段信息，对于这个信息的接收者来说是有意义的，可以根据这个信息作出相关决策（比如：早上出门时，是否要添加衣物）。

一般来说，信息的具有以下三个特征。

（1）信息源于物质和能量，它不可能脱离物质而存在。

（2）信息是可以感知的，人类对客观事物的感知可以通过感觉器官，也可以通过各种仪器、仪表和传感器等，不同的信息源有不同的感知形式。

（3）信息是可存储、加工、传递和再生的。

数据则是用来记录信息的可识别的符号，是信息的具体表现形式。比如，上例中的"2013"、"12"、"5"都是数据，这些符号可以用来表现信息。可用多种不同的数据形式表示同一信息，而信息不随数据形式的不同而改变。

数据是信息的符号表示或载体，信息则是数据的内涵，是对数据的语义解释。在上例中出现了两次"5"这个数据，分别被赋予了日期和气温这两个语义，就成为了信息。

数据处理是将数据转换成信息的过程，包括对数据的收集、存储、加工、检索、传输等一系列活动。其目的是从大量的原始数据中抽取和推导出有价值的信息，作为决策的依据。可用下式简单地表示信息、数据与数据处理的关系：

$$信息 = 数据 + 数据处理$$

数据是原料，是输入；而信息是产出，是输出结果。"数据处理"的真正含义应该是为了产生信息而处理数据。

数据的概念在数据处理领域中已大大地拓宽了，其表现形式不仅包括数字和文字，还包括图形、图像、声音等。这些数据可以记录在纸上，也可记录在计算机的存储设备中。随着计算机技术的不断发展，计算机可以处理的数据量已经非常大。为了有组织地、高效地处理大量的数据，数据库技术被引入了信息处理中。本书将在第八章详细介绍数据库技术。

1.2.2 进位计数制及其转换

在计算机的数据处理过程中，最基本的数据就是"数"，计算机也只能对"二进制数"进行运算。如何表示数，特别是如何在计算机中表示数，是首要解决的问题。

数是一个用做计数、标记或用做度量的抽象概念，是比较同质或同属性事物的等级的简单符号记录形式（或称度量）。每一个数都有值，或称为数值。

数制，或称为记数系统或记数法，是使用一组数字符号来表示数的体系。一个理想的记数系统应该满足以下三点：①有效地描述一组数；②所有的数对应唯一的表示；③反映数的代数和算术结构。

日常生活中是常用的数制是十进制，但计算机中使用的是二进制，为了读写方便，还采用了八进制、十六进制等。在计算机中所有信息都必须以二进制形式进行编码。

1. 各种进位计数制及其表示法

1) 十进制计数的特点

日常生活中人们已习惯于"逢十进一"的十进制计数，它的特点是：

（1）用 10 个符号表示数。常用 0、1、2、3、4、5、6、7、8、9 符号，这些符号叫做"数码"。

（2）十进制数 4024 中的两个 4 表示不同的值，可写成多项式的形式：
$$4\times10^3+0\times10^2+2\times10^1+4\times10^0$$

上式中的 10^3，10^2，10^1，10^0 分别是千位、百位、十位、个位。这种"个、十、百、千……"在数学上称为"权"。

（3）十进制有 0～9 共 10 个数码，数码的个数称为"基数"。十进制的基数是 10。

当计数时每一位计到十就往前进一位，也就是"逢十进一"。所以，基数就是两相邻数码中高位的权与低位的权之比。

（4）任意一个十进制数 N 可表示为

$$N = \pm [a_{n-1}\times10^{n-1}+\cdots+a_1\times10^1++a_0\times10^0+a_{-1}\times10^{-1}+\cdots+a_{-m}\times10^{-m}]$$
$$= \pm \sum a_i \times 10^i$$

上式是一个多项式。式中的 m、n 是幂指数，均为正整数；a_i 称为系数，可以是 0～9 十个数码符号中的任意一个，由具体的数决定，10 是基数。

对上面公式进行推广，对于任意进位计数制，若基数用 R 表示，则任意数 N 可表示为

$$N = \pm [a_{n-1}\times R^{n-1}+\cdots+a_1\times R^1+a_0\times R^0+a_{-1}\times R^{-1}+\cdots+a_{-m}\times R^{-m}]$$
$$= \pm \sum a_i \times R^i$$

上式中的 m、n 是幂指数，a_i 则为各个"权"上的"数码"0，1，…，（R－1）中的任意一个，R 是"基数"。

2) 其他进位计数制

基于上述的介绍，则对于用二进制、八进制和十六进制表示的数，有如下的表示形式。

(1) 对于二进制，数 N 可表示为

$$N = \pm [a_{n-1} \times 2^{n-1} + \cdots + a_1 \times 2^1 + a_0 \times 2^0 + a_{-1} \times 2^{-1} + \cdots + a_{-m} \times 2^{-m}]$$
$$= \pm \sum a_i \times 2^i$$

基数是 2，而数码符号只有 0 和 1 两个，进位为"逢二进一"。

(2) 对于八进制，数 N 可表示为

$$N = \pm [a_{n-1} \times 8^{n-1} + a_{n-2} \times 8^{n-2} + \cdots + a_0 \times 8^0 + a_{-1} \times 8^{-1} + \cdots + a_{-m} \times 8^{-m}]$$
$$= \pm \sum a_i \times 8^i$$

基数是 8，可用 8 个数码符号：0、1、2、3、4、5、6、7，进位为"逢八进一"。

(3) 对于十六进制，数 N 可表示为

$$N = \pm [a_{n-1} \times 16^{n-1} + \cdots + a_1 \times 16^1 + a_0 \times 16^0 + a_{-1} \times 16^{-1} + \cdots + a_{-m} \times 16^{-m}]$$
$$= \pm \sum a_i \times 16^i$$

基数是 16，可用 16 个数码符号：0、1、2、3、4、5、6、7、8、9、A、B、C、D、E、F，进位为"逢十六进一"。由于十六进制数需要 16 个符号来表示数码，所以除了阿拉伯数字 0～9 之外，还使用了英文字母 A～F 来表示数码。在十六进制中，A～F 所表示数值分别对应于十进制数的 10～15。

书写时为了区别数制，通常有以下两种方法来表示不同的数据。

(1) 在数的右下角注明数制。如 $(1011)_2$、$(32)_8$、$(7B)_{16}$ 的下标表示它们的进制。

(2) 在数字后面加字母来区别。字母 B（binary）表示二进制数，字母 O（octal）表示八进制数，字母 D（decimal）或不加字母表示十进制数，字母 H（hexadecimal）表示十六进制数。如：1011B 表示的是二进制数，127H 表示的是十六进制数。

2. 二进制数的特点

计算机为什么要采用二进制呢？

(1) 二进制数只有 0 和 1 这两个状态，在物理上两个状态的电路较易于实现。例如：电位的高低、脉冲的有无、指示灯的亮暗、磁性方向的正反等，都可以用 1、0 表示。这种对立的两种状态区别鲜明，容易识别。

(2) 二进制的运算规则简单。对于每一位来说，每种运算只有四种规则。

(3) 二进制信息的存储和传输可靠。两个状态很容易识别和区分，所以工作可靠。

(4) 二进制节省设备。从数学上推导，采用 $R = e \approx 2.7$ 进位数制实现时最节省设备，据此，采用三进制是最省设备的，其次是二进制。

(5) 二进制可以用逻辑代数作为逻辑分析与设计的工具。逻辑代数是研究一个命题真与假的数学工具，因此可以把二进制"0"和"1"作为真和假来看待。

当然，二进制数也有它的缺点。第一个缺点是人们不熟悉、不易理解，人们熟悉的是十进制。第二个缺点是书写起来长，读起来不方便，为解决这个问题，在计算机中表示数也常常采用八进制和十六进制。

3. 各种进制之间的转换

当两个有理数相等时，其整数部分和小数部分一定分别相等，这是不同进制数之间转换的依据。

不同数制之间的转换也可以理解为：数制是表示数的方法，数本身的真值是不变的，只是用不同进制的数值表示时，其表示的形式不同而已。就如同对于"苹果"来说，用中文表示为"苹果"，而用英文则表示为"apple"，而 apple 就是苹果，只是用不同的语言表示而已。从这个角度上说，不同进制数之间的转换与不同语言间的翻译是类似的。

1）十进制整数转换二进制整数

十进制整数转换二进制整数，采用连续除 2 记录余数，将所得到的余数按逆序取出的方法，也可称之为"除二倒取余"。设 N 为要转换的十进制整数，当它已经转换成 n 位二进制时。

N 写出下列等式：

$N = a_{n-1} \times 2^{n-1} + a_{n-2} \times 2^{n-2} + \cdots + a_1 \times 2^1 + a_0 \times 2^0$

把等式两边都除以 2，得到

$N/2 = \{a_{n-1} \times 2^{n-2} + a_{n-2} \times 2^{n-3} + \cdots + a_1 \times 2^0\} + a_0$

显然上式中大括号内是商 Q_1，余数正是我们要求的二进制数的最低位 a_0，然后把商 Q_1 除以 2，得到

$Q_1/2 = \{a_{n-1} \times 2^{n-3} + a_{n-2} \times 2^{n-4} + \cdots + a_2 \times 2^0\} + a_1$

这次得到的余数是二进制数的次低位 a_1。按此步骤，一直进行到商数为 0 为止。

【例 1-1】 把十进制的 43 转换为二进制数。

```
       43  →  21  →  10  →   5  →   2  →   1  →   0
       ÷2  ↓  ÷2  ↓  ÷2  ↓  ÷2  ↓  ÷2  ↓  ÷2  ↓
余数：   1      1      0      1      0      1
        a₀     a₁     a₂     a₃     a₄     a₅
        ←─────────────────────────────────────
                        逆序取出
```

$(43)_{10} = (101011)_2$

2）十进制小数转换二进制小数

十进制小数转换二进制小数采用连续乘 2，记录其乘积中的整数，将所得到的整数部分顺序取出的方法，也可称之为"乘二顺取整"。设 N 是一个十进制小数，它对应的二进制数共有 m 位，则

$N = a_{-1} \times 2^{-1} + a_{-2} \times 2^{-2} + \cdots + a_{-m+1} \times 2^{-m+1} + a_{-m} \times 2^{-m}$

把等式两边都乘以 2，得到

$2N = a_{-1} + \{a_{-2} \times 2^{-1} + \cdots + a_{-m} \times 2^{-m+1}\}$

显然上式中大括号内是小数部分 F_1，整数部分正是我们要求的二进制数的最高位 a_{-1}，依次类推，就逐次得到 a_{-1}、a_{-2}、a_{-3}、a_{-4}、a_{-5}……的值，这就是所求的二进制小数。

【例 1-2】 把十进制的 0.6875 转换为二进制数。

```
0.6875  →  0.375  →  0.75  →  0.5  →  0
 ×2     ↓   ×2    ↓   ×2   ↓   ×2  ↓
```

余数：　　1　　　　　0　　　　1　　　1
　　　　a_{-1}　　　a_{-2}　　　a_{-3}　　a_{-4}
　　　　——————————————————→
　　　　　　　　　　顺序取出

$(0.6875)_{10} = (0.1011)_2$

值得注意的是：在十进制小数转换成二进制小数时，整个计算过程可能无限制地进行下去（即积的小数部分始终不为 0），此时可根据需要取若干位作为近似值，必要时对舍去部分采用类似十进制四舍五入的零舍一入的规则。

3）十进制混合小数转换二进制数

混合小数由整数和纯小数复合而成。转换时将整数部分和纯小数部分分别按上述进行转换，然后再将它们组合起来即可。

$(43.6875)_{10} = (101011.1011)_2$

4）二进制数转换十进制数

只要将被转换的数按式展开，并计算出结果即可。

$(111011.101)_2 = 1\times 2^5 + 1\times 2^4 + 1\times 2^3 + 0\times 2^2 + 1\times 2^1 + 1\times 2^0 + 1\times 2^{-1}$
$\qquad\qquad\qquad + 0\times 2^{-2} + 1\times 2^{-3} = (59.625)_{10}$

5）二进制数与八进制数之间的转换

三位二进制数恰有八种组合（000,001,…,111）。可以从小数点开始向左和右分别把整数和小数部分每三位分成一组。然后用一个等值的八进制数代换每一组的三位二进制数，不足补 0。八进制数转换成二进制数的方法与之相反，把一位八进制数转换成所对应的三位二进制数，然后去掉不需要的 0。

【例 1-3】 将二进制数 1101001.0100111，转换成八进制数。
将它从小数点开始分别向左和向右分为三位一组：
001　101　001.　010　011　100
 1　　5　　1.　　2　　3　　4
$(1101001.0100111)_2 = (151.234)_8$

【例 1-4】 将八进制数 71.54，转换成二进制数。
 7　　1.　　5　　4
111　001.　101　100
$(71.54)^8 = (111001.1011)_2$

6）二进制数与十六进制数之间的转换

四位二进制数恰有十六种组合（0000,0001,…,1111）。可以从小数点开始向左和右分别把整数和小数部分每四位分成一组。然后用一个等值的十六进制数代换每一组的四位二进制数，不足补 0。十六进制数转换成二进制数的方法与之相反，把一位十六进制数转换成所对应的四位二进制数，然后去掉不需要的 0。

【例 1-5】 将二进制数 1101001.0100111，转换成十六进制数。

将它从小数点开始分别向左和向右分为四位一组：

0110　1001.　0100　1110
　6　　9.　　4　　E

$(1101001.0100111)_2 = (69.4E)_{16}$

【例 1-6】 将十六进制数 B2.C，转换成二进制数。

　B　　2.　　C
1011　0010.　1100

$(B2.C)_{16} = (10110010.11)_2$

表 1-1 为不同进制数之间的对照表。

表 1-1　不同进制数之间的对照表

十进制	二进制	八进制	十六进制
0	0	0	0
1	1	1	1
2	10	2	2
3	11	3	3
4	100	4	4
5	101	5	5
6	110	6	6
7	111	7	7
8	1000	10	8
9	1001	11	9
10	1010	12	A
11	1011	13	B
12	1100	14	C
13	1101	15	D
14	1110	16	E
15	1111	17	F

1.2.3　数值型数据的表示与存储

前面已经介绍了用二进制表示数的方法，计算机只能处理二进制数。不过，二进制数在存储到计算机中时并不是直接将二进制数保存到计算机的存储设备中。计算机在表示数值时，也有一定的要求和规范。在介绍数值型数据在计算机中的表示之前，首先介绍一下计算机中的数据存储单位。

1. 计算机数据存储单位

在信息学领域中，一个二进制的数位被称为一个比特（bit），比如10101B，这个二进制数所表示的信息为5bit。在计算机中存储器的基本单位是字节（byte），一个字节包含8个比特（bit），即1byte=8bits。所以，保存在计算机中的二进制数需要用8位或8的倍数位（16位、24位等）来表示。比如：二进制数10101B，保存在计算机中时，除了其数值部分10101外，还要补三个0来凑齐8位，也就是一个字节，才能保存在计算机的存储器中。即保存在计算机的存储器中的二进制数为00010101B。

在字节之上还有若干个存储单位，它们相邻之间单位的转换关系一般为2^{10}，也就是1024。下面列举出常见的几个存储单位，以及它们之间的转换关系。

1KB=1024B，1MB=1024KB，1GB=1024MB，1TB=1024GB，……

在表示计算机存储的容量时，通常会使用以上的存储单位，比如：计算机的内存容量为8GB，硬盘的容量为1TB等。

2. 计算机中数的表示

首先，在计算机中数的符号也用二进制数码表示，通常将最高位作为符号位，正数的符号位为0，负数的符号位为1。比如：用1个字节存储十进制数-43，在计算机中的表示为二进制数1 0101011，其中最高位为1，表示这是个负数，后7位来表示这个数的值，如果不够7位则用0来补全。我们把这种用符号位进行了"符号化"的数称为机器数，而没有用符号位进行"符号化"的数称为数的"真值"。机器数一般是固定长度的（一般为8的倍数，因为计算机的基本存储单位是字节），数的位不够时应当补足。

1）整数的表示

（1）原码。

原码是一种简单的机器数表示法。它规定正数的符号用"0"表示，负数的符号用"1"表示，数值部分即为该数的本身。

例如：

X=+100101，其原码表示为 [X]$_原$=00100101。

X=-100101，其原码表示为 [X]$_原$=10100101。

机器数用原码表示简单易懂，易于真值转换；但进行加减运算比较复杂。这是因为，原码实际上只是把数的符号"符号化"了，其运算方法与手算类似。例如要作x+y的运算，首先要判别符号，若x、y同号，则相加；若x、y异号，就要判别两数绝对值的大小，然后将绝对值大的数减去绝对值小的数。显然，这种运算方法不仅增加运算时间，而且使设备也复杂了，而机器数的补码表示法可避免上述缺陷。

（2）反码。

反码也是一种机器数的表示法。正数的反码与原码是一样的，而负数的反码则是符号位不变，数值部分将1变为0，0变为1。如：

X=+1101010　　　　[X]反=0 1101010
Y=-1101010　　　　[Y]反=1 0010101

(3) 补码。

补码表示法的指导思想：把负数转化为正数，使减法变成加法，从而使正负数的加减运算转化单纯的正数相加运算。有符号整数在计算机都是以补码的形式保存的。

求补码比较复杂，这里介绍一种简单的转换方法：

如果 X≥0 时，这个数的补码与原码相同；

如果 X<0 时，这个数补码符号位（最高位）不变，仍然为 1，其他各位求反码，然后在最低位加 1。所谓反码就是将 1 变为 0，0 变为 1。如：

X=-0100101，则有

[X]原=1 0100101

[X]反=1 1011010

[X]补=1 1011010+1=1 1011011

【例 1-7】　求 43D 与-43D 的 8 位原码、反码与补码。

X=43D，其真值为 101011B，这个二进制数的机器数的原码为 [X]原=00101011，由于正数的原码、反码与补码是一样的，所以 [X]原 = [X]反 = [X]补=00101011。

X=-43D，其真值为-101011B，这个二进制数的机器数的原码为 [X]原=10101011，[X]反=11010100，[X]补=11010101。

表 1-2 给出了一些整数在计算机中的原码、反码与补码的表示形式。

表 1-2　整数在计算机中的表示

数值	原码	反码	补码
+0	00000000	00000000	00000000
-0	10000000	11111111	00000000
+1	00000001	00000001	00000001
-1	10000001	11111110	11111111
-15	10001111	11110000	11110001
-127	11111111	10000000	10000001
-128	无	无	10000000

2）浮点数表示

在计算机中，有小数点的数或者说实数，通常是以浮点数的形式保存在计算机中的。

任意一个二进制小数总可以表示为纯小数和一个 2 的整数次幂的乘积。例如，二进制数 N 可写成

$$N=\pm S\times 2^P$$

其中，S 称为 N 的尾数；P 称为 N 的阶码；2 称为阶码的底（基数）。尾数 S 表示了 N 的全部有效数字，阶码 P 指明了小数点的位置。此处 P、S 都是用二进制表示的数。如

果阶码可以取任意的数值，并与尾数一并表示，称这种表示法为数的浮点表示法，这样的数称为浮点数（图1-2）。比如：

N=1010.11B=0.101011B×2^{100B}

这个二进制实数的尾数为0.101011B，阶码为100B。

在计算机中保存浮点数时，阶码P用整数表示，可为正数或负数。用一位二进制数P_f表示阶码的符号位，当P_f=0时，表示阶码为正数；当P_f=1时，表示阶码为负数。而尾数S一般为纯小数，同样用S_f表示尾数的符号，S_f=0表示尾数为正数（也就是N为正数）；S_f=1表示尾数为负数（也就是N为负数）。

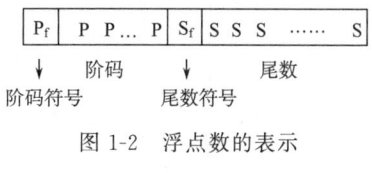

图1-2 浮点数的表示

可见，在计算机中表示一个浮点数，要分为阶码和尾数两个部分来表示。一般来说，阶码部分的位数决定了数的表示范围，而尾数部分的位数决定了数的精度。

1.2.4 非数值型数据的表示与存储

计算机在本质上只能处理二进制数所表示的数值类型的数据，然而现在计算机能够处理的数据是十分丰富的，包括文字、图形、图像、音频、视频等。这些非数值类型的数据必须经过相关的处理过程，把它们转换成二进制数才能由计算机进行处理。这个将非数值类型的数据转化成数值类型的数据的过程，特别是转化成二进制数的过程，就是所谓"数字化"（digitalization），也可以称之为"编码"（encoding）。本小节将介绍文本在计算机中的表示与存储，而图形、图像、音频、视频等类型数据的表示将在1.3节多媒体技术中进行介绍。

文本在计算机中的表示主要是通过对文本中的字符进行编码来完成。字符编码（character encoding）是指把字符集中的字符编码为指定集合中某一对象，以便文本在计算机中存储和通过通信网络的传递。在计算机系统中通常将字符转换为某个二进制数，以方便计算机的处理，常用的字符编码有ASCII、Unicode、GB2312等。

1. 英文编码：ASCII 码

ASCII 码（American Standard Code for Information Interchange，美国信息交换标准代码）是基于英文字母的一套计算机字符编码系统。它主要用于显示现代英语字符，而其扩展版本 EASCII 码则可以部分支持其他西欧语言。

在标准 ASCII 码中一共定义了 128 个字符，每个字符用一个 7 位二进制数表示，通常会额外使用一个扩充的二进制位，以便于以 1 个字节的方式存储，通过 ASCII 码表可以查到每个字符所对应的二进制数。其中，33 个字符为控制字符，无法显示。控制字符的用途主要是用来操控已经处理过的文字。在 33 个字符之外的是 95 个可显示的字符，包含用键盘敲下空格键（Space 键）所产生的空白字符也算 1 个可显示字符。

根据图 1-3 所示的表格，大写字母"A"所对应的 7 位二进制数中的高三位为 100，低四位为 0001，所以，大写字母"A"的 ASCII 编码就是二进制数 1000001，转换为十

Bits				Column \ Row	0 000	1 001	2 010	3 011	4 100	5 101	6 110	7 111
b_4	b_3	b_2	b_1									
0	0	0	0	0	NUL	DLE	SP	0	@	P	`	p
0	0	0	1	1	SOH	DC1	!	1	A	Q	a	q
0	0	1	0	2	STX	DC2	"	2	B	R	b	r
0	0	1	1	3	ETX	DC3	#	3	C	S	c	s
0	1	0	0	4	EOT	DC4	$	4	D	T	d	t
0	1	0	1	5	ENQ	NAK	%	5	E	U	e	u
0	1	1	0	6	ACK	SYN	&	6	F	V	f	v
0	1	1	1	7	BEL	ETB	'	7	G	W	g	w
1	0	0	0	8	BS	CAN	(	8	H	X	h	x
1	0	0	1	9	HT	EM	)	9	I	Y	i	y
1	0	1	0	10	LF	SUB	*	:	J	Z	j	z
1	0	1	1	11	VT	ESC	+	;	K	[	k	{
1	1	0	0	12	FF	FC	,	<	L	\	l	|
1	1	0	1	13	CR	GS	-	=	M	]	m	}
1	1	1	0	14	SO	RS	.	>	N	^	n	~
1	1	1	1	15	SI	US	/	?	O	_	o	DEL

图 1-3　ASCII 编码速查表

进制数是 65。利用字符编码标准中的编码表，一个字符可以转换为一个数字。于是，计算机就可以通过对于数字的处理来完成对于文字信息的处理。具体参见本书附录 A 的标准 ASCII 码表。

ASCII 码的局限在于只能显示 26 个基本拉丁字母、阿拉伯数字和英式标点符号。因此，只能用于显示现代英语。EASCII 码虽然解决了部分西欧语言的显示问题，但对更多其他语言依然无能为力。所以，现在的计算机系统则大多采用 Unicode 作为字符编码的标准，为了保持与 ASCII 码的兼容性，Unicode 前 128 个字符的编码与 ASCII 码中相应字符的编码是一样的。

2. 统一编码：Unicode

Unicode 是一项字符编码标准，它对世界上大部分的文字系统进行了整理、编码，使得计算机可以用更为简单的方式来呈现和处理文字。Unicode 伴随着通用字符集 (universal character set，UCS) 的标准而发展。Unicode 至今仍在不断增修，每个新版本都加入更多新的字符。目前最新的版本为第六版，已收入了超过十万个字符。

在表示一个 Unicode 的字符时，通常会用"U+"然后紧接着一组十六进制的数字来表示这一个字符。在基本多文种平面（basic multilingual plane，BMP 或称"零号平面"、Plane 0）里的所有字符，要用四位十六进制数（例如 U+4AE0，共支持六万多个字符）；在零号平面以外的字符则需要使用五位或六位十六进制数。

Unicode 的实现方式不同于编码方式。一个字符的 Unicode 编码是确定的，但是在实际传输过程中，由于不同系统平台的设计不一定一致，或者出于节省空间的目的，对 Unicode 编码的实现方式有所不同。Unicode 的实现方式称为 Unicode 转换格式（unicode transformation format，UTF）。如果一个仅包含基本 7 位 ASCII 字符的 Unicode 文件，如果每个字符都使用 2 字节的原 Unicode 编码传输，其第一字节的 8 位始终为 0，这就造成了比较大的浪费。对于这种情况，可以使用 UTF-8 编码，这是一种变长编码，它将基本 7 位 ASCII 字符仍用 7 位编码表示，占用一个字节（首位补 0）。而遇到与其他 Unicode 字符混合的情况，将按一定算法转换，每个字符使用 1~3 个字节编码，并利用首位为 0 或 1 进行识别。这样对以 7 位 ASCII 字符为主的西文文档就大大节省了编码长度。类似的，对未来会出现的需要 4 个字节的辅助平面字符和其他 UCS-4 扩充字符，2 字节编码的 UTF-16 也需要通过一定的算法进行转换。

目前，Unicode 通用的实现方式是 UTF-16 和 UTF-8。Unicode 的实现方式还包括 UTF-7、CESU-8、SCSU、UTF-32、GB18030 等，这些实现方式有些仅在一定的国家和地区使用，有些则属于未来的规划方式。

3. 汉字编码：GB 2312—1980

GB 2312 或 GB 2312—1980 是中华人民共和国国家标准简体中文字符集，全称《信息交换用汉字编码字符集·基本集》，由中国国家标准总局发布，1981 年 5 月 1 日实施。使用简体中文的中文系统和国际化的软件都支持 GB 2312。

GB 2312 标准共收录 6763 个汉字，其中一级汉字 3755 个、二级汉字 3008 个。GB 2312 标准还同时收录了包括拉丁字母、希腊字母、日文平假名及片假名字母、俄语西里尔字母在内的 682 个字符。每个汉字及符号以两个字节来表示：第一个字节称为"高位字节"，第二个字节称为"低位字节"。

GB 2312 中对所收汉字进行了"分区"处理，总共有 94 个区，每区含有 94 个汉字或者符号。其中，01~09 区为特殊符号；16~55 区为一级汉字，按拼音排序；56~87 区为二级汉字，按部首排序；10~15 区及 88~94 区则未有编码。每个区位上只有一个字符，因此，每个汉字都有一个其所在区的编号，还有一个在区内位置的编号，这种表示方式称为区位码。也可以将 GB 2312 编码表理解成一个 94×94 的矩阵，依次把汉字字符放入这个矩阵中，每个字符就对应的有一个行号（区号）和一个列号（位号）。这样就把一个汉字字符转换成了两个数字，而这两个数字就构成了这个汉字的区位码。

举例来说，"啊"字是 GB 2312 之中的第一个汉字，它的区码是 16，位码是 01，合起来的区位码就是 1601。它的区位码中"高位字节"转换为十六进制数就是 10H，"低位字节"转换为十六进制就是 01H，合起来就是 1001H。

将区位码的"高位字节"和"低位字节"分别加上 20H，就得到了国标码。"啊"字的国标码的中"高位字节"为 10H+20H=30H，"低位字节"为 01H+20H=21H，合起来就是 3021H。

为了保持于 ASCII 码的兼容性，需要将这两个字节的汉字编码的最高位设置为 1，再保存到计算机中去。因此，将国标码的"高位字节"和"低位字节"分别加上 80H 就得到了机内码。机内码是真正存储在计算机中的汉字编码。"啊"字的机内码的中"高位字节"为 30H+80H=B0H，"低位字节"为 21H+80H=A1H，合起来就是 B0A1H。也就是说，"啊"字在大多数支持 GB2312 的计算机系统中，会以两个字节——B0H（第一个字节）、A1H（第二个字节）储存，即机内码=区位码+A0A0H。

GB 2312 的出现基本满足了汉字的计算机处理需要，它所收录的汉字已经覆盖简体中文 99.75%的使用频率。但对于人名、古汉语等方面出现的罕用字和繁体字，GB 2312 则不能处理，因此后来又制定了 GBK（《汉字编码扩展规范》）及 GB 18030 汉字字符集来解决这些问题。

1.3　多媒体技术

表示信息的数据形式是十分丰富的。在早期的计算机中，处理的主要数据是数值和文本。其他形式的数据由于在软硬件条件的限制下，很少在计算机中进行处理。随着计算机技术的发展和实际应用的需要，在计算机中应用多种媒体来处理和表示信息是十分必要的。具备多媒体功能的计算机大大地扩展了计算机的应用领域，并为用户提供了更加人性化的操作方式和体验，让人与计算机之间的交流更加方便、有效。多媒体技术是 20 世纪 90 年代计算机发展的新领域，是计算机技术、广播技术、电视技术和通信技术等领域尖端技术相结合的产物。目前为止，多媒体的应用领域已涉足诸如广告、艺术、教育、娱乐、工程、医药、商业及科学研究等行业。多媒体技术及计算机网络的飞速发展，使计算机的应用进入了一个新的阶段。可以毫不夸张地说，没有多媒体技术的发展，计算机绝不可能有现在的普及程度。

1.3.1　多媒体与多媒体技术

1. 多媒体技术的基本概念

媒体（media）就是人与人之间实现信息交流的中介，简单地说，就是信息的载体，也被称为媒介。它在计算机领域有两种含义：一种是指用以存储信息的实体，如磁带、磁盘、光盘和半导体存储器；另一种是指传递信息的载体，如数字、文字、声音、图像和图形。多媒体技术中的媒体是指后者，也就是感觉媒体。感觉媒体是指能直接作用于人们的感觉器官，从而能使人产生直接感觉的媒体。如语言、音乐、自然界中的各种声音、图像、动画、文本等。在计算机中可以处理的感觉媒体主要可以分为六种，分别是：文字、图形、图像、动画、音频和视频。一般将前三种称为静态媒体，后三种称为动态媒体。

多媒体就是多重媒体的意思，可以理解为直接作用于人感官的文字、图形、图像、动画、音频和视频等各种媒体的统称，即多种信息载体的表现形式和传递方式。在计算机系统中，组合两种或两种以上媒体的一种人机交互式信息交流和传播媒体就可以称为多媒体。

多媒体技术从不同的角度有着不同的定义。比如有人定义"多媒体计算机是一组硬件和软件设备；结合了各种视觉和听觉媒体，能够产生令人印象深刻的视听效果。在视觉媒体上，包括图形、动画、图像和文字等媒体；在听觉媒体上，则包括语言、立体声响和音乐等媒体。用户可以从多媒体计算机同时接触到各种各样的媒体来源"。还有人定义多媒体是"传统的计算媒体——文字、图形、图像以及逻辑分析方法等与视频、音频以及为了知识创建和表达的交互式应用的结合体"。概括起来就是：多媒体技术是计算机交互式综合处理多媒体信息——文本、图形、图像、音频、视频和动画，使多种信息建立逻辑连接，集成为一个具有交互性的系统。简言之，多媒体技术就是具有集成性、实时性和交互性的计算机综合处理多种媒体信息的技术。

多媒体技术有以下几个主要特点。

1) 集成性

多媒体技术是多种媒体的有机集成。它集文字、文本、图形、图像、视频、语音等多种媒体信息于一体，能够对信息进行多通道统一获取、存储、组织与合成。多媒体的集成性主要体现在两个方面：多媒体信息的集成和操作这些媒体信息的工具、设备的集成。

2) 交互性

交互性是多媒体应用有别于传统信息交流媒体的主要特点之一。传统信息交流媒体只能单向地、被动地传播信息，而多媒体技术则可以实现人对信息的主动选择和控制。交互性将向用户提供更加有效地控制和使用信息的手段和方法，同时也为应用开辟了更加广阔的领域。交互可以做到自由地控制和干预信息的处理，增加对信息的注意力和理解，延长信息的保留时间。当交互性引入时，活动本身作为一种媒体介入信息转变为知识的过程。

3) 多样性

信息载体的多样性是多媒体的主要特征之一，也是多媒体研究要解决的关键问题。信息载体的多样化是相对计算机而言的，指计算机所能处理的信息空间范围、种类扩大，而不再局限于数值、文本，这是计算机变得更加人性化所必备的条件。

未来对多媒体的研究，主要有以下几个方面：数据压缩、多媒体信息特性与建模、多媒体信息的组织与管理、多媒体信息表现与交互、多媒体通信与分布处理、多媒体的软硬件平台、虚拟现实技术、多媒体应用开发。展望未来，网络和计算机技术相交融的交互式多媒体将成为 21 世纪多媒体的发展方向。所谓交互式多媒体，是指不仅可以从网络上接收信息、选择信息，还可以发送信息，其信息以多媒体的形式传输。

2. 多媒体系统的组成

一般的多媒体系统由四个部分的内容组成：多媒体硬件系统、多媒体操作系统、媒体处理系统工具和用户应用软件。

1) 多媒体硬件系统

包括计算机硬件、声音/视频处理器、多种媒体输入/输出设备及信号转换装置、通信传输设备及接口装置等。其中，最重要的是根据多媒体技术标准而研制生成的多媒体信息处理芯片和板卡、光盘驱动器等。

2) 多媒体操作系统

或称为多媒体核心系统（multimedia kernel system），具有实时任务调度、多媒体数据转换和同步控制对多媒体设备的驱动和控制，以及图形用户界面管理等。

3) 媒体处理系统工具

或称为多媒体系统开发工具软件，是多媒体系统的重要组成部分。

4) 用户应用软件

根据多媒体系统终端用户要求而定制的应用软件或面向某一领域的用户应用软件系统，它是面向大规模用户的系统产品。

1.3.2 多媒体信息的计算机表示

1. 图形与图像的计算机表示

1) 图形

图形（graphic）一般指用点、线、面等绘制的几何图（包含彩色图），如直线、圆、圆弧、矩形、任意曲线和图表等。

矢量（也称向量）是指有方向、长短等属性的线段。而矢量图（vector graphics）是用一组矢量集合来描述图形的内容，这些指令用来描述构成该图形的所有直线、圆、圆弧、矩形、曲线等图元的位置、维数和形状等。计算机图形主要是以矢量图的形式来保存和处理的。图形在计算机中的存储主要是存储构成图形的各矢量的参数。一般来说，图形保存所占据的存储空间较小，并且可以任意进行缩放，常用于计算机的影视动画制作和工程图形设计中。

2) 图像

图像（image）指经由摄像机或扫描仪等设备输入并以数字形式存储在计算机中的图像信息，这些图像可以是照片、绘画等。在计算机中，由数字阵列信息组成，阵列中的各项数字用来描述构成图像的各个点（称为像素点）的强度与颜色等信息，所以图像也可以被称为位图（bit-mapped picture）。图像适合于表现含有大量细节（如明暗变化、场景复杂和多种颜色等）的画面。由于计算机图像存储的方式与大多数的计算机显示系统所采用的光栅结构是类似的，所以图像可直接、快速地在屏幕上进行显示，而不像图形一样需要经过光栅化的处理才可以显示。

图像的基本要素包括以下两个方面。

（1）图像的分辨率。一幅图像的像素是成行和列排列的，像素的列数称为水平分辨率，行数称为垂直分辨率。整幅图像的分辨率是由"水平分辨率×垂直分辨率"来表示的。分辨率是度量一幅图像的重要指标，对于同样的表达内容，分辨率越高，图像越清晰，细节的表达能力越强。

（2）图像的像素深度。像素深度是指表示图像中每个像素所用的二进制位数，因为这个二进制数用来表示颜色，所以也称为颜色深度。图像的像素深度越深，所使用的二进制数的位数越多，能表达的颜色数目也越多。对于只有黑白两色的二值图像，像素深度就是 1 位，一般用 0 来表示像素点为白色，用 1 来表示像素点为黑色。对于灰度图像，像素深度为 8 位，用来表示 256 个像素不同的灰度级别。一般来说，如果是要得到真彩色的图像，像素深度至少为 24 位，分别用三个 8 位的二进制数来表示一个像素点上红（red）、绿（green）、蓝（blue）三种原色的级别。比如，一个像素点的值是 FF0000H，则表示这个像素点是红色的。这类图像也被称为 RGB 图像。

由图像的分辨率和像素深度可以计算图像的所占用的存储空间。如果图像未经压缩处理，一幅图像所占用的存储空间可以按下面的公式进行计算：

图像存储空间＝水平分辨率×垂直分辨率×像素深度

【例 1-8】 已知一幅图像的分辨率为 1024×768，像素深度为 24 位，求存储这幅图像所需要的空间大小。

$1024 \times 768 \times 24/8 \text{byte} = 768 \times 3 \text{KB} = 2.25 \text{MB}$

3）图像的格式

（1）BMP 格式。BMP 取自位图 bit map 的缩写，也称为 DIB（与设备无关的位图），是微软 Windows 平台上的一个简单的图形文件格式。BMP 文件通常是不压缩的，所以它们通常比同一幅图像的压缩图像文件格式要大很多。

（2）GIF 格式。图像互换格式（Graphics Interchange Format，GIF）是一种位图图形文件格式，以 8 位色（即 256 种颜色）重现真彩色的图像。它实际上是一种压缩文档，采用 LZW 压缩算法进行编码，有效地减少了图像文件在网络上传输的时间。它是目前广泛应用于网络传输的图像格式之一。

（3）PNG 格式。便携式网络图形（Portable Network Graphics，PNG）是一种无损压缩的位图图形格式，支持索引、灰度、RGB 三种颜色方案以及 Alpha 通道等特性。PNG 的开发目标是改善并取代 GIF 作为适合网络传输的格式而不需专利许可，所以被广泛应用于互联网及其他方面。PNG 另一个非正式的名称来源为递归缩写："PNG is not GIF"。

（4）JPEG 格式。JPEG 格式在网络上广泛用于存储照片。使用有损压缩，质量可以根据压缩的设置而不同。使用 JPEG 格式压缩的图片文件一般也被称为 JPEG 文件，最普遍被使用的扩展名格式为 .jpg，其他常用的扩展名还包括 .jpeg、.jpe、.jfif 以及

.jif。JPEG 格式的数据也能被嵌进其他类型的文件格式中,像是 TIFF 类型的文件格式。

2. 视频的计算机表示

视频源于电视技术,它由连续的画面组成。这些画面以一定的速率连续地投射在屏幕上,使观察者具有图像连续运动的感觉。视频的数字化指在一段时间内以一定的速度对视频信号进行捕获并加以采样后形成数字化数据的处理过程。

视频可以看成是配有相应声音效果的图像的快速更替。数字视频用三个基本参数来进行描述,即用于描述视频中每一帧图像的分辨率、颜色深度,以及描述图像变化速度的图像更替率(单位 F/s,frames per second,每秒显示的帧数)。

视频是由一系列的帧组成的,每帧都可以看成是一幅静止的图像,根据人眼视觉残留的特点,每秒连续动态变化 24 次以上的物体就可看成是平滑连续运行的。根据不同的视频制式,视频的帧频是不同的,比如 NTSC 制式的帧频为 30 帧/秒,PAL 制式的帧频为 25 帧/秒。

由于视频可以被看成是由快速更替的连续图像所构成的,而一幅图像本身所占据的存储空间就已经相当大了,所以如果不经过压缩处理的话,数字视频所占据的存储空间是相当大的。比如:一个标准的 1080P 的全高清视频,它的分辨率为 1920×1080,24 位真彩色,如果视频的帧频为 24 帧/秒,时长为 1 分钟,则它所占据的存储空间为:$1920\times1080\times24/8\times24\times60$byte,约为 8.3GB。如果是一部 90 分钟的电影则所需要占据存储空间约为 750GB。虽然现在的存储设备的成本已经相当低了,但是存储这样的未经压缩的视频也几乎是无法接受的,这还不包括视频中所包含的音频数据。所以,在实际的视频应用过程中,视频是必须被压缩后才能方便地使用与传输。视频的压缩技术与常用的视频格式将在下节中进行详细的介绍。

3. 音频的计算机表示

1)基本概念

音频信号是人们经常采用的一种媒体形式,在人类用以传递信息的各种方式中声音占了 20%的比例。声音是因物体的振动而产生的一种物理现象。振动使物体周围的空气绕动而形成声波,声波以空气为媒介传入人们的耳朵,于是人们就听到了声音。音频(audio)是用声音的频率界定的,指频率在 20Hz~20kHz 范围内的声波。音频所覆盖的声音频率是人的耳朵所能听到的声音。不是所有称得上声音的声波就一定是人能听到的。语音的频率一般为 300~3000Hz;乐音的频率一般在 20Hz~20kHz,最低可到 10Hz。

模拟音频是指随时间连续变动的声音波形的模拟记录形式,通常采用电磁信号对声音波形进行模拟记录。

数字音频是模拟声音进入计算机后的一种记录和存储形式。计算机在处理声音时,除了输出仍用波形形式外,记录、存储和传送都不能使用波形形式,而必须进行数字化，使时间上连续变化的波形声音变为一串 0、1 构成的数字序列，这种数字序列就是数字音频。

2）数字音频处理

音频信号的数字化就是对时间上连续波动的声音信号进行采样和量化，对量化的结果选用某种音频编码算法进行编码，所得结果就是音频信号的数字形式，即数字音频。音频数字化的过程（图 1-4）主要由以下几个步骤构成。

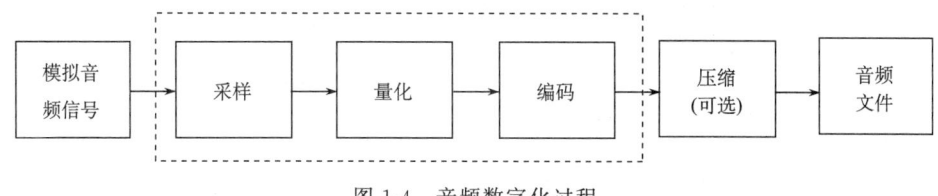

图 1-4　音频数字化过程

(1) 采样（sampling）。对振幅随时间连续变化的模拟信号波形按一定的时间间隔取出样值，形成在时间上不连续的脉冲序列，称为采样。假定声音波形如图 1-5 中左图所示，它是时间的连续函数 $X(t)$，若要对其进行采样，需按一定的时间间隔 T 从波形中取出其幅度值，得到一组 $X(nT)$ 序列，即 $X(T)$，$X(2T)$，$X(3T)$，$X(4T)$，$X(5T)$，$X(6T)$ 等。T 称为采样周期，$1/T$ 称为采样频率，$X(nT)$ 序列是连续波形的离散信号。显然，离散信号 $X(nT)$ 是从连续信号 $X(t)$ 上取出的有限个振幅样本值。

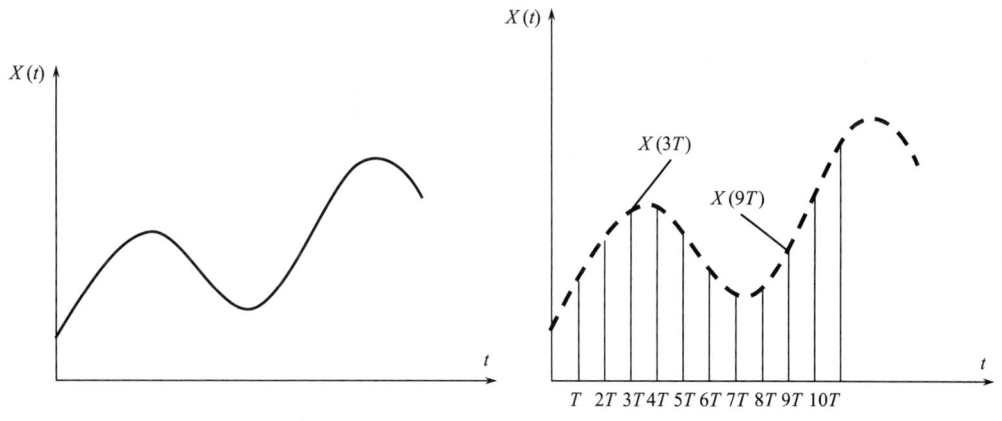

图 1-5　音频采样

(2) 量化（quantization）。将采样值相对于振幅进行离散的数值化的操作称为量化。即将模拟信号的幅度，在动态范围内划分为相等间隔的若干层次，把采样输出的信号电平按照四舍五入的原则归入最靠近的量值。量化的过程是先将采样后的信号按整个声波的幅度划分为有限个区段的集合，把落入某个区段的采样值归为一类，并赋予相同的量化值。因为计算机处理的数据只能是二进制数。所以，在量化过程中采用二进制的方式分割采样信号的幅度，以 8 位或 16 位的方式来划分纵轴。也就是说在一个以 8 位为记录模式的音效中,其纵轴将会被划分为 2^8 个量化等级(quantization levels),用以记录其幅度大小;而在一个以 16 位为记录模式的音效中,其纵轴将会被划分为 2^{16} 个量化等级来记录采样的声音幅度。声音的采样与量化如图 1-6 所示,图中所示是以 4 位二进制来划分纵轴,即将纵轴划分为 2^4 个量化等级。

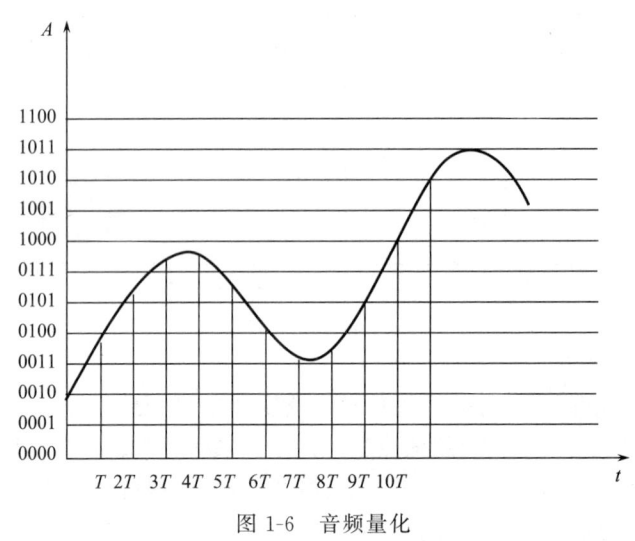

图 1-6 音频量化

(3) 编码(coding)。把采样、量化所得的量值变换为二进制数码的过程称为编码。模拟信号经采样和量化后,形成一系列的离散信号——数字信号,这种数字信号可以以一定的方式进行编码,形成计算机内部运行的数据。编码就是对量化结果的二进制数据以一定格式表示的过程,也就是按照一定的格式把经过采样和量化得到的离散数据记录下来,并在有用的数据中加入一些用于纠错、同步和控制的数据。

(4) 压缩(compress)。压缩的目的是减少数据量与提高传输效率。音频经过上述的处理过程后得到的音频文件一般比较大,不方便数字音频的存储与传输,所以一般音频文件都需要经过压缩以减小其所占用的存储空间。音频压缩的主要依据包括:声音信息中存在着多种冗余、听觉器官的不敏感性、采样的标本中存在着相关性。

3) 数字音频的相关指标

对模拟音频信号进行采样量化编码后得到数字音频。数字音频的质量取决于采样频率、量化位数和声道数三个因素。

(1) 采样频率。采样频率是指 1 秒钟时间内采样的次数。采样频率与声音频率之间有一定的关系,根据奈奎斯特理论,只有采样频率高于声音信号最高频率的两倍时,才能把数字信号表示的声音还原成为原来的声音。

例如,电话话音的信号最高频率约为 3.4kHz,则采样频率取为 8kHz 是合适的。

在多媒体技术中通常采用三种音频采样频率:11.025kHz、22.05kHz 和 44.1kHz。一般在允许失真条件下,尽可能将采样频率选低些以减少数据量。

(2) 量化位数。量化位数也称"量化精度",是描述每个采样点值的二进制位数。

例如，8位量化位数表示每个采样值可以用2^8即256个不同的量化值之一来表示，而16位量化位数表示每个采样值可以用2^{16}即65 536个不同的量化值之一来表示。常用的量化位数为8位、12位、16位。量化噪声是指某个采样时间点的模拟值和最近的量化值之间的差。误差最大可以达到离散间距的一半。一般来说，量化位数越大，量化噪声越小，音频的质量也就越高。

（3）声道数。声音通道的个数称为声道数，是指一次采样所记录产生的声音波形个数。记录声音时，如果每次生成一个声波数据，称为单声道；每次生成两个声波数据，称为双声道（立体声）。随着声道数的增加，所占用的存储容量也成倍增加。

表1-3给出了音频质量评价指标。

表1-3 音频质量评价指标

项目	采样频率	量化位数	声道数
指标内容	每秒抽取声波幅度样本的次数	每个采样点用多少二进制位表示数据范围	使用声音通道的个数
指标效果	采样频率越高，声音的质量越好，音频文件数据量也越大	量化位数越多，声音的质量越好，音频文件数据量也越大	立体声比单声道的表现力丰富，但音频文件的数据量翻倍
常用指标数值	11.025kHz，22.05kHz，44.1kHz	8bit，16bit	单声道，立体声

4）音频文件容量的计算

通常音频文件在存储时以字节为单位，模拟波形声音被数字化后音频文件的存储量（假定未经压缩）的计算公式为

音频存储空间＝采样频率×（量化位数/8）×声道数×声音持续时间

【例1-9】 计算用44.1kHz的采样频率进行采样，量化位数选用16位，录制1秒钟的立体声节目，其波形文件所需的存储量。

44100×（16/8）×2×1byte＝176400byte≈17.6KB

【例1-10】 用44.1kHz的采样频率对声波进行采样，每个采样点的量化位数选用16位，则录制3分钟的立体声节目，计算其波形文件所需的存储容量。

44 100×（16/8）×2×3×60byte＝31752 000byte≈31007.8KB≈30.28MB

从上面两个例子可以看出，虽然音频数据的数据量相对于视频数据来说要小得多，但仍然需要占据相当的存储空间。如果采用了比较高的采样频率、量化位数来存储多声道的音频数据，其所需的存储空间则会成倍增加。因此，一般来说，音频数据也是要经过压缩后再进行存储，常用的音频数据压缩方法将会在下节介绍。

5）声音文件格式

目前在计算机中常见的声音文件格式主要有以下几种。

(1) WAV 格式。

WAV 格式的声音文件，存放的是对模拟声音波形经数字化采样、量化和编码后得到的音频数据。原本由声音波形而来，所以 WAV 文件又称波形文件。WAV 文件对声源类型的包容性强，只要是声音波形，不管是语音、乐音、还是各种各样的声响，甚至于噪音都可以用 WAV 格式记录并重放。当采样频率达到 44.1kHz、量化采用 16 位并采用双通道记录时，就可以获得 CD 品质的声音。WAV 文件是 Windows 环境中使用的标准波形声音文件格式，一般也用 .wav 作为文件扩展名。

(2) MP3 格式。

MP3 格式的文件，从本质上讲仍是波形文件。它是对已经数字化的波形声音文件采用 MP3 压缩编码后得到的文件。MP3 压缩编码是运动图像压缩编码国际标准 MPEG-1 所包含的音频信号压缩编码方案的第 3 层。与一般声音压缩编码方案不同，MP3 主要是从人类听觉心理和生理学模型出发，研究出的一套压缩比高、声音压缩品质又能保持很好的压缩编码方案。所以，MP3 现在得到了广泛的应用。

(3) MIDI 格式。

MIDI 的含义是乐器数字接口（musical instrument digital interface），它本来是由全球的数字电子乐器制造商建立起来的一个通信标准，以规定计算机音乐程序、电子合成器和其他电子设备之间交换信息与控制信号的方法。按照 MIDI 标准，可用音序器软件编写或由电子乐器生成 MIDI 文件。

MIDI 文件记录的是 MIDI 消息，它不是数字化后得到的波形声音数据，而是一系列指令。在 MIDI 文件中，包含着音符、定时和多达 16 个通道的演奏定义。每个通道的演奏音符又包括键、通道号、音长、音量和力度等信息。显然，MIDI 文件记录的是一些描述乐曲如何演奏的指令而非乐曲本身。与波形声音文件相比，同样演奏长度的 MIDI 音乐文件比波形音乐文件所需的存储空间要少很多。例如，同样 30 分钟的立体声音乐，MIDI 文件大约只需 200KB，而波形文件要大约 300MB。MIDI 格式的文件一般用 .mid 作为文件扩展名。

1.3.3 多媒体数据压缩技术

在计算机中大量通过多媒体技术来展示信息，大大地丰富了计算机表示信息的方式，让使用者可以更好地理解信息，但是多媒体数据多，需要的存储空间大大提高，特别是高清晰度的图片、视频在保存时都需要占据大量的存储空间。因此，通过多媒体数据压缩技术，在基本保持多媒体数据可用性的基础上，减小多媒体数据所占用的存储空间，是多媒体技术在面向实际应用时所必须解决的问题。

1. 多媒体数据压缩技术的基本原理

在计算机科学和信息论中，数据压缩或者源编码是按照特定的编码机制，用比未经编码相对更少的数据比特（或者其他信息相关的单位）表示信息的过程。人们看图片或者电视画面的时候可能并不会注意到一些细节并不完善。同样，两个音频录音采样串行可能听起来一样，但实际上并不完全一样。

对于视频和音频数据，只要不损失数据的重要部分，一定程度的质量下降是可以接受的。通过利用人类感知系统的局限，能够大幅度地节约存储空间并且得到的结果质量与原始数据质量相比并没有明显的差别。如果允许一定程度的保真度损失，那么还可以实现进一步的压缩。对于多媒体信息来说，大多数采用的是有损压缩的方式。有损数据压缩在带来微小差别的情况下使用较少的数据量来表示图像、视频或者音频。

由于可以帮助减少如硬盘空间与连接带宽这样的昂贵资源的消耗，特别是对于本身数据量就很大的多媒体信息来说，压缩非常重要。然而压缩需要消耗信息处理资源，这也可能使费用昂贵。所以，数据压缩机制的设计需要在压缩能力、有损度、所需计算资源以及其他需要考虑的不同因素之间进行折中。下面就图像、视频和音频所采用的常用数据压缩技术进行简单的介绍。

2. 图像压缩技术

图像压缩是数据压缩技术在数字图像上的应用，目的是减少图像数据中的冗余信息，从而用更加高效的格式存储和传输数据。图像压缩可以是有损数据压缩也可以是无损数据压缩。

JPEG（Joint Photo Gragh Coding Experts Group，联合照片专家组）是一种针对照片图像而广泛使用的有损压缩标准方法。它是一种基于 DCT 的静止图像压缩和解压缩算法，由 ISO（国际标准化组织）和 CCITT（国际电报电话咨询委员会）共同制定，并在 1992 年后被广泛采纳后成为国际标准。JPEG 在色调及颜色平滑变化的照片上可以达到最佳的效果。在这种情况下，它通常比完全无损方法做得更好，仍然可以产生非常好看的图像。它把冗长的图像信号和其他类型的静止图像去掉，甚至可以缩小到原图像的百分之一（压缩比 100∶1）。但是在这个级别上，图像的质量并不好；压缩比为 20∶1 时，能看到图像稍微有点变化；当压缩比大于 20∶1 时，一般来说图像质量开始变坏。

JPEG 的压缩模式有以下几种。

（1）顺序式编码（sequential encoding）。一次将图像由左到右、由上到下顺序处理。

（2）递增式编码（progressive encoding）。当图像传输的时间较长时，可将图像分数次处理，以从模糊到清晰的方式来传送图像。

（3）无失真编码（lossless encoding）。

（4）阶梯式编码（hierarchical encoding）。图像以数种分辨率来压缩，其目的是为了让具有高分辨率的图像也可以在较低分辨率的设备上显示。

3. 视频压缩技术

视频压缩是指运用数据压缩技术将数字视频数据中的冗余信息去除，降低表示原始视频所需的数据量，以便视频数据的传输与存储。实际上，原始视频数据的数据量往往过大，绝大多数的应用无法处理如此庞大的数据量，因此视频压缩是十分必要的。视频数据压缩是通过去除数据中的冗余信息而达成。被国际社会广泛认可和应用的通用视频压缩编码标准大致有如下三种：H.261、MPEG 和 DVI。

1）H.261

由 CCITT（国际电报电话咨询委员会）通过的用于音频视频服务的视频编码解码器（也称 PX64 标准），它使用两种类型的压缩：一帧中的有损压缩（基于 DCT）和用于帧间压缩的无损编码，并在此基础上使编码器采用带有运动估计的 DCT 和 DPCM（差分脉冲编码调制）的混合方式。这种标准与 JPEG 及 MPEG 标准间有明显的相似性，但关键区别是它是为动态使用设计的，并提供完全包含的组织和高水平的交互控制。H.261 有许多后续的版本，使用的比较多的有 H.263、H.264 等。特别是 H.264，因其是蓝光盘的一种编解码标准而闻名，所有蓝光盘播放器都必须能解码 H.264。

H.264/MPEG-4 第 10 部分，或称 AVC（advanced video coding，高级视频编码），是一种面向块的基于运动补偿的编解码器标准。与旧标准相比，它能够在更低带宽下提供优质视频（换言之，只有 MPEG-2、H.263 或 MPEG-4 第 2 部分的一半带宽或更少），也不增加太多设计复杂度而使得无法实现或实现成本过高。它也被广泛用于网络流媒体数据如 Vimeo、YouTube 以及 iTunes Store，网络软件如 Adobe Flash Player 和 Microsoft Silverlight，各种高清晰度电视陆地广播（ATSC，ISDB-T，DVB-T 或 DVB-T2）、线缆（DVB-C）以及卫星（DVB-S 和 DVB-S2）。

2）MPEG

MPEG（Moving Pictures Experts Group，动态图像专家组），实际上是指一组由 ITU 和 ISO 制定发布的视频、音频、数据的压缩标准。它采用的是一种减少图像冗余信息的压缩算法，它提供的压缩比可以高达 200：1，同时图像和音响的质量也非常高。通常有三个版本：MPEG-1、MPEG-2、MPEG-4，以适用于不同带宽和数字影像质量的要求。它的三个最显著优点就是兼容性好、压缩比高（最高可达 200：1）、数据失真小。

3）DVI

DVI 的视频图像的压缩算法的性能与 MPEG-1 相当，即图像质量可达到 VHS 的水平，压缩后的图像数据率约为 1.5MB/s。为了扩大 DVI 技术的应用，Intel 公司推出了 DVI 算法的软件解码算法，称为 Indeo 技术，它能将压缩的数字视频文件压缩为五分之一到十分之一。

4. 音频压缩技术

1）MP3

MP3 的全称是 MPEG-1 Audio Layer 3，是一种在高保真前提下实现的高效压缩技术。它通过对音频数据的有损压缩来实现对文件体积的大幅度缩小，同时也是为数甚少的高音质高压缩率的算法之一。MP3 具有压缩程度高（最大压缩比率可达到 12：1）、音质好的特点。它在运算时剔除了人耳听不到的太高（超过 20kHz）或者太低（低于 20Hz）频率的声音特性，所以一般的用户很难分辨出高比特率的 MP3 和 CD 音质的差别。

MP3 首先以 44.1kHz 的采样频率对模拟音频信号进行采样，然后用 16 位的数值来量化采样点的信号强度，最后利用可变比特率（variable bit rate，VBR）的编码方式来对整段音乐进行编码。

因为音频信息本身并不是一成不变的，有的部分（如多重声音同时出现和高音等环节）就需要比较多的码率来描述，而有的部分（如空白、独唱和相对比较简单的低频信号等）却不需要太多码率来表现，如果采用恒定比特率来对整段音乐进行编码，会造成声音还原不够准确，信息丢失比较多。考虑到这点，MP3 采用了 VBR，能智能地用不同的码率来形容复杂程度不同的部分，从而使得音质更加完美。可变比特率编码方式可以让 MP3 文件的每一段甚至每一帧都可以有单独的码率，这样做的好处就是在保证音质的前提下最大程度地限制了文件的大小。

2）ACC

高级音频编码（advanced audio coding，AAC）出现于 1997 年，基于 MPEG-2 的音频编码技术。由 Fraunhofer IIS、杜比实验室、AT&T、Sony 等公司共同开发，目的是取代 MP3 格式。2000 年，MPEG-4 标准出现后，AAC 重新集成了其特性，加入了 SBR 技术和 PS 技术，为了区别于传统的 MPEG-2 AAC，又称为 MPEG-4 AAC。

AAC 编码的主要扩展名有三种：

（1）.AAC。使用 MPEG-2 Audio Transport Stream（ADTS，参见 MPEG-2）容器，区别于使用 MPEG-4 容器的 MP4/M4A 格式，属于传统的 AAC 编码。

（2）.MP4。使用了 MPEG-4 Part 14（第 14 部分）的简化版即 3GPP Media Release 6 Basic（3GP6）进行封装的 AAC 编码。

（3）.M4A。为了区别纯音频 MP4 文件和包含视频的 MP4 文件而由苹果（Apple）公司使用的扩展名，Apple iTunes 对纯音频 MP4 文件采用了".M4A"命名。M4A 的本质和音频 MP4 相同，故音频 MP4 文件亦可直接更改扩展名为 .M4A 在苹果设备中使用。

1.4 计算机病毒及预防

计算机病毒是一种在人为或非人为的情况下产生的、在用户不知情或未批准下能自我复制或运行的计算机程序或指令。计算机病毒会影响受感染计算机的正常运作，破坏计算机中的各类文件，甚至是计算机的部分硬件。

为了能够复制其自身，计算机病毒必须能够运行代码并能够对内存运行且操作。基于这个原因，许多计算机病毒都是将自己附着在合法的可执行文件上。如果用户企图运行该可执行文件，那么计算机病毒就有机会运行。所以，对于计算机病毒的预防和查杀，也主要是通过对计算机中可执行的文件的监控完成的。值得一提的是，计算机中的可执行文件并不一定是计算机中以 .exe 为后缀名的文件，也可能是某些可以包含执行程序的文件，如：包含了宏的 Word 文档（.doc 或 .docx 作为后缀名）就有可能感染宏病毒。

由于世界操作系统桌面环境 90% 都是使用微软 Windows 系列产品，所以病毒作者纷纷把病毒攻击对象选为 Windows。制作病毒者首先应该确定要攻击的操作系统版本有何漏洞，这才是他所写的病毒能够利用的关键。UNIX、Linux、Mac OS 等操作系统，因使用的人群相对比较少，系统的安全防范措施相对较严，一般不容易感染上计算机病毒。

目前，Internet 的普及程度已经非常高，几乎所有计算机都会连接至 Internet，所以病毒主要的传播途径是网络浏览、文件下载和电子邮件中的附件，通过这些途径计算机病毒可以非常快速地传播开来。除此之外，在不同的计算机之间使用可移动磁盘（如：U 盘、移动硬盘等）也是重要的传播途径。

1.4.1　计算机病毒的特征和分类

1. 计算机病毒的特征

1）传染性

计算机病毒是一段人为编制的计算机程序代码，这段程序代码一旦进入计算机并得以执行，它就会搜寻其他符合其传染条件的程序或存储介质，确定目标后再将自身代码插入其中，通过这种方法达到自我复制、对自己生存保护的目的。只要一台计算机染毒，如不及时处理，那么病毒会在这台计算机上迅速扩散，并通过如软盘、硬盘、移动硬盘、计算机网络等途径扩散到其他计算机中。现在，随着计算机网络的普及，计算机病毒可以利用网络共享的漏洞，复制并传播给邻近的计算机用户群，使同一个计算机网络中的计算机全部受到感染。

2）隐蔽性

一般的计算机病毒仅在数千字节，这样除了传播快速之外，隐蔽性也极强。部分计算机病毒使用"无进程"技术或插入到某个系统必要的关键进程当中，所以在任务管理器中找不到它的单独运行进程。而病毒自身一旦运行后，就会自己修改自己的文档名并隐藏在某个用户不常去的系统文件夹中，这样的文件夹通常有上千份文档，如果凭手工查找很难找到病毒。而有些计算机病毒在运行前也将自己伪装在看似正常的文件中，那么运行这些文档时，计算机病毒也就同时被运行了。

3）潜伏性

有些计算机病毒有一定的"潜伏期"，其发作条件是预先设计好的。在没有满足发作条件时，用户不易察觉到感染了计算机病毒，等到条件具备的时候这些计算机病毒就会对计算机系统进行破坏。如 1999 年破坏计算机系统 BIOS 的 CIH 病毒就在每年的 4 月 26 日爆发，还有著名的"黑色星期五"病毒，每到 13 日又是星期五的日子就会发作。如同生物病毒一样，计算机病毒可以在爆发之前以最大幅度散播开去。

4) 可触发性

计算机病毒因某个事件或数值的出现，诱使病毒实施感染或进行攻击的特性称为可触发性。为了隐蔽自己，病毒必须潜伏，少做动作。如果完全不动，一直潜伏的话，病毒既不能感染也不能进行破坏，便失去了杀伤力。计算机病毒既要隐蔽又要维持杀伤力，它必须具有可触发性。

5) 破坏性

在计算机感染了计算机病毒后，在其发作时，可能会导致正常的程序无法运行，使计算机内的文件删除或受到不同程度的损坏，或者是窃取用户保存在计算机中的隐私信息。某些威力强大的计算机病毒，运行后直接格式化用户的硬盘数据，更为厉害的一些可以破坏引导扇区以及 BIOS，破坏计算机的硬件环境。

2. 计算机病毒的分类

病毒类型根据中国国家计算机病毒应急处理中心发表的报告统计，近 45％的病毒是木马程序，蠕虫占病毒总数的 25％以上，占 15％以上的是脚本病毒，其余的病毒类型分别是：文档型病毒、破坏性程序和宏病毒。

1) 木马/僵尸网络

特洛伊木马本质上是一种远程控制软件，如果木马能联通的话，那么可以说控制者已经得到了远程计算机的全部操作控制权限，操作远程计算机与操作自己计算机基本没什么大的区别。这类程序可以监视、摄录被控用户的摄像头与截取密码等，以及进行用户可进行的几乎所有操作。不过当计算机未启动或未联网时，木马没有办法控制受感染的计算机。

用户一旦感染了特洛伊木马，就会成为"僵尸"，成为任黑客手中摆布的"机器人"。通常黑客可以利用数以万计的"僵尸"发送大量伪造数据包或者是垃圾数据包对预定目标进行拒绝服务攻击，造成被攻击目标瘫痪。

2) 蠕虫病毒

蠕虫病毒通常是利用操作系统的漏洞来传播和感染的，是最为人所熟知的病毒，通常在全世界范围内大规模爆发的都是这类病毒。有时与僵尸网络配合，主要使用缓存溢出技术。

3) 间谍软件和流氓软件

间谍软件和流氓软件是部分不良网络公司出品的一种收集用户浏览网页习惯而制定自己广告投放策略的软件。这种软件本身对计算机的危害性不是很大，只是中毒者隐私遭到泄露被收集走和一旦安装上它就无法正常删除卸载了。比如对 Internet Explorer 的广告软件会自动修改并锁定用户缺损主页以及加载广告公司的工具条。

4）脚本病毒

脚本病毒主要的类型是宏病毒。宏病毒的感染对象为 Microsoft 开发的办公系列软件。Microsoft Word、Excel 这些办公软件本身支持运行可进行某些文档操作的命令，所以也被 Office 文档中含有恶意的宏病毒所利用。当用户打开这些包含了具有宏病毒的 Office 文档时，就会感染上病毒。

5）文件型病毒

文件型病毒通常寄居于可执行文件（扩展名为 .exe 或 .com 的文件），当被感染的文件被运行，病毒便开始破坏电脑。

1.4.2 计算机病毒的预防

1. 修补操作系统以及其捆绑的软件的漏洞

安装系统以及其捆绑的软件如 Internet Explorer、Windows Media Player 的漏洞安全补丁，以操作系统 Windows 为例，在 Windows XP 之后的版本都可以用系统的"自动更新"程序下载补丁进行安装。设置一个比较强的系统密码，关闭系统默认网络共享，防止局域网入侵或弱口令蠕虫传播。定期检查系统配置实用程序启动选项卡情况，并对不明的 Windows 服务予以停止。

2. 安装并及时更新杀毒软件与防火墙产品

保持最新病毒库以便能够查出最新的病毒，如一些反病毒软件的升级服务器每小时就有新病毒库包可供用户更新。而在防火墙的使用中应注意到禁止来路不明的软件访问网络。由于免杀以及进程注入等原因，有个别病毒很容易穿过杀毒以及防火墙的双重防守，遇到这样的情况就要注意到使用特殊防火墙来防止进程注入，以及经常检查启动项、服务。一些特殊防火墙可以"主动防御"以及注册表实时监控，每次不良程序针对计算机的恶意操作都可以实施拦截阻断。

3. 不要点击来路不明连接以及运行不明程序

来路不明的连接，很可能是蠕虫病毒自动通过电子邮件或即时通讯软件发过来的，如 QQ 病毒之一的 QQ 尾巴。大多这样信息中所带连接指向都是些利用 IE 浏览器漏洞的网站，用户访问这些网站后不用下载直接就可能会中更多的病毒。另外，不要运行来路不明的程序，如一些具有"诱惑性"的文档名吸引人去点击，点击后病毒就在系统中运行了。

1.5 小结

计算机已经成为现代社会的必备的工具，不会使用计算机甚至是不善于使用计算机将越来越不能适应现代社会的发展。随着计算机技术的发展，计算机也变得更加人性化，变得更易于使用。从概念上说，越来越多的所谓智能设备的出现，也都可以理解为这些设备与计算机结合的产物，如智能手机、智能手表、智能家电等。所以，理解计算机的基本概念、工作原理是熟练掌握计算机的基础。本章主要介绍与计算机相关的基础知识，包括计算机的发展、特点和应用，计算机中各类信息的表示，现代计算机中的典型技术——多媒体和计算机安全技术中的计算机病毒与防治。这些都是了解和学习计算机所必备的知识，是进一步理解计算机工作原理和工作方式的基础。这些内容为学习后续章节提供了相应的理论基础。

1.6 习题

1. 什么是计算机？计算机的发展过程可以分为几个时代，依据是什么？
2. 简述计算机的特点？
3. 计算机现在主要的应用有哪些？请结合自己的亲身体验举例说明。
4. 计算机的发展趋势主要包括哪几个方向？
5. 简述数据与信息的概念并解释两者的区别与联系。
6. 什么是数制？为什么在计算机中要用二进制数？
7. 将十进制数 87.125 分别转换为二进制、八进制和十六进制数。
8. 将二进制数 11011011.1101 分别转换为十进制、八进制和十六进制数。
9. 在计算机中，41 和 −41 如果使用 8 位二进制来表示，求其所对应的原码、反码与补码。如果是 −128 呢？
10. 给出字符 "0"、"B"、"d" 所对应的 ASCII 码，用十进制数表示。如果是键盘上的空格键与 Tab 键呢？
11. 简述媒体、多媒体与多媒体技术的概念。
12. 简述多媒体技术的特点与多媒体计算机的组成。
13. 请举例说明常用的图像、视频和音频的格式及其特点。
14. 已知一幅图像的分辨率为 800×600，像素深度为 32 位，求存储这幅图像所需的空间大小。
15. 一个半高清的视频，它的分辨率为 960×540，24 位真彩色，视频的帧频为 24 帧/秒，时长为 30 秒。如果不考虑压缩的话，求这段视频它所占据的存储空间。
16. 用 44.1kHz 的采样频率进行采样，量化位数选用 16 位，录制 1 分钟的立体声节目，如果不考虑压缩的话，求其波形文件所需的存储空间的大小。
17. 什么是计算机病毒？它有哪些特征？你知道哪些计算机病毒，请举例说明。

第二章　计算机网络与 Internet 应用

计算机网络是计算机技术和通信技术相互结合并不断发展的产物。它的发展水平代表了一个国家信息技术的发展水平。在信息化的进程中，计算机网络扮演了重要的角色。自从 20 世纪 90 年代以后，以 Internet 为代表的计算机网络得到了飞速发展，并成为仅次于全球电话网的世界第二大网络。它正在改变我们的工作和学习方式，如购买飞机票、火车票，缴纳水电费、煤气费，到图书馆检索图书和资料，进行金融和股票交易，使用电子邮件、QQ、微信等工具与朋友交流信息，这些都要依赖计算机网络来维持。由此可看出，我们的工作和学习已经离不开计算机网络，因此学习计算机网络技术在今天则显得尤为重要。

2.1　计算机网络基本概念

2.1.1　计算机网络的定义与发展

1. 计算机网络的定义

计算机网络是指将分布在不同地理位置的具有独立功能的多台计算机及相关设备，通过通信线路连接起来，在网络操作系统、应用软件和通信协议的支持下，实现资源共享和数据通信的计算机系统。

从整体上来说，计算机网络把不同区域位置的计算机与网络设备用通信线路互联成一个综合系统，从而使众多计算机可以方便地相互传递信息，共享硬件、软件和信息等资源。简单来说，计算机网络就是由通信线路互相连接的许多计算机构成的集合。

2. 计算机网络的发展

从现代网络技术的发展来看，计算机网络的发展主要分为四个阶段。

1）以数据通信为主的第一代计算机网络

最初的计算机网络是一台主机通过电话线连接若干个远程的终端，又称为面向终端的计算机网络，是以单个主机为中心的星型网，终端设备与中心计算机之间不提供相互的资源共享，网络通信以数据通信为主，效率不高，功能有限。

2）以资源共享为主的第二代计算机网络

在 20 世纪 60 年代中期，美国出现了若干台计算机相互连接的系统，如美国国防部高级研究计划局（Advanced Research Project Agency，ARPA）在 1969 年组建的 ARPAnet（阿帕网）。这些计算机之间不但可以彼此通信，还可以实现与其他计算机之间的资源共享。

第二代计算机网络是以分组交换网为中心的计算机网络。

3) 体系结构标准化的第三代计算机网络

1977 年国际标准化组织（International Standard Organization，ISO）设立专门委员会，研究计算机网络的体系结构，于 1983 年提出了著名的开放式系统互联参考模型（Open System Interconnection Basic Reference，OSI/RM），给网络的互联互通提供了一个可遵循的规则。从此，计算机网络走上了标准化的道路。

4) 以 Internet 为核心的第四代计算机网络

20 世纪 90 年代，随着 Internet 的建立，把分散在各地的网络连接起来，形成一个覆盖全球的互联网络。

2.1.2 计算机网络的组成与分类

1. 计算机网络的组成

一个计算机网络包含有三个组成部分：资源子网、通信子网、通信协议，如图 2-1 所示。

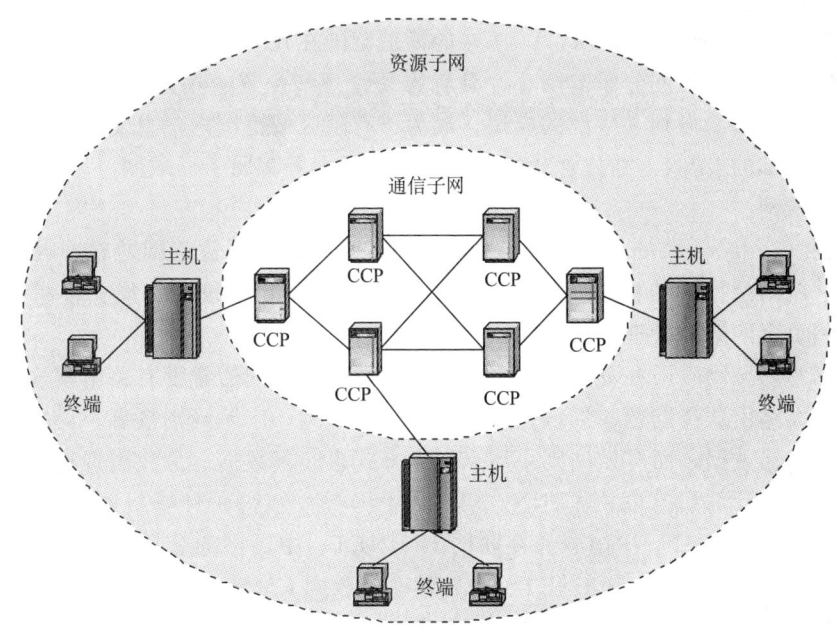

图 2-1　计算机网络的组成

1) 资源子网

包含若干台主机（host），它们是各种类型的计算机（或服务器），向用户提供服务。资源子网是由处于网络外围的主机构成,其任务是负责信息处理,向网络提供可用的资源。用户通过资源子网不仅可以共享通信子网的资源,而且还可以共享资源子网的硬件资源和软件资源。

2)通信子网

由网络中的通信链路和用于信息交换的交换机结点构成。通信子网处于网络的内层,主要由专门的CCP(通信控制处理机)组成,其主要任务是负责全网网络互联和**数据通信**,采用分组交换技术。

3)通信协议

用于网络中主机与主机、主机与通信子网或通信子网中各结点之间信息交换。协议是**通信**双方事先约定好的必须共同遵守的规则,它是计算机网络不可缺少的组成部分。

2. 计算机网络的分类

计算机网络的分类方法繁多,按照不同的分类标准,可以有多种分类方法。

1)按网络的作用范围进行分类

(1)局域网。

局域网(local area network,LAN)的覆盖范围在几米到几千米之间,是最常见的计算机网络。由于局域网分布范围小,具有容易管理与配置、拓扑结构简单、速度快、延迟小的特点,因而得到了广泛的应用,成为了有限区域范围内信息交换与共享的主要途径。单位内部的LAN、办公自动化OA网、校园网等都属于局域网。

(2)广域网。

广域网(wide area network,WAN)的分布距离远,覆盖范围通常在几十到几千公里之间。网络的拓扑结构本身不规则,主要包含一些互联设备,如交换机、路由器等,由它们负责网络的管理工作。

广域网与局域网除了在分布范围上有差异以外,局域网通常没有路由器这些专用设备,也不存在路由选择问题;局域网有规则的拓扑结构,广域网则没有;局域网通常采用广播方式传输数据,而广域网则采用点到点方式来交换数据。像我国现有的公用及专用网:中国公用计算机互联网CHINANET、中国教育和科研计算机网CERNET、中国科学技术网CSTNET、中国联通互联网UNINET、中国网通公用互联网CNCNET、中国国际经济贸易互联网CIETNET、中国移动互联网CMNET、中国长城互联网CGWNET、中国卫星集团互联网CSNET以及覆盖全球的Internet均是广域网。

(3)城域网。

城域网的覆盖范围局限在一座城市的范围内。城域网属于局域网的延伸,像一个大型的局域网,使用与局域网相似的技术,但是在传输介质和布线结构方面范围较广。例如,政府机构、大型企业以及社会服务部门的计算机联网等,需要实现大量用户的访问接入。

2) 按网络的使用者进行分类

(1) 公用网。

公用网又称为公众网。我国的公用网一般由政府电信部门组建、管理和控制。网络内的传输和交换装置可提供给任何部门或单位以及公众使用。

(2) 专用网。

专用网是由部门或企事业单位自行组建，不允许其他部门或单位使用。专用网可以租用电信部门的传输线路，如部门网络、企业网络和校园网络等。

3) 按通信方式分类

(1) 点到点网络。

网络中的两台主机、两台结点交换机之间或主机与结点交换机之间都存在一条物理信道，机器（包括主机和结点交换机）沿某信道发送的数据确定无疑的只有信道另一端的唯一一台机器能收到。在这种点到点的拓扑结构中，没有信道竞争，几乎不存在访问控制问题。绝大多数广域网都采用点到点的拓扑结构，网状网络是典型的点到点拓扑。此外，星型结构、树型结构，某些环网，尤其是广域环网，也是点到点的。

(2) 广播式网络。

广播式网络结构中，所有主机共享一条信道，某主机发出的数据，其他主机都能接收到。在广播信道中，由于信道共享而引起信道访问冲突，因此信道访问控制是要解决的关键问题。广播式网络主要用于局域网，不同的局域网技术可以说是不同的信道访问控制技术，其典型代表是总线网、局域环网、微波、卫星通信网。局域网线路短，传输延迟小，信道访问控制相对容易，因此，宁愿以额外的控制开销换取信道利用率，从而降低整个网络成本。

4) 按网络拓扑结构分类

拓扑结构一般是指由点和线排列成的几何图形。计算机网络的拓扑结构是指一个网络的通信链路和计算机结点相互连接构成的几何图形。链路是网络中相邻两个结点之间的物理通路，结点指计算机和有关的网络设备，甚至指一个网络。按网络拓扑结构分类的网络具体参见 2.1.3 节内容。

2.1.3 网络拓扑结构

计算机网络拓扑结构是描述计算机网络组成结构最主要的方法。按拓扑结构，计算机网络可分为以下五类。

1. 星型网络

星型拓扑结构是以中央结点为中心与各结点连接组成的，各结点与中央结点通过点对点的方式连接。拓扑结构如图 2-2 (a) 所示，中央结点执行集中式控制策略，因此中央结点相当复杂。

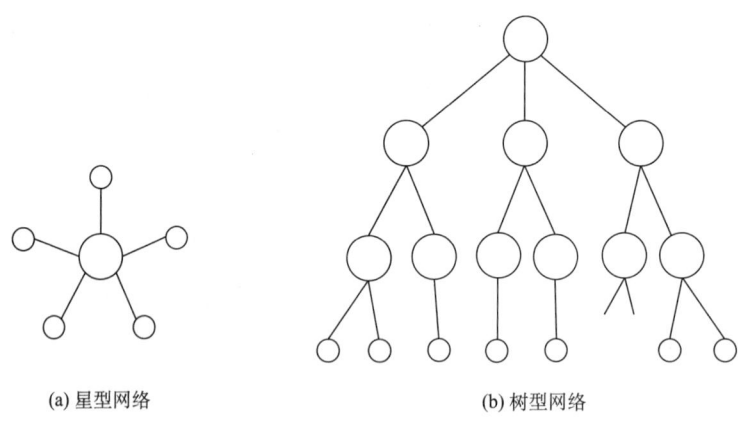

图 2-2　星型和树型网络拓扑

星型网络的特点是：网络结构简单，便于管理；控制简单，建网容易；网络延迟时间较短，误码率较低；中央结点负荷太重。

2. 树型网络

在实际建造一个大型网络时，往往是采用多级星型网络。将星型网络按层次方式排列即形成树型网络，其拓扑结构如图 2-2（b）所示。我国电话网络即采用树型结构，Internet 从整体上看也是采用树型结构。图 2-3 给出了某大学校园网结构示意图，其为典型的树型网络。

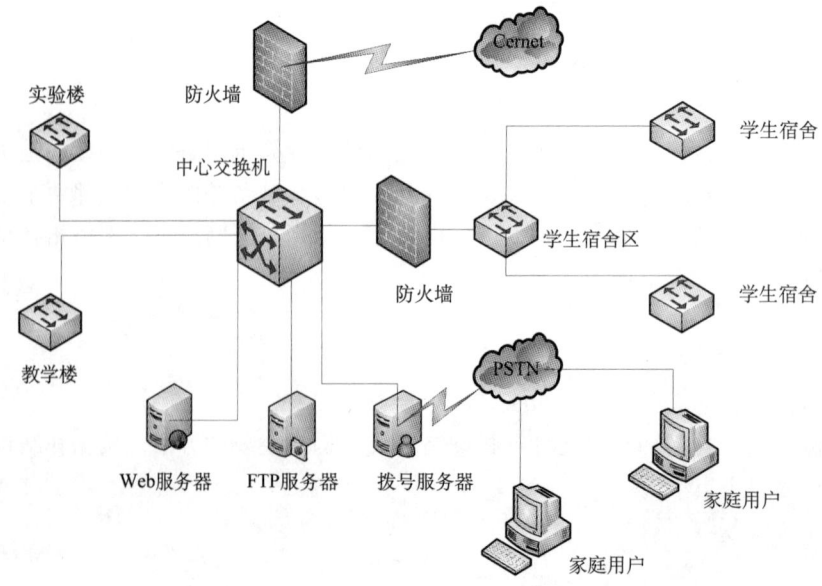

图 2-3　某大学校园网结构示意图

树型网络的主要特点是结构简单。在网络中，任意两个结点之间不产生回路，每个链路都支持双向传输。网络中结点扩充方便灵活，寻找链路路径比较方便。但在这种网络系统中，除叶结点及其相连的链路外，任何一个结点或链路产生的故障都会影响整个网络。

3. 总线型网络

由一条高速公用总线连接若干个结点所形成的网络即为总线型网络，拓扑结构如图 2-4（a）所示。

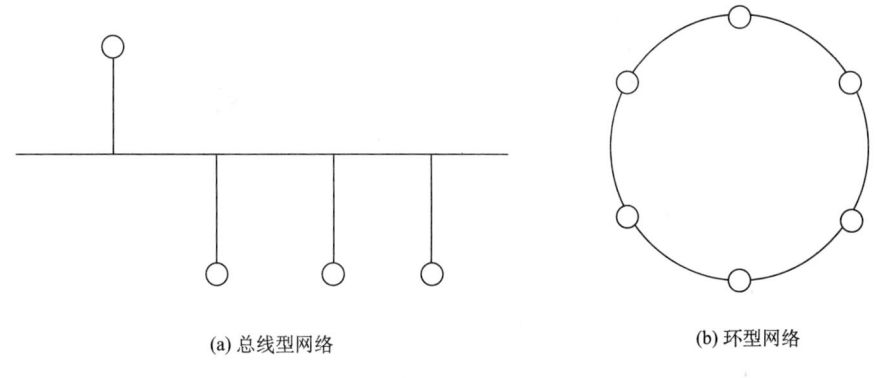

(a) 总线型网络　　　　　　　　(b) 环型网络

图 2-4　总线型和环型网络拓扑

总线型网络的特点主要是结构简单灵活，便于扩充，是一种很容易建造的网络。由于多个结点共用一条传输信道，故信道利用率高，但容易产生访问冲突；传输速率高，可达 1～100MB/s；但总线型网络常因一个结点出现故障（如结头接触不良等）而导致整个网络不通，因此可靠性不高。

4. 环型网络

环型网中各结点通过环路接口连在一条首尾相连的闭合环型通信线路中，拓扑结构如图 2-4（b）所示，环上任何结点均可请求发送信息。

环型网络的主要特点是信息在网络中沿固定方向流动，两个结点间仅有唯一的通路，大大简化了路径选择的控制；某个结点发生故障时，可以自动旁路，可靠性较高；由于信息是串行穿过多个结点环路接口，当结点过多时，使网络响应时间变长。但当网络确定时，其延时固定，实时性强。

环型网也是微机局域网常用的拓扑结构之一，如企业实施信息处理系统和工厂自动化系统，以及某些校园网的主干网通常采用环型网，如图 2-5 是某大学学校网的主干网，其三个校区通过路由器以环型网的形式连接起来。

5. 网状网络

网状网络如图 2-6 所示。图中虚线以内部分为通信子网，每个结点上的计算机称为结点交换机。图中虚线以外的计算机（host）和终端设备统称为数据处理子网或资源子网。

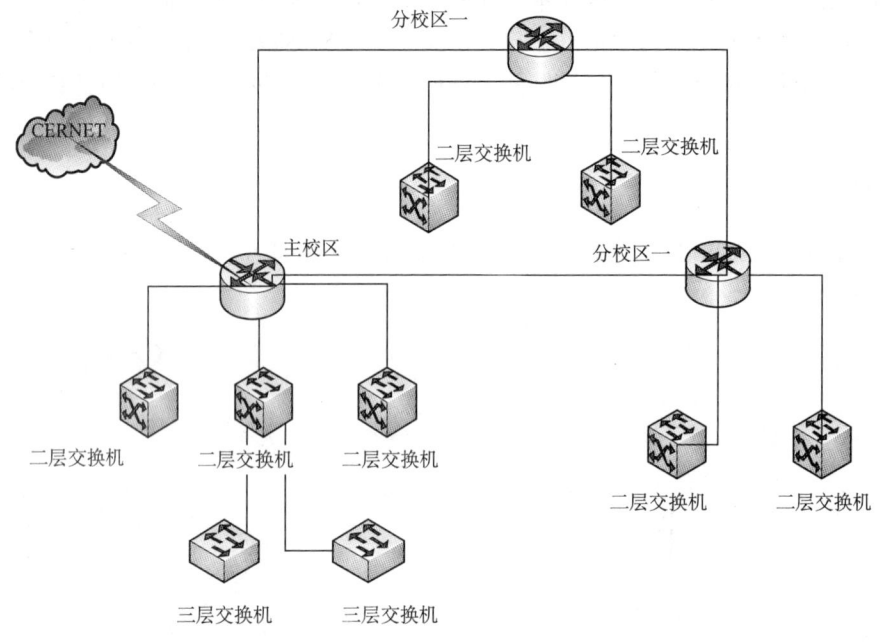

图 2-5 某大学主干网

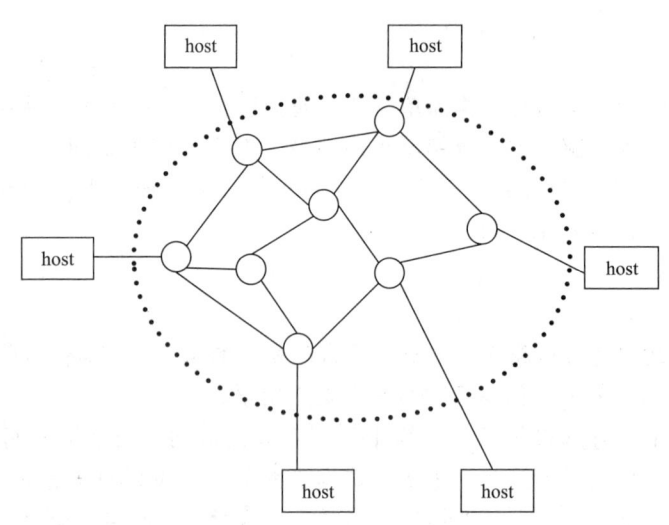

图 2-6 网状网络拓扑结构

网状网络是广域网中最常采用的一种网络形式。网状网络的主要特点是网络可靠性高，一般通信子网任意两个结点交换机之间，存在着两条或两条以上的通信路径。这样，当一条路径发生故障时，还可以通过另一条路径把信息送到结点交换机。另外，可扩充性好，该网络无论是增加新功能，还是要将另一台新的计算机入网形成更大或更新的网络时都比较方便；网络可建成各种形状，采用多种通信信道，多种传输速率。

以上介绍了五种基本的网络拓扑结构。在此基础上，还可构造一些复合型的网络拓扑结构。例如，中国教育和科研计算机网（CERNET）可认为是网状型网、树型网和星型网的复合。其主干网为网状型结构，连接的每一所大学大多是树型结构或环型结构，如图2-7所示。

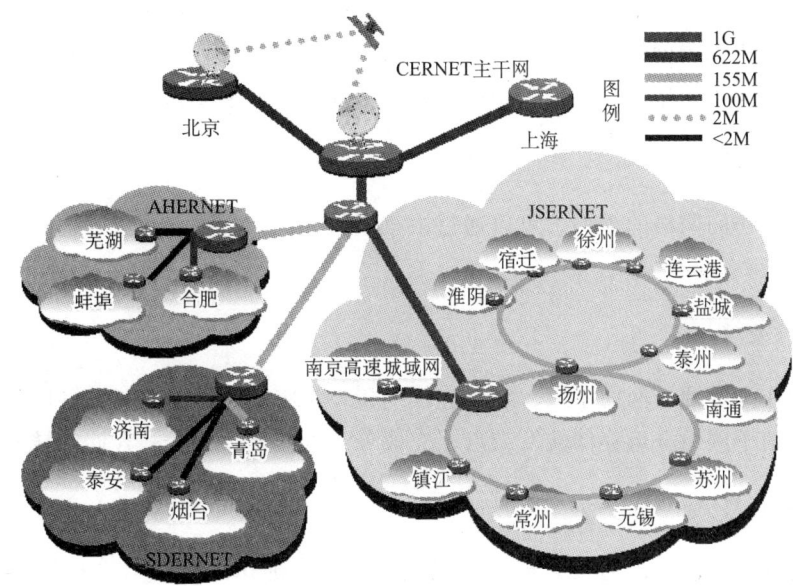

图 2-7　CERNET 华东（北）地区主干网拓扑图

2.1.4　网络硬件与软件

一个完整的计算机网络系统是由网络硬件和网络软件所组成的。网络硬件是计算机网络系统的物理实现，网络软件是网络系统中的技术支持。两者相互作用，共同完成网络功能。

网络硬件：一般指网络的计算机、传输介质和网络连接设备等。

网络软件：一般指网络操作系统、网络通信协议等。

1. 网络硬件的组成

计算机网络硬件系统是由计算机（主机、客户机、终端）、通信处理机（集线器、交换机、路由器）、通信线路（同轴电缆、双绞线、光纤）、信息变换设备（modem、编码解码器）等构成。

1）主机

在一般的局域网中，主机通常被称为服务器，是为客户提供各种服务的计算机，因此对其有一定的技术指标要求，特别是主、辅存储容量及其处理速度要求较高。根据服务器在网络中所提供的服务不同，可将其划分为文件服务器、打印服务器、通信服务器、域名服务器、数据库服务器等。

2）网络工作站

除服务器外，网络上的其余计算机主要是通过执行应用程序来完成工作任务的，我们把这种计算机称为网络工作站或网络客户机，它是网络数据主要的发生场所和使用场所，用户主要通过使用工作站来利用网络资源并完成自己的工作任务。

3）网络终端

它是用户访问网络的界面，可以通过主机联入网内，也可以通过通信控制处理机联入网内。

4）通信处理机

一方面作为资源子网的主机、终端连接的接口，将主机和终端连入网内；另一方面它又作为通信子网中分组存储转发结点，完成分组的接收、校验、存储和转发等功能。

5）通信线路

通信线路（链路）为通信处理机与通信处理机、通信处理机与主机之间提供通信信道。

6）信息变换设备

对信号进行变换，包括调制解调器、无线通信接收和发送器、用于光纤通信的编码解码器等。

2. 网络软件的组成

在计算机网络系统中，除了各种网络硬件设备外，还必须具有网络软件。

1）网络操作系统

网络操作系统是网络软件中最主要的软件，用于实现不同主机之间的用户通信，以及全网硬件和软件资源的共享，并向用户提供统一的、方便的网络接口，便于用户使用网络。目前网络操作系统有三大阵营：UNIX、NetWare 和 Windows。目前，我们使用最广泛的是 Windows 操作系统。

2）网络协议软件

网络协议是网络通信的数据传输规范，网络协议软件是用于实现网络协议功能的软件。

目前，典型的网络协议软件有 TCP/IP 协议、IPX/SPX 协议、IEEE802 标准协议系列等。其中，TCP/IP 是当前异种网络互连应用最为广泛的网络协议软件。

3) 网络管理软件

网络管理软件是用来对网络资源进行管理以及对网络进行维护的软件,如性能管理、配置管理、故障管理、计费管理、安全管理、网络运行状态监视与统计等。

4) 网络通信软件

用于实现网络中各种设备之间进行通信的软件,使用户能够在不必详细了解通信控制规程的情况下,控制应用程序与多个站进行通信,并对大量的通信数据进行加工和管理。

5) 网络应用软件

网络应用软件为网络用户提供服务,最重要的特征是它研究的重点不是网络中各个独立的计算机本身的功能,而是如何实现网络特有的功能。

3. 网络连接设备

1) 中继器

由于局域网通信介质的长度都有一定限制,例如,以太网中粗同轴电缆的最大长度是 500m,细同轴电缆的最大长度是 185m,双绞线的最大长度是 100m。因此,当主机之间的距离大于一定数值时,就需要中继器延长通信介质的距离。中继器典型用途如图 2-8 所示。

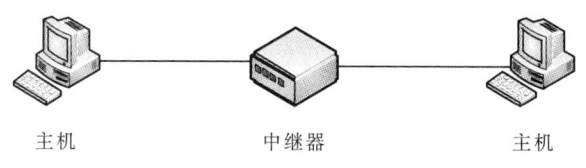

图 2-8 中继器典型用途

2) 集线器

集线器具有两个功能,第一,实现中继功能(它实质上是一个多端口的中继器);第二,汇接多台主机。因此,它被形象地称为 Hub,如图 2-9 所示。

集线器按照端口数目的多少,可以把 Hub 分为 8 口 Hub、16 口 Hub、24 口 Hub 和 48 口 Hub 四种。按照总线带宽的大小,可以把 Hub 分为 10MB/s、100MB/s 和 10M/100M 自适应 Hub 三种。

3) 网桥

网桥的作用是互联两个局域网(图 2-10)。

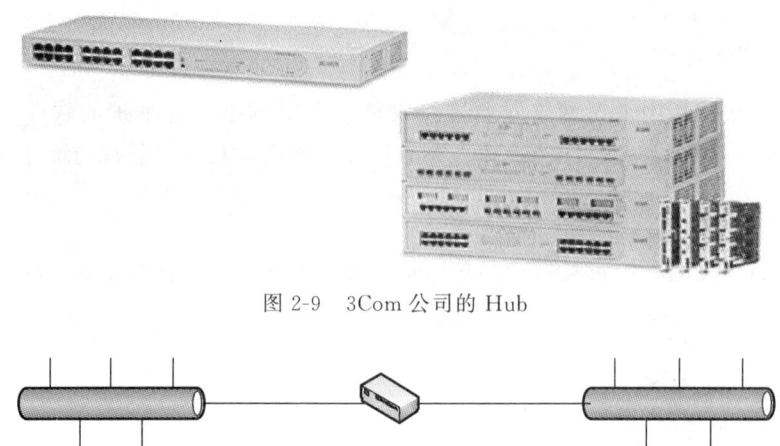

图 2-9　3Com 公司的 Hub

局域网　　　　　网桥　　　　　局域网

图 2-10　扩展式局域网：LAN 通过网桥互联

网桥的工作原理如图 2-11 所示，网桥从端口接收来自与端口相连的局域网主机发送的信号，进行解码和拆装得到局域网数据，然后把它们存放在数据存储器的缓冲区内。网络协议实体对数据帧进行合法检查，如果帧有差错就将其丢弃。对于有效的数据帧，如果数据帧的目的地位于源主机所在的局域网上，则将它丢弃；如果目的地不在该端口连接的网络上，则查找站表（转发表），以确定目的地址所对应的网桥端口。如果找到对应的端口，则把数据帧从缓冲区中读出，转发给该端口；如果找不到，则向所有端口（除源主机端口外）广播该数据帧。

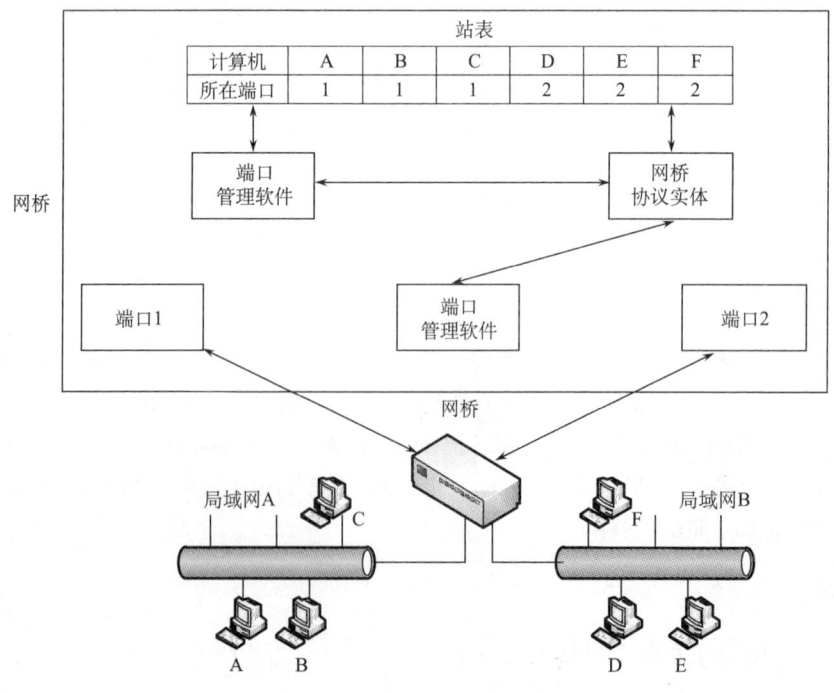

图 2-11　网桥的基本功能结构

4）交换机

交换机是由网桥发展而来的，它相当于一个多端口的网桥。交换机的最初用途是连接局域网，使局域网的网络规模得以扩展（图 2-12）。交换机还具有提高局域网性能的作用（图 2-13）。图 2-14 为 3Com 局域网交换机。

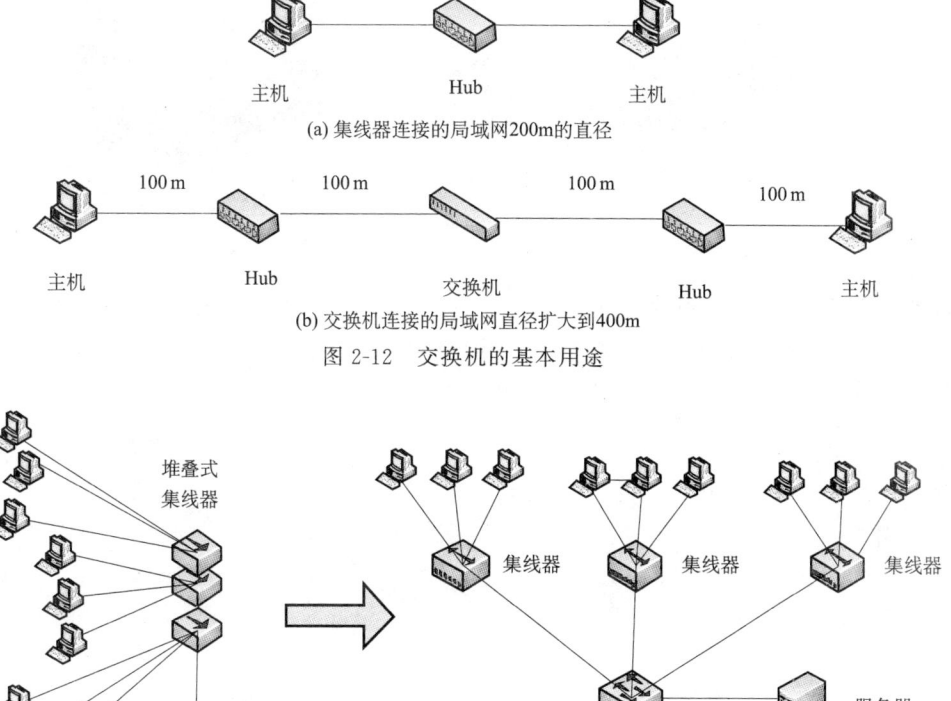

(a) 集线器连接的局域网200m的直径

(b) 交换机连接的局域网直径扩大到400m

图 2-12　交换机的基本用途

图 2-13　交换机的基本作用

5）路由器

路由器是比局域网交换机功能更丰富的互联设备。当要互联的局域网之间需要对信息交换施加比较严格的控制时，或者把局域网通过广域网（WAN）与远程的局域网互联时，一般采用路由器作为互联设备。

路由器之所以功能更强，原因在于路由器的互连功能工作在 OSI 参考模型的第三层（网络层），而局域网交换机工作在 OSI 参考模型的第二层（数据链路层）。图 2-15 所示为路由器在网络中的分布关系。

6）调制解调器

调制解调器（modem，俗称"猫"）的功能就是将电脑中表示数据的数字信号在模拟

图 2-14 3Com 局域网交换机

电话线上传输，从而达到数据通信的目的，它主要由两部分功能构成：调制和解调。调制是将数字信号转换成适合于在电话线上传输的模拟信号进行传输，解调则是将电话线上的模拟信号转换成数字信号，由电脑接收并处理。

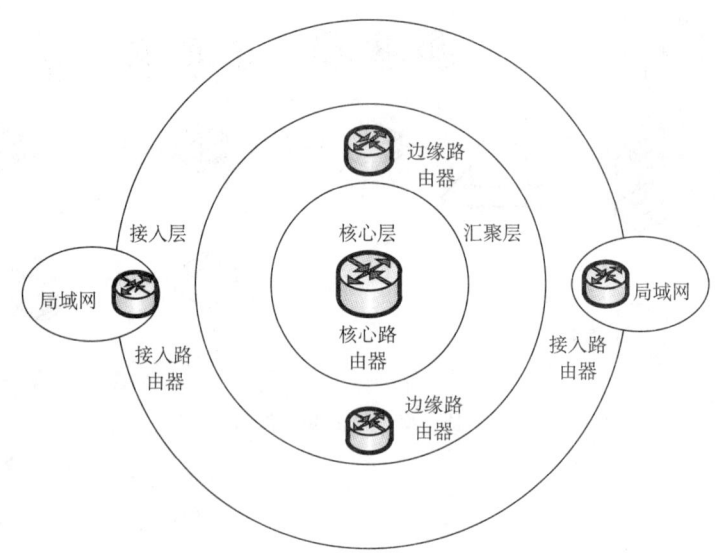

图 2-15 路由器在网络中的分布关系

7）网卡

网卡（网络适配器 NIC）是连接计算机与网络的基本硬件设备。网卡插在计算机或服务器扩展槽中，通过网络线（如双绞线、同轴电缆或光纤）与网络交换数据、共享资源。

由于网卡类型的不同，使用的网卡也有很多种，如以太网、FDDI、AIM、无线网络等，但都必须采用与之相适应的网卡才行。目前，绝大多数网络都是以太网连接形式，使用的是与之配套的以太网网卡。

网卡虽然有多种,但每块网卡都拥有唯一的 ID 号,也叫做 MAC 地址（48 位）,MAC 地址被烧录在网卡的 ROM 中,就像我们每个人的遗传基因 DNA 一样,即使在全世界也绝不会重复。

安装网卡后还要进行协议的配置。例如,IPX/SPX 协议、TCP/IP 协议。

网卡的功能主要有两个,一是将计算机的数据进行封装,并通过网卡将数据发送到网络上;二是接收网络上传过来的数据并发到计算机中。

4. 网络传输介质

传输介质就是通信中实际传送信息的载体,在网络中是连接收发双方的物理通路;常用的传输介质分为有线介质和无线介质。

有线介质:可传输模拟信号和数字信号（有双绞线、细/粗同轴电缆、光纤）。

无线介质:大多传输数字信号（有微波、卫星通信、无线电波、红外、激光等）。

1）同轴电缆

同轴电缆的核心部分是一根导线,导线外有一层起绝缘作用的塑料材料,再包上一层金属网,用于屏蔽外界的干扰,最外面是起保护作用的塑料外套。同轴电缆产品示意图和结构如图 2-16 所示。同轴电缆与网卡的接头如图 2-17 所示。

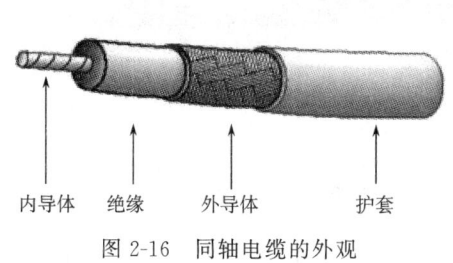

图 2-16 同轴电缆的外观

图 2-17 同轴电缆与网卡连接的 T 型头

2）双绞线

双绞线是两条相互绝缘的导线按一定距离绞合若干次,使得外部的电磁干扰降到最低限度,以保护信息和数据,其外观如图 2-18 所示。

双绞线的广泛应用比同轴电缆要迟得多,但由于它提供了更高的性能价格比,组网方便,成为现在应用最广泛的铜基传输媒体。缺点是传输距离受限。

双绞线分为非屏蔽双绞线（UTP）和屏蔽双绞线（STP）。屏蔽双绞线外护套加金属材料,减少辐射,防止信息窃听,性能优于非屏蔽双绞线,但价格较高,而且安装比非屏蔽双绞线复杂。所以,在组建局域网时通常使用非屏蔽双绞线,但如果是室外使用,屏蔽线要好一些。

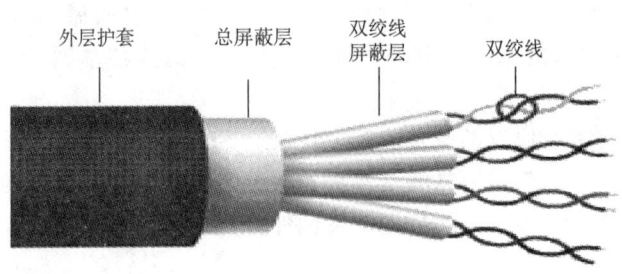

图 2-18　双绞线产品的外观

双绞线与网络设备连接通过 RJ-45 连接器实现，双绞线与 RJ-45 插头的连接由专用的钳子制作，如图 2-19 所示。

图 2-19　RJ-45 插头和制作工具

3）光纤

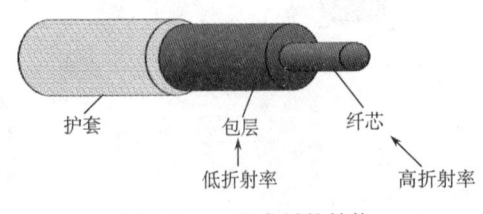

图 2-20　一根光纤的结构

光纤则是由一组光导纤维组成的用来传播光束的、细小而柔韧的传输介质。与其他传输介质相比较，光纤的电磁绝缘性能好，信号衰变小，频带较宽，传输距离较大。光纤主要是在要求传输距离较长、布线条件特殊的情况下用于主干网的连接。光纤通信由光发送机产生光束，将电信号转变为光信号，再把光信号导入光纤，在光纤的另一端由光接收机接收光纤上传输来的光信号，并将它转变成电信号，经解码后再处理。光纤的最大特点是传输距离远、传输速度快。其结构如图 2-20 所示。

4）无线传输介质

无线传输介质指在空间中采用无线频段、红外线、激光等进行信号传输，而不需要使用线缆传输。不受固定位置的限制，可以全方位实现三维立体通信和移动通信。

目前主要用于通信的有：无线电波、微波、红外、激光。

计算机网络系统中的无线通信主要指微波通信，分为两种形式：地面微波通信和卫星微波通信。

无线局域网通常采用无线电波和红外线作为传输介质。其中红外线的基本速率为 1MB/s，仅适用于近距离的无线传输，而且有很强的方向性，而无线电波的覆盖范围较广，应用较广泛，是常用的无线传输媒体。

2.1.5 计算机网络的体系结构

计算机网络体系结构是解决计算机网络问题的理论方法，也是研究和开发计算机网络的思想方法。因此，理解和掌握计算机网络体系结构也是学习计算机网络的有效方法。掌握了体系结构的相关概念后，才能具备交流计算机网络的语言基础。

1. OSI 参考模型

OSI 包括七个功能层（layer），如图 2-21 所示。

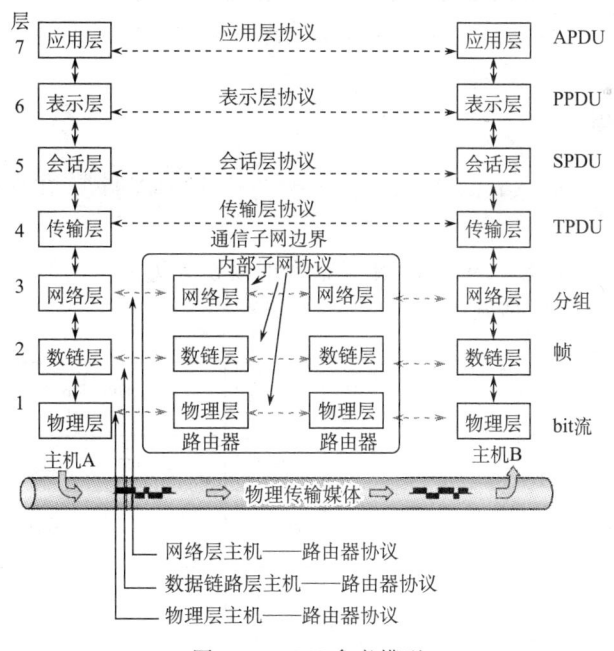

图 2-21 OSI 参考模型

OSI 参考模型是按照高低层次排列的，应用层、表示层和会话层被称为高层，其他层被称为低层。

对等层之间的双向箭头（虚线）代表对等层之间的协议，并不代表实际的数据传输流向，实际的数据传输在上下层之间和两个实体的物理层之间（通过物理传输媒体连接）。发送方的第 n 层向接收方的第 n 层发送数据时，先要把第 n 层的数据交给发送方

的第 $n-1$ 层，然后逐层下传至物理层，最后由物理链路传输。接收方接收时的处理数据过程正好相反。上述过程如图 2-22 所示。

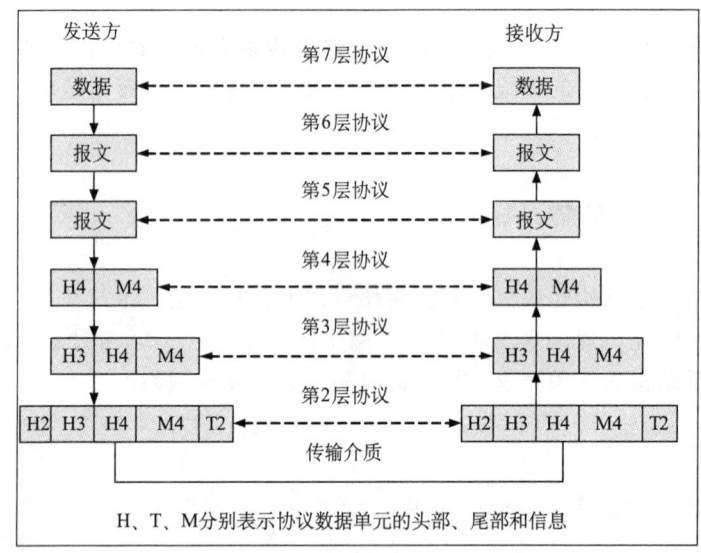

图 2-22　OSI 模型中各层数据单元的形成及流动

2. TCP/IP 体系结构

TCP（Transmission Control Protocol）称为传输控制协议，IP（Internet Protocol）称为互联网协议。

按照 OSI 的层次结构，TCP/IP 体系结构可以划分为四个功能层，如图 2-23 所示。TCP/IP 协议集如图 2-24 所示。

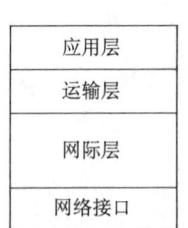

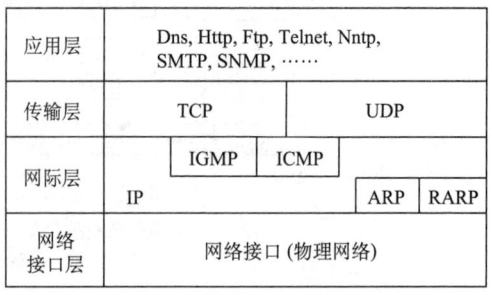

图 2-23　TCP/IP 参考模型　　　　图 2-24　TCP/IP 协议集

OSI 参考模型与 TCP/IP 体系结构主要有以下差异。

1) 相同点

（1）这两种模型都基于独立的协议栈的概念，强调网络技术独立性和端对端确认。

（2）都采用分层的方法，每层建立在下层提供的服务基础上，并为上层提供服务，而且层的功能大体相同，两个模型能够在相应的层找到对应的功能。

2）不同点

（1）分层模型不同。TCP/IP 模型没有会话层和表示层，并且数据链路层和物理层合而为一。

（2）OSI 模型有三个主要明确概念：服务、接口、协议，而 TCP/IP 参考模型在三者的区别上不是很清楚。

（3）TCP/IP 模型对异构网络互连的处理比 OSI 模型更加合理。

（4）TCP/IP 模型比 OSI 参考模型更注重无连接的服务。在传输层 OSI 模式仅支持面向连接的通信，而 TCP/IP 模型支持两种通信方式。

TCP/IP 部分协议的名称如下：

简单网络管理协议（Simple Network Management Protocol，SNMP）；

简单邮件传输协议（Simple Mail Transfer Protocol，SMTP）；

邮局代理协议（Protocol Of Post office，POP）；

超文本传送协议（Hypertext Transfer Protocol，HTTP）；

域名解析系统（Domain Name System，DNS）。

下面我们介绍参考模型中一些典型协议的功能。

1）DNS 的功能

DNS 的功能是进行域名解析。域名解析的作用是由计算机的名字求解该计算机的网络层协议地址，例如 IP 协议的 IP 地址。

2）域名

最具有代表性的名字是域名。域是划分网络主机的一种逻辑单元，域的引入是为了便于网络主机的命名以及对名字的管理。从域的观点来看，网络主机被划分到各个不重叠的集合中，域对其主机的物理位置没有要求。

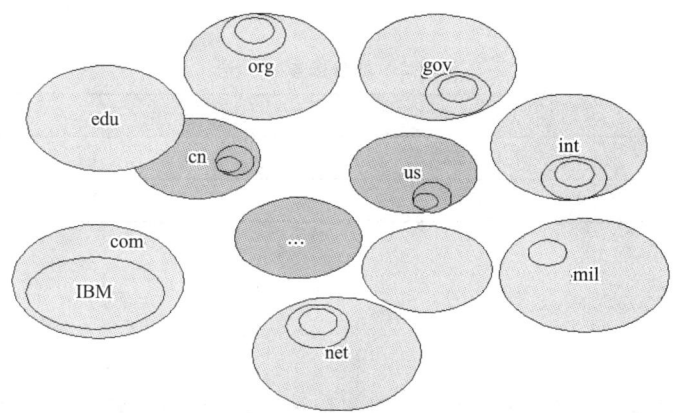

图 2-25　域的逻辑概念

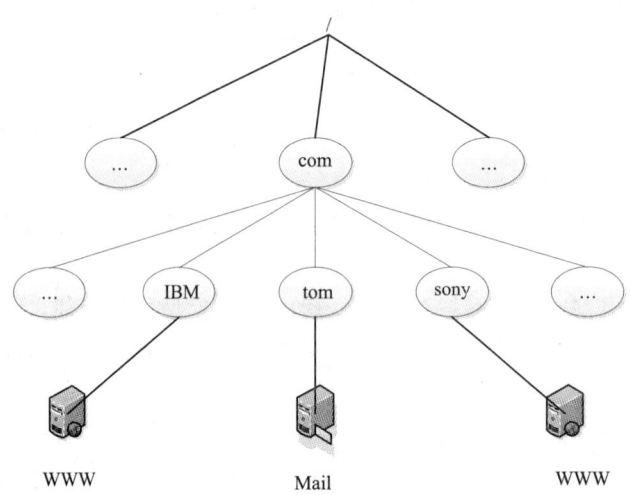

图 2-26　WWW 计算机的域名

域中可以包含子域。为了使域和域之间的逻辑关系更加清晰，图 2-25 通常抽象成图 2-26 的树，子域作为父域的叶节点（下级节点）。

该树称为域名空间。这棵树最多有 128 级：级 0（根）到级 127。域使用标号（label）来进行标识，如图 2-26 中的 tom、ibm 和 sony。

顶级域分为两大类，分别是通用域（其标号如表 2-1 所示）和国家域（其标号如表 2-2 所示）。

表 2-1　通用域标号

标号	说明	标号	说明
com	商业组织	mil	军事组织
edu	教育机构	net	网络支持机构
gov	政府机构	org	非盈利组织
int	国际组织	biz	公司和企业

表 2-2　部分国家域标号

区域	国家或地区	区域	国家或地区
cn	中国	jp	日本
ca	加拿大	fr	法国

2.1.6　IP 地址

IP 地址是 IP 协议规定的地址，它用于标识参与 IP 数据报通信的协议实体，例如主机和网络设备的网络接口。

1. IP 地址的结构和类型

IP 地址是一个 32 位无符号二进制数。IP 地址是具有层次结构的地址，它由二级结构组成：第一级结构是网络号（net-id），它是网络在互联网中的编号；第二级结构是主机号（host-id），它是主机在网络中的编号。

另外，网络号的左边若干比特是特征位，它们标识了 IP 地址的类型。IP 地址的结构和类型如图 2-27 所示。

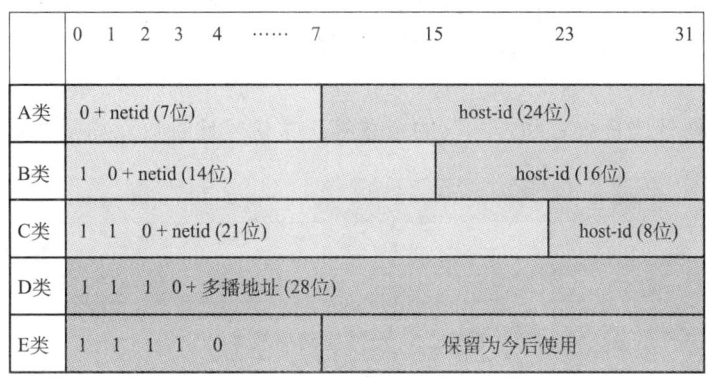

图 2-27　IP 地址的结构和类型

2. IP 地址的标记法

32 位的 IP 地址不便于记忆和使用，因此，采用了一种称为点分十进制（dotted decimal notation）的记法来书写 IP 地址。所谓点分十进制记法就是将 32 位的 IP 地址中的每 8 个比特用一个十进制数字表示，并且在这些十进制数字之间加上一个点。点分十进制记法示意如图 2-28 所示。

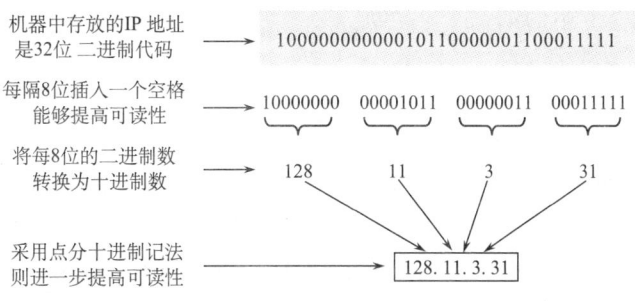

图 2-28　点分十进制记法示意

3. IP 子网和子网掩码

如果主机号（host-id）中靠近网络号（net-id）的若干比特不用于主机编号，而是和网络号一起用于网络编号,那么,我们就说该 IP 网络中包含 IP 子网,这些 IP 子网的网络号是相同的,区别它们的是子网号,子网号由原来属于主机号的比特编码。

为什么要划分子网呢?简单来说,划分子网是想要在一个大网络中进一步分割出若干个小的网络,以便把主机划分到不同的子网中,从而便于管理。例如,在校园的一栋楼中有数理学院、电信学院和计算机学院,这栋楼内主机 IP 地址的网络号是相同的,为了便于管理,可以把数理学院、电信学院和计算机学院的主机划分到三个子网中,每个学院对应一个子网。

对于一个 IP 地址,如何知道它的网络号是多少?主机号又是多少呢?如果知道了该地址对应的子网掩码,就可以简单计算出网络号和主机号。

子网掩码(subnet mask)由一连串的"1"和一连串的"0"组成。"1"的个数等于网络号和子网号比特数之和,"0"的个数等于主机号比特数,如图 2-29 所示。

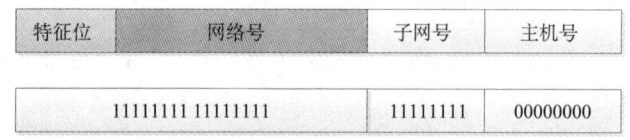

图 2-29　子网掩码的意义

假设一个 B 类 IP 地址 140.50.0.0,其主机号部分的 2 个比特用于子网号编码,则可以编码 $2^2=4$ 个子网。

这些子网中的主机的网络号分别是 140.50.0.0、140.50.64.0、140.50.128.0 和 140.50.192.0。

怎样由 IP 地址和子网掩码计算网络号和主机号?假设 IP 地址 140.50.1.1 对应的子网掩码是 255.255.0.0,我们根据 IP 地址结构的定义可知,该地址是 B 类地址,又根据子网掩码的定义知道该地址不包含子网。因此,该地址的网络号是 140.50.0.0,主机号是 0000000100000001(对应的十进制数是 257),即 IP 地址是 140.50.1.1 的主机是网络 140.50.0.0 中的第 257 号主机。

4. IP 地址的配置

IP 地址是逻辑地址,没有固化在机器中。因此,需要通过软件为机器配置 IP 地址,这样机器才能进行通信。对于主机来讲,配置 IP 地址一般通过操作系统提供的界面实施。

例如在运行 Windows 的主机上配置 IP 地址的界面如图 2-30 所示。

在指定 IP 地址时,默认的子网掩码会自动填写到"子网掩码"中。如果划分了 IP 子网,就需要手工填写实际的子网掩码。

2.1.7　网络安全

除了计算机病毒对网络系统的安全造成威胁外,另外还有网络系统的不安全因素。

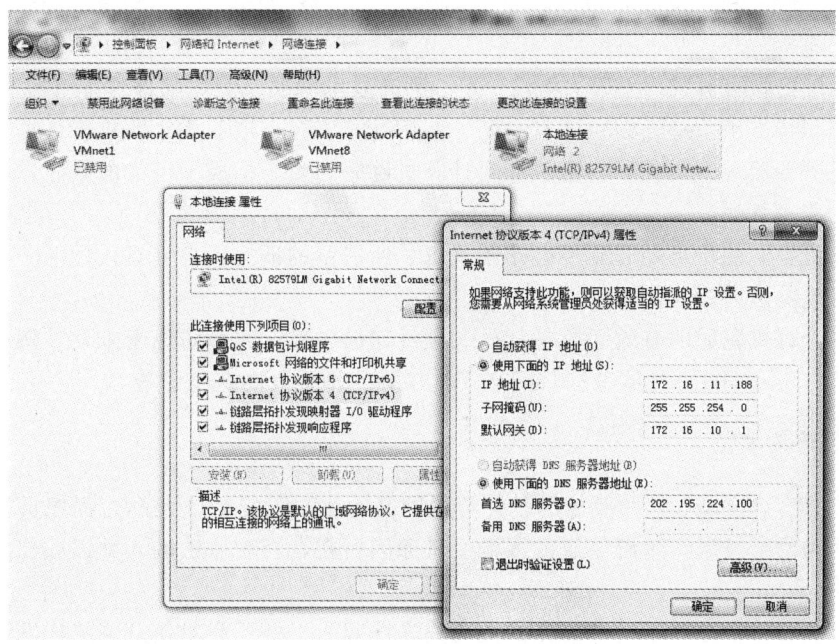

图 2-30　在 Windows 中指定 IP 地址

1. 网络的不安全因素

1）自然环境和社会环境

（1）自然环境。恶劣的天气会对计算机网络造成严重的损坏，强电和强磁场会毁坏信息载体上的数据信息，损坏网络中的计算机，甚至使计算机网络瘫痪。

（2）社会环境。危害网络安全的主要有三种人：故意破坏者（又称黑客 hacker）、不遵守规则者和刺探秘密者。

2）资源共享

资源共享使各个终端可以访问主计算机资源，各个终端之间也可以相互共享资源。这就有可能为一些非法用户窃取、破坏信息创造了条件，这些非法用户有可能通过终端或节点进行非法浏览、非法修改。

3）数据通信

信息在传输过程中极易遭受破坏，如搭线窃听、窃取等都可能对网络的安全造成威胁。

4）网络管理

网络系统的管理措施不当，就可能造成设备的损坏或保密信息的人为泄露等。

2. 计算机犯罪

计算机犯罪始于 20 世纪 80 年代，是一种高技术犯罪，例如邮件炸弹（mail bomb）、网络病毒、特洛伊木马、窃取硬盘空间、盗用计算资源、窃取或篡改机密数据、冒领存款、捣毁服务器等。其犯罪的隐蔽性对计算机网络的安全构成了巨大的威胁，已经引起全社会的普遍关注。

计算机犯罪的特点是罪犯不必亲临现场、所遗留的证据很少且有效性低，并且与此类犯罪有关的法律还有待于进一步完善。

遏制计算机犯罪的有效手段是从软、硬件建设做起，力争防患于未然。例如，可购置防火墙（firewall）、对员工进行网络安全培训、增强其防范意识等。

3. 黑客攻防技术

网络黑客（hacker）一般指的是计算机网络的非法入侵者，大都为程序员，精通计算机技术和网络技术，了解系统的漏洞及其原因所在，喜欢非法闯入并以此作为一种智力挑战。

有些黑客仅仅是为了验证自己的能力而非法闯入，并不会对信息系统或网络系统产生破坏作用，但也有很多黑客非法闯入是为了窃取机密的信息、盗用系统资源或出于报复心理而恶意毁坏某个信息系统等。

1) 黑客的攻击步骤及攻击方式

（1）黑客的攻击步骤。① 信息收集：通常利用相关的网络协议或实用程序来收集；② 探测分析系统的安全弱点；③ 实施攻击。

（2）黑客的攻击方式。① 密码破解；② IP 嗅探（sniffing）与欺骗（spoofing）；③ 系统漏洞；④ 端口扫描。

2) 防止黑客攻击的策略

（1）数据加密。保护系统的数据、文件、口令和控制信息等。

（2）身份验证。对用户身份的正确识别与检验。

（3）建立完善的访问控制策略。设置入网访问权限、网络共享资源的访问权限、目录安全等级控制。

（4）审计。记录系统中和安全有关的事件，保留日志文件。

（5）其他安全措施。安装具有实时检测、拦截和查找黑客攻击程序用的工具软件，做好系统的数据备份工作，及时安装系统的补丁程序。

4. 网络安全策略

（1）加强网络管理。

（2）采用安全保密技术。

（3）局域网。①实行实体访问控制；②保护网络介质；③数据访问控制；④数据存储保护；⑤计算机病毒防护。

（4）广域网。①数据通信加密；②通信链路安全保护。

5. 防火墙技术

防火墙是用来连接两个网络并控制两个网络之间相互访问的系统，如图 2-31 所示。它包括用于网络连接的软件和硬件以及控制访问的方案，用于对进出的所有数据进行分析，并对用户进行认证，从而防止有害信息进入受保护网，为网络提供安全保障。防火墙是一个分离器、一个限制器，也是一个分析器，有效地监控了内部网和 Internet 之间的任何活动，保证了内部网络的安全。将局域网络放置于防火墙之后可以有效阻止来自外界的攻击。

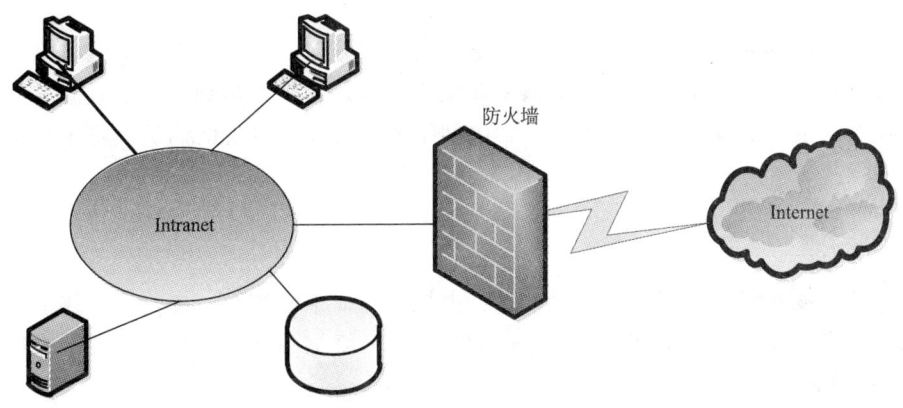

图 2-31　防火墙

防火墙的主要功能包括过滤不安全服务和非法用户，禁止未授权用户访问受保护网络；控制对特殊站点的访问；提供监视 Internet 安全和预警的端点。

1) 防火墙的主要类型

（1）包过滤防火墙。在网络层对数据包进行分析、选择和过滤。

（2）应用代理防火墙。网络内部的客户不直接与外部的服务器通信。防火墙内外计算机系统间应用层的连接由两个代理服务器之间的连接来实现。

（3）状态检测防火墙。在网络层由一个检查引擎截获数据包，抽取出与应用层状态有关的信息，并以此作为依据决定对该数据包是接受还是拒绝。

2) 防火墙的局限性

（1）防火墙防外不防内。防火墙很难解决内部网络人员的安全问题。

（2）防火墙难于管理和配置，容易造成安全漏洞。由于防火墙的管理和配置相当复杂，对防火墙管理人员的要求比较高，除非管理人员对系统的各个设备（如路由器、代理服务器、网关等）都有相当深刻的了解，否则在管理上有所疏忽是在所难免的。

6. 信息安全技术简介

由于电子商务的应用越来越普及，电子商务成功的关键则是要保证网上交易的安全性和可靠性，那么就必须保证在网络中传输信息的保密性、完整性以及不可抵赖性。现在较为成熟的信息安全技术有数据加密和解密技术、数字签名技术以及身份认证技术等。

1) 数据加密和解密技术

数据加密和解密技术就是将被传输的数据转换成表面上杂乱无章的数据，合法的接收者通过逆变换可以恢复成原来的数据，而非法窃取得到的则是毫无意义的数据。

2) 数字签名技术

数字签名技术就是通过密码技术形成电子文档的签名，类似于现实生活中的手写签名，但数字签名并不就是手写签名的数字图像化，而是加密后得到的一串数据。目的是为了保证发送信息的真实性和完整性，解决网络通信中双方身份的确认，防止欺骗和抵赖行为的发生。

3) 数字证书

数字证书就是包含了用户的身份信息，由权威认证中心签发，主要用于数字签名的一个数据文件，相当于一个网上身份证，能够帮助网络上各终端用户表明自己的身份和识别对方身份。

2.2 Internet 概念与原理

2.2.1 Internet 概念

Internet 是一组全球信息资源的总汇。一般认为 Internet 是由许多小的网络（子网）互联而成的，每个子网中连接着若干台计算机（主机）。Internet 以相互交流信息资源为目的，基于共同的协议，并通过路由器和公共互联网构成，是一个信息和资源共享的集合。

Internet 最早来源于美国国防部高级研究计划局 DARPA（Defense advanced Research Projects Agency）的前身 ARPA 建立的 ARPAnet，该网于 1969 年投入使用。该项目基于一种主导思想：网络必须能够经受住故障的考验而维持正常工作，一旦发生战争，网络的某一部分因遭受攻击而失去工作能力时，网络的其他部分应当能够维持正常通信。最初 ARPAnet 主要用于军事研究目的，它有五大特点：①支持资源共享；②采用分布式控制技术；③采用分组交换技术；④使用通信控制处理机；⑤采用分层的网络通信协议。

随着社会科技、文化和经济的发展，特别是计算机技术和通信技术的快速发展，人类社会从工业社会向信息社会过渡的趋势越来越明显，人们对信息的意识，对开发和使用信息资源的重视也越来越强烈，这些都促成了 ARPAnet 的发展。

今天的 Internet 变成了一个开发和使用信息资源覆盖全球的信息世界。在 Internet 上，从事的业务达 100 多种，覆盖了社会生活的各个方面，构成了一个信息社会的缩影。从目前的情况来看，Internet 市场具有巨大的发展潜力，未来其应用将涵盖更为广泛的领域。

2.2.2 Internet 中的客户机/服务器体系结构

客户/服务器（client/server）模式是现代计算机网络的产物，在 Internet 开始流行之前就广泛应用于局域网系统。它是目前一种普遍使用的分布式计算模式。

通俗地讲，客户/服务器模式是一种多机合作方式，它的概念来源于服务机构中的服务员与顾客。顾客向服务员提出服务请求，服务员按顾客的请求进行工作。从整体上看，服务员与顾客配合完成工作，这就是客户/服务器模式。

在计算机网络中，一些机器被指定为服务器，为其他机器上的请求提供服务。这些向服务器提出请求的机器就是客户。服务器提供的功能可以是多种多样的，所以可以有不同种类的服务器。例如有文件服务器、数据库服务器、WWW 服务器、E-mail 服务器及其他应用服务器等。服务器的功能一般是按客户机的请求访问本机的数据，并向客户回送访问结果，也有的服务器只负责"请求"的传递。无论服务器的功能如何不同，各种服务器都有一种共同的功能：随时监听各客户的请求。

服务器与客户机在硬件配置上并没有不同，由于服务器一般要面向多个客户，所以有较强的处理能力（并发处理能力）。在软件配置上，服务器机应运行相应的服务器软件，客户机上要运行相应的客户软件。在许多情况下，一台计算机既可作服务器，又可做客户，可在这两种角色之间切换。

Internet 上的应用绝大多数是基于客户/服务器模式的。Internet 上有些主机专门做服务器，提供一定的服务功能。例如 Internet 上的服务 FTP、Telnet、E-mail、WWW 及各种信息查找引擎（如 Gopher、Archie、WAIS、Yahoo 等）均是以客户/服务器模式工作。

2.2.3 接入 Internet

Internet 服务提供商（internet service provider，ISP）是众多企业和个人用户接入 Internet 的驿站和桥梁。当计算机连接 Internet 时，它并不是直接连接到 Internet，而是采用某种方式与 ISP 提供的某一台服务器连接起来，通过它连接 Internet。ISP 大致可以分为两类，一类为接入服务提供商（internet access provider，IAP），另一类是内容服务提供商（internet content provider，ICP）。

在接入网中，目前可供选择的接入方式主要有 PSTN、ISDN、DDN、LAN、ADSL、VDSL、Cable-Modem、PON 和 LMDS9，它们各有优缺点。

1）PSTN

PSTN（published switched telephone network，公用电话交换网）技术是利用 PSTN 通过调制解调器拨号实现用户接入的方式。这种接入方式是大家非常熟悉的一种接入方式，目前最高的速率为 56KB/s。PSTN 拨号接入方式比较经济，至今仍然在使用。

2）ISDN

ISDN（integrated service digital network，综合业务数字网）接入技术俗称"一线通"，它采用数字传输和数字交换技术，将电话、传真、数据、图像等多种业务综合在一个统一的数字网络中进行传输和处理。用户利用一条 ISDN 用户线路，可以在上网的同时拨打电话、收发传真，就像两条电话线一样。ISDN 基本速率接口有两条 64KB/s 的信息通路和一条 16KB/s 的信令通路，简称 2B+D。主要由网络终端和 ISDN 适配器组成。用户采用 ISDN 拨号方式接入需要申请开户。

3）DDN

DDN 是英文 digital data network 的缩写，这是随着数据通信业务发展而迅速发展起来的一种新型网络。DDN 的主干网传输媒介有光纤、数字微波、卫星信道等，用户端多使用普通电缆和双绞线。DDN 将数字通信技术、计算机技术、光纤通信技术以及数字交叉连接技术有机地结合在一起，提供了高速度、高质量的通信环境，可以向用户提供点对点、点对多点透明传输的数据专线出租电路，为用户传输数据、图像、声音等信息。DDN 的通信速率可根据用户需要在 $N\times64KB/s$（$N=1\sim32$）之间进行选择。用户租用 DDN 业务需要申请开户。DDN 主要面向集团公司等需要综合运用的单位。

4）ADSL

ADSL（asymmetrical digital subscriber line，非对称数字用户环路）是一种能够通过普通电话线提供宽带数据业务的技术，也是目前极具发展前景的一种接入技术。ADSL 素有"网络快车"之美誉，因其下行速率高、频带宽、性能优、安装方便、不需交纳电话费等特点而深受广大用户喜爱，成为继 Modem、ISDN 之后的又一种全新的高效接入方式。ADSL 方案的最大特点是不需要改造信号传输线路，完全可以利用普通铜质电话线作为传输介质，配上专用的 Modem 即可实现数据高速传输。ADSL 支持上行速率 640KB/s～1MB/s，下行速率 1～8MB/s，其有效的传输距离在 3～5 公里范围以内。

5）VDSL

VDSL 比 ADSL 还要快。使用 VDSL，短距离内的最大下传速率可达 55MB/s，上传速率可达 2.3MB/s（将来可达 19.2MB/s，甚至更高）。VDSL 使用的介质是一对铜线，有效传输距离可超过 1000m。但 VDSL 技术仍处于发展初期，长距离应用仍需测试，端点设备的普及也需要时间。

6）Cable Modem

Cable Modem（线缆调制解调器）是近两年开始试用的一种超高速 Modem，它利用现成的有线电视（CATV）网进行数据传输，已是一种比较成熟的技术。由于有线电视网采用的是模拟传输协议，因此网络需要用一个 Modem 来协助完成数字数据的转化。Cable Modem 与以往的 Modem 在原理上都是将数据进行调制后在 Cable（电缆）的一个频率范围内传输，接收时进行解调，传输机理与普通 Modem 相同，不同之处在于它是通过有线电视 CATV 的某个传输频带进行调制解调的。

7）PON

PON（无源光网络）技术是一种点对多点的光纤传输和接入技术，下行采用广播方式，上行采用时分多址方式，可以灵活地组成树型、星型、总线型等拓扑结构，在光分支点不需要节点设备，只需要安装一个简单的光分支器即可，具有节省光缆资源、带宽资源共享、节省机房投资、设备安全性高、建网速度快、综合建网成本低等优点。

8）LMDS

在 LMDS 接入（无线通信）方式中，一个基站可以覆盖直径 20km 的区域，每个基站可以负载 2.4 万用户，每个终端用户的带宽可达到 25MB/s。但是，它的带宽总容量为 600MB/s，每基站下的用户共享带宽，因此一个基站如果负载用户较多，那么每个用户所分到的带宽就很小了。目前，采用这种技术的产品在中国还没有形成商品市场，无法进行成本评估。

9）LAN 方式接入

LAN 方式接入是利用以太网技术，采用光缆加双绞线的方式对社区进行综合布线。以太网技术成熟、成本低、结构简单、稳定性、可扩充性好，便于网络升级。

2.2.4 下一代 Internet

Internet 正在改变着人们的生产方式、工作方式、生活方式和学习方式。下一代 Internet 将给每一个人带来新的便捷、新的感受和新的变化，将引导人类走向新时代。

1. 下一代因特网的概念

下一代 Internet（next generation internet）指的是比现行的 Internet 具有更快的传输速率，更强的功能，更安全和更多的网址，能基本达到信息高速公路计划目标的新一代 Internet。

众所周知，Internet 源于美国军事部门的 ARPA 网，而后转为民用，主要用于科研和教育，1998 年 Internet 全球用户人数已激增到 1.47 亿，而其本身的缺陷也暴露出来。

首先，Internet 原先是用于军事目的，所以主要考虑的是抗干扰能力，而这正是以牺牲网络带宽为代价的。在当前网上用户激增，多媒体应用日趋成为通信主流的情况下，Internet 就显得先天不足，不堪重负。同时，Internet 缺乏管理，信息泛滥，就像一个巨大的自由市场。最初的 Internet 应用范围狭窄，对安全性未给予重视。而现在安全性已成为一个不容忽视的问题。目前 Internet 上运行的 TCP/IP 协议第 4 版即 IPv4，不具备服务质量保障特性，不能预留带宽，也不能限定网络时延。于是，在 Internet 进入商用后，建立一个新的、更先进的网络被提上日程，这就是下一代 Internet。

2. 下一代 Internet 计划

下一代 Internet 几个基本计划几乎是并行提出的，它们是白宫下一代 Internet NGI 倡议、美国国家科学基金会（NSF）超高带宽网络服务（VBNS）和高等院校与企业合作的 Internet2。

1）超高带宽网络服务（VBNS）

1995 年，美国国家科学基金会就 VBNS 与 MCI 公司签订 5 年合作协议，VBNS 于 1995 年 4 月起投入运行，连接 5 个超级计算机中心和 100 所大学及研究机构。到 2000 年 VBNS 主干速率将升级到 2.5GB/s。

2）Internet 2

1996 年 10 月 1 日，美国一些科研机构和 34 所大学代表在芝加哥聚会，提出开发新一代 Internet，取名"Internet 2"，以提供高速互联网服务的设想。1997 年 9 月，高级 Internet 开发合作组（VCAID）成立，以管理 Internet 2 和帮助其他联合组织。Internet 2 的建立不是为取代 Internet，也不是为普通用户新建另一个网络，而是用于教育和科研。

3）白宫下一代 Internet

Internet 2 提出之后，美国政府随即于 10 月 6 日宣布白宫 NGI 这一多机构倡议。1997 年，研究机构已经演示了 5 种"前期应用"。NGI 计划的研究工作主要涉及协议，开发部署、高端试验网以及应用演示。其中某些目标会通过 Internet 2 或 VBNS 来实现。NGI 计划在 3 个倡议计划中是最领先的。它的一个关键目标是开发和演示两个试验网，要在端到端的速率方面分别比目前的 Internet 快 100 倍和 1000 倍，即达到 100MB/s 和 1GB/s。

3. 下一代 Internet 的目标

下一代 Internet 具有广泛的应用前景，支持医疗保健、国家安全、远程教学、能源研究、生物医学、环境监测、制造工程以及紧急情况下的应急反应和危机管理等，它有直接和应用两个方面目标。

1) 直接目标

使连接各大学和国家实验室的高速网络的传输速率比现有 Internet 快 100~1000 倍；其速率可在 1s 内传输一部大英百科全书。

推动下一代 Internet 技术的实验研究，如研究一些技术使 Internet 能提供高质量的会议电视等实时服务。

2) 应用目标

在医疗保健方面，要让人们得到最好的诊断医疗，分享医学的最新成果。

在教育方面，要通过虚拟图书馆和虚拟实验室提高教学质量。

在环境监测上，通过虚拟世界为各方面提供服务，在工程上通过各种造型系统和模拟系统缩短新产品的开发时间。

在科研方面，要通过 NGI 进行大范围的协作，以提高科研效率等。

2.3 简单的 Internet 应用

2.3.1 网页浏览

用户计算机中进行 Web 页面浏览的客户程序称为 Web 浏览器。目前比较流行的浏览器有微软公司的 Internet Explorer（IE）。

1. IE 浏览器的主界面

IE 浏览器窗口由如下几部分组成：

（1）标题栏：进行窗口操作和显示正在访问的 Web 页标题或文件名、程序名。

（2）菜单栏：包括 IE 浏览器的全部命令。

（3）工具栏：在菜单栏下面是工具栏，其上的快捷图标提供了与某些菜单项相同的功能，使用户免于频繁点击菜单，操作更加方便。

（4）主窗口：显示当前访问的页面信息或文档信息。

（5）地址栏：现在正在浏览的文档地址，可以是 Internet 地址，也可以是本机地址的路径。

（6）状态栏：在窗口的最后一行，状态栏中显示有关的工作状态信息。

如果在窗口中看不到其中的某部分，可能是被隐藏了，可以单击菜单"查看"下的"工具栏"命令，使其显示。

图 2-32 为 IE 浏览器的主界面。

2. 使用 IE 浏览器浏览 Web 页

使用 IE 浏览器浏览 Web 页的方法是：在地址栏中键入 Web 地址，即 Internet 地址或网址（也称为 URL），便可以打开相应的站点。网址通常以协议名开头，后面是负责管理

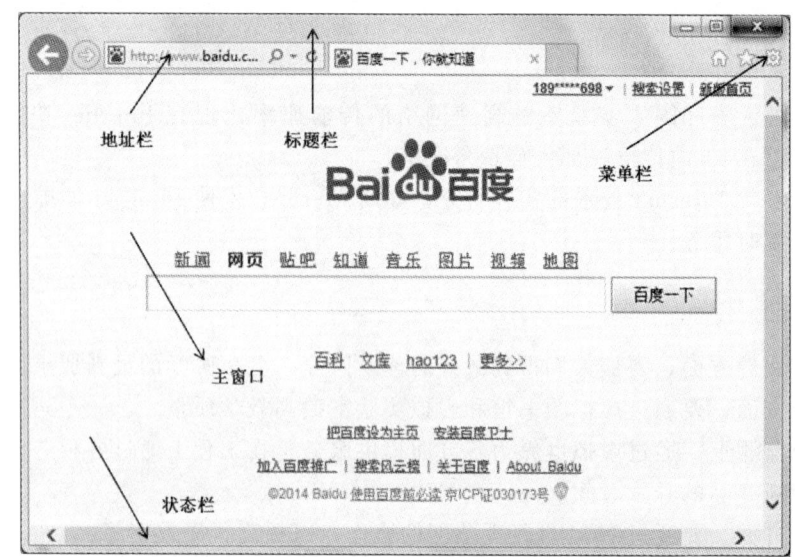

图 2-32　IE 浏览器的主界面

该站点的组织名称，后缀则标识该组织的类型，最后面是网址所在的国家或地区。

例如：南京信息工程大学滨江学院的网址为 Http://www.bjxy.cn（表 2-3）。

表 2-3　Web 地址示例

示例	含义
http	该 Web 服务器使用 Http 协议
www	该站点在 World Wide Web 上
bjxy	该 Web 服务器位于南京信息工程大学滨江学院
cn	属于中国大陆地区

3. 设置浏览器主页

每次重新启动 IE 时，浏览器会自动下载并显示出一个页面，这个页面称为浏览器的主页。在刚安装的浏览器里是以浏览器生产商的主页作为浏览器的主页的。用户可以根据自己的需要设置这一主页。

选择主菜单"工具"下的"Internet 选项"，得到如图 2-33 所示的窗口。

该窗口"常规"选项页的主页框是用来设置浏览器主页的。可以直接在"地址"文本输入框中输入相应的地址，也可以使用"地址"输入框下的三个按钮。

使用当前页：如果要用浏览器当前正在显示的 Web 页面作为浏览器的主页，点击"使用当前页"按钮，当前页的 URL 出现在"地址"文本输入框中，点击"确定"按钮，当前页被设置为主页。

使用默认页：默认页指浏览器生产商 Microsoft 公司的主页，它的 URL 是 http://www.microsoft.com。

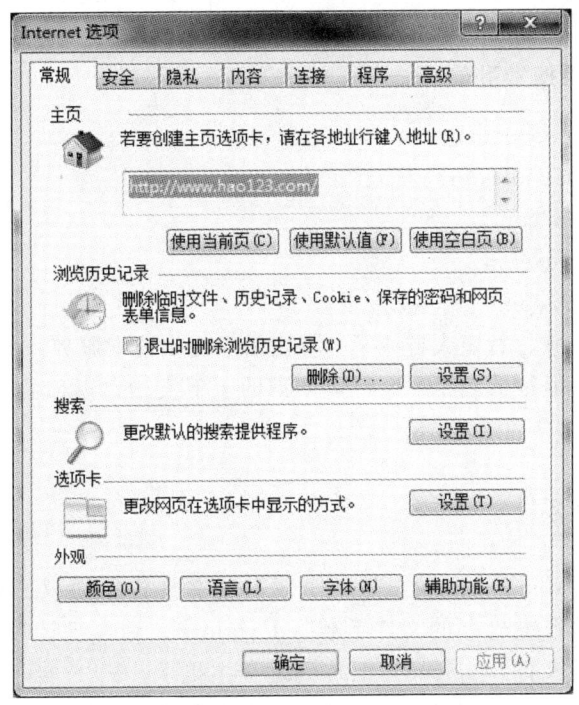

图 2-33 Internet 选项

使用空白页：系统内含有一个名为 about：blank 的页面，该页面是一个不含任何内容的空白页。

设置完毕后，点击"确定"按钮退出。下次启动浏览器时自动显示用户新设置的浏览器主页。

2.3.2 信息搜索

在万维网中用来进行搜索的程序叫做搜索引擎。全文检索搜索引擎是一种纯技术型的检索工具。它的工作原理是通过搜索软件到 Internet 上的各网站收集信息，找到一个网站后可以从这个网站再链接到另一个网站。然后按照一定的规则建立一个很大的在线数据库供用户查询。用户在查询时只要输入关键词，就可以从已经建立的索引数据库上进行查询（并不是实时地在 Internet 上检索到的信息）。

分类目录搜索引擎并不采集网站的任何信息，而是利用各网站向搜索引擎提交的网站信息时填写的关键词和网站描述等信息，经过人工审核编辑后，如果认为符合网站登录的条件，则输入到分类目录的数据库中，供网上用户查询。分类目录搜索也叫做分类网站搜索。

1. 最著名的全文检索搜索引擎

Google（谷歌）（www.google.com）

百度（www.baidu.com）

2. 最著名的分类目录搜索引擎

雅虎（www.yahoo.com）
雅虎中国（cn.yahoo.com）
新浪（www.sina.com）
搜狐（www.sohu.com）
网易（www.163.com）

针对某一特定领域、特定人群或某一特定需求提供搜索服务。垂直搜索也是提供关键字来进行搜索的，但被放到了一个行业知识的上下文中，返回的结果更倾向于信息、消息、条目等。

2.3.3 FTP传输文件

FTP（File Transfer Protocol）是一个双向的文件传输协议。利用文件传输协议FTP，用户可以将远程主机上的文件下载（download）到自己计算机的磁盘中，也可以将本地计算机中的文件（upload）上传到远程主机上。FTP实际上就是将各种类型的文件都放在Internet上的FTP服务器中，用户计算机上安装一个客户端FTP服务程序，通过这个程序实现对FTP服务器的访问。当通过客户端程序登录到Internet的FTP服务器时，要求正确回答用户名和密码才能取得访问权。

如果知道所要下载软件存放的FTP服务器名称以及它在服务器中的存放位置时，可以通过浏览器访问FTP站点来下载软件，具体步骤如下。

（1）在IE浏览器的地址栏中，输入要连接的FTP站点的Internet地址（URL）。

（2）选择要复制的文件或文件夹，利用复制的方法将文件或文件夹复制到本地的磁盘中。

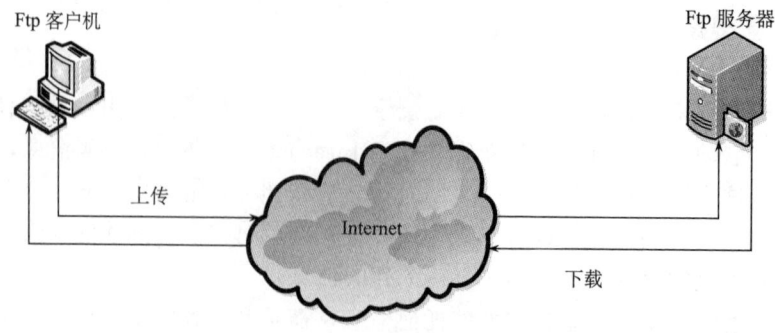

图 2-34　FTP的上传和下载

2.3.4 电子邮件

电子邮件（E-mail）是Internet用户之间一种快捷、简便、廉价的现代通信手段，也是目前 Internet 上使用最频繁的服务。

电子邮件的英文是 electronic mail（E-mail），电子邮件的主要功能是发送和接收邮件。

1. 电子邮件的工作过程

电子邮件的工作过程遵循客户/服务器模式。每份电子邮件的发送都要涉及发送方与接收方，发送方构成客户端，而接收方构成服务器。通常 Internet 上的用户不能直接接收电子邮件，而是通过向 ISP 申请一个电子信箱，由 ISP 主机负责接收电子邮件。一旦有用户的电子邮件到来，ISP 主机就将电子邮件移动到用户的电子信箱内并通知用户有新的电子邮件。

当发送一个电子邮件到另一台计算机时，首先发送到 ISP，并以文件的形式存到 ISP 的硬盘上；当查看电子邮件时，需要首先登录 ISP，然后进入自己的邮箱才能进行查看。

电子邮件在发送与接收过程中都要遵循 SMTP 和 POP3 等协议，这些协议确保了电子邮件在各种不同系统之间的传输。SMTP 服务器和 POP 服务器就是 Internet 上的邮局，是为我们提供发送和接收电子邮件服务的。

SMTP（Simple Mail Transfer Protocol），即发送邮件传输协议，SMTP 服务器就是发送邮件的服务器，它的作用是通过 SMTP 服务器将用户撰写的电子邮件发送到收信人的电子邮箱中。

POP（Post Office Protocol），即邮局协议，POP 服务器（或 POP3 服务器）就是接收邮件的服务器，它的作用是通过 POP 服务器将别人发给用户的电子邮件暂时寄存，直到用户从服务器上将邮件取到自己的计算机上进行查阅。当用户拥有多个 E-mail 地址时，每个 E-mail 地址的"@"后面的内容就是 POP3 服务器的名称。其中，SMTP 负责电子邮件的发送，而 POP3 或 IMAP 则用于接收电子邮件。

2. 电子邮件格式

一封邮件由邮件头和邮件体两部分组成。邮件头类似于人工信件的信封，包括收件人、抄送、邮件主题等信息。

收件人栏填入收件人的 E-mail 地址，是必须填写的；抄送栏填入第二收件人的 E-mail 地址，可以不填写任何内容；主题是对邮件内容的一个简短概括；邮件体是邮件的正文部分。

3. 电子邮件地址

使用电子邮件要有一个电子邮件信箱，用户可向 Internet 服务提供商申请。邮件信箱实际上是在邮件服务器上为用户分配的一块存储空间，每个电子信箱对应着一个信箱地址或叫做邮件地址，其格式形式如下：

用户名@域名

其中用户名是用户申请电子信箱时与 ISP 协商的一个字母与数字的组合。域名是

ISP 的邮件服务器。字符"@"是一个固定符号,发音为英文单词"at"。

例如:aynes@sina.com 和 errun@chinaren.com 是两个 E-mail 地址。

使用电子邮件,需要在用户的计算机上安装一个处理电子邮件的客户程序,如 FoxMail,Outlook 等。本节以 Microsoft Office 2010 软件包中的 Outlook 2010 程序为例,讲述电子邮件账户的设置过程。单击 Outlook Express 的"文件"菜单项如图 2-35 所示。

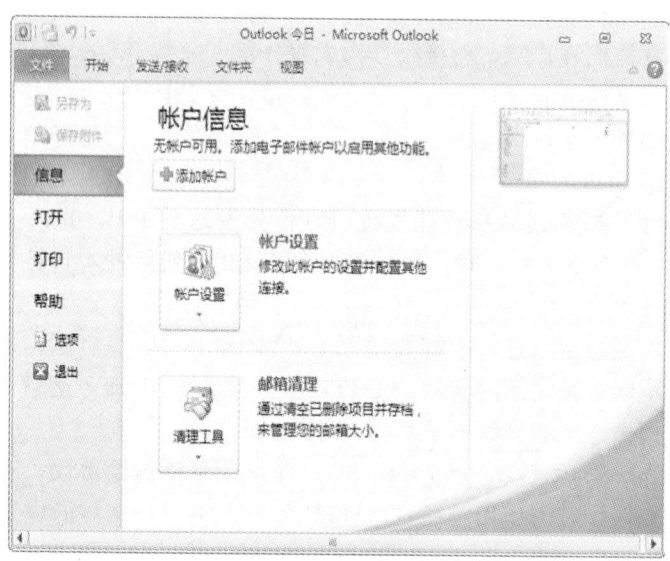

图 2-35　Microsoft Outlook 文件选项

(1) 单击"账户设置",得到图 2-36 所示的窗口。

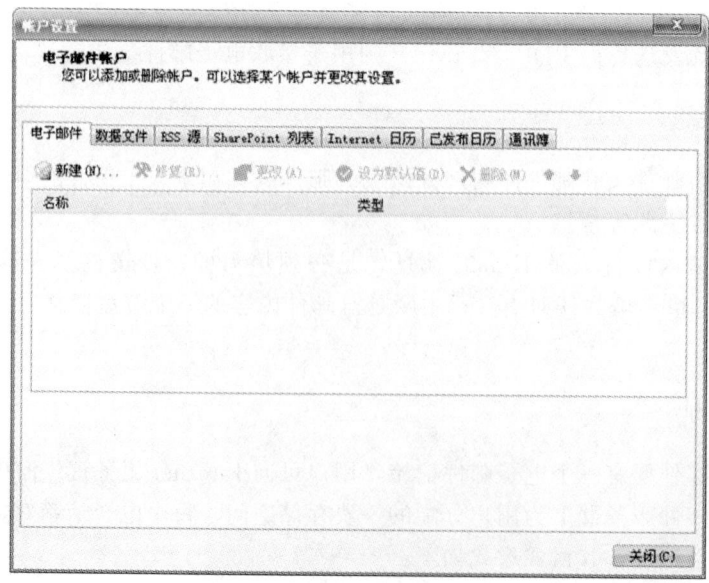

图 2-36　Internet 账户设置

(2) 单击电子邮件的"新建（N）…"按钮，得到图 2-37 所示的画面。

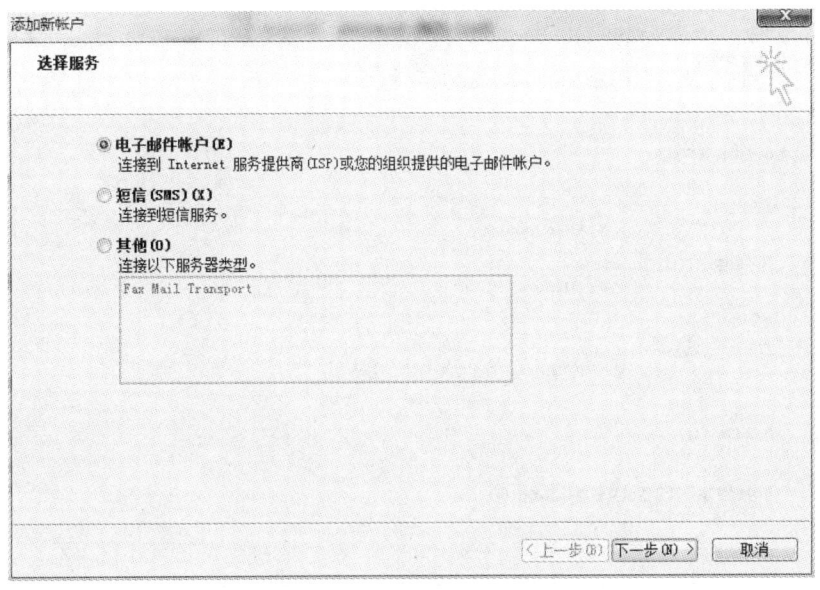

图 2-37　添加电子邮件账户

(3) 输入用户账户名称。输入用户的账户名称，得到图 2-38 所示的窗口。

（4）输入 E-mail 地址。输入用户的 E-mail 地址，得到如图 2-39 所示的窗口。

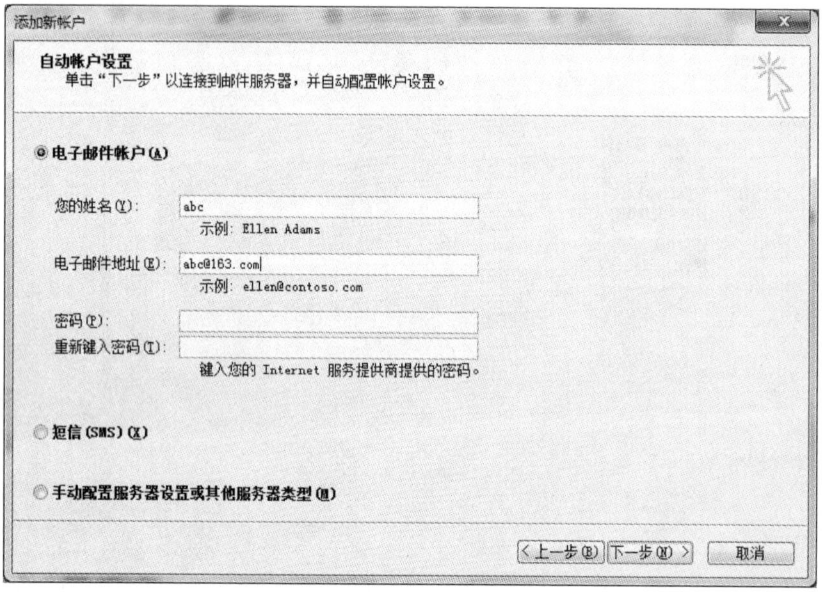

图 2-39　输入邮件地址

（5）输入邮件账户密码。在所示的窗口中输入邮件账户密码，得到如图 2-40 所示的窗口，单击"下一步"。

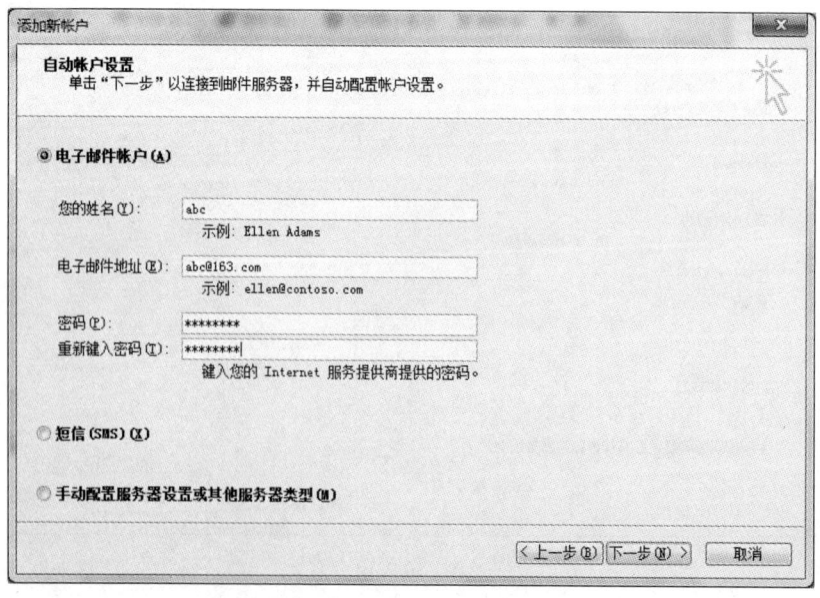

图 2-40　输入账户名和密码

（6）完成新邮件账户的设置。在如图 2-41 所示的窗口中，点击"下一步/完成"按钮，结束新邮件账户的设置。以后就可以用这个账户在 Outlook Express 中收发电子邮件了。

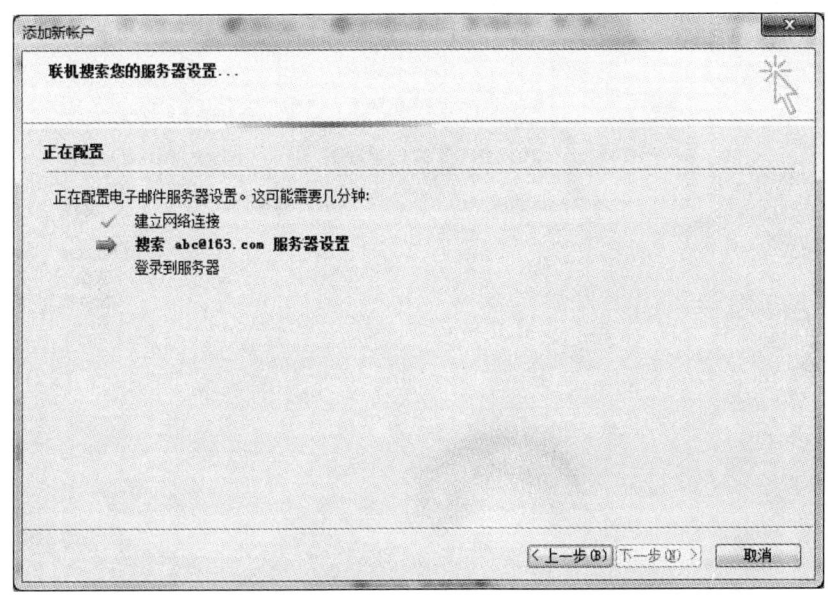

图 2-41　完成设置

4．电子邮件的收、发与阅读

1）撰写新邮件并发送

单击图 2-42 所示的窗口中工具栏的"新建电子邮件"按钮，得到图 2-43 所示的窗口。

新邮件写完之后，单击图 2-43 所示的窗口工具栏上的"发送"按钮或选择"文件"菜单下的"发送邮件"就直接将邮件发送出去；选择"文件"菜单下的"以后发送"，邮件被存入"发件箱"待以后发送；选择"文件"菜单下的"保存"，则邮件被保存到"草稿"中；选择"文件"菜单下的"另存为"，邮件可存储到计算机的其他文件夹下。

2）接收新邮件

单击"发送/接收"选项卡，选择"发送/接收"所有文件夹，按此程序进行新邮件接收工作。接收新邮件实际上是将邮件服务器上的新邮件下载到"收件箱"中。

3）阅读邮件

用鼠标选中"收件箱"文件夹，如图 2-42 所示。窗口的右边分为左右两部分，左边部分列出"收件箱"中所有的邮件目录，右边的部分列出当前光标所在邮件的内容。

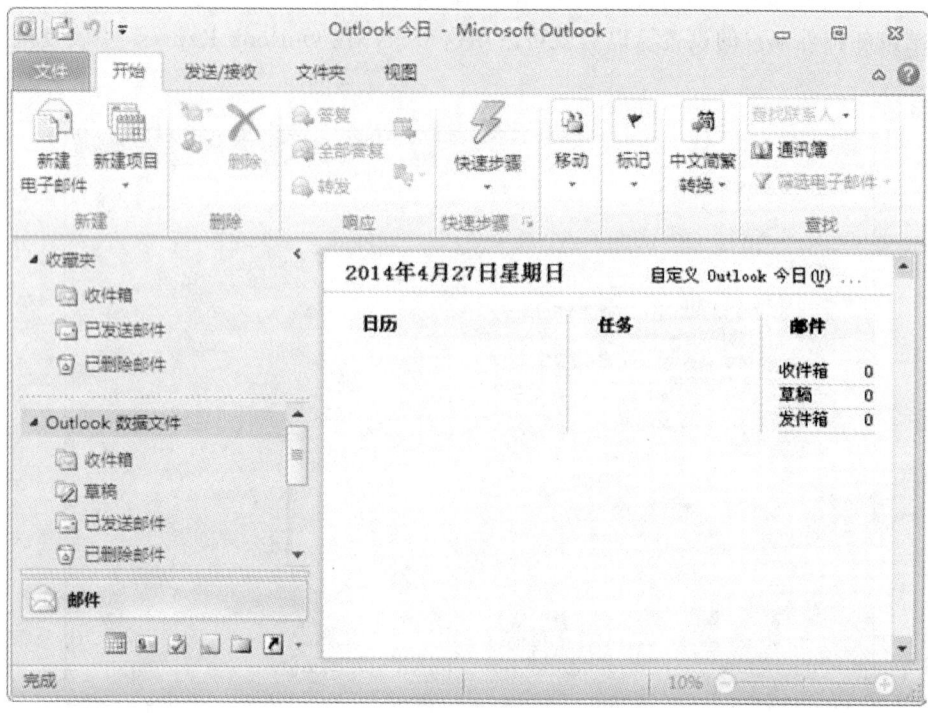

图 2-42　Outlook Express 工作界面

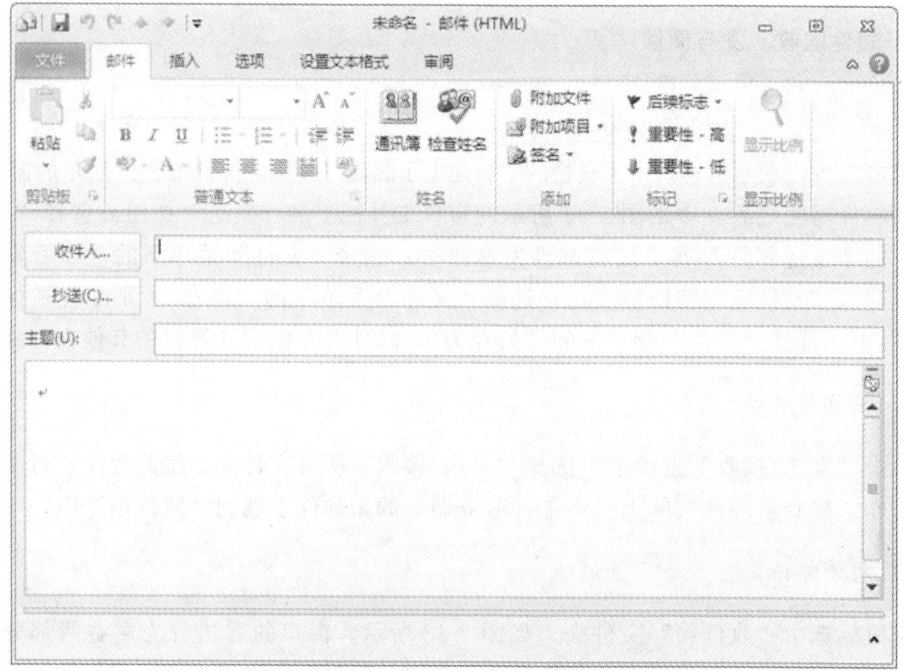

图 2-43　新建邮件

邮件目录前有一个信封状的小图标，如果小图标是合拢的则表示该邮件尚未阅读。通过浏览邮件目录的主题，可大致了解邮件的内容。如果要阅读某邮件，将光标移到该邮件目录上，右下窗口会显示出邮件的正文内容，或者双击邮件目录中的该邮件，然后在弹出的邮件窗口中阅读邮件。

4）删除邮件

无论在哪个文件夹中，先将光标移到邮件目录中要删除的邮件上，再点击工具栏上的"删除"按钮，就会对邮件进行删除操作。

需要注意的是，对"已删除邮件"文件夹中的邮件执行删除操作，会真正使邮件从用户的计算机中删除，而对其他文件夹下的邮件执行删除操作只是将邮件移到"已删除邮件"文件夹中。

2.3.5 流媒体

流媒体是指以流的方式在网络中传输音频、视频和多媒体文件的形式。流媒体文件格式是支持采用流式传输及播放的媒体格式。流式传输方式是将视频和音频等多媒体文件经过特殊的压缩方式分成一个个压缩包，由服务器向用户计算机连续、实时传送。在采用流式传输方式的系统中，用户不必像非流式播放那样等到整个文件全部下载完毕后才能看到当中的内容，而是只需要经过几秒或几十秒的启动延时，即可在用户计算机上利用相应的播放器对压缩的视频或音频等流式媒体文件进行播放，剩余的部分将继续进行下载，直至播放完毕。

这个过程的一系列相关的包称为"流"。流媒体实际指的是一种新的媒体传送方式，而非一种新的媒体。流媒体技术全面应用后，人们在网上聊天可直接语音输入，如果想彼此看见对方的容貌、表情，只要双方各有一个摄像头就可以了。在网上看到感兴趣的商品，点击以后讲解员和商品的影像就会跳出来，更有真实感的影像新闻也会出现。

流媒体技术发源于美国。在美国目前流媒体的应用已很普遍，比如惠普公司的产品发布和销售人员培训都用网络视频进行。

流式传输方式则是将整个 A/V 及 3D 等多媒体文件经过特殊的压缩方式分成一个个压缩包，由视频服务器向用户计算机连续、实时传送。在采用流式传输方式的系统中，用户不必像采用下载方式那样等到整个文件全部下载完毕，而是只需经过几秒或几十秒的启动延时，即可在用户的计算机上利用解压设备（硬件或软件）对压缩的 A/V、3D 等多媒体文件解压后进行播放和观看。此时多媒体文件的剩余部分将在后台的服务器内继续下载。

2.4 小结

本章主要介绍了计算机网络的概念、组成和分类，计算机与网络信息安全的概念和防控。要求了解计算机网络的基本概念和 Internet 的基础知识，主要包括网络硬件和软件，

TCP/IP 协议的工作原理，Internet 网络服务的概念、原理和应用以及网络应用中常见的概念，如域名、IP 地址、DNS 服务等。同时掌握 IE 浏览器软件和 Outlook Express 软件的基本操作和使用，电子邮件的收发使用和操作。

2.5　习题

1. 简述计算机网络的定义。
2. 简述计算机网络的功能。
3. 简述网络的拓扑结构。
4. 简述局域网和广域网。
5. OSI 将网络划分为哪七个层次？
6. 试将 OSI 参考模型与 TCP/IP 参考模型进行比较。

第三章　计算机组成与操作系统

世界上第一台计算机的制造基于冯·诺依曼原理，其基本思想是存储程序与程序控制。到目前为止，尽管计算机已经发展了四代，但其基本工作原理仍然没有改变。所有现代电子计算机都使用冯·诺依曼结构，计算机主要由运算器、控制器、存储器和输入输出设备组成。

计算机系统由硬件系统和软件系统两大部分组成。硬件（hardware）是构成计算机的物理装置，是看得见、摸得着的一些实实在在的有形实体；软件（software）是指使计算机运行需要的程序、数据和有关的技术文档资料。计算机系统的组成如图 3-1 所示。

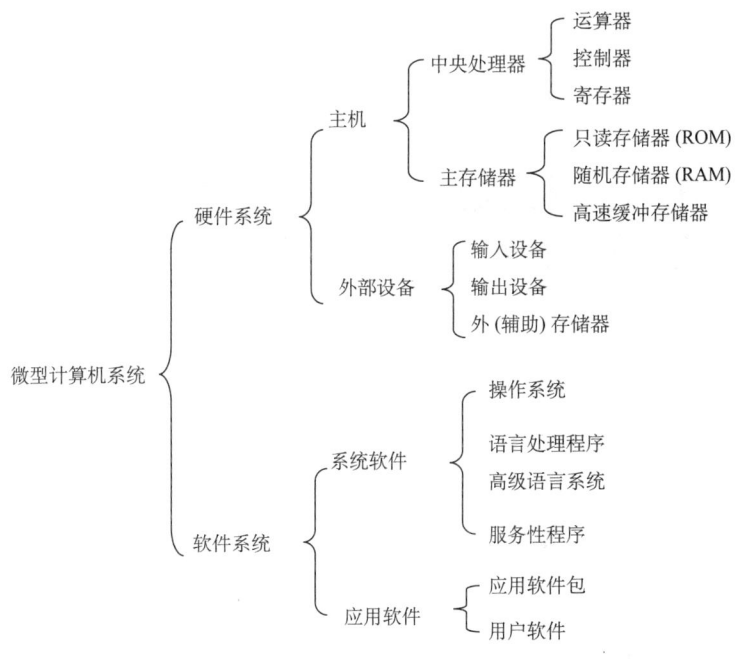

图 3-1　微型计算机系统的组成

1945 年 6 月，冯·诺依曼提出了在数字计算机内部的存储器中存储程序的概念（stored program concept）。冯·诺依曼提出：计算机必须能够把需要的程序和数据送至计算机中；必须具有长期记忆程序、数据、中间结果及最终运算结果的能力；应该具有完成各种算术、逻辑运算和数据传送等数据加工处理的能力；能够根据需要控制程序走向，并能根据指令控制机器的各部件协调操作；能够按照要求将处理结果输出给用户。

因此，计算机必须具备五大基本组成部件来完成上述的功能（如图 3-2 所示），包括输入数据和程序的输入设备；记忆程序和数据的存储器；完成数据加工处理的运算器；控制程序执行的控制器以及输出处理结果的输出设备。它的特点是：程序以二进制代码的形式存放在存储器中；所有的指令都由操作码和地址码组成；指令在 CPU 中按照顺序执行；以运算器和控制器作为计算机结构的中心等。这是所有现代电子计算机的范式，被称为"冯·诺依曼结构"，按这一结构建造的电脑称为存储程序计算机，又称为通用计算机。

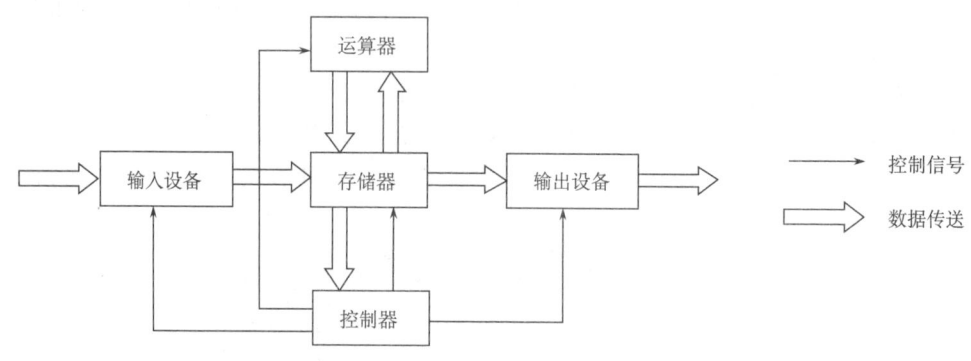

图 3-2　计算机各部件联系示意图

人们把冯·诺依曼的这个理论称为冯·诺依曼体系结构。从 ENIAC 到当前最先进的 PC 机都采用冯·诺依曼体系结构。

3.1　计算机硬件系统

3.1.1　计算机硬件组成

1. 中央处理器

中央处理器（CPU）是整个计算机的核心，计算机的运算、处理、控制功能主要由它来完成。同时，它还控制计算机的其他零部件，从而使计算机的各部件协调工作。图 3-3 是 CPU 的外形图。

中央处理器主要由运算器、控制器和寄存器组成。

运算器是用来进行算术运算和逻辑运算的部件，是计算机对信息进行加工的场所。运算器由累加器、寄存器和算术逻辑单元组成。其核心是算术逻辑单元，所以运算器又称算术逻辑单元。

控制器是计算机系统的指挥中心，由时序逻辑元件组成，指挥计算机的各个零部件进行工作。控制器是统一指挥和控制

图 3-3　CPU 的正面和反面

计算机各部件进行工作的"神经中枢"。

寄存器暂存 CPU 要处理的数据和指令。

CPU 的性能大致反映出了计算机的性能，CPU 主要的性能指标有五个。

1) 主频

主频即 CPU 内部时钟频率，也叫做处理器核心频率。在 CPU 内部有一个时钟，计算机的所有操作都是按照这个时钟的节拍来进行的，时钟每敲一拍计算机就完成一个动作。每秒敲一百万次，主频就是 1MHz。

2) 外频

CPU 的速度快，主板的速度慢，无法与之同步。为了解决这一问题，CPU 制造商采用了分频技术。让 CPU 内部指令（如 CPU 内部数据交换）以较快的速度运行，而 CPU 外部指令（如 CPU 与内存交换数据）则以较慢的速度运行，以适应主板的速度。所以，外频就是外部时钟频率，它是 CPU 与主板之间同步运行的速度。

3) 高速缓存

高速缓存（cache memory）是位于 CPU 与内存之间的临时存储器，它的容量比内存小但交换速度快、发热量大，用来存储 CPU 经常访问的数据和代码。CPU 内核集成的缓存称为一级缓存，而外部的缓存称为二级缓存。

随着 CPU 制造工艺的发展，二级缓存也能轻易地集成在 CPU 内核中，容量也在逐年提升。随着二级缓存被集成进 CPU 内核中，以往二级缓存与 CPU 大差距分频的情况也被改变，此时二级缓存以与主频相同的速度工作，可以为 CPU 提供更高的传输速度。

CPU 产品中一级缓存的容量基本在 4~64KB，二级缓存的容量则分为 128KB、256KB、512KB、1MB、2MB 等。二级缓存是 CPU 性能表现的关键之一，在 CPU 核心不变化的情况下，增加二级缓存容量能使性能大幅度提高。

4) 核心电压

随着 CPU 内部时钟频率不断提高，CPU 芯片的集成度越来越高，发热量越来越大，低的核心电压能解决耗电过大和发热过高的问题，这对于笔记本电脑尤其重要。早期 CPU 的工作电压一般为 5V，现今 Pentium M 的工作电压降到了 1.1~1.3V。

5) 字长

CPU 在一次操作中能够处理的最大二进制数的位数称为字长。字长越长，芯片的运算速度越快。目前常用 PC 机 CPU 的字长一般为 64 位。

2. 主板

主板，又叫主机板（main board）、系统板（system board）和母板（mother board），它安装在主机箱内，是微机最重要的部件之一，主板的性能影响着整个计算机系统的性能。计算机的各个组成部件都连接在主板上,主板结构如图 3-4 所示。

图 3-4　主板

主板的主要部件包括:CPU 插座、BIOS 芯片、内存插槽、扩展槽、芯片组和各种接口等。

(1) CPU 插座:是 CPU 与主板的接口。

(2) BIOS 芯片:BIOS(basic input/output system)基本输入输出系统,是一块装入了启动和自检程序的 EPROM 或 EEPROM 集成块。实际上它是被固化在计算机 ROM 芯片上的一组程序,为计算机提供最低级的、最直接的硬件控制与支持。除此之外,在 BIOS 芯片附近一般还有一块电池组件,它为 BIOS 提供了启动时需要的电流。

(3) 内存插槽:随着内存扩展板的标准化,主板给内存预留了专用插槽,只要购买所需数量及与主板插槽匹配的内存条,就可以实现扩充内存和即插即用。

(4) 扩展槽:扩展插槽是主板上用于固定扩展卡并将其连接到系统总线上的插槽,也叫扩展槽、扩充插槽。扩展槽是一种添加或增强电脑特性及功能的方法。目前扩展插槽的种类主要有 ISA、PCI、AGP、CNR、AMR、ACR、PCI Express。

(5) 芯片组:芯片组(chipset)是主板的核心组成部分,如果说中央处理器(CPU)是整个计算机系统的心脏,那么芯片组将是整个身体的躯干,它在一定程度上决定了主板的性能和级别。

(6) 各种接口:接口是微处理器与外部设备的连接部件,是 CPU 与外部设备进行信息交换的中转站。主板上的标准接口有:键盘接口、显示器接口、并行接口(一般用来连接打印机、扫描仪等)、串行接口(一般用来连接鼠标和外置 Modem 以及老式摄像头和写字板等设备)、USB(可以连接鼠标、键盘、打印机、扫描仪、摄像头、闪存盘、手机、数码相机、移动硬盘等几乎所有的外部设备)和 PS/2 接口(鼠标和键盘的专用接口)等。

3. 总线

总线是系统各部件之间传送信息的通道，是计算机中各种信号连线的总称，主要分为三种：数据总线、地址总线和控制总线。

（1）数据总线用于传送数据和代码，一般为双向三态形式的总线，可以进行两个方向的数据传送。数据总线的位数，是微型计算机的一个重要指标，通常与CPU的字长一致。

（2）地址总线用于传送CPU发出的地址信息，以便选择需要访问的存储单元或输入/输出接口电路。地址总线的位数决定了CPU可以直接寻址的内存空间范围。

（3）控制总线用来传送控制信号和时序信号，包括CPU到存储器或外设接口的控制信号和外设到CPU的各种信号等。控制信号中，有的是微处理器送往存储器和I/O接口电路的，如读/写信号、片选信号、中断响应信号等；也有的是其他部件反馈给CPU的，比如中断申请信号、复位信号、总线请求信号、限备就绪信号等。因此，控制总线的传送方向由具体控制信号而定，一般是双向的，控制总线的位数要根据系统的实际控制需要而定。

4. 存储器

存储器是具有记忆和暂存功能的部件，是计算机存储信息的场所。执行程序时，由控制器将程序从存储器中逐条取出，执行指令。存储器分为内存储器（简称内存）和外存储器（简称外存）两大类。存储器的容量，是指存储器中能存储信息的总字节数。

1）内存储器

内存主要用来存放当前计算机运行时所需要的程序和数据，外形如图3-5所示。目前多采用半导体存储器，其特点是体积小，存取速度快，但容量较小，价格较贵。内存的大小是衡量计算机性能的主要指标之一。

图 3-5　内存条外形

内存根据作用的不同又可分为只读存储器和随机存储器两种。只读存储器（ROM）中所存储的信息，由制造厂家一次性写入，并永久保存下来。当掉电或死机时，其中的信息仍能保留。随机存储器（RAM）的信息可以被读出，也可以向其写入信息。开机时，系统程序、应用程序以及用户数据都临时装入RAM中，关机或断电时，其中的信息息将随之消失。

常说的某台计算机的内存通常指的就是 RAM 的容量。通常，计算机的内存越大，运行速度就越快。

2）外存储器

外存储器也称辅助存储器，简称外存或辅存。外存比内存容量大、速度慢，通常用来存放永久保存的或暂时不用的程序和数据。外存包括磁盘（硬盘和软盘）、磁带、光盘等。

硬盘存储器：硬盘存储器是一种涂有磁性物质的金属圆盘，通常由若干片硬盘片、驱动器和控制器等部分封装在一起，如图 3-6 所示。由于硬盘的读写磁头和硬盘片距离很近，在使用的过程中应注意防止剧烈震动。

光盘存储器：光盘（CD）是激光技术在计算机领域中的一种应用，它具有容量大、寿命长、成本低的优点。随着多媒体技术的发展，光盘存储器的应用越来越普遍。光盘是利用盘片表面凹凸不平的特点，通过光的反射强度来记录和识别二进制的 0、1。普通光盘一般直径为 5.25 英寸，按写入次数分为只读（read-only）、一次写入（write once）和可擦式（erasable）等类型，按光盘容量分为 VCD 和 DVD 等。

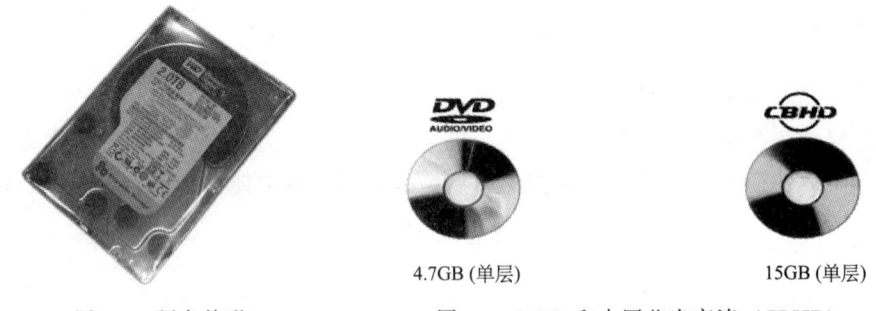

图 3-6　硬盘外形　　　　图 3-7　DVD 和中国蓝光高清（CBHD）

只读式光盘（CD-ROM）是用得最广泛的一种，其容量一般为 650MB。最近出现的中国蓝光（CBHD）是我国自主标准的新一代光盘存储规格，其存储容量为单层 15G/双层 30G，实现 1920×1080 顶级高清图像。中国蓝光是继 VCD、DVD 后的又一次技术革命，不仅是 DVD 换代产品，也是高清时代里程碑式的产品，代表着高品位的需求（图 3-7）。

5. 输入设备

输入设备是用于向计算机输入信息的设备。它把各种信息转化为计算机所能识别的电信号，然后传入计算机。常用的输入设备有键盘、鼠标、摄像头、扫描仪、光笔、手写输入板、游戏杆、语音输入装置等。不同的输入设备其性能差别很大，输入设备与主机通过接口电路相连，实现信息交换。

6. 输出设备

输出设备是用于将计算机中的信息输出的设备。常见的输出设备有显示器、打印机、绘图仪、影像输出系统、语音输出系统、磁记录设备等（图3-8）。

(a) CRT显示器　　　　　(b) LCD显示器　　　　(c) 厚度只有7mm的LED显示器

图 3-8　显示器

1) 显卡和显示器

显卡又称显示器适配器，目前的显卡都具有3D图形加速功能。它是连接主机与显示器的接口卡。其作用是将主机的输出信息转换成字符、图形和颜色等信息，传送到显示器上显示。

显示器（display）又称监视器，可以显示键盘输入的命令或数据，也可以显示计算机数据处理的结果。常用的显示器主要有：一种是CRT显示器（cathode ray tube，阴极射线管），其特点是体积大，比较笨重，且工作时有辐射；一种是液晶显示器（liquid crystal display，LCD），优点是机身薄，占地小，辐射小；一种是LED显示屏（LED panel），它是通过控制半导体发光二极管的显示方式。LED显示器与LCD显示器相比，在亮度、功耗、可视角度和刷新速率等方面都更具优势。另外一种是有机发光显示器OLED，与LCD和LED的显示方式不同，它无需背光灯，采用非常薄的有机材料涂层和玻璃基板，当有电流通过时，这些有机材料就会发光。它的优点是显示屏幕更轻更薄，可视角度更大，并且能够显著节省电能。由于OLED显示器的诸多优点，相信随着OLED技术的不断发展，OLED将会取代传统的LCD。

2) 打印机

打印机（printer）是计算机的输出设备之一，用于将计算机处理结果打印在相关介质上。衡量打印机好坏的指标有三项：打印分辨率、打印速度和噪声。目前常用的打印机有针式打印机、喷墨打印机和激光打印机。

3) 声卡

声卡（sound card）是多媒体技术中最基本的组成部分，是实现模拟信号/数字信号相互转换的一种硬件。声卡的基本功能是把来自话筒、磁带、光盘的原始声音信号加以转换，输出到耳机、扬声器、扩音机、录音机等声响设备，或通过音乐设备数字接口（MIDI），使乐器发出美妙的声音。

3.1.2 计算机工作原理

数据和程序通过输入设备输入计算机，存放在存储器里面（计算机所有数据和程序都存放在存储器里，除了有些程序或者指令会暂时存放在运算器里）。然后经过编译器编译（因为我们输入计算机的大多使用汇编语言或者高级语言编写，叫做源程序，计算机不能识别），形成二进制代码，即机器语言，叫做目标程序。

计算机从内存中取出第一条指令，通过控制器的译码，按指令的要求从存储器中取出数据，送到 CPU 的寄存器进行指定的运算和逻辑操作等加工，然后再按地址把结果送到内存中去。接下来再取出第二条指令，在控制器的指挥下完成规定操作。依此进行下去，直至遇到停止指令。

3.1.3 主要性能指标

对于不同用途的计算机，其对不同部件的性能指标要求有所不同。例如：对于用作科学计算为主的计算机，其对主机的运算速度要求很高；对于用作大型数据库处理为主的计算机，其对主机的内存容量、存取速度和外存储器的读写速度要求较高；对于用作网络传输的计算机，则要求有很高的 I/O 速度，因此应当有高速的 I/O 总线和相应的 I/O 接口。但对于大多数普通用户来说，可以从以下几个指标来大体评价计算机的性能。

1. 运算速度

计算机的运算速度，是指计算机每秒钟执行的指令条数，单位为每秒百万条指令（million instructions per second，MIPS）。影响运算速度的有如下几个主要因素：

（1）CPU 的主频：指计算机的时钟频率。

（2）字长：CPU 一次运算的最大位数。

（3）指令系统的合理性：每种机器都设计了一套指令，一般有数十条到上百条，例如：加、浮点加、逻辑与、跳转等，组成了指令系统。

2. 存储器的指标

（1）存取速度。内存储器完成一次读或写操作所需的时间，称为存储器的存取时间或者访问时间；而连续两次读（或写）所需的最短时间称为存储周期。

（2）存储容量。内存容量越大，计算机运行速度越快。

3. I/O 的速度

主机 I/O 的速度，取决于 I/O 总线的设计。对于慢速设备（例如键盘、打印机）关系不大，但对于高速设备则效果十分明显。

3.2 计算机软件系统

3.2.1 软件概念

软件是计算机程序员编制的计算机指令或程序代码的集合。有了软件，人们可以不必过多地了解计算机本身的硬件结构与细节，可以方便灵活地使用和控制计算机工作。

软件屏蔽了下层的具体计算机硬件的细节和差异，在用户和计算机（硬件）之间架起了桥梁。没有软件的支持，计算机就不能工作。

3.2.2 软件系统及其组成

计算机软件按其功能分为两大类：系统软件和应用软件。

1. 系统软件

系统软件是为了计算机能正常、高效工作所配备的各种管理、监控和维护系统的程序及其有关资料。系统软件一般都能直接访问计算机硬件，通常为其他用户或程序提供基础服务，系统软件主要包括如下几类。

（1）操作系统软件，这是软件的核心。

（2）各种语言的解释程序和编译程序（如 C 语言编译程序等）。

（3）各种服务性程序（如机器的调试、故障检查和诊断程序等）。

2. 应用软件

应用软件是为解决各种实际问题而编制的计算机应用程序及其有关资料。应用软件往往都是针对用户的需要，利用计算机来解决用户某方面的问题，如事务管理方面的工资管理系统，人事档案管理系统，财务管理系统等。

3.3 操作系统

3.3.1 操作系统的概念

操作系统（operating system，OS）是管理计算机硬件与软件资源的程序，同时也是计算机系统的内核与基石。操作系统管理计算机系统的全部硬件资源、软件资源及数据资源，控制程序运行，改善人机界面，为其他应用软件提供支持等，使计算机系统所有资源最大限度地发挥作用，为用户提供方便的、有效的、友善的服务界面。

目前微机上常见的操作系统有 OS/2、UNIX、XENIX、LINUX、Vista、Windows 7 和 Netware 等。其中 Windows 系列是微软公司推出的，基于图形用户界面的操作系统，也是目前世界上应用最广泛的操作系统。所有的现代操作系统都具有四个基本特征：并发性、共享性、虚拟性和异步性。

3.3.2 操作系统的功能

操作系统的主要功能是资源管理、程序控制和人机交互等。计算机系统的资源可分为设备资源和信息资源两大类。设备资源指的是组成计算机的硬件设备，如中央处理器、主存储器、磁盘存储器、打印机、磁带存储器、显示器、键盘输入设备和鼠标等；信息资源指的是存放于计算机内的各种数据，如文件、程序库、知识库、系统软件和应用软件等。

操作系统的功能包含以下 5 个方面。

1. 处理机管理

在大型操作系统中，可存在多个微处理器，并同时可管理多个作业。怎样选出其中一个作业进入主存储器准备运行，怎样为这个作业分配微处理器等等，都由微处理器管理模块负责。微处理器管理模块要对系统中各个微处理器的状态进行登记，还要登记各个作业对微处理器的要求。管理模块还要用一个优化算法实现最佳调度规则，把所有的微处理器分配给各个用户作业使用，最终目的是提高微处理器的利用率。

2. 内存管理

内存储器的管理主要由内存管理模块来完成。内存管理模块对内存的管理分三步。首先为各个用户作业分配内存空间；其次是保护已装入内存空间的作业不被破坏；最后，是结合硬件实现信息的逻辑地址至物理地址的变换。用户不必关心信息在内存的具体位置就可以操作，方便了用户对计算机的使用和操作。内存管理模块使用一种优化算法，对内存管理进行优化处理，以提高内存的利用率。

3. 设备管理

由于计算机的不断发展，其应用领域越来越广泛，外部设备的种类也日益增多，功能不断提高，档次日渐升级，因此，设备管理模块的功能也必须跟上外部设备的发展而不断升级，以适应外部设备的日益发展的需要。设备管理模块的任务是，当用户要求某种设备时，应立即分配给用户所要求的设备，并按照用户要求驱动外部设备以供用户应用，并且对外部设备的中断请求，设备管理模块要给以响应并处理。

4. 文件管理

操作系统对文件的管理，主要是通过文件管理模块来实现的。文件管理模块管理的内容包括：文件存储空间的分配、回收，文件目录管理，文件组织，文件操作和文件保护等。

5. 进程管理

进程管理也称作业管理，用户交给计算机处理的工作称为作业。作业管理是由进程管理模块来控制的，进程管理模块对作业执行的全过程进行管理和控制，包括作业分配，作业调度，作业错误处理等。

3.3.3 操作系统的分类

按照操作系统在用户界面和功能特征上的不同，操作系统一般可分为三种基本类型，即批处理系统、分时系统和实时系统。随着计算机体系结构的发展，又出现了许多种操作系统，它们是嵌入式操作系统、个人操作系统、网络操作系统和分布式操作系统。

1. 多道批处理操作系统

多道批处理操作系统的工作方式是：用户将作业交给系统操作员，系统操作员将许多用户的作业经过合理搭配组成一批作业，之后输入到计算机中，在系统中形成一个自动转接的连续的作业流，然后启动操作系统，系统自动依次执行每个作业，最后由操作员将作业结果交给用户。

2. 分时操作系统

分时操作系统的工作方式是：一台主机连接了若干个终端，一个用户使用一个终端，交互式地向系统提出命令请求，系统接收每个用户的命令，采用时间片轮转方式处理请求，并在终端上向用户显示结果。

常见的通用操作系统是分时系统与批处理系统的结合。其原则是：分时优先，批处理在后。"前台"响应需要频繁交互的作业；"后台"处理时间性要求不强的作业。

3. 实时操作系统

实时操作系统是指使计算机能及时响应外部事件的请求，并在规定的时间内完成对该事件的处理，控制所有实时设备和实时任务，协调一致地工作的操作系统。

4. 嵌入式操作系统

嵌入式操作系统（EOS），主要应用于工业控制和国防系统领域。EOS负责嵌入系统的全部软、硬件资源的分配、调度工作，控制协调并发活动。它必须体现其所在系统的特征，能够通过装卸某些模块来达到系统所要求的功能。

5. 网络操作系统

网络操作系统是在常规操作系统上，集成了按网络协议标准开发的功能软件，包括网络管理、通信、安全、资源共享和各种网络应用。其目标是相互通信及资源共享。

6. 分布式操作系统

大量的计算机通过网络被联结在一起，可以获得极高的运算能力及广泛的数据共享。管理这种系统的操作系统被称作分布式操作系统。

7. 通用操作系统

对于一个具体的操作系统来说,它可能同时具有三类或其中两类特点,也可能以某类为主,兼有其他类的特点,该系统称为通用操作系统。

目前,市场上常用的操作系统有:Windows、UNIX、Linux、Android、EOS等。

3.4 Windows 7 操作系统

3.4.1 Windows 7 介绍

Windows 7 是微软公司开发的操作系统,Windows 7 版本包括:简易版(Windows 7 Starter)、家庭普通版(Windows 7 Home Basic)、家庭高级版(Windows 7 Home Premium)、专业版(Windows 7 Professional)、企业版(Windows 7 Enterprise)、旗舰版(Windows 7 Ultimate)。

Windows 7 的特点有以下 6 点。

(1)易用。Windows 7 简化了许多设计,如快速最大化、窗口半屏显示、跳转列表(jump list)、系统故障快速修复等。

(2)简单。Windows 7 将会让搜索和使用信息更加简单,包括本地、网络和互联网搜索功能,直观的用户体验将更加高级。

(3)效率。Windows 7 中系统集成的搜索功能非常强大,只要用户打开"开始"菜单并输入搜索内容,无论要查找应用程序、文本文档等,搜索功能都能自动运行,给用户的操作带来极大的便利。

(4)高效搜索框。Windows 7 系统资源管理器的搜索框在菜单栏的右侧,可以灵活调节宽窄。它能快速搜索 Windows 中的文档、图片、程序、Windows 帮助甚至网络等信息。Windows 7 系统的搜索是动态的,当在搜索框中输入第一个字的时刻,Windows 7 的搜索就已经开始工作,大大提高了搜索效率。

(5)迄今为止最节能的 Windows。Windows7 及其桌面窗口管理器(DWM.exe)能充分利用 GPU 的资源进行加速,而且支持 Direct3D 10.1 API。

(6)快速释放 Windows 系统资源。点击桌面"开始"菜单,点击"运行",在空白框中输入 regedit,打开注册表编辑器,依次展开"HKEY_CURRENT_USER\ControlPanel\Desktop",在右侧窗格中找到"AutoEndTasks"字符串值,鼠标双击该字符,在弹出的"编辑字符串"对话框中将其数值数据由"0"修改为"1",关闭注册表编辑器,返回 Windows 7 桌面进行刷新操作后,该设置即刻生效。当以后再遇见某个程序无响应的情况时,Windows 7 就会自动将其关闭,不用再浪费时间等待了。

3.4.2 Windows 7 的基本知识

1. 基本概念

在 Windows 7 中，对象是指系统直接管理的资源，是一组用明确的已命名属性来描述的实体，如应用程序、文件、文档、图标等。

应用程序是用来完成特定任务的计算机程序。一般来说，Windows 的应用程序都带有共同的扩展名（.com 或 .exe）。例如，记事本是最简单的文本编辑工具，其文件名为 notepad.exe；Word 是用于文字处理的工具，其文件名为 word.exe。

文档是应用程序创建的对象，不同的应用程序创建不同类型的文档。例如，记事本创建的是".txt"类型的文档，word 创建的是".doc"类型的文档等。

图标是代表 Windows 7 中各对象或对应相关文件的小图标，如 word 文档的图标为 。

驱动器是通过某个文件系统格式化并带有一个驱动器号的存储区域。驱动器分为软盘驱动器、硬盘驱动器和光盘驱动器。每个驱动器都用一个字母来标识。通常情况下软盘驱动器用字母 A 或 B 标识；硬盘驱动器主分区用字母 C 标识。当硬盘划分了多个逻辑分区，则各分区依次用字母 D、E、F 等标识。光盘驱动器标识符，接着硬盘标识符的顺序排在其他逻辑盘后面。

2. 键盘和鼠标

Windows 环境下的操作，主要是依靠键盘和鼠标来执行的，因此熟练掌握键盘和鼠标的操作可以提高工作效率。

1）键盘

键盘是计算机使用者向计算机输入数据或命令的最基本的设备。常用的键盘有 101 个键或 104 个键，分别排列在 4 个主要区域：打字键区、功能键区、编辑键区、数字小键区，如图 3-9 所示。

图 3-9 键盘布局

（1）打字键区。

打字键区是键盘的主要部分，也称为主键区。该键区包括字母键、数字键、常用运算符及标点符号键，除这些之外还有几个控制键。下面简单介绍几个特殊的键及用法作。

① 空格键（SpaceBar）：该键是在打字键区的最下方中间最长的条形键。每按一次该键，将在当前光标的位置上空出一个字符的位置。

② 回车键（Enter）：该键是键盘上的最大的键。当用户输入完一段文字后，按下该键，将另起一新行开始输入；或在输入完一个命令后，按下该键，表示确认命令并执行。

③ 大写字母锁定键（CapsLock）：该键在打字键区的左边。该键是一个开关键，用来转换字母大小写状态，且在键盘的右上角有一个相关的指示灯 Caps。如果 Caps 指示灯亮，则表示输入的是大写字母；如果 Caps 指示灯不亮，则表示输入的是小写字母。

④ 上档转换键（Shift）：该键共有两个，分别在主键区的左下角和右下角。上档转换键是进行上下档切换的，一般用来输入符号。如"8"和"*"在一个键上，直接按下该键，输入的是 8；按下 Shift 键不放，再按下"8"键；则输入的是"*"号。如果按下 Shift 键，再按字母键，则进行大小写转换。

⑤ 退格删除键（←BackSpace）：该键在打字键区的右上角。每按一次键，将删除当前光标位置前的一个字符。

⑥ Ctrl 和 Alt 键：这两个键必须和其他键配合才能实现各种功能。

（2）功能键区。

① 功能键（F1～F12）：主要由操作系统或应用程序所定义，如 F1 键一般被定义为帮助文档键。

② 取消键（Esc）：该键一般被定义为取消当前操作或退出当前窗口。

③ 屏幕硬拷贝键（PrintScreen）：该键用于将计算机屏幕的显示内容复制到剪贴板上。

（3）编辑键区。

① 插入字符开关键（Insert）：按一次该键，进入字符插入状态；再按一次，则进入字符改写状态。

② 删除键（Delete）：该键用于删除当前光标所在位置后的字符。

③ 行首键（Home）：该键用于把光标移动到当前行的开头位置。

④ 行尾键（End）：该键用于把光标移动到当前行的末尾位置。

⑤ 上翻页键（PageUp）：该键用于显示上一页的内容。

⑥ 下翻页键（PageDown）：该键用于显示下一页的内容。

⑦ 光标移动键（←↑↓→）：用于使光标进行向左、向上、向下、向右移动一格。

（4）数字小键盘区。

数字小键盘区位于键盘的最右侧。这些键都具有双重功能：一是代表数字键；二是代表编辑键。小键盘的转换开关键是 NumLock 键（数字锁定键），在键盘的右上角有一个相关的指示灯 Num。如果 Num 指示灯亮，则表示小键盘键作为数字符号键功能使用；如果 Num 指示灯不亮，则表示小键盘键作为编辑键功能使用。

2）鼠标

鼠标是一种控制屏幕上指针的手持设备（通常显示箭头）。鼠标指针在窗口的不同位置会有不同形态。表 3-1 列出了常用鼠标指针的含义。

鼠标的基本操作有 5 种。

（1）指向：将鼠标指针移动到某对象上，如快捷图标、文件或文件夹、图片等。

（2）单击：将鼠标的左键快速按下后放开。通常用于选中对象。

（3）双击：鼠标的左键快速按下两次。通常用于打开对象。

（4）拖动：将鼠标指向对象，按下左键不放，移动鼠标到新位置后放开。通常用于移动或复制对象。

（5）右键单击（右击）：将鼠标的右键快速按下放开。通常右击某对象会弹出一个关于该对象的快捷菜单，其中包含了可用于该对象的常规命令。

表 3-1 鼠标指针含义

指针形状	含义	指针形状	含义	指针形状	含义
▸	就绪	I	选择文本	✥	移动
▸?	帮助	✎	手写	↑	候选
▸⌛	后台运行	⊘	不可使用	⤢	沿主对角线调整
⌛	正在运行	↕	垂直调整	⤡	沿辅对角线调整
＋	精确定位	↔	水平调整	☝	指向超链接

3. 剪贴板和联机帮助系统

1）剪贴板

剪贴板并不是一个程序，就像一个缓存区一样，放入里边的东西正常情况下是看不见的，但 Windows 附件中有一个剪贴板查看程序，利用它可以查看剪贴板中的内容。

2）联机帮助系统

Windows 7 为操作系统中的所有功能提供了广泛的帮助。从"帮助和支持"主页上，可以浏览帮助主题。或者按 F1 键单击导航栏上的"主页"或者"索引"，可以查看目录或索引。在"搜索"框中键入一个或多个词汇，可以查找所需信息。

3.5 Windows 7 的基本操作

3.5.1 Windows 7 的启动

在每次启动计算机时,如果计算机只设置了一个账户且未设置密码,则会自动进入 Windows 7 界面;如计算机中设置了多个账户,则需要选择要使用的账户,然后才能进入 Windows 7 界面。用户名和密码可自定义,其中用户名为"Administrator"是系统默认的系统管理员用户,拥有对系统管理的超级权限,用户只能对其修改密码,不能修改名称。如创建其他的用户账号,则"Administrator"用户默认会隐藏,当其他用户受限制不能使用时,可调出"Administrator"用户。

3.5.2 Windows 7 的退出

Windows 7 系统的退出应按照正常的步骤进行,不能直接切断电源,这样会造成一些正在运行的程序数据丢失,甚至会导致系统崩溃,更会对计算机造成损害。

正确退出 Windows 7 的步骤:选择"开始"菜单→单击"关机"命令即可。

3.5.3 Windows 7 的注销

Windows 7 是一个支持多用户的操作系统,它允许多个用户登录到计算机系统中。每个用户都可以对系统进行个性化设置,并且不同的用户之间互不影响。注销功能可以使用户在不重新启动计算机的情况下实现多用户快速登录。

注销操作的步骤如下。

(1)选择"开始"菜单→移动指针到"关机"中的"注销"命令。(图 3-10)

(2)单击"注销"按钮,系统会保存设置并关闭当前登录用户,从而可以用新的账号登录。

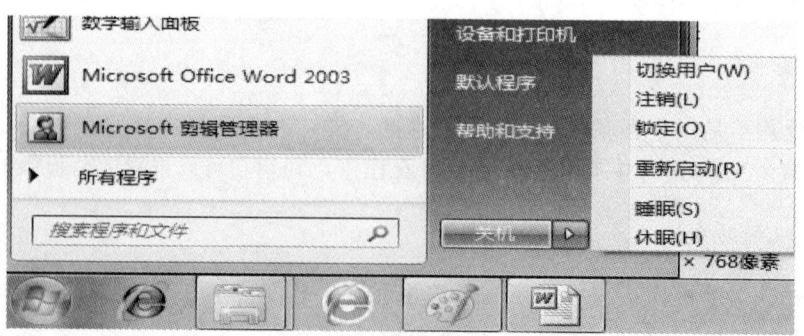

图 3-10 关机画面

3.5.4 Windows 7 的桌面

启动 Windows 以后，会出现如图 3-11 所示的 Windows 界面，这就是通常所说的桌面。用户的工作都是在桌面上进行的。

桌面上主要包括桌面图标、开始菜单、任务栏等，如图 3-11 所示。

图 3-11　Windows 桌面

3.5.5 设置桌面背景

（1）用户可以对桌面进行个性化设置。具体操作步骤如下：右击桌面空白处，在弹出的快捷菜单中选择"个性化"命令，打开"个性化"设置窗口，单击底部的"桌面背景"超级链接，如图 3-12 所示。

（2）进入"桌面背景"窗口，默认的图片位置是"Windows 桌面背景"，提供了众多新颖美观的壁纸，选中喜爱的壁纸上方的复选框，如图 3-13 所示。

（3）如果选中了多张背景，可以单击"更改图片时间间隔"下拉列表，选择桌面变换的频率，设置完毕后单击"保存修改"按钮保存设置。

3.5.6 设置屏幕分辨率

（1）在桌面上空白处右击，在弹出的快捷菜单中选择"屏幕分辨率"命令。

（2）在"屏幕分辨率"窗口中，单击"分辨率"下拉列表，可以调整屏幕分辨率，调整结束后，单击"确定"按钮，如图 3-14 所示。

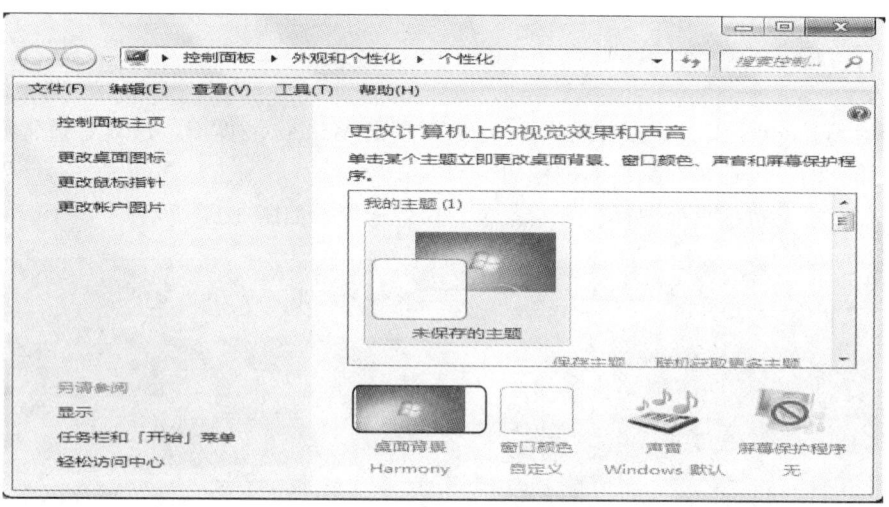

图 3-12 桌面设置

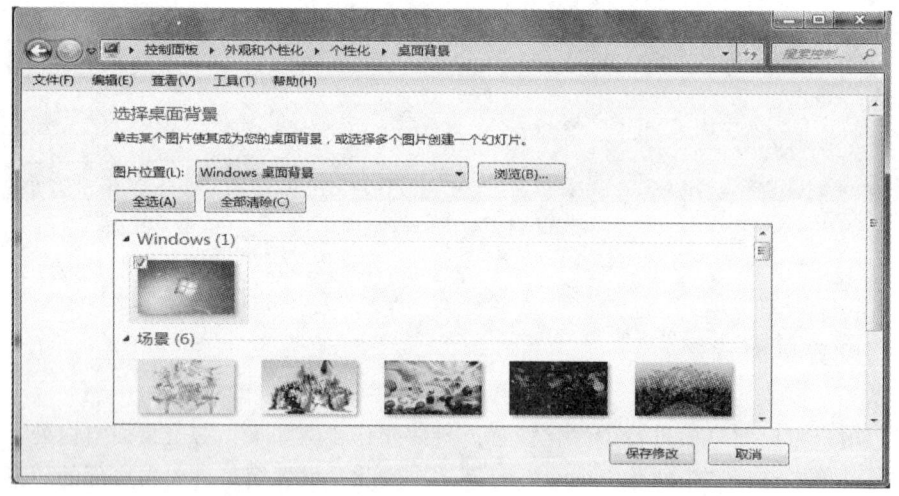

图 3-13 桌面背景

3.5.7 任务栏的基本操作

任务栏是显示在桌面底部的深蓝色长条,主要有四部分组成:"开始"菜单、快速启动栏、任务按钮区以及提示区域,如图 3-15 所示。

(1)开始菜单:主要启动已安装的应用程序或调出系统程序的菜单选项。

(2)快速启动栏:可以把常用的应用程序启动图标拖到该栏中,直接单击就可启动对应的应用程序。

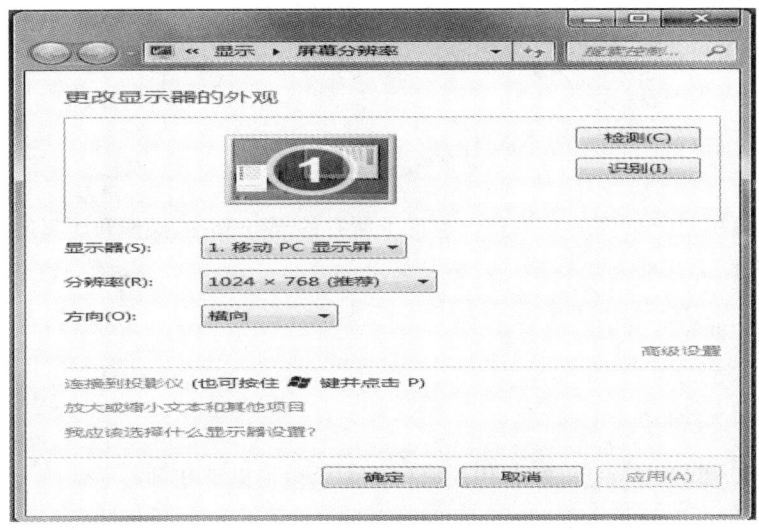

图 3-14 分辨率设置

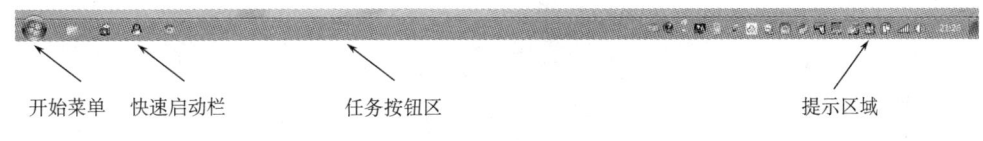

开始菜单　　快速启动栏　　　　任务按钮区　　　　　　　　　　　提示区域

图 3-15 任务栏

(3) 任务按钮区：主要功能是实现多个应用程序之间的切换。一般，当启动一个应用程序，在任务栏上就会出现一个与之对应的任务按钮。在多个运行程序中，只有一个

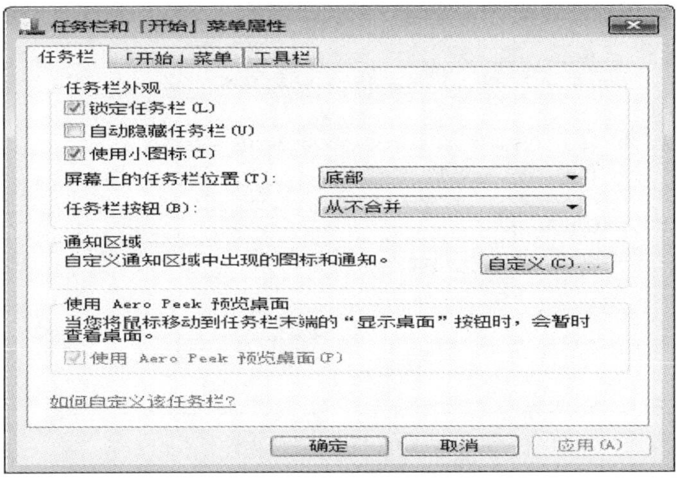

图 3-16 开始菜单设置

程序能够响应用户操作，称为前台程序，其他运行的程序称为后台程序。

（4）提示区域：在提示区域中一般显示音量图标、日期和时间。

（5）在任务栏空白处，右键单击属性，如图 3-16 所示，可以设置开始菜单。

3.5.8 "开始"菜单的基本操作

"开始"菜单位于桌面的左下角，包括了所有的 Windows 操作和所有的应用程序的启动。可以有以下几种方式打开"开始"菜单。

1）单击"开始"按钮

2）按 Ctrl+Esc 组合

在"开始"菜单中包括一些常用的操作，主要包括以下几种。

（1）在"开始"菜单的底部显示的是"关闭计算机"和"注销"按钮。

（2）搜索：搜索选项可以帮助用户在指定的范围内查找相对应的文件或文件夹。

（3）运行：在"运行"对话框（图 3-17）里输入系统自带的程序或某个应用程序安装的路径及名称，可以运行相对应的程序。例如，输入"Regedit"可以打开注册表编辑器；输入"NotePAD"种可以打开记事本程序；输入"C：\ windows \ explorer. exe"则可以打开资源管理器。

（4）最近使用的程序：开始菜单上方会显示最近打开过的程序。可以从中选择最近使用过的程序，单击直接打开，节省了查找的时间。

（5）所有程序：显示系统中已安装的大部分应用软件和一些系统附带的程序。一般应用软件在安装过程中都会在程序组中添加一个快捷方式，方便用户使用。

（6）启动：位于程序组里，在该启动组内的程序将在开机后自动运行。

（7）附件：位于程序组里，主要包含系统自带的一些常用程序及娱乐程序。

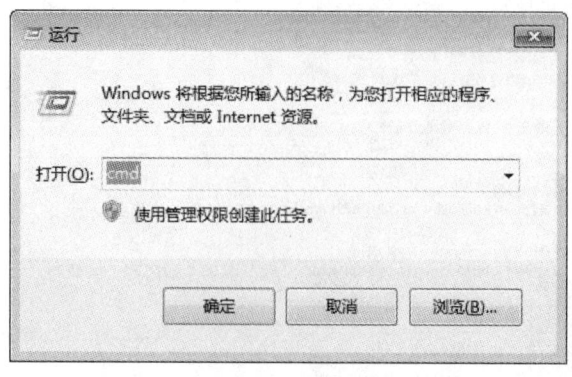

图 3-17　运行对话框

3.5.9 Windows 7 的窗口、对话框和菜单的操作

窗口是 Windows 7 最基本的用户界面，所有的应用程序都是以窗口的形式出现的。Windows 窗口分为应用程序窗口和文档窗口。应用程序窗口表示正在运行的一个程序，可以包括多个文档窗口。文档窗口一般包含在应用程序窗口内，在一个程序窗口中可同时打开几个文档窗口，例如在 Word 字处理程序窗口中，可以打开多个文档窗口，这为同时处理多个文档带来方便。

1. 窗口的组成

窗口的组成如图 3-18 所示，主要包括控制菜单按钮、标题栏、菜单栏、工具栏等。

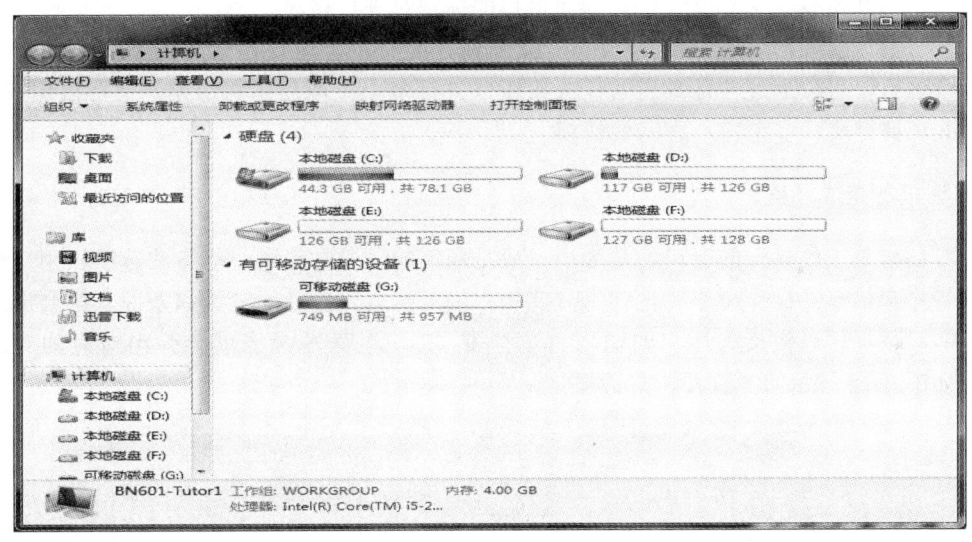

图 3-18　计算机窗口

（1）控制按钮：位于窗口的左上角，图标和该窗口所对应的应用程序有关。用鼠标单击控制按钮，在窗口上会出现控制菜单，利用其中的菜单项，可以改变窗口的大小，移动、放大、缩小和关闭窗口。

（2）标题栏：位于窗口的顶部第一行，用来显示应用程序名或文档名。将鼠标指向标题栏，然后按下鼠标拖动，可以移动窗口的位置。

（3）菜单栏：位于标题栏之下。该菜单栏中包含了所有可执行的命令。每一个菜单项都是一个命令或操作，供用户选择。

（4）工具栏：位于菜单栏之下，由若干图标组成，每个小图标都对应菜单中的一个常用的命令。

（5）地址栏：主要是显示窗口内容所处的位置。

（6）水平滚动条和垂直滚动条：当窗口中的内容太大、太多，无法在一个窗口中全部显示出来时，窗口的右部或底部会自动出现水平滚动条和垂直滚动条。用户用鼠标拖

动滚动条上的滑块，可以查看那些未显示在当前窗口的内容。

（7）最小化、最大化/还原、关闭按钮：这些按钮位于窗口的右上角，对应于控制菜单中的最小化、最大化/还原、关闭命令。单击最小化按钮时，应用程序窗口关闭，在任务栏中显示该应用程序的按钮；单击最大化按钮时，窗口扩大到整个桌面，同时最大化按钮变为还原按钮；单击关闭按钮时，可以快速关闭或结束应用程序。

（8）状态栏：位于窗口的底部。主要显示当前的系统状态或操作状态。

（9）工作区：主要用来显示和处理工作对象的信息。

（10）边框：窗口的边界，当用户将鼠标指向边框时，可以拖动改变窗口的大小。

2. 窗口的操作

窗口的操作主要包括有移动窗口、改变窗口大小以及窗口之间切换等。

（1）移动窗口：主要通过鼠标指向窗口的标题时进行移动。

（2）窗口之间的切换：在 Windows 中当前只能有一个窗口是运行的，其余相当于在后台运行，可以通过在任务栏的任务按钮区进行多个应用程序的切换，也可以用 Alt＋Tab 快捷键实现多个窗口之间的切换。

3. 对话框的组成及操作

对话框是一种特殊的窗口，其大小一般是固定的，通常提供一些参数选项供用户设置。当用户执行某操作命令时，如果需要用户输入执行此命令的参数和条件，都会出现相应的对话框，以便接收用户的输入。选择带"…"的菜单命令就会弹出对应的对话框，如图 3-19 所示的"打开"对话框。

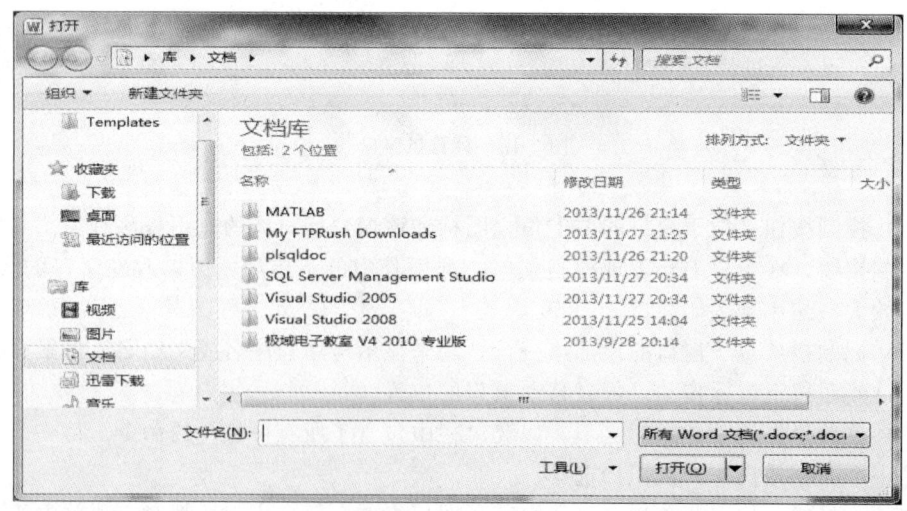

图 3-19　打开对话框

对话框通常包含标题栏、选项卡、复选框、单选按钮、文本框和列表框等。对话框中各主要元素的功能如下：

（1）文本框：用于接收输入的信息。

（2）列表框：用于显示多个选项，用户可以从中选择一个或多个，被选中的项加亮显示或背景变暗，如图 3-19 所示。

（3）选项卡：当对话框中包含多种类型的选项时，系统将会把这些内容分类放在不同的选项卡中，单击任意一个选项卡时即可显示该选项卡中包含的选项，如图 3-20 所示。

（4）下拉列表框/组合框：单击下拉列表框的向下箭头，可以打开一个列表框供用户选择，如图 3-20 所示。组合框即是下拉列表框和文本框的组合。如图 3-19 中的"文件名"就是组合框。

（5）单选按钮和复选按钮：单选按钮又称为选项按钮，一般成组出现，一次只能选中一个单选按钮。而复选按钮也是成组出现，但是可以一次选中多个复选框。

（6）菜单的组成及操作。

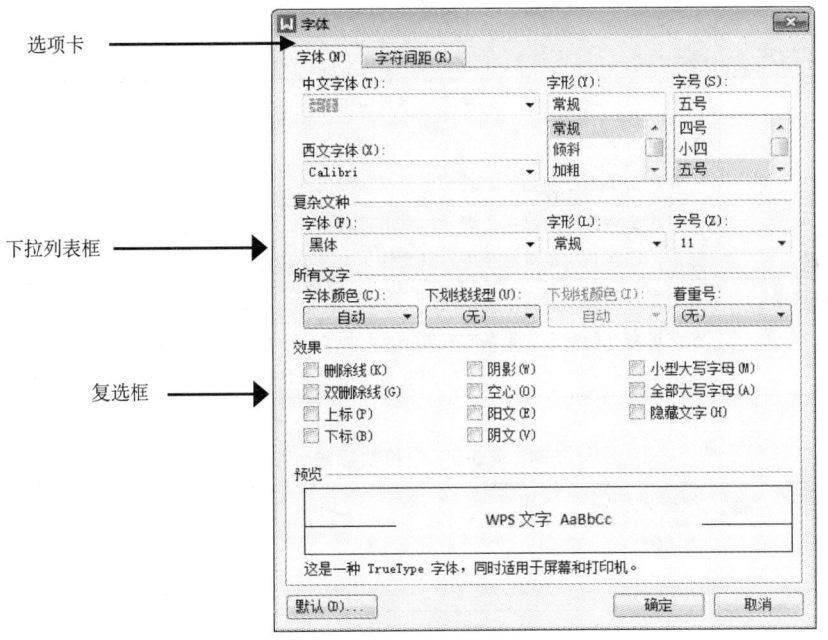

图 3-20 字体对话框

菜单是一种形象化的称呼，它是一张命令列表，是应用程序和用户交互的一种方式，用户可以从菜单中选择所需的命令来指示程序执行相应的操作。图 3-21 是一个典型的下拉菜单。

当用户用鼠标单击菜单栏中的菜单时，会弹出一个下拉菜单。在菜单上会出现各种标记。表 3-2 列出了这些标记的含义。

在菜单中，也可以用"访问键"和"快捷键"来操作菜单。按下 Alt 键可以激活当前的菜单，然后按下 Alt＋"访问键"来选择一个菜单命令。快捷键可以在不激活菜单的情况下使用。表 3-3 列出了常用的快捷键。

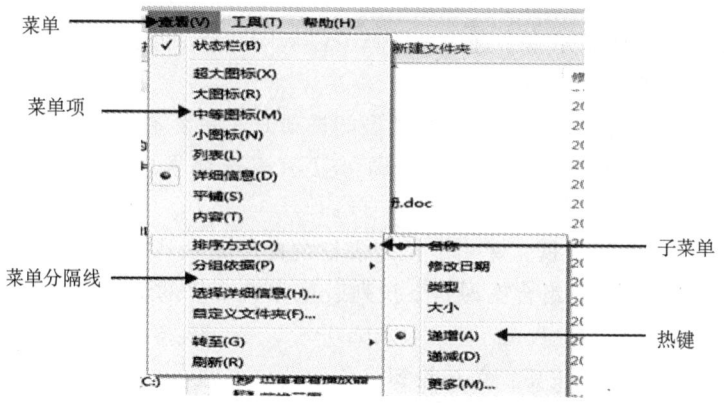

图 3-21 下拉菜单的组成

表 3-2 菜单中标记的含义

标记	含义说明
…	表示单击该菜单命令后会弹出一个对话框
▶	表示单击该菜单命令后会出现一个子菜单
√	一般在菜单命令前显示，表示该菜单项被选中，再单击该命令，标记会消失
●	一般在菜单命令前显示，表示该菜单项被选中。和√标记不同的是，该标记是一个单选标记，即在一组菜单命令中，只允许一个菜单命令被选中。
灰色菜单项	表示在目前状态下暂时无法使用
字母	在菜单命令的后面如果是有一串字母，如 Ctrl+I，称为"快捷键" 在菜单命令的后面如果是一个用圆括号括起来的字母，这个字母称为"热键"

表 3-3 常用快捷键

快捷键	含义
Ctrl+C	复制
Ctrl+X	剪切
Ctrl+V	粘贴
Ctrl+Z	撤消
Delete	删除

3.6 Windows 常见操作

Windows 提供了两种管理计算机资源的方法，一种是"资源管理器"，另一种是"我的电脑"。用户可以利用它们很方便地组织和管理文件、文件夹和其他资源，两种方式可以任选。

3.6.1 基本概念

在计算机系统中，计算机的信息是以文件的形式保存的，用户所做的工作都是围绕文件展开的。这些文件包括操作系统文件、应用程序文件、文本文件等，它们根据自己的分类存储在磁盘上不同的文件夹中。因此，对这些类型繁多的文件和文件夹管理是非常重要的。

1. 文件

文件是在计算机中常常用到的概念。文件是计算机存储数据、程序或文字资源的基本单位，是一组相关信息的集合。例如，一个程序、一幅画、一篇文章、一个通知等都可以是文件的内容，它们都是以文件的形式存储在磁盘或光盘上。为了方便地识别和管理文件，采用"文件名"来进行标识。

文件名的命名具有一定的命名规则。在 Windows 7 中，文件名的命令规则如下。

(1) 文件名由文件名和扩展名组成。文件名和扩展名中间用符号"."分隔。文件名的格式为：文件名.扩展名。例如，记事本文件名为 Notepad.exe。

(2) 文件名由 1~255 个字符组成（即支持长文件名），而扩展名由 1~4 个字符组成。

(3) 文件名可以使用汉字、英文字符、数字及部分符号命名，但是不能使用以下 9 个字符 /、\、|、:、*、?、"、<、>，因为这些字符在系统中另有用途。

(4) 文件名命名不区分大小写。例如，文件为"ABC.TXT"和"abc.txt"被视为同一个文件。

一般来说，文件名主要体现文件的内容，扩展名则代表文件的性质和类型。不同类型的文件一般都具有不同的扩展名。表 3-4 列出了常见的扩展名对应的文件类型。

表 3-4 常见的扩展名对应的文件类型

扩展名	文件类型
.com	命令程序文件
.exe	可执行文件
.sys	系统文件
.txt	文本文件
.doc 或 .docx	Word 文件
.xls	Excel 文件
.mp3	音乐文件
.avi	视频文件
.rm	较高压缩比的视频文件
.zip 或 .rar	压缩文件
.bmp	位图文件
.jpg	图片文件
.hlp	帮助文件

2. 文件夹

文件夹是组织文件的一种方式，可以把同一类型的文件保存在一个文件夹中，也可以根据用途，将不同的文件保存在一个文件夹中，它的大小由系统自由分配。

树型结构的文件夹是目前比较流行的文件管理模式，各级文件夹之间有互相包含的关系，使得所有文件夹构成一个树状结构，称为文件夹树。它的结构层次分明，很容易理解，如图3-22所示。

3. 通配符

通配符是一个键盘字符。Windows 7规定了两个通配符，即星号"*"和问号"?"。当用户查询文件或文件夹时，可以用来替代一个或多个字符。星号"*"代表多个连续的一串字符，问号"?"代表当前位置的一个字符。

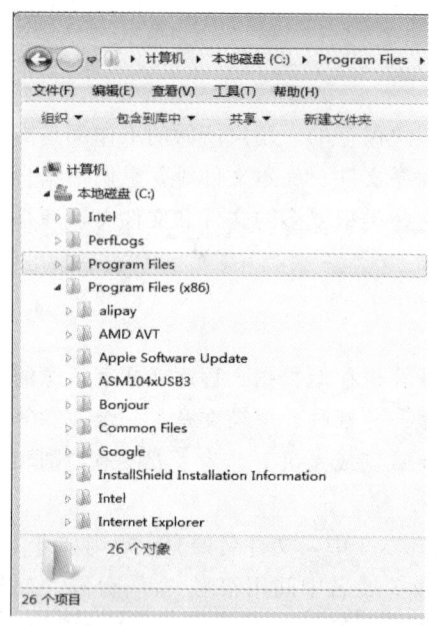

图3-22 文件夹树型结构

【例3-1】 查找D盘上的所有Word文档文件，文件名可以用下列形式表示：*.doc。其中"*"号代表任意个字符；doc表示Word文档的扩展名。

【例3-2】 查找所有以A开头的四个字符的Word文档文件，文件名可以用下列形式表示：A???.doc。其中"?"号代表了第2~4位的任意字符。

4. 路径

如果要查找一个文件或对某个文件进行操作时，不仅要指出该文件在哪个盘上，还要指出它在磁盘上的位置（即在哪一级子文件夹下）。文件在文件夹树上的位置称为文件的路径。文件的路径由用反斜杠"\"隔开的一系列子文件夹名表示，它反映了文件在文件夹树的具体位置，而路径中的最后一个文件夹名就是文件所在的子文件夹名。例如："C:\WINDOWS\system32\cmd.exe"中的cmd.exe是命令行的执行文件，C:\WINDOWS\system32是其存放的文件路径，表示这个文件存放在C盘的WINDOWS文件夹下的system32子文件夹中。

通常用两种方式来指定文件路径，即绝对路径和相对路径。所谓绝对路径，是指从该文件所在的磁盘根文件夹开始，由直到该文件所在的子文件夹为止的路径上的所有文件夹名组成（各文件夹名之间用"\"分隔）。绝对路径表示了文件在文件夹树上的相对于磁盘根文件夹的位置，如"C:\Program Files\Microsoft Office\OFFICE15\word.exe"。所谓相对路径，是指从该文件所在磁盘的当前文件夹开始，由直到该文件所在的文件夹为止的路径上的所有子文件夹名组成。相对路径表示了文件在文件夹树上的相对于当前文件夹的位置。如当前的位置在"C:\Program Files\Microsoft

Office",word.exe 文件的相对路径是"OFFICE15 \ word.exe"。

3.6.2 创建、选定文件和文件夹

选定文件和文件夹或者创建新文件夹是用户经常用到的功能。

1. 创建新文件或文件夹

在创建前,应先打开要创建的文件或文件夹所要存储的位置,在工作区的空白区右键单击,选择"新建"子菜单,进行创建所要的文件或文件夹,此时所创建的文件或文件夹名字处于可编辑状态,直接编辑名字后按 Enter 键完成创建。

2. 选定文件或文件夹

无论对文件或文件夹进行何种操作,首先都需要选择该文件。选择文件或文件夹有以下多种方法。

(1) 如果要选取单个文件或文件夹,直接单击文件或文件夹即可,并以高亮度显示。

(2) 如果选择连续的多个文件或文件夹,先单击要选择的第一个文件或文件夹,再按住 Shift 键的同时单击要选择的最后一个文件或文件夹,则在这两个选择对象之间的文件或文件夹都被选中,并以高亮度显示。

(3) 如果选择不连续的多个文件或文件夹,先按住 Ctrl 键,然后分别单击要选取的文件或文件夹。

(4) 如果要选择全部文件,选择"编辑"菜单→"全选"命令;或者按 Ctrl+A 组合键来实现全选。

3.6.3 重命名文件和文件夹

用户可根据自己的需要,更改文件或文件夹名字。重命名文件或文件夹的具体步骤如下。

(1) 在窗口中选定要重命名的文件或文件夹。

(2) 选择"文件"菜单→"重命名"命令;或者右击,选择"重命名"命令,则刚选定的文件或文件夹名处在可编辑状态。

(3) 输入新的名称,按回车键即可生效。

【注意】如果新文件名与当前文件夹中的某个文件同名,则系统会弹出重命名错误的对话框(如图 3-23 所示),则需要重新命名。

3.6.4 复制、移动文件和文件夹

复制、移动文件和文件夹是计算机资源管理中最常用的操作之一。

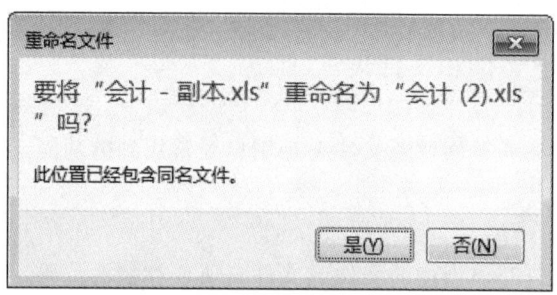

图 3-23 重命名错误对话框

1. 复制文件和文件夹

复制是指在指定的位置为所选的内容（文件或文件夹）创建一个备份，在原位置仍然保留被复制的内容。选定对象后，有以下几种复制方法。

（1）右击选择"复制"命令（或按快捷键 Ctrl+C），然后切换到目标文件夹窗口，在窗口空白处右击，选择"粘贴"命令（或按快捷键 Ctrl+V）。

（2）按住 Ctrl 键的同时，拖动文件或文件夹到目的位置。

（3）选择"编辑"→"复制"或"粘贴"命令，也可实现复制文件或粘贴文件夹。

（4）在选定的对象上右击，选择"发送到"命令，选择要发送的目标文件夹。

2. 移动文件和文件夹

移动是指将所选定的文件或文件夹移动到指定的位置，在原位置不再有被移动的内容。与复制相类似，在"编辑"上也有相应的移动命令，也可使用相应的快捷键 Ctrl+X。

3.6.5　删除、恢复文件和文件夹

删除文件或文件夹可分为删除到"回收站"和从磁盘上直接删除两种。

1. 删除文件和文件夹

当不再需要一个文件或文件夹时可以将其删除，以释放磁盘空间而存放其他文件。删除文件夹时，文件夹中所包含的内容也一并被删除。有下面几种删除方法。

（1）选中文件，右键单击，选择"删除"命令。

（2）选中文件，按 Delete 命令。

（3）选择"文件"菜单→"删除"命令。

（4）直接将其拖到回收站。

执行上述某种删除方法时，会弹出一个提示对话框，要求确认删除操作（图 3-24），确认无误后单击"是"按钮，即可将要删除的内容移动到回收站。

当删除磁盘上的文件或文件夹时，系统并不是立即删除，而是先放在"回收站"

图 3-24　删除到回收站

中，如确定该删除文件或文件夹无用时，再进行彻底删除。彻底删除也有几种方法。

（1）单击打开"回收站"，找到要删除的文件，在选定的对象上右键单击，选择删除命令，弹出"删除文件"的对话框（图 3-25），确认无误后单击"是"按钮，即从磁盘上彻底删除相应的文件或文件夹。

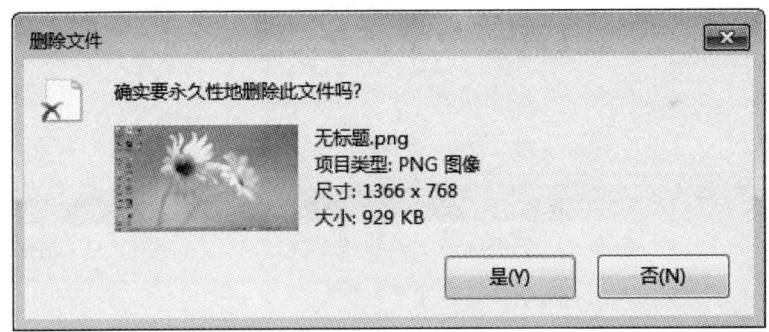

图 3-25　确认删除

（2）选定"回收站"右击，选择"清空回收站"命令，弹出"确认删除多个文件"的对话框，确认无误后单击"是"按钮，即从磁盘上彻底删除相应的文件或文件夹。

2. 恢复文件和文件夹

还原文件或文件夹：打开"回收站"，选择要还原的文件或文件夹，右击选择"还原"命令，则该文件或文件夹会恢复到原来的删除位置。

对于永久删除的文件或文件夹，已直接被彻底删除，用户无法再恢复。

3.6.6　文件属性和文件夹选项

文件和文件夹的"属性"可分为"只读"、"隐藏"、"高级"，图 3-26、图 3-27 分别显示文件夹的属性和文件的属性。"只读"属性的文件可以打开查看但不允许修改；"隐藏"属性的文件或文件夹图标会变成灰色或直接不显示；这些属性都能对文件或文件夹起一定的保护作用。

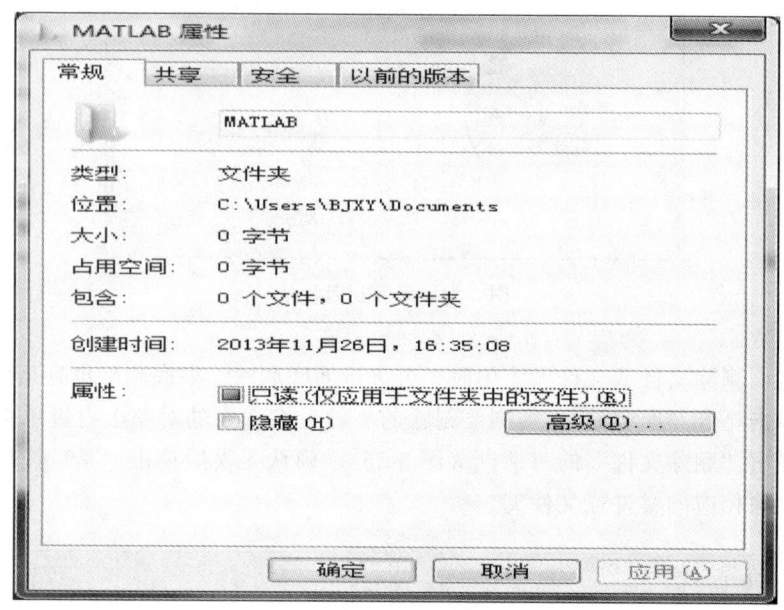

图 3-26　文件夹的属性

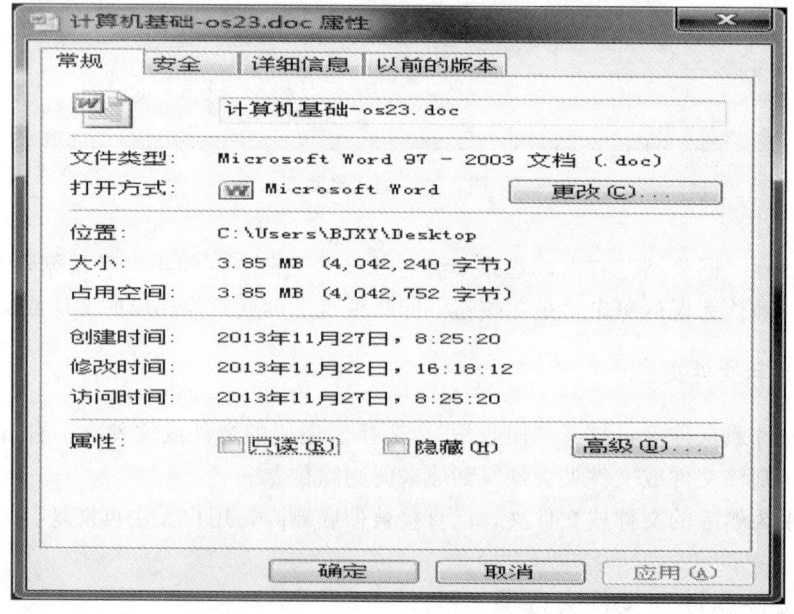

图 3-27　文件的属性

3.6.7 查找文件和文件夹

如果忘记了所需文件的存放位置,可以使用 Windows 7 提供的搜索功能来快速查询文件或文件夹。查找的步骤为:单击"开始"菜单→"搜索程序或文件"框,输入要搜索的内容。

例如,要查找 Windows 文件或文件夹,在"搜索程序或文件"框中输入"Windows",不需要按回车键,结果就会显示在上方,如图 3-28 所示。

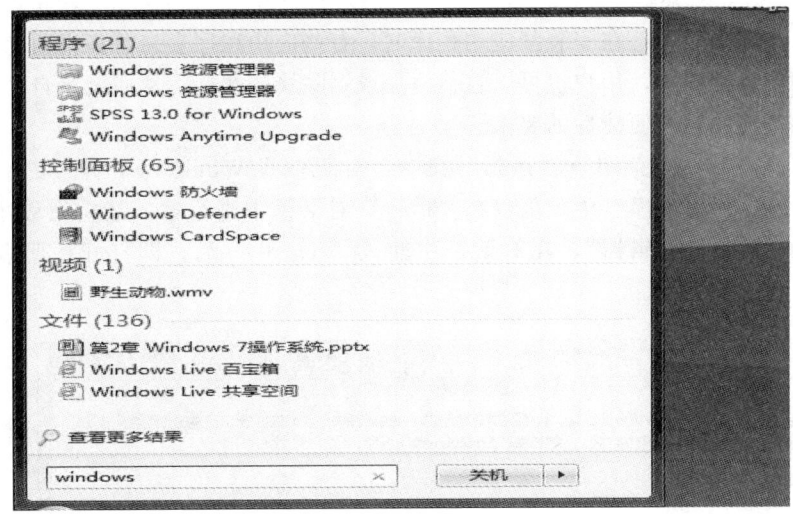

图 3-28 搜索

另外,通配符还能查询模糊的文件或文件夹。如要查找带"Q"开头的文件或文件夹,在搜索框中输入"Q*",即可看到结果。Windows 有两个通配符:"?"表示一个字符,"*"表示多个字符。

3.6.8 创建快捷方式

快捷方式是一个链接,通过它用户可以快速地访问计算机中的程序、文件、文件夹等。快捷方式可以放置在不同位置,对快捷方式进行更名、移动、删除等操作不会对原对象产生影响。

为文件或文件夹创建快捷方式的方法有以下 2 种。

(1) 在选定的文件或文件夹上,右击选择"创建快捷方式"命令即可创建出一个快捷方式,可以将其移动到任何位置。

(2) 如果想要把快捷方式直接放在桌面上,选择"发送到"→"桌面快捷方式"命令,快捷方式会直接出现在桌面上。

3.6.9 程序的运行

计算机强大的功能离不开应用软件的运行。用户除了使用计算机管理个人文档之外,也离不开对应用程序的管理使用。例如,用户使用 Word 编写、处理文档资料,使用 PowerPoint 制作幻灯片等。

要使用应用程序,必须先启动应用程序。下面介绍几种启动应用程序的方法。

(1) 在"开始"菜单中启动:一般来说,在 Windows 操作系统中安装某种应用程序后,都会在"开始"菜单→"所有程序"中创建该应用程序或快捷方式,单击即可运行。

(2) 从桌面上启动:在安装某应用程序时,有些应用程序会自己在桌面上创建启动该应用程序的快捷图标,用户也可以自行添加或删除快捷图标,从而满足自己对于桌面视觉以及启动应用程序便捷性的要求。

(3) 选择"开始"菜单→"运行"命令:对于一些 Windows 7 自带的应用程序,并非都显示在"所有程序"中,可以在"运行"对话框中进行输入某应用程序的名称。例如,启动"注册表编辑器",在对话框中输入"regedit"后,即打开注册表编辑器,如图 3-29、图 3-30 所示。

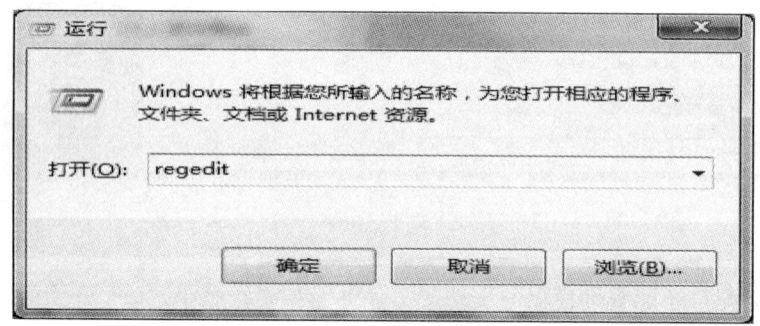

图 3-29 运行对话框

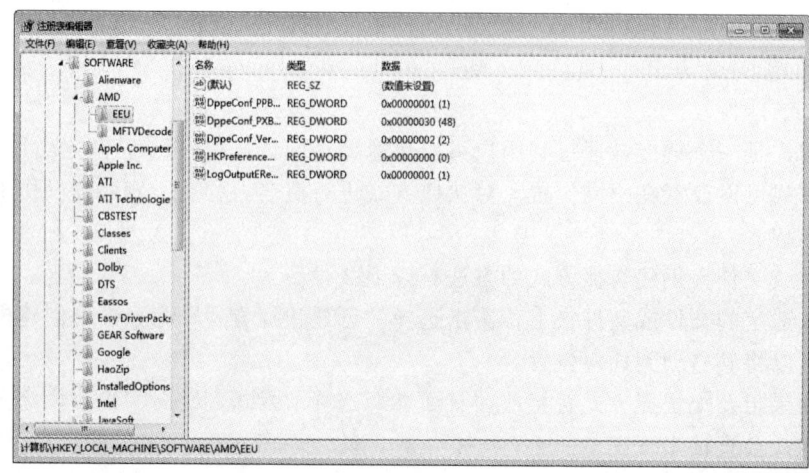

图 3-30 注册表编辑器

3.6.10 程序的安装/卸载

根据用户、应用目的不同，用户可以自行安装其他软件商开发的应用软件，如 Photoshop、Flash 等。对于不再使用的应用程序，应及时将它们从计算机上卸载，以释放磁盘空间。

1. 安装程序

一般情况下，Windows 应用软件都带有一个安装程序，运行安装程序即可启动安装向导，按照向导步骤操作即可完成安装。安装程序的文件名通常为 Setup.exe 或者 Install.exe。（图 3-31）

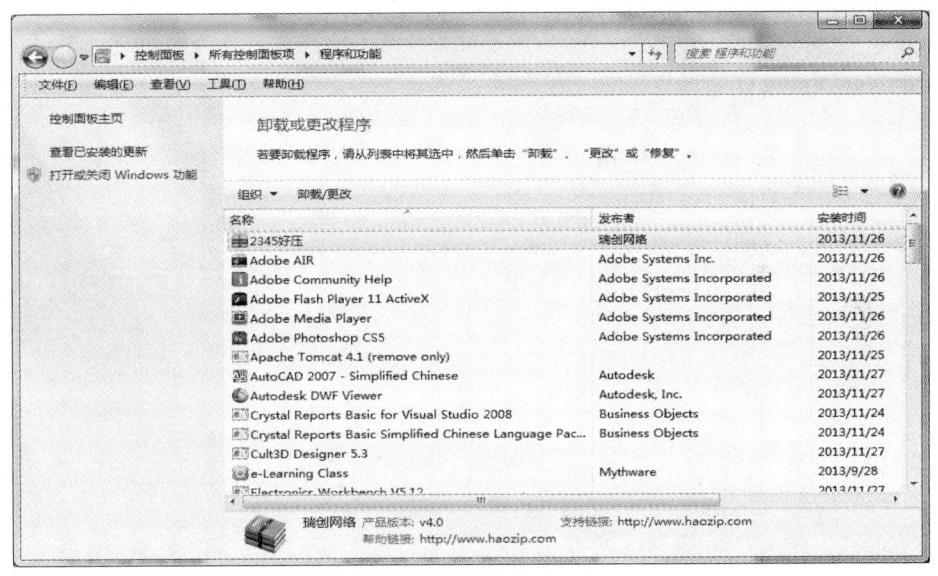

图 3-31 程序和功能窗口

2. 卸载或更改应用程序

无论是卸载/更改应用程序，还是 Windows 组件，都需要在"控制面板"中借助于卸载向导完成。

（1）选择"开始"菜单→"控制面板"→"程序和功能"，打开窗口。
（2）在窗口中右键单击要卸载/更改的文件，单击卸载/更改命令。

3.6.11 任务管理器

用户借助任务管理器，不仅可以管理当前运行的应用程序，还可以监测系统状态、各项进程、网络使用状态和用户状态。

按 Ctrl+Alt+Del 组合键，打开 Windows 任务管理器窗口，该窗口是一个特殊模式的窗口，在最小化或者关闭之前，它始终位于其他窗口之上。任务管理器窗口主要包括三个部分：菜单栏、选项卡和状态栏，如图 3-32 所示。

（1）"应用程序"选项卡主要是显示当前运行的应用程序，如果应用程序出现问题，可以强行终止程序。

（2）"进程"选项卡主要显示系统进程和用户当前打开的进程，以及进程占用 CPU 和内存的使用情况。

（3）"性能"、"联网"、"用户"选项卡，用户可以查看当前计算机的运行性能、联网状态和已运行用户。

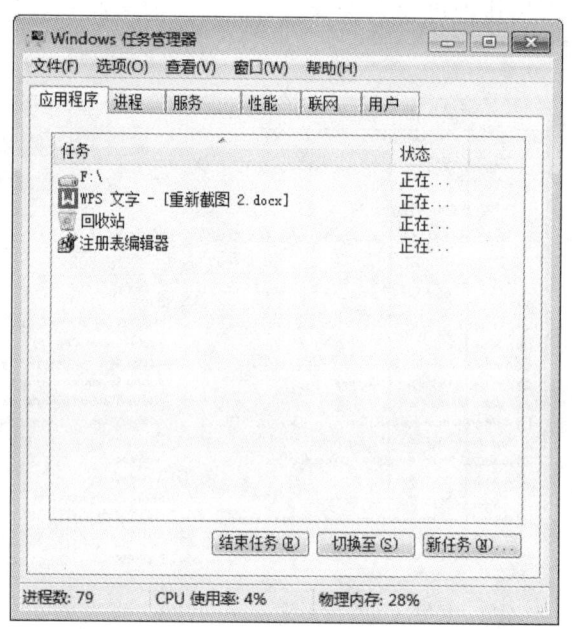

图 3-32　Windows 任务管理器窗口

3.6.12　磁盘的管理和维护

在 Windows 中还有一个重要的任务就是进行磁盘操作与管理。磁盘管理是指对硬盘或软盘的管理。

1. 查看磁盘空间

磁盘有容量和文件系统格式等属性。双击"计算机"图标，打开"计算机"窗口，可以对每个磁盘进行查看属性。例如，要查看磁盘 C 的属性，选择 C 盘符，右击选择"属性"命令，弹出"本地磁盘（C：）属性"对话框，如图 3-33 所示。

在属性窗口中，可查到 C 盘的已用空间、可用空间，文件系统为 NTFS。

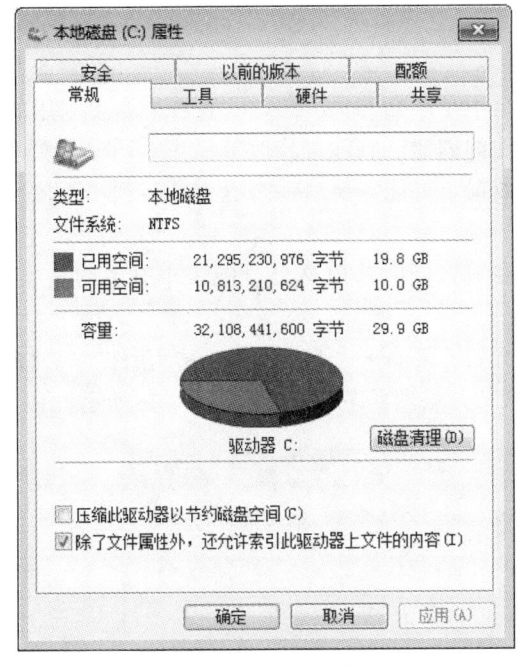
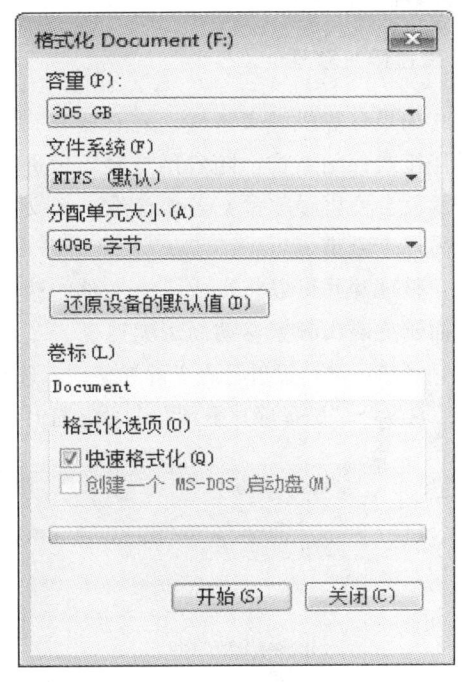

图 3-33　C 磁盘属性　　　　　图 3-34　高级格式化

2. 格式化磁盘

格式化磁盘就是在磁盘内进行分割磁区，作内部磁区标示，以方便存取数据。格式化磁盘又可分为高级格式化和低级格式化，高级格式化是指在 Windows 7 操作系统下对磁盘进行的格式化操作；低级格式化是指在高级格式化操作之前，对磁盘进行分区和物理格式化。

进行磁盘高级格式化的具体操作如下：

（1）双击"计算机"图标，打开"计算机"窗口。

（2）选择要进行格式化操作的磁盘，选择"文件"菜单→"格式化"命令，或右击选择"格式化"命令，弹出"格式化"对话框，如图 3-34 所示。

（3）设置相关选项，然后单击"开始"按钮即可。

在 Windows 7 中，系统提供了"快速格式化"和"完全格式化"两种格式化类型。

快速格式化只删除磁盘上的文件，不检查磁盘的坏扇区。这种方式一般用于已使用过的旧磁盘而且确信该磁盘没有损坏的情况下；完全格式化不但会删除磁盘上的所有内容，而且还对磁盘进行检查。

低级格式化就是物理格式化，可通过专门的工具软件来进行。

硬盘分区是为了方便用户分门别类地放置文件和资料。比如将一个 120G 硬盘分为 C、D、E 三个区，每个区为 40G。在分区中，只有一个是主分区，一般用来存放操作系统，其他都是逻辑分区。

【注意】对硬盘重新分区和格式化，会导致数据的丢失。

3. 磁盘碎片整理

如果计算机越来越慢，有必要查看一下是不是磁盘碎片太多。文件在磁盘上采用的是链接式存储结构，随着用户频繁地进行文件的创建、删除、修改等操作，同一个文件的簇就会变得很零乱，若要读取一个文件的数据，可能需要从一个磁道跳转到相距较远的另一个磁道。

整理碎片可以将组成一个文件的簇连续存放，同时修改文件分配表中有关的表项，从而避免磁头频繁移动而影响速度。

例如：对C盘进行磁盘碎片整理。选择"开始"菜单→"所有程序"→"附件"→"系统工具"→"磁盘碎片整理"命令，打开"磁盘碎片整理程序"窗口，如图3-35所示。

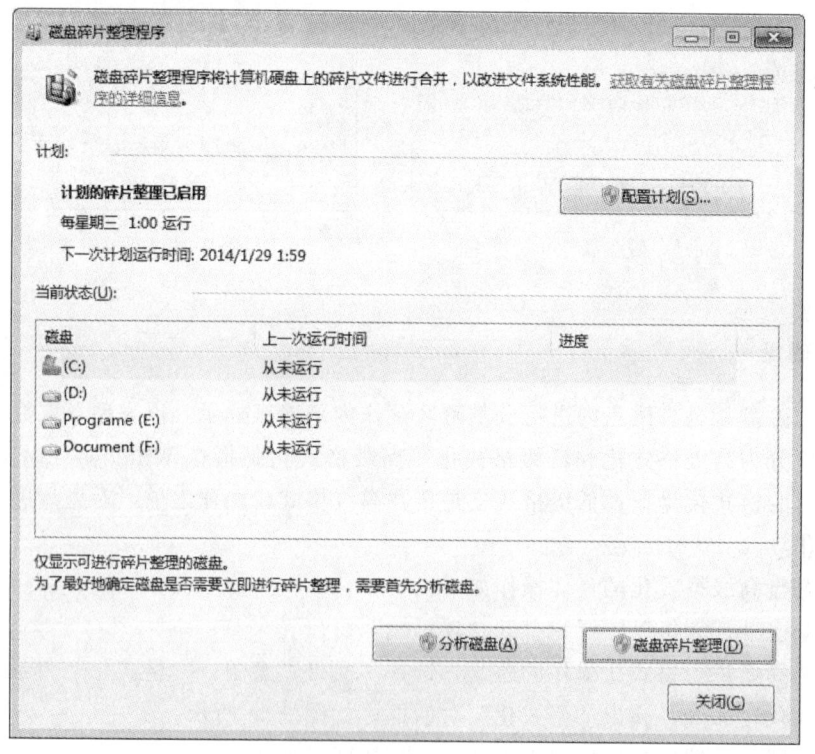

图3-35 磁盘碎片整理

4. 磁盘清理

通过磁盘清理，可以删除磁盘上的一些无用文件，如"回收站"中的内容、下载的临时文件等。其操作步骤如下。

选择"开始"菜单→"所有程序"→"附件"→"系统工具"→"磁盘清理"命令，弹出"选择驱动器"对话框，如图3-36所示。相应选择不同的磁盘进行清理。

第三章 计算机组成与操作系统

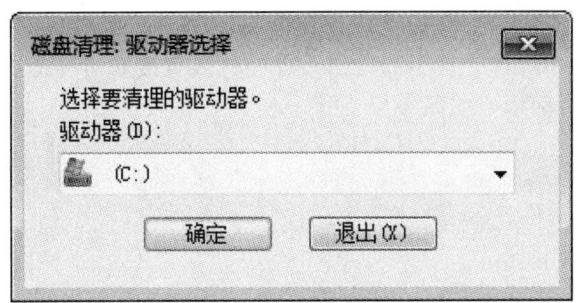

图 3-36 磁盘清理

3.6.13 控制面板

"控制面板"中包含了一系列的工具程序，如"系统"、"显示"、"键盘"、"管理工具"等，用户利用它可以直观、方便地调整各种硬件和软件的位置，还可以用它安装和删除硬件和软件。选择"开始"菜单→"控制面板"，即打开"控制面板"的窗口，如图 3-37 所示。

图 3-37 控制面板

1. 调整系统时间

在 Windows 7 中，系统会自动为存档文件标上日期和时间，以供用户检索和查询。

在屏幕的右下角显示了当前系统的时间,当系统时间不准确时,可以更改系统的时间和日期。

在"控制面板"中选择"日期和时间"程序;或直接双击屏幕右下角的时间,弹出"日期和时间属性"对话框,如图 3-38 所示。

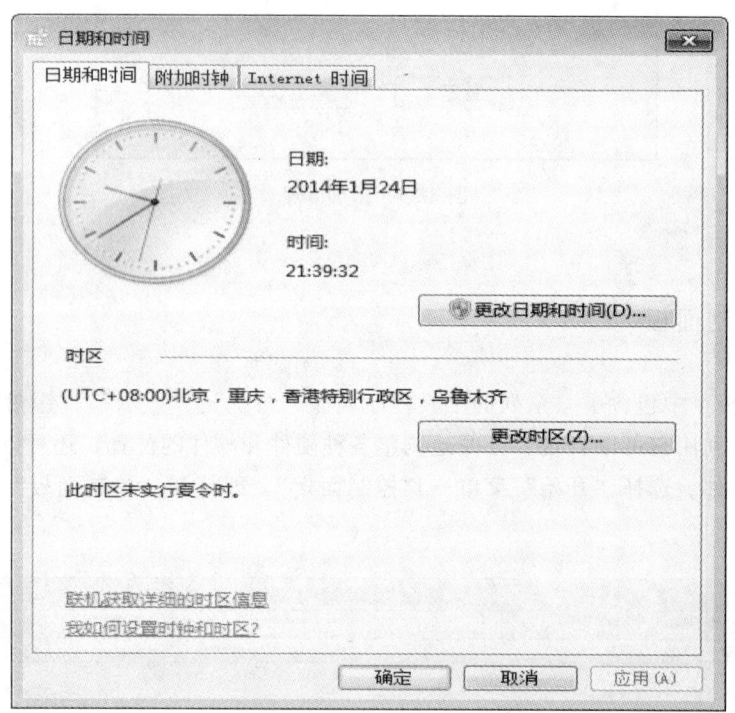

图 3-38 【日期和时间属性】对话框

2. 键盘和鼠标的设置

通过"控制面板"可以设置键盘、鼠标的特性,如击键的速度、指针的形状等,如图 3-39、图 3-40 所示的键盘设置和鼠标设置。

3. 用户账户管理

Windows 7 具有多用户管理功能,可以让用户共有一台计算机,每个用户都可以建立自己专用的运行环境,主要包括桌面、"开始"菜单、"收藏夹"等。不同的运行环境间各自独立、互不干扰,而且保存文件时默认路径也不相同。

1) 账户类型

在 Windows 7 中,为了计算机的安全,账户类型分为计算机管理员、受限账户与来宾账户三种类型。

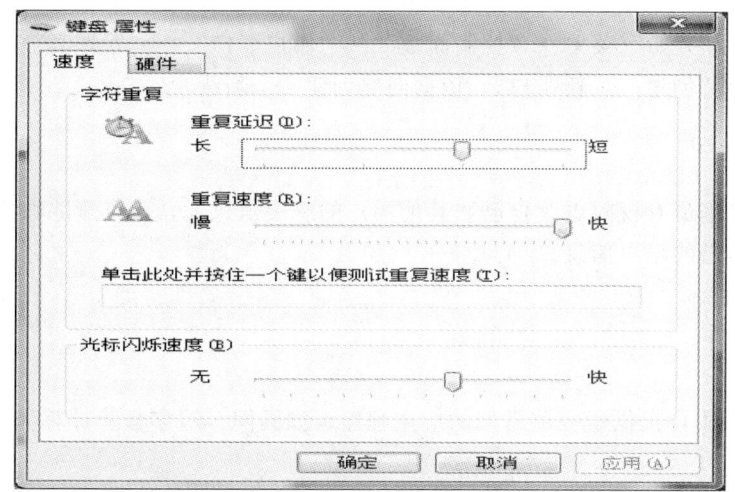

图 3-39 键盘设置

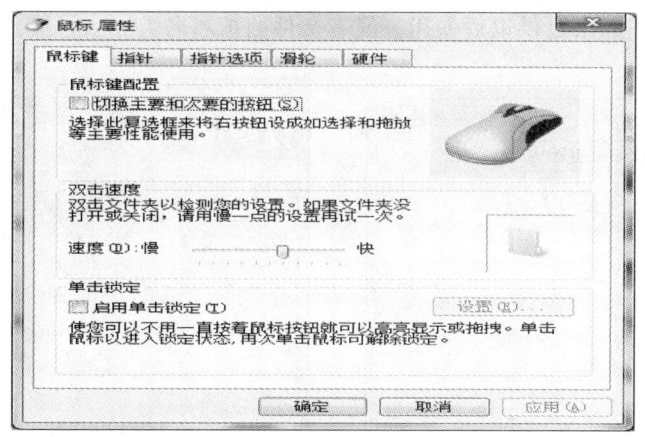

图 3-40 鼠标设置

(1) 计算机管理员：此类型的账户可以存取所有文件、安装程序、改变系统设置、添加与删除账户，对计算机具有最大的操作权限。

(2) 受限账户：此类型的账户操作权限受到限制，只可以完成执行程序等一般的计算机操作。

(3) 来宾账户：此账户名称为 guest，其权限比受限账户更小，可提供临时使用计算机的用户。默认情况下，此账户未被选中，要想让临时用户使用计算机，计算机管理员必须先选中 guest 账户。

2) 添加账户

在安装系统时，必须创建一个管理员账户才能使用计算机。创建一个新用户账户的操作如下。

(1) 选择"开始"菜单→"控制面板"→"用户账户"→"管理其他账户"。

(2) 选择"创建一个新账户",依据向导创建一个新账户。

3) 管理账户

计算机管理员有权限更改自己和其他用户的有关信息,且可以删除账户。受限用户则可以更改自己的账户信息。

3.6.14 附件

Windows附件提供了一些常用的应用程序,如画图、写字板、计算器等。

1. 记事本

"记事本"是一个用来创建简单文档的基本文档编辑器,如图3-41所示。"记事本"最常用来查看和编辑文本文件,它仅支持基本格式。当新建一个文本文件后,输入编辑文本,最后要保存起来可供以后使用。文本文件的扩展名为.txt。

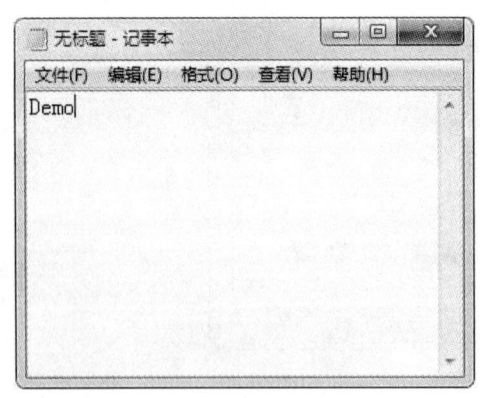

图3-41 记事本窗口

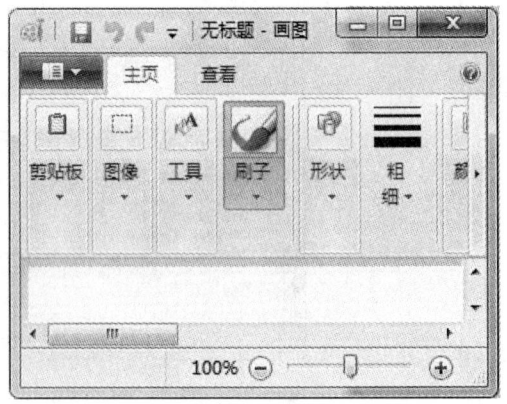

图3-42 画图窗口

2. 画图

"画图"是个画图工具,可以用它创建简单或者精美的图画。这些绘图可以是黑白也可以是彩色的,并可以存为位图(BMP)文件。可以打印绘图,或者将它作为桌面背景,或者粘贴到另一个文档中,还可以使用"画图"查看和编辑扫描的照片,如图3-42所示。

"画图"文件可以保存为BMP图(位图),也可以保存为GIF图或JPG图。

3. 汉字输入法

1) 汉字输入法简介

汉字信息处理的重要环节是汉字编码的输入方法。目前具有汉字处理功能的计算机一般都收录了几种编码方法，如智能 ABC 输入法、微软拼音输入法、五笔字型输入法等。

英文输入法所对应的字符有 128 个，用美国信息交换标准码（ASCII）表示，每一个字符用一个字节表示，而中文编码的每一个汉字或字符用两个字符表示。另外，在中文输入法中分半角输入和全角输入，在全角方式下输入的英文和数字，也当做一个汉字字符处理，占有两个字节；而在半角方式下输入的英文和数字占有一个字节。

2) 输入法的使用

在 Windows 中已经事先安装好了多种汉字输入法，用户可以从中选择自己要用的输入法。在屏幕的右下角的状态栏上有输入法指示器，可以进行输入法的切换。

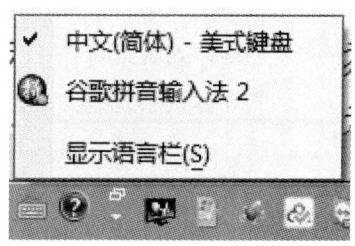

图 3-43 输入法切换菜单

默认情况下，刚进入系统时出现的是英文输入法。选择输入法有以下 2 种方法。

（1）用鼠标选择输入法：用户在任务栏上单击 ![icon]，会出现系统已安装的输入法，如图 3-43 所示，选择相应的输入法。

（2）用键盘选择输入法：按下 Ctrl＋Shift 组合键进行在多种输入法之间的切换；按下 Ctrl＋空格键进行中英文输入法之间的切换。

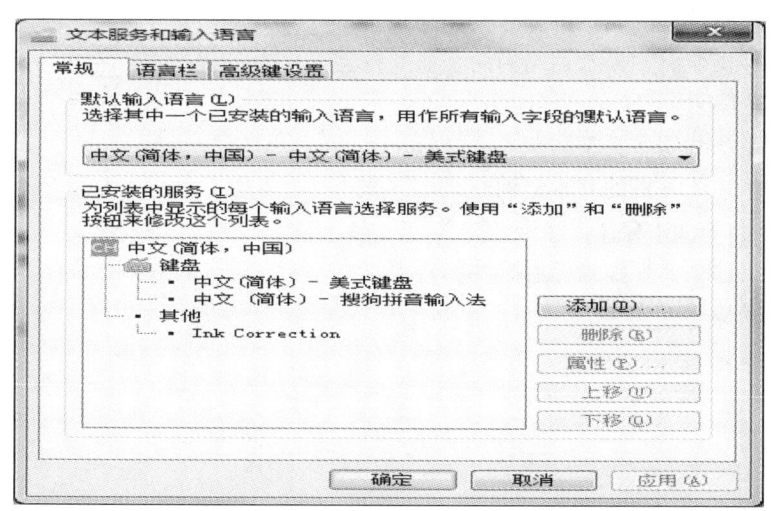

图 3-44 文字服务和输入语言对话框

3) 输入法的设置

用户还可以自行设置输入法，有 2 种方法进入。

（1）打开"控制面板"，单击"区域和语言"图标，弹出"区域和语言"对话框，切换到"键盘和语言"选项卡。单击"更改键盘…"按钮，弹出"文字服务和输入语言"对话框，如图 3-44 所示，可进行语言的添加和删除等设置。

（2）在输入指示器 右击，选择"设置"命令，弹出"文字服务和输入语言"对话框。

3.7　小结

本章介绍了计算机系统的结构、组成和操作系统的基本知识，以及 Window 7 操作系统的基本操作和常见操作。

完整的计算机系统是由硬件系统和软件系统组成。操作系统是计算机中最基本的系统软件，它的主要功能是对计算机各种资源进行管理。

3.8　习题

一、填空题

1. 计算机系统包括_____和_____。
2. CPU 是计算机的核心部分，主要由_____、_____和_____组成。
3. 计算机软件按其功能大致可以分为两类：_____和_____。
4. 在 Windows 中，当有多个窗口同时打开时，只有一个是_____窗口。
5. 文件及文件夹的属性有：只读、隐藏、_____。
6. 在文件操作时，经常使用的两个通配符是_____和_____。

二、简答题

1. 操作系统分哪些类型？
2. 简单叙述计算机的基本结构。
3. RAM 和 ROM 有什么区别？
4. 计算机的主要性能指标有哪些？
5. 什么是快捷方式？

第二篇　微软 Office 2010 操作

第四章 文字处理软件 Word 2010

在前一章里介绍了计算机组成与操作系统，使我们对计算机的工作原理及其组成、功能有所了解，同时对常用的操作系统功能也有了进一步的认识。从本章开始将介绍 Office 中的一些常用软件 Word、Excel 和 PowerPoint 等。

4.1 Word 2010 概述

Microsoft Word 2010 是微软公司出品的 Office 系列办公软件中的一个组件，是文字处理中应用最多、最广泛的软件之一。通过 Word 我们可以实现审查文本、文字处理、文本编排、制作表格与图表、制作宣传广告等，还可以在浏览器和移动电话中利用内容丰富且为人熟悉的 Word 功能。下面将详细讲解 Word 基础入门知识、文本编辑与操作、创建与编辑图形图表和表格、高级排版应用、页面的设置和打印等，这些功能广泛应用于办公文秘、艺术设计、书本报刊编辑等。

4.1.1 Word 2010 介绍

Microsoft Word 从 Word 2007 升级到 Word 2010，其最显著的变化就是使用"文件"选项卡代替了 Word 2007 中的 Office 按钮，使用户更容易从 Word 2003 和 Word 2000 等旧版本中转移。另外，Word 2010 同样取消了传统的菜单操作方式，而代之为各种功能区。在 Word 2010 窗口上方看起来像菜单的名称其实是功能区的名称，当单击这些名称时并不会打开菜单，而是切换到与之相对应的功能区面板。

4.1.2 Word 2010 窗口及其组成

启动 Word 2010 后，屏幕上会开启一个 Word 窗口（图 4-1），它是用户进行文字编辑的工作界面，其主要组成可划分为 10 个区域，具体如下。

1. 标题栏

显示正在编辑的文档的文件名和所使用的软件名。

2. 快速访问工具栏

常用命令位于此处（如"保存"、"撤销"等）。用户也可以添加个人常用命令。

图 4-1 Word 2010 窗口

3. "文件"选项卡

基本命令(如"新建"、"打开"、"关闭"、"另存为..."和"打印"等功能)位于此处。

4. 功能区

工作时需要用到的命令位于此处,取代了传统的菜单操作方式。每个选项卡功能区根据功能的不同又分为若干个命令组,这些功能区及其命令组涵盖了 Word 的各种功能,可以通过单击选项卡来切换显示的命令集。

另外,用户可以根据需要,通过执行"文件"→"选项"→"自定义功能区"命令来定义自己的功能区。Word 默认含有 7 个功能区,分别是:"开始"、"插入"、"页面布局"、"引用"、"邮件"、"审阅"和"视图"选项卡功能区。

一般情况下,Word 窗口如图 4-1 所示,显然,这样会缩小标号 5 工作区窗口的面积,这时,可以通过单击功能区右上角的"功能区最小化 ∧ /展开功能区 ∨"按钮来缩小/扩大工作区,可实现功能区最小化或展开功能区。

其中标号 4 区域的功能区分为多个,通过单击选项卡进入对应功能区,具体如下:

1) 开始选项卡

"开始"选项卡功能区中包括剪贴板、字体、段落、样式和编辑五个组(图 4-2),对应 Word 2003 的"编辑"和"段落"菜单部分命令。该功能区主要用于帮助用户对 Word 2010 文档进行文字编辑和格式设置,是用户最常用的功能区。

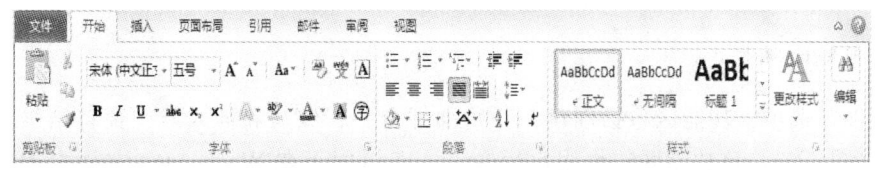

图 4-2 "开始"选项卡

2) 插入选项卡

"插入"选项卡功能区包括页、表格、插图、链接、页眉和页脚、文本、符号和特殊符号几个组(图 4-3),对应 Word 2003 中"插入"菜单的部分命令,主要用于在 Word 2010 文档中插入各种元素。

图 4-3 "插入"选项卡

3) 页面布局选项卡

"页面布局"选项卡功能区包括主题、页面设置、稿纸、页面背景、段落、排列几个组(图 4-4),对应 Word 2003 的"页面设置"菜单命令和"段落"菜单中的部分命令,用于帮助用户设置 Word 2010 文档页面样式。

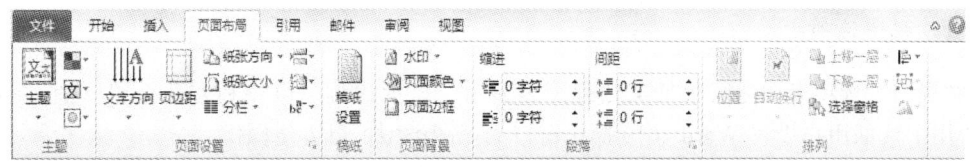

图 4-4 "页面布局"选项卡

4) 引用选项卡

"引用"选项卡功能区包括目录、脚注、引文与书目、题注、索引和引文目录几个组(图 4-5),用于实现在 Word 2010 文档中插入目录等比较高级的功能。

图 4-5 "引用"选项卡

5) 邮件选项卡

"邮件"选项卡功能区包括创建、开始邮件合并、编写和插入域、预览结果和完成几个组(图 4-6),该功能区的作用比较专一,专门用于在 Word 2010 文档中进行邮件合并方面的操作。

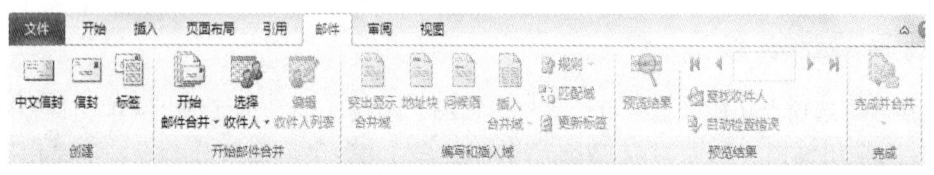

图 4-6 "邮件"选项卡

6) 审阅选项卡

"审阅"选项卡功能区包括校对、语言、中文简繁转换、批注、修订、更改、比较和保护几个组(图 4-7),主要用于对 Word 2010 文档进行校对和修订等操作,适用于多人协作处理 Word 2010 长文档。

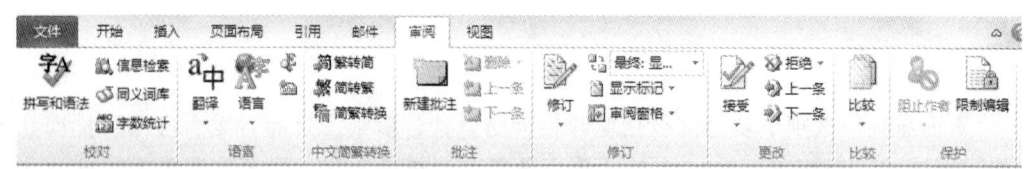

图 4-7 "审阅"选项卡

7) 视图选项卡

"视图"选项卡功能区包括文档视图、显示、显示比例、窗口和宏几个组(图 4-8),主要用于帮助用户设置 Word 2010 操作窗口的视图类型,以方便操作。

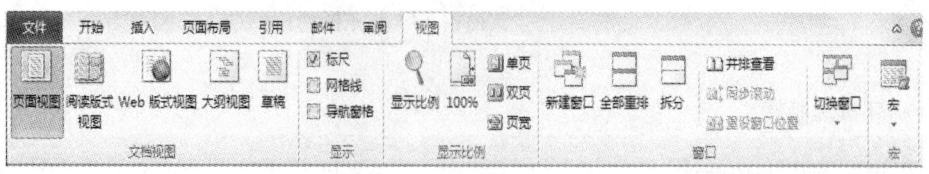

图 4-8 "视图"选项卡

5. 编辑窗口

编辑窗口也称为工作区，显示正在编辑的文档。

6. 滚动条

滚动条可用于更改正在编辑的文档的显示位置。

7. 状态栏

显示正在编辑的文档的相关信息。如当前页面数、字数等。有用来发现校对错误的图标及对应校对的语言图标，还有用于将键入的文字插入到插入点处的插入图标。

8. 视图切换按钮

可用于更改正在编辑的文档的显示模式（视图）以符合用户的要求。所谓"视图"，简单地说就是查看文档的方式。同一个文档可以在不同的视图下查看，虽然文档的显示方式不同，但是文档的内容是不变的。Word 有五种视图（图 4-9）：页面视图、阅读版式视图、Web 版式视图、大纲视图和草稿视图。

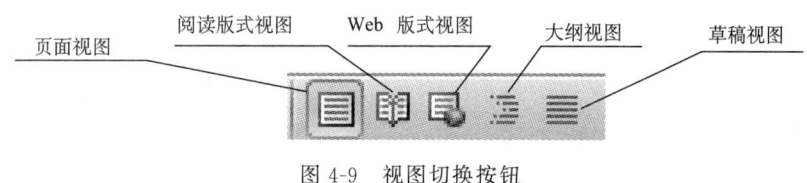

图 4-9　视图切换按钮

1）页面视图

页面视图（默认视图）主要用于版面设计，页面视图显示文档的每一页面都与打印所得的页面相同，即"所见即所得"。在页面视图下可以输入、编辑和排版文档，也可以处理页边距、文本框、分栏、页眉和页脚、图片和图形等，但在该视图下，使用计算机资源相应较多，会使处理速度变慢。

2）阅读版式视图

"阅读版式视图"适于阅读长篇文章。在阅读版式中，原来的文章编辑区缩小，而文字大小保持不变。若字数多，它会自动分成多屏。在该视图下同样可以进行文字的编辑工作，视觉效果好，眼睛不会感到疲劳。阅读版式视图的目标是增加可读性，可以方便地增大或减小文本显示区域的尺寸，而不会影响文档中的字体大小。想要停止阅读文档时，请单击"阅读版式"工具栏上的"关闭"按钮（或按 Esc 键），可以从阅读版式视图切换回来。若要修改文档，只需在阅读时简单地编辑文本，而不必从阅读版式视图切换出来。

3）Web 版式视图

使用 Web 版式视图，无需离开 Word 即可查看该页以 Web 页形式在 Web 浏览器中的效果。

4）大纲视图

大纲视图适合于编辑文档的大纲，以便能审阅和修改文档的结构。在大纲视图中，可以折叠文档以便只查看到某一级的标题或子标题，也可以展开文档查看整个文档的内容。在大纲视图下，"大纲"工具栏替代了水平标尺，其工具栏中的相应按钮可以容易地"折叠"/"展开"文档，对大纲中各级标题进行"上移"/"下移"、"提升"/"降低"等调整文档结构的操作。

5）草稿视图

草稿视图是最节省计算机系统硬件资源的视图方式，它取消了页面边距、分栏、页眉页脚和图片等元素，仅显示标题和正文。当然现在计算机系统的硬件配置都比较高，基本上不存在由于硬件配置偏低而使 Word 运行遇到障碍的问题。

9. 缩放滑块

可用于更改正在编辑的文档的显示比例设置。

10. 标尺

标尺有水平标尺和垂直标尺两种。在草稿视图下只能显示水平标尺，只有在页面视图下才能显示水平和垂直两种标尺。标尺除了显示文字所在的实际位置、页边距尺寸外，还可以用来设置制表位、段落、页边距尺寸、左右缩进、首行缩进等。

有两种方法可以隐藏/显示标尺：

方法一：执行"视图"选项卡"显示"组的"标尺"命令。

方法二：单击位于滚动条滑块上方的"标尺"按钮 （在标号 6 区域的上方）。

4.1.3 启动与退出

1. 启动 Word 2010

启动 Word 2010 可以使用以下三种常用方式之一。

（1）执行"开始"→"所有程序"→"Microsoft Office"→"Microsoft Word 2010"命令。

（2）双击桌面上 Word 2010 的快捷图标。

（3）双击已建立的 Word 2010 文档。

2. 退出 Word 2010

退出 Word 2010 可以使用以下四种常用方式之一。
(1) "文件" → "退出"。
(2) 按 Alt+F4 键。
(3) 单击标题栏右上角的关闭按钮。
(4) 双击 Word 2010 窗口左上角的控制图标。

在执行退出 Word 操作时，如有文档输入或修改后尚未保存，那么 Word 将会给出一个对话框，询问是否要保存未保存的文档（三个选择按钮）：若单击"保存"按钮，则保存当前输入或修改的文档，并且弹出另一个对话框询问文件夹名、文档名和文档类型；若单击"不保存"按钮，则放弃当前所输入或修改的内容，退出 Word；若单击"取消"按钮，则取消这次操作，继续工作。

4.2　Word 2010 的基本操作

4.2.1　创建文档

默认情况下，Word 2010 程序在打开的同时会自动新建一个空白文档，并暂时命名为"文档1"。除了这种自动创建文档的办法外，若在编辑文档的过程中还需另外创建一个或多个新文档时，可以用以下三种方法之一来创建。
(1) 执行"文件" → "新建"命令。
(2) 按组合键 Alt+F 打开"文件"选项卡，执行"新建"命令（或直接按"N"键）。
(3) 按快捷键 Ctrl+N。

在打开的"新建"面板中，选中需要创建的文档类型（或称为模板）：通用型的空白文档模板（Normal.dotm，也是默认模板）和内置的多种文档模板，如博客文章、书法等模板。完成选择后单击图中右边的"创建"按钮，如图 4-10 所示。

【说明】模板是指内置的包含固定格式设置和版式设置的模板文件，用于帮助用户快速生成特定类型比较专业的 Word 文档。除了使用 Word 2010 已安装的模板，用户还可以使用自己创建的模板和 Office 网站提供的证书、奖状、名片、简历等特定功能模板。

Word 对"文档1"以后新建的文档以创建的顺序依次命名为"文档2"、"文档3"等。每一个新建文档对应有一独立的文档窗口，任务栏中也有一个相应的文档按钮与之对应。

4.2.2　打开文档

要对已有的文档进行编辑，首先需要先将其打开。一般来说，先进入该文档的存放路径，再双击文档图标即可将其打开。此外，还可通过"打开"命令打开文档，具体操

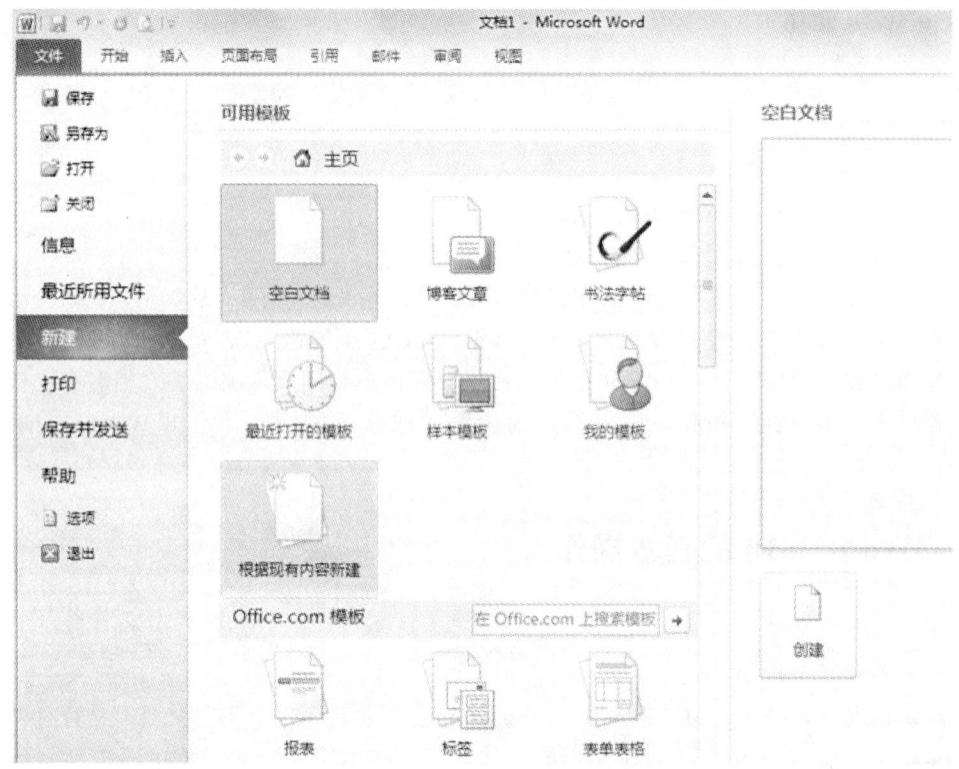

图 4-10 单击"空白文档"选项

作步骤如下。

(1) 在 Word 窗口中切换到"文件"选项卡，然后在左侧窗格中单击"打开"命令。

(2) 在弹出的"打开"对话框（图 4-11）中找到需要打开的文档并将其选中，然后单击"打开"按钮即可。在"打开"按钮右侧的三角按钮，在弹出的菜单中可以选择文档的打开方式，如只读方式、副本方式等。

(3) 若选定多个文档名，则可同时打开多个文档，其中，如果要打开的多个文档名是连续排列在一起的，则可以先单击第一个要打开的文档名，然后按住 Shift 键再单击最后一个要打开的文档名，这样包含在这两个文档名之间的所有文档全被选定；如果要打开的多个文档名是分散的，则可以先单击第一个要打开的文档名，然后按住 Ctrl 键再分别单击每个要打开的文档名来选定文档。

(4) 当文档名选定后，单击对话框中的"打开"按钮，则所有选定的文档被一一打开，最后打开的一个文档成为当前的活动文档。

若要打开的是最近使用过的文档，Word 提供了更快捷的操作方式，其中两种常用的操作方法如下。

(1) 执行"文件"→"最近所用文件"命令，在随后出现的如图 4-10 所示的"最近所用文件"命令菜单中，分别单击"最近的位置"和"最近使用的文档"栏目中所需

图 4-11 "打开"对话框

要文件夹和 Word 文档名，即可打开用户指定的文档。

（2）若当前已存在打开的一个或多个 Word 文档，则鼠标右击任务栏中"已打开 Word 文档"按钮，此时会弹出一个名为"最近"的列表框。默认情况下，"最近"列表框中保留 10 个最近使用过的 Word 文档名。

4.2.3 保存文档

无论是新建的文档，还是已有的文档，对其进行相应的编辑后都应进行保存，否则编辑的文档内容就会丢失。要保存新建文档，使用下面的两种方式之一可以实现。

（1）新建的文档中，单击快速访问工具栏中的"保存"按钮或按下 Ctrl＋S 组合键，如图 4-1 中的标号 ❷ 处。

（2）在 Word 窗口中切换到"文件"选项卡，然后在左侧窗格中单击"另存为"命令。在弹出的"另存为"对话框中（图 4-12）设置文档的保存路径、文件名及保存类型，然后单击"保存"按钮即可。

【说明】在"另存为"对话框的"保存类型"下拉列表框中，若选择"Word 97-2003 文档"，可将 Word 2010 制作的文档另存为 Word 97-2003 兼容模式，这样可以通过早期版本的 Word 程序打开并编辑该文档。

【注意】对于已有的文档，在编辑过程中也需要随时保存，以防止因断电、死机或

图 4-12 "另存为"对话框

系统自动关闭等情况而造成信息丢失。已有文档与新建文档的保存方法相同，只是对它进行保存时，仅是将对文档的更改保存到原文档中，因而不会弹出"另存为"对话框，但会在状态栏中显示"Word 正在保存…"的提示，保存完成后提示立即消失。

若为了防止文档的意外丢失，用户可将其另存，即对文档进行备份。另外，对原文档进行了各种编辑后，如果希望不改变原文档的内容，可将修改后的文档另存为一个文档，而原来的文件依然存在。

若想要一次操作保存多个已编辑修改了的文档，最简便的方法是：按住 Shift 键的同时单击"文件"选项卡，这时选项卡的"保存"命令已改变为"全部保存"命令，单击"全部保存"命令就可以一次性保存多个文档。

4.2.4 文档保护

1. 文档保护

"文档保护"使用户能够以各种方式保护文档，如仅授予某些用户编辑、批注或读取文档的权限。保护 Word 文档具体操作如下，在打开的文档中，单击"文件"→"信息"→"保护文档"，有以下选项，如图 4-13 所示。

(1)"标记为最终状态",将文档设为只读。

将文档标记为最终状态后,将禁用或关闭键入、编辑命令和校对标记,并且文档将变为只读。"标记为最终状态"命令有助于让其他人了解到用户正在共享已完成的文档版本。该命令还可帮助用户防止审阅者或读者无意中更改文档。

(2)"用密码进行加密",为文档设置密码。

(3)"限制编辑":控制可对文档进行哪些类型的更改。选择"限制编辑",将看到三个选项。

① "格式设置限制":此选项用于减少格式设置选项,同时保持统一的外观。单击"设置"选择允许的样式。

② "编辑限制":控制编辑文件的方式,也可以禁用编辑。单击"例外项"或"其他用户"可控制谁能够进行编辑。

③ "启动强制保护":单击"是,启动强制保护"可选择密码保护或用户身份验证。还可以单击"限制权限"添加或删除具有受限权限的编辑人员。

(4)"按人员限制权限":使用 Windows Live ID 限制权限。

使用 Windows Live ID 或 Microsoft Windows 账户可以限制权限。可以通过组织所用模板应用权限,也可以单击"限制访问"添加权限。

(5)"添加数字签名":添加可见或不可见的数字签名。

数字签名通过使用计算机加密对文档、电子邮件和宏等数字信息进行身份验证。创

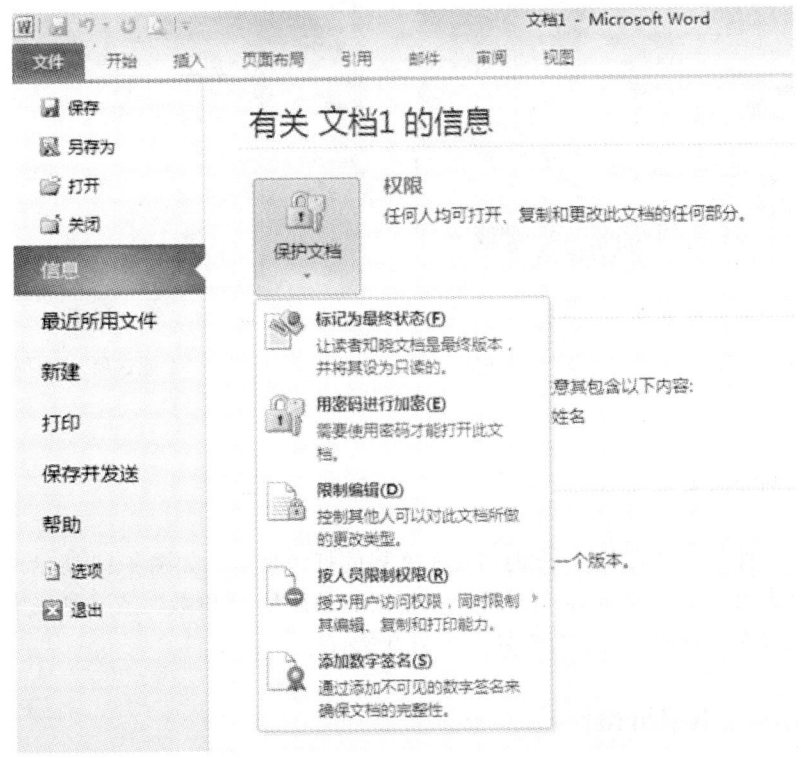

图 4-13 "保护文档"的选项列表图

建数字签名时需要键入签名或使用签名图像，以便建立真实性、完整性和不可否认性。用签名图像，以便建立真实性、完整性和不可否认性。

2. 设置"打开权限密码"

文档在存盘前设置了"打开权限密码"后，那么再打开它时，Word 首先要核对密码，只有密码正确的情况下才能打开，否则拒绝打开。

1)"用密码进行加密"

一种方式是选择"用密码进行加密"，将显示"加密文档"对话框，如图 4-14 所示，在"密码"框中键入密码。

2)"另存为"

设置"打开权限密码"另一种方法可以通过如下步骤实现：

执行"文件"→"另存为"命令，打开"另存为"对话框（图 4-12）。

在"另存为"对话框中，执行"工具"→"常规选项"命令，打开如图 4-15 所示的"常规选项"对话框，输入设定的密码。

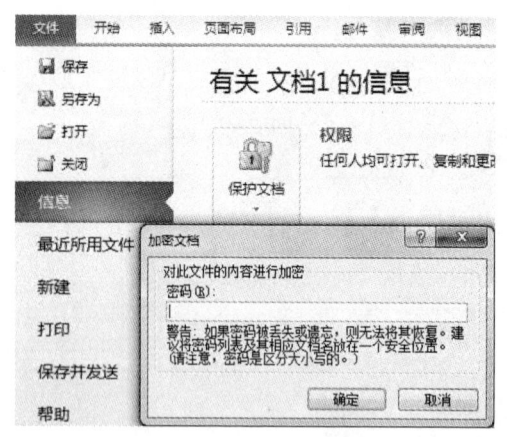 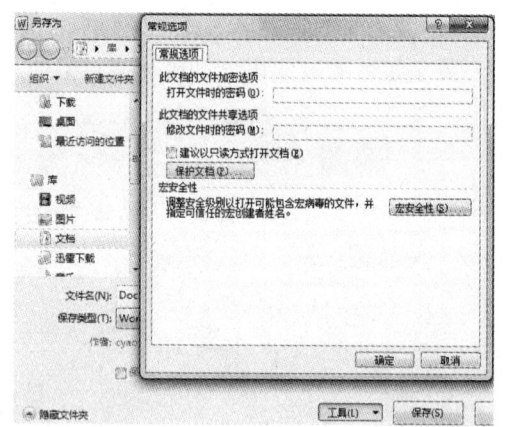

图 4-14 "加密文档"密码输入对话框　　　　图 4-15 "常规选项"对话框

4.2.5 打印文档

单击"文件"→"打印"，此时将显示文档的打印预览，如图 4-16 所示。可在查看打印预览时更改"页面方向"、"页面大小"、"页边距"、"份数"或"纸张大小"等设置。最后单击左上方的"打印"按钮，即可开始打印。

4.2.6 基本文本编辑操作

在文本某处插入新的文本、删除文本的几个或几行字、修改文本的某些内容、复制

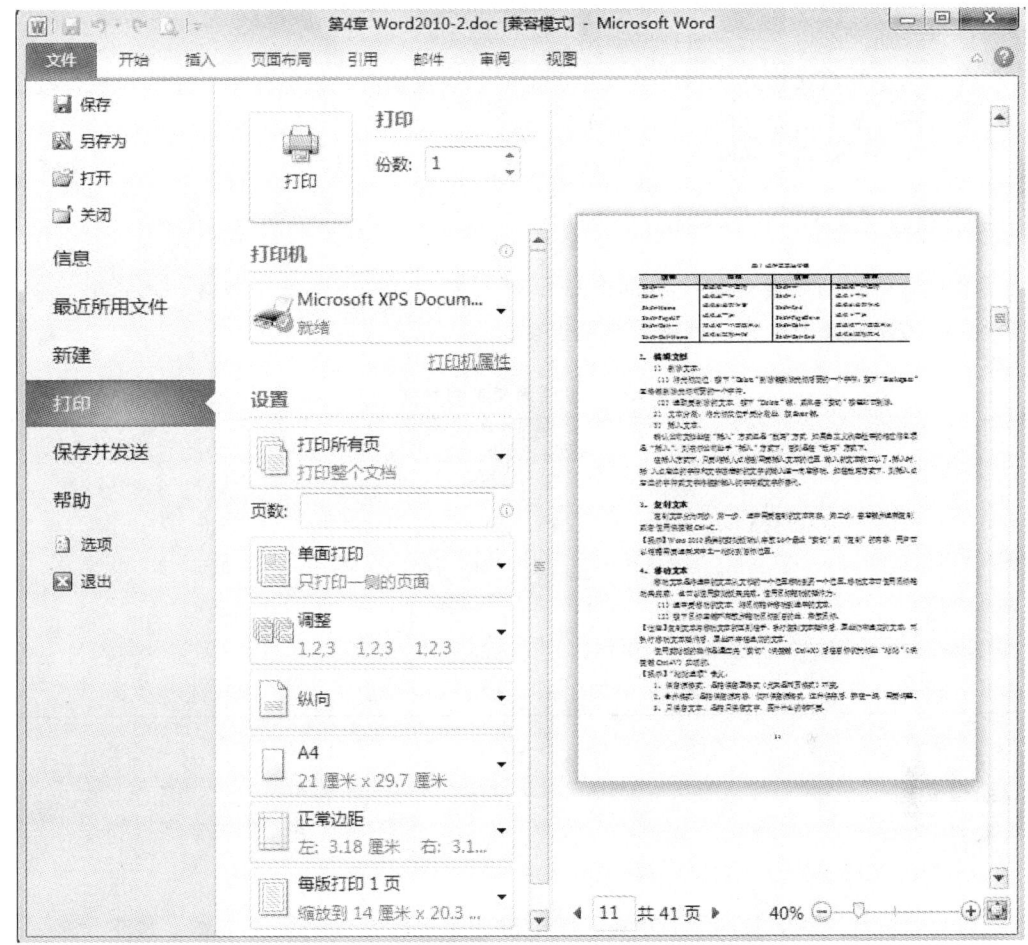

图 4-16 "打印"的选项

和移动文本的一部分、查找与替换指定的文本等都是最基本的编辑操作技术。

1. 选定文本

在 Word 中，大多数操作都是只对选中的文本有效。文本选取的常用方法有以下两种。

1）用鼠标选中

（1）小块文本的选定：按住鼠标左键从起始位置拖动到终止位置。

（2）大块文本的选定：先用鼠标在起始位置单击一下，然后按住 Shift 键的同时，单击文本的终止位置。这种方法适合选定大块的、尤其是跨页的文档。

（3）选定一行：鼠标移至页左（页面左边，以下类似）并选定栏，鼠标指针变成向右的箭头，单击可以选定所在的一行。

（4）选定一句：按住 Ctrl 键的同时，单击句中的任意位置，可选定一句。

(5) 选定一段：鼠标移至页左并选定栏，双击可以选定所在的一段；或在段落内的任意位置快速三击可以选定所在的段落。

(6) 选定整篇文档：鼠标移至页左选定栏，快速三击；鼠标移至页左选定栏，按住 Ctrl 键的同时单击鼠标；使用 Ctrl＋A 组合键这三种方法均可以选定整篇文档。

(7) 选定矩形块：按住 Alt 键的同时，按住鼠标向下拖动可以纵向选定矩形文本。

2）用键盘选中

将光标移动到需要编辑文本的开始位置，按下"Shift"键不释放，再按其他键，可以选取不同的文本对象，具体操作见表 4-1。

表 4-1 选择文本组合键

按键	功能	按键	功能
Shift＋→	右选取一个字符	Shift＋←	左选取一个字符
Shift＋↑	选取上一行	Shift＋↓	选取下一行
Shift＋Home	选取到当前行首	Shift＋End	选取到当前行尾
Shift＋PageUp	选取上一屏	Shift＋PageDown	选取下一屏
Shift＋Ctrl＋→	右选取一个字或单词	Shift＋Ctrl＋←	左选取一个字或单词
Shift＋Ctrl＋Home	选取到文档开始	Shift＋Ctrl＋End	选取到文档末尾

2. 编辑文档

1）删除文本

(1) 将光标定位，按下"Delete"删除键删除光标后面的一个字符；按下"BackSpace"回格键删除光标前面的一个字符。

(2) 选取要删除的文本，按下"Delete"键，或单击"剪切"按钮即可删除。

2）文本分段

将光标定位于要分段处，按 Enter 键。

3）插入文本

确认当前文档处在"插入"方式还是"改写"方式，如果自定义状态栏中的相应信息项是"插入"，则表示当前处于"插入"方式下；否则是在"改写"方式下。

在插入方式下，只要将插入点移到需要插入文本的位置，输入新文本就可以了。插入时，插入点右边的字符和文字随着新的文字的输入逐一向右移动。如在改写方式下，则插入点右边的字符或文字将被新输入的字符或文字所替代。

3. 复制文本

复制文本分为两步：第一步，选中需要复制的文本内容；第二步，单击右键并选择复制，或者使用快捷键 Ctrl+C。

【提示】Word 2010 提供的剪贴板默认存放 24 个最近"剪切"或"复制"的内容，用户可以根据需要选择其中之一粘贴到目标位置。

4. 移动文本

移动文本是将选中的文本从文档的一个位置移动到另一个位置。移动文本可使用鼠标拖动来完成，也可以使用剪贴板来完成。使用鼠标拖动的操作如下。

(1) 选中要移动的文本，将鼠标指针移动到选中的文本。

(2) 按下鼠标左键不释放并拖动鼠标到目的地，释放鼠标。

【注意】复制文本与移动文本的区别在于：执行复制文本操作后，原处仍有选定的文本；而执行移动文本操作后，原处不存在选定的文本。

使用剪贴板的操作是通过先"剪切"（快捷键 Ctrl+X）后在目标的光标处"粘贴"（快捷键 Ctrl+V）实现的。

【提示】"粘贴选项"含义：

(1) 保留源格式，是指保留原格式（尤其是网页格式）不变。

(2) 合并格式，是指保留源内容，但不保留源格式，这种保存后挤在一块，需要调整。

(3) 只保留文本，是指只保留文字，图片等都不要。

5. 查找与替换

对于文档中经常出现的词组或语句，先用一个简单字符代表，然后进行查找与替换，以提高输入速度。使用 Word 2010 的查找和替换功能，不仅可以查找和替换字符，还可以查找和替换字符格式（例如查找或替换字体、字号、字体颜色等格式），操作步骤如下所述。

(1) 在"文件"功能区的"编辑"分组中依次单击"查找"→"高级查找"按钮，打开的"查找和替换"对话框（图 4-17），单击"更多"按钮，以显示更多的查找选项（图 4-18）。

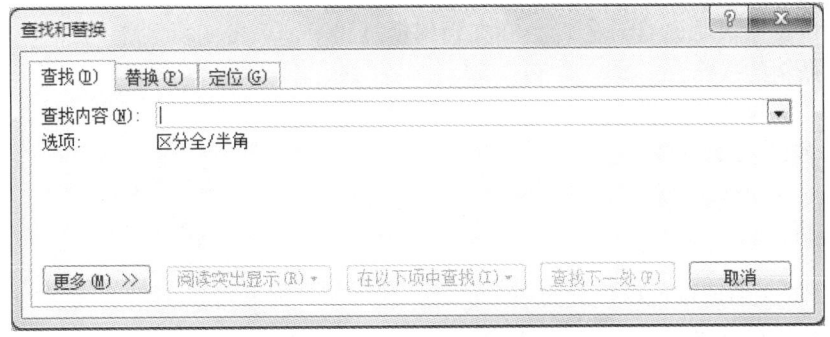

图 4-17　"查找和替换"对话框

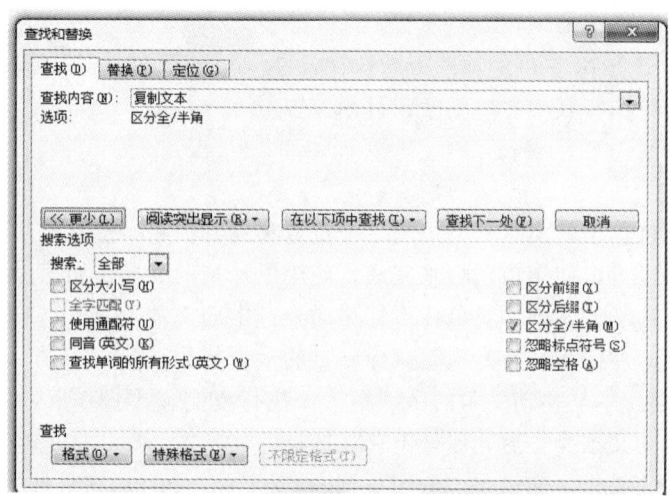

图 4-18 "查找和替换"对话框展开图

（2）在"查找内容"编辑框中单击鼠标左键，输入查找文本。然后单击"查找"区域的"格式"按钮。在打开的格式菜单中单击相应的格式类型（例如"字体"、"段落"等），则打开如"查找字体"等对话框进行设置。再返回"查找和替换"对话框，单击"查找下一处"按钮完成查找格式。

【提示】如果需要将原有格式替换为指定的格式，可以切换到"查找"选项卡。然后指定想要替换成的格式，并单击"全部替换"按钮。定位操作可以使光标快速地移动到指定位置，可以切换到"定位"选项卡。

6. 撤销与恢复

在文档录入或排版过程中，Word 详细记录用户的操作历史，除了光标移动外，几乎所有操作都被记录下来，以便撤销那些误操作。

（1）撤销（快捷键 Ctrl+Z）。在文档编辑过程中，单击工具栏上的"撤销"按钮，可撤销历史操作。

（2）恢复（快捷键 Ctrl+Y）。在文档编辑过程中，单击工具栏上的"恢复"按钮，可恢复被撤销的操作。

4.2.7 多窗口编辑方法

1. 窗口的拆分

Word 的文档窗口可以拆分为两个窗口，利用窗口拆分可以将一个大文档不同位置的两部分别显示在两个窗口中，方便编辑文档。拆分窗口有下列两种方法。

1）使用"视图"选项卡"窗口"组中"拆分"按钮

单击"拆分"按钮，鼠标会变成上下箭头的形状，同时屏幕上出现一条灰色水平线

（相当于切割线），移动鼠标到要拆分的位置，单击左键确定。若要把拆分的窗口合并为一个，则执行"视图"→"窗口"→"取消拆分"命令。

2) 拖动垂直滚动条上端的小横条拆分窗口

移动鼠标至垂直滚动条的最上方（此处有窗口拆分条），鼠标会变成上下箭头的形状，此时可向下推动鼠标则将一个窗口拆分为两个。

2. 多个文档窗口间的编辑

Word 允许同时打开多个文档进行编辑，每个文档对应一个窗口。

（1）"视图"→"窗口"→"切换窗口"下拉菜单中列出了所有被打开的文档名，其中只有当前文档（即光标所在的文档）名前有"√"。单击文档名可切换当前文档窗口，也可单击任务栏中相应文档按钮进行切换。

（2）执行"视图"→"窗口"→"全部重排"命令可以将所有文档窗口排列在屏幕上。单击某个文档窗口则成为当前窗口。

（3）多个文档编辑工作结束后，可以一个一个地分别保存和关闭，显然，这样操作比较费事。最简单的方法是一次操作完成全部文档的保存，一次操作完成关闭全部文档。具体方法是：按住 Shift 键，分别执行"文件"→"全部保存"和"文件"→"全部关闭"命令。

4.3 Word 2010 的排版技术

文档经过编辑、修改后，要使之成为一篇格式规范、赏心悦目的文章，通常还需进行排版。Word 提供了丰富的排版功能，本节主要讲述文字格式的设置、段落的排版、页面设置、分栏和文档的打印等排版技术。

4.3.1 字体设置

文字的格式主要指的是字体、字形和字号，还包括给文字设置颜色、边框、加下划线或者着重号和改变文字间距等格式。设置文字格式的方法有两种。

一种是用"开始"选项卡"字体"组（图 4-19）中的"字体"、"字号"、"加粗"、"倾斜"、"下划线"、"字符边框"、"字符底纹"和"字体颜色"等按钮来设置文字的格式。

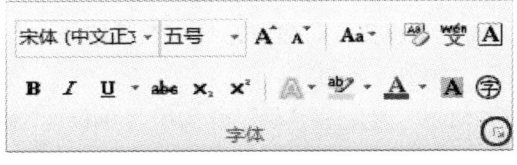

图 4-19 "字体"组

另一种是单击"字体"右下角的按钮（图 4-19 右下角），可以打开"字体"对话框来设置文字的格式（如图 4-20、图 4-21 所示）。或者，选择编辑文本单击右键，在其打开的下拉菜单中选择"字体"，也可以打开"字体"对话框。

【提示】Word 默认的字体格式：汉字为宋体、五号，西文为 Times New Roman、五号。

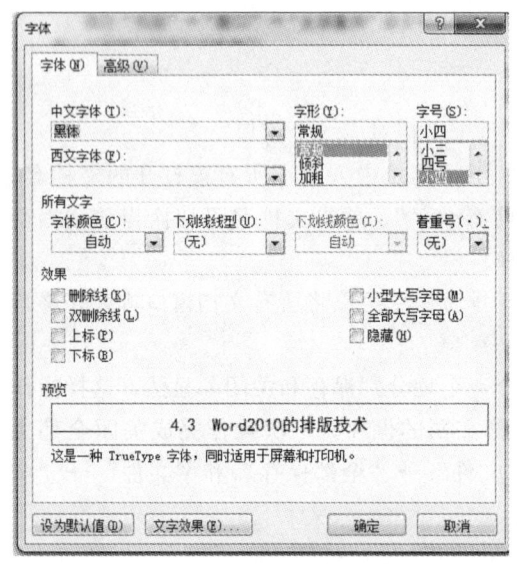

图 4-20 "字体"对话框

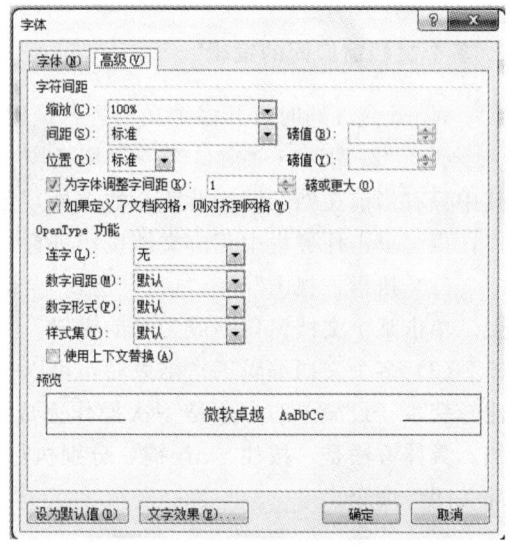

图 4-21 "字体"高级选项对话框

1. 设置字体、字形、字号和颜色

设置字体、字形、字号和颜色有两种方式。

1) 用"开始"选项卡的"字体"组

如图 4-19 所示，设置文字格式的步骤如下。

（1）选定要设置格式的文本。

（2）单击"字体"组中"字体"列表框右端的下拉按钮，在其列表中单击所需的字体。

（3）单击"字体"组中"字号"列表框右端的下拉按钮，在其列表中单击所需的字号。

（4）单击"字体"组中"字体颜色"按钮右端的下拉按钮，在其列表中单击所需的颜色。

（5）根据需要还可单击图 4-19 中的"加粗"、"倾斜"、"下划线"、"字符边框"、"字符底纹"或"字符缩放"等按钮（一般将光标移至某按钮，会自动提示其功能），给所选的文字设置"加粗"、"倾斜"等格式。

【提示】Word 中同时使用"号"和"磅"作为字号单位。1 磅＝0.352 毫米。

2）用"字体"对话框

可以对文字的各种字体格式进行详细设置，一般步骤如下。

（1）选定要设置格式的文本，打开如图 4-20 所示的"字体"对话框。

（2）在"字体"选项卡中可以对字体进行设置。单击"中文字体"或"西文字体"列表框的下拉按钮，在其中可以选定所需中文或英文字体。

（3）在"字形"和"字号"列表框中选定所需的字形和字号。

（4）单击"字体颜色"列表框的下拉按钮，在颜色列表选定所需的颜色。Word 默认为自动设置（黑色）。

（5）在预览框中查看所设置的字体，确认后单击"确定"按钮。

2. 改变字符间距、字宽度和水平位置

若需要改变字符间距、字宽度和水平位置，其具体操作步骤如下。

（1）选定要调整的文本，打开"字体"对话框。

（2）单击"高级"选项卡，得到如图 4-21 所示的"字体"高级选项对话框，设置以下选项。

① 缩放：在水平方向上扩展或压缩文字。100% 为标准缩放比例，小于 100% 使文字变窄，大于 100% 使文字变宽。

② 间距：通过调整"磅值"，加大或缩小文字的字间距。默认的字间距为"标准"。

③ 位置：通过调整"磅值"，改变文字相对水平基线提升或降低显示的位置，系统默认为"标准"。

（3）设置后，可在预览框中查看设置结果，确定后单击"确定"按钮。

3. 给文本添加下划线、着重号、边框和底纹

给文本添加下划线、着重号、边框和底纹有两种方式。

1）用"开始"选项卡的"字体"组

用"开始"选项卡的"字体"组给文本添加下划线、边框和底纹。

选定要设置格式的文本后，单击"开始"选项卡"字体"组中的"下划线"、"字符边框"和"字符底纹"按钮即可。

2）用"字体"对话框和"边框和底纹"对话框

（1）对文本加下划线或着重号，操作步骤如下。

① 选定要加下划线或着重号的文本，打开"字体"对话框。

② 在"字体"选项卡中，单击"下划线"列表框的下拉按钮，在其列表中选定所需的下划线。还可以单击"下划线颜色"列表框的下拉按钮，在其列表中选定所需的颜色。

③ 单击"着重号"列表框的下拉按钮，在其列表中选定所需的着重号。

④ 查看预览框，确认后单击"确认"按钮。

【提示】在"字体"效果中，还有一组如删除线、双删除线、上标、下标、阴影、空心等效果的复选框，尤其是上、下标在简单公式中是很实用的。

(2) 对文本加边框和底纹，操作步骤如下。

① 选定要加边框和底纹的文本。

② 单击"页面布局"选项卡"页面背景"组中的"页面边框"按钮，打开如图4-22所示的"边框和底纹"对话框。

③ 单击图 4-22 中的"边框"选项卡，在其"设置"、"样式"、"颜色"、"宽度"等列表中选定所需的参数。

④ 在"应用于"列表框中选定为"文本"。

⑤ 在预览框中可查看结果，确认后单击"确认"按钮。

【提示】如果要加底纹，那么单击"底纹"选项卡，进行类似上述的操作，在选项卡中选定底纹的颜色和图案；在"应用于"列表框中选定为"文本"；在预览框中可查看结果，确认后单击"确认"按钮。可以同时或者单独加边框和底纹在文本上。

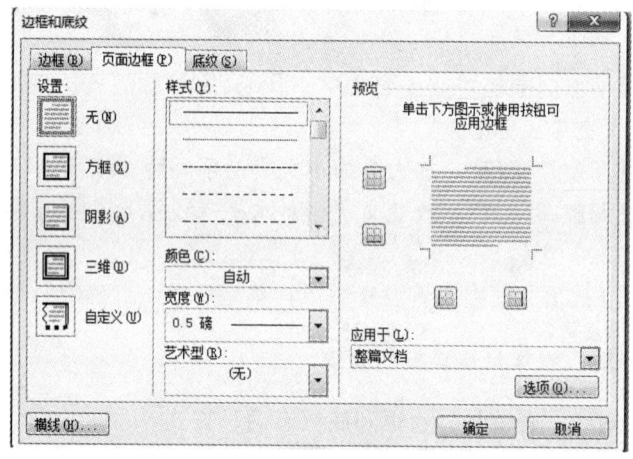

图 4-22 "边框和底纹"对话框

4. 格式的复制和清除

对一部分文字设置的格式可以复制到另一部分的文字上，使其具有同样的格式。设置好的格式如果觉得不满意也可以清除它。使用"开始"选项卡"剪贴板"组中的"格式刷"按钮可以实现格式的复制。

1) 格式的复制

具体步骤如下：

(1) 选定已设置格式的文本。

(2) 单击"剪贴板"组中的"格式刷"按钮，此时鼠标指针变为刷子形。

(3) 将鼠标指针移到要复制格式的文本开始处，拖动鼠标直到要复制格式的文本结束处，放开鼠标左键就完成格式的复制。

【提示】上述方法的"格式刷"只能使用一次。若想多次使用，应双击（而不是单击）"格式刷"按钮，此时"格式刷"可使用多次。如要取消"格式刷"功能，只要再单击"格式刷"按钮一次或者按 Esc 键即可。

2）格式的清除

恢复到 Word 默认的状态。可以使用以下有三种方法之一来清除格式：

(1) 选定需要清除格式的文本，单击"开始"选项卡"样式"组中的"其他"按钮并在其样式列表中选择"清除格式"命令，即可清除所选文本的格式。

(2) 选定需要清除格式的文本，单击"开始"选项卡"样式"组右下角的"样式"按钮打开"样式"列表框，单击样式列表中"全部清除"按钮，即可清除所选文本的所有样式和格式。

(3) 选定需要清除格式的文本，用组合键（Ctrl+Shift+Z）清除格式。

4.3.2 段落设置

段落的恰当编排可以令一篇文章变得简洁、醒目和美观。简单地说，段落就是以段落标记一段文字。每按一次 Enter 键就插入一个段落标记，并开始一个新的段落。

【注意】当输入文本到页面右边界时，Word 会自动换行，只有在需要开始一个新的段落时才按 Enter 键，而且新段落的格式设置与前一段相同。文档中段落是一个独立的格式编排单位，它具有自身的格式特征，如左右边界、对齐方式、分栏和行距等。

下面将介绍段落左右边界的设置、段落的对齐方式、行间距与段间距的设定、段落编号、给段落加边框和底纹、分栏和制表位的设定等编排技术。

1. 段落左右边界的设置

段落左边界，是指段落的左端与页面左边距之间的距离（以厘米或字符为单位）。段落右边界，是指段落的右端与页面右边距之间的距离。Word 默认以页面左、右边距为段落的左、右边界，即页面左（右）边距与段落左（右）边界重合。可以使用"开始"选项卡的"段落"组设置段落的左右边界。Word 提供了三种段落边界的设置方式。

1) 使用"开始"选项卡"段落"组的有关命令按钮

单击"开始"选项卡"段落"组的"减少缩进量"或"增加缩进量"按钮可缩进或增加段落的左边界。这种方法由于每次的缩进量是固定不变的，因此灵活性差。

2) 使用"段落"对话框

使用"段落"对话框设置段落边界的步骤如下。

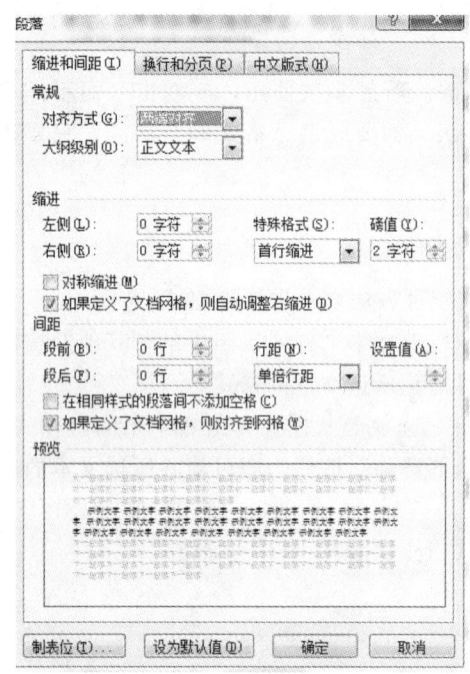

图 4-23 "段落"对话框

(1) 选定拟设置左、右边界的段落。

(2) 单击"开始"选项卡"段落"组的"段落"对话框按钮(或单击右键在其快捷菜单选择"段落"),打开如图 4-23 所示的"段落"对话框。

(3) 在"缩进与间距"选项卡中,设置"缩进"组下的"左侧"或"右侧"文本框的来设定左右边界的字符数。

(4) 单击"特殊格式"列表框的下拉按钮,选择"首行缩进"、"悬挂缩进"或"无"确定段落首行的格式。

(5) 在"预览"框中查看,确认排版效果满意后,单击"确定"按钮;若排版效果不理想,则可单击"取消"按钮取消本次设置。

3) 用鼠标拖动标尺上的缩进标记

在普通视图和页面视图下,Word 窗口中可以显示一水平标尺(若没有,则单击图 4-1 标号 ⑥ 功能区上方的标尺按钮)。标尺给页面设置、段落设置、表格大小的调整和制表位的设定都提供了方便。在标尺的两端有可以用来设置段落左右边界的可滑动的缩进标记,标尺的左端上下共有四个缩进标记。

(1) 上方的顶向下的三角形 是首行缩进标记。

(2) 下方的顶向上的三角形 是悬挂缩进标记。

(3) 最下方的小矩形 是左缩进标记。

(4) 标尺右端顶向上的三角形 是右缩进标记。

使用鼠标拖动这些标记可以对选定的段落设置左、右边界和首行缩进的格式。若在拖动标记的同时按住 Alt 键,则在标尺上会显示出具体缩进的数值,这些标记的功能具体如下。

(1) 首行缩进标记:仅控制第一行第一个字符的起始位置。拖动它可以设置首行缩进的位置。

(2) 悬挂缩进标记:控制除段落第一行外的其余各行起始位置,且不影响第一行。拖动它可实现悬挂缩进。

(3) 左缩进标记:控制整个段落的左缩进位置。拖动它可设置段落的左边界,拖动时首行缩进标记和悬挂缩进标记一起拖动。

(4) 右缩进标记:控制整个段落的右缩进位置。拖动它可设置段落的右边界。

用鼠标拖动水平标尺上的缩进标记设置段落左右边界的步骤如下。

(1) 选定拟设置左、右边界的段落。

(2) 拖动首行缩进标记到所需的位置,设定首行缩进。

(3) 拖动左缩进标记到所需的位置，设定左边界。
(4) 拖动右缩进标记到所需的位置，设定右边界。
【提示】在拖动标记时，文档窗口中出现一条虚的竖线，它表示段落边界的位置。

2. 设置段落对齐方式

Word 提供了三种常用方式来设置段落对齐方式。

1) 用"开始"选项卡"段落"组功能

在"开始"选项卡"段落"分组中，提供了"文本左对齐"、"居中"、"文本右对齐"、"两端对齐"（Word 默认的对齐方式）和"分散对齐"五个对齐按钮。设置段落对齐方式的步骤是：先选定要设置对齐方式的段落，然后单击相应的对齐方式按钮即可。

2) 用"段落"对话框

设置对齐方式具体步骤如下。

(1) 选定拟设置对齐方式的段落，打开如图 4-23 所示的"段落"对话框。
(2) 在"缩进和间距"选项卡中，单击"对齐方式"列表框的下拉按钮，在其列表中选定相应的对齐方式。
(3) 在"预览"框中查看，确认排版效果满意后，单击"确定"按钮；若排版效果不理想，则可单击"取消"按钮取消本次设置。

3) 用快捷键设置

对选定的段落可以用快捷键实现对齐方式的设置，具体如下："文本左对齐"（Ctrl+L）、"居中"（Ctrl+E）、"文本右对齐"（Ctrl+R）、"两端对齐"（Ctrl+J）和"分散对齐"（Ctrl+Shift+J）。

3. 行间距与段间距的设定

选定要改变段间距的段落，打开"段落"对话框，在"缩进"栏和"间距"栏分别设置。在"预览"框中查看效果，满意则按"确定"键，否则重新设置或取消本次设置。

其中行距的各选项含义如下。

(1) "单倍行距"选项设置每行的高度为可容纳这行中最大的字体，并上下留有适当的空隙。这是默认值。
(2) "1.5 倍行距"选项设置每行的高度为这行中最大字体高度的 1.5 倍。
(3) "2 倍行距"选项设置每行的高度为这行中最大字体高度的 2 倍。
(4) "最小值"选项设置 Word 自动调整高度以容纳最大字体。
(5) "固定值"选项设置成固定的行距，Word 不能调节。
(6) "多倍行距"选项允许行距设置成到小数的倍数，如 1.25 倍等。在"设置值"

框中键入具体的设置值。

【提示】

（1）段落的左右边界、特殊格式、段间距和行距的单位可以设置为"字符"、"行"、"磅"或"厘米"。其设置方法是：执行"开始"→"选项"命令，会打开"Word选项"对话框，单击"高级"选项卡，在其"显示"栏目中将"度量单位"选定为"厘米"；另外，若没有选中"以字符宽度为度量单位"复选框，则"段落"对话框中就以"厘米"、"磅"为单位显示；反之，则"段落"对话框中就以"字符"、"行"为单位显示。

（2）设置段落的左右边界、特殊格式、段间距和行距时，可以采用指定单位，如首行缩进用"字符"，左右缩进用"厘米"，间距用"磅"等。只要在键入设置值的同时键入单位即可。

（3）采用"字符"单位设置首行缩进的优点是，无论字体大小如何变化，其缩进量始终保持2个字符数，格式总是一致的。

4. 给段落添加边框和底纹

为了使文章中某些重要段落或文字更为突出和醒目，可以给其添加边框或底纹。给段落添加边框和底纹的方法，与文本加边框和底纹的方法相同。不同的是，在"边框"或"底纹"选项卡的"应用于"列表框中应选定"段落"选项。

5. 项目符号和段落编号

在某些段落前加上编号或某种特定的符号（称为项目符号），这样可以提高文档的可读性和清晰度。手工输入段落编号或项目符号不仅效率不高，而且在增、删段落时还需手工修改编号，容易出错，而Word中提供的编号或项目符号在做增、删段落时会自动修改编号。

1）在键入文本时自动创建编号或项目符号

在键入文本时自动创建段落编号的方法是：在键入文本时，先输入如"1."、"（1）"、"一、"、"第一、"、"A."等格式的起始编号，然后输入文本。当按Enter键时，在新的一段开头处就会根据上一段的编号格式自动创建编号。重复上述步骤，可以对键入的各段建立一系列的段落编号。若要结束自动创建编号，则可以按BackSpace键删除插入点前的编号，或再按一次Enter键即可。在这些建立了编号的段落中，删除或插入某一段落时，其余的段落编号会自动修改，不必手工操作。

在键入文本时自动创建项目符号方法是：在键入文本时，先输入一个星号"*"，后面跟一个空格，星号会自动改变成黑色圆点的项目符号，其后输入文本。当输完一段按Enter键后，在新的一段开始处自动添加同样的项目符号。这样，逐段输入，每一段前都有一个项目符号，最新的一段（指未输入文本的一段）前也有一个项目符号。如果要结束自动添加项目符号，可以按BackSpace键删除插入点前的项目符号，或再按一次Enter键。

2) 对已键入的各段文本添加项目符号或编号

使用"开始"选项卡"段落"组中的"项目符号"和"编号"按钮给已有的段落添加项目符号或编号,其操作步骤如下。

(1) 选定要添加项目符号(或编号)的各段落。

(2) 在"开始"选项卡"段落"组中,单击"项目符号"按钮(或"编号"按钮)中的下拉菜单按钮,打开如图 4-24 所示的项目符号列表框(或如图 4-25 所示的编号列表框)。

(3) 在"项目符号"(或"编号")列表中,单击所需要的项目符号(或编号)。

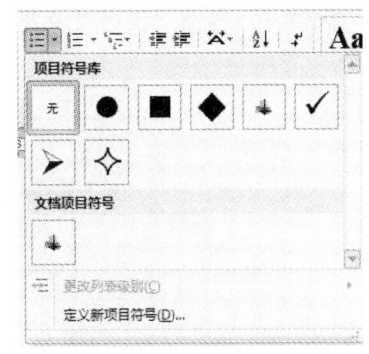

图 4-24 "项目符号库"列表

(4) 若"项目符号"(或"编号")列表中没有所需要的项目符号(或编号),则可以单击图 4-24 的"定义新符号项目"(或图 4-25 的"定义新编号格式")按钮,在打开的"定义新符号项目"(或"定义新编号格式")对话框中,选定或设置所需要的"项目符号"(或"编号")。

4.3.3 版面设置

在创建文档时,Word 预设了一个以 A4 纸为基准的 Normal 模板,该版面几乎可以用于大部分文档。对于其他型号的纸张,用户可以按照需要重新设置页边距、每页的行数和每行的字数。此外,还可以给文档加页眉和页脚、插入页码和分栏等。

1. 页面设置

纸张的大小、页边距确定了可用文本区域。文本区域的宽度等于纸张的宽度减去左、右页边距,文本区的高度等于纸张的高度减去上、下页边距,如图 4-26 所示。

可以使用"页面布局"选项卡"页面设置"组的各项功能来设置纸张大小、页边距和纸张方向等,具体步骤如下。

(1) 单击"页面布局"选项卡"页面设置"组的右下角按钮,打开如图 4-27 所示的"页面设置"对话框。

(2) 在"页边距"选项卡中,可以设置上、下、左、右页边距,"应用于"列表框中可选"整

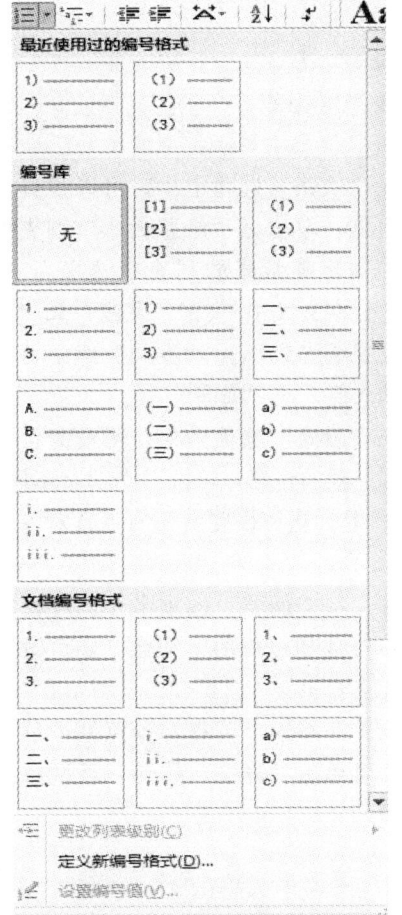

图 4-25 "编号"列表

篇文档"（默认值）或"插入点之后"。若需要装订边，则在"装订线"文本框中填入边距的数值，并选择"装订线位置"。

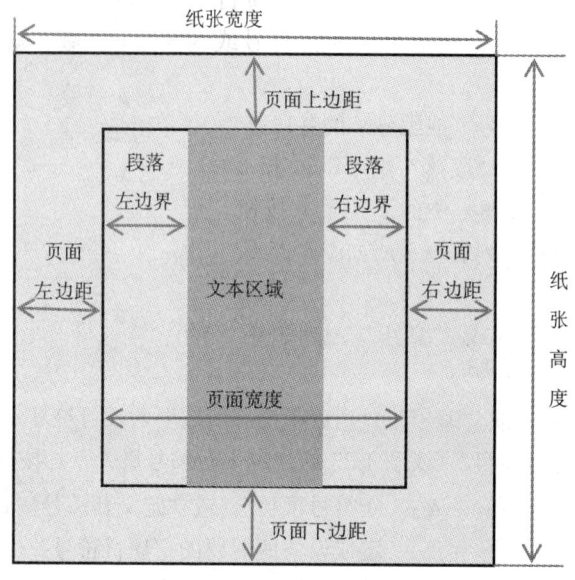

图 4-26 纸张大小、页边距和文本区域示意图

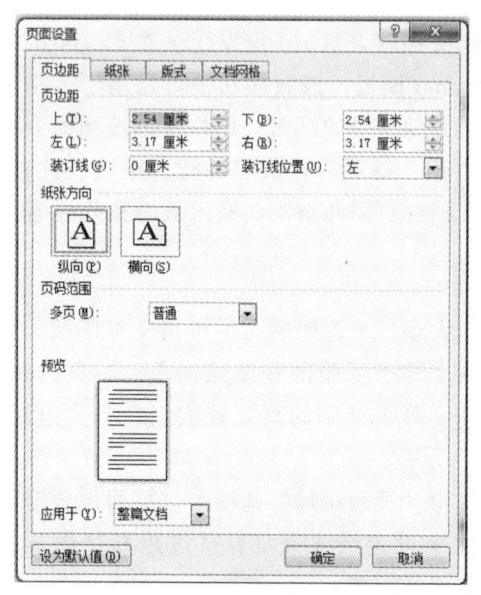

图 4-27 "页面设置"对话框

（3）在"纸张"选项卡中，可以设置纸张大小和方向。单击其"纸张大小"列表框下拉按钮，在标准纸张的列表中选择一项，也可选定"自定义大小"（在"宽度"和"高度"框中设置纸张大小）。"方向"组中可选"纵向"（默认值）或"横向"。

（4）在"版式"选项卡中，可设置页眉和页脚距页边距的位置，可选"奇偶页不同"或"首页不同"，还可设置页面的垂直对齐方式等。

（5）在"文档网格"选项卡中，可设置每一页中的行数和每行的字符数，还可设置分栏数、文字方向。

（6）设置完成后，可查看预览框中的效果，若满意可单击"确定"按钮，否则取消设置。

2. 插入分页符

Word 具有自动分页的功能，即当键入文本或插入的图形满一页时，Word 会自动分页。若有时需要将文档的某一部分内容单独形成一页，则可以插入分页符进行手工分页。插入分页符的步骤如下。

(1) 将插入点移到新的一页的开始位置。

(2) 单击"插入"选项卡"页"组中的"分页"按钮；或按组合键"Ctrl+Enter"；还可以单击"页面布局"选项卡"页面设置"组中的"分隔符"按钮，在其列表中单击"分页符"命令（该列表中还有另一种"分节符"，它不仅可以分页，而且可以分成两个小节，这样在不同节中可以设置不同的页眉页脚）。

3. 插入页码

在每页文档的打印件中插入页码，具体操作如下：单击"插入"选项卡"页眉和页脚"组中的"页码"按钮，打开如图 4-28 所示的"页码"下拉菜单，根据所需在下拉菜单中选定页码的位置。

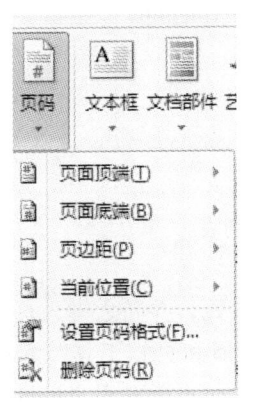 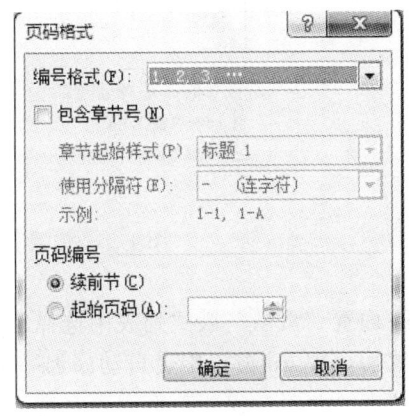

图 4-28 "页码"下拉菜单　　　　图 4-29 "页码格式"对话框

如果要更改页码的格式，可单击"页码"下拉菜单中的"设置页码格式"命令，打开如图 4-29 所示的"页码格式"对话框，在此对话框中设定页码格式。只有在页面视图和打印预览方式下可以看到插入的页码，在其他视图下看不到页码。

4. 页眉和页脚

页眉和页脚是分别位于一页顶部和底部的注释性文字或图形。实际上，页码是最简单的页眉或页脚。页眉和页脚也可以比较复杂，如一般书中，奇数页的页眉是章节标题和页码，偶数页的页眉是书名和页码，没有页脚。页眉和页脚只能在页面视图和打印预览方式下看到。建立页眉和页脚的操作非常类似，为简单起见，下面仅说明建立页眉的过程。

1) 建立页眉

建立页眉的操作步骤如下。

(1) 单击"插入"选项卡"页眉和页脚"组中的"页眉"，打开内置"页眉"版式列表，如图 4-30 所示。

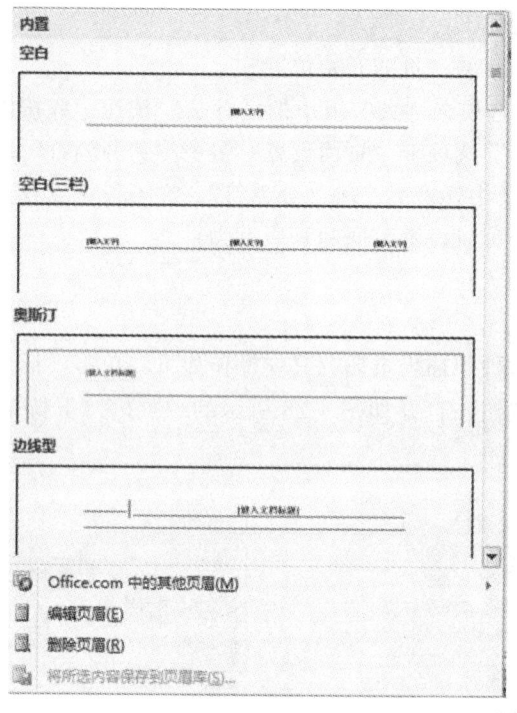

图 4-30 内置"页眉"版式列表

（2）在内置"页眉"版式列表中选择所需的页眉版式，并随之键入页眉内容。当选定页眉版式后，Word窗口中会自动添加一个名为"页眉和页脚工具"的功能区并使其处于激活状态。此时，仅能对页眉内容进行编辑操作，而不能对正文进行编辑操作。若要退出页眉编辑状态，单击功能区"关闭页眉和页脚"按钮即可。

（3）若内置"页眉"版式列表中没有所需的页眉版式，可以单击内置"页眉"版式列表下方的"编辑页眉"命令，直接进入"页眉"编辑状态并输入页眉内容，且在"页眉和页脚工具"功能区中设置页眉的相关参数。单击"关闭页眉和页脚"按钮，完成设置并返回文档编辑区。这样，整个文档的各页都具有同一格式的页眉。

【提示】页脚的建立与页眉类似，只不过利用的是"插入"选项卡"页眉和页脚"组中的"页脚"按钮及"页眉和页脚工具"功能区与页脚有关的命令。

2）设置奇偶页不同的页眉

通常文档的页眉和页脚的内容是相同的，但有时需要在奇偶页中建立不同的页眉（或页脚）。Word 允许设置奇偶页不同的页眉，其步骤如下：单击"插入"选项卡"页眉和页脚"组的"页眉"下拉按钮中"编辑页眉"命令，进入页眉编辑状态，Word窗口中出现"页眉和页脚工具"功能区，选中该功能区"选项"组中的"奇偶页不同"复选框，这样就可以分别编辑页眉内容了。

3）页眉、页脚的删除

执行"插入"选项卡"页眉和页脚"组的"页眉"下拉菜单中的"删除页眉"命令

可以删除页眉；类似地，执行"页脚"下拉菜单中的"删除页脚"命令可以删除页脚。另外，选定页眉页脚并按 Delete 键，也可删除页眉页脚。

5．分栏排版

使用"页面布局"选项卡"页面设置"组中的"分栏"功能可以实现文档的分栏，具体操作如下：

（1）如要对整个文档分栏，则将插入点移到文本的任意处；如要对部分段落分栏，则应先选定这些段落。

（2）单击"页面布局"选项卡"页面设置"分组中的"分栏"按钮，打开"分栏"下拉菜单，单击其菜单中所需格式的分栏按钮即可。

（3）若"分栏"下拉菜单中所提供的分栏格式不能满足要求，则可单击菜单中的"更多分栏"按钮，打开如图 4-31 所示的"分栏"对话框。

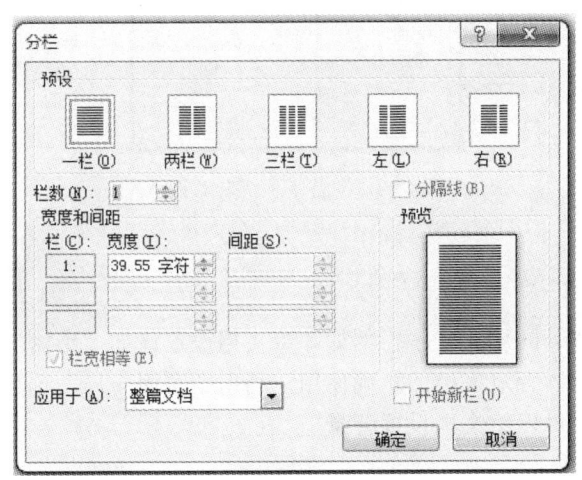

图 4-31　"分栏"对话框

（4）选定"预设"框中的分栏格式，或在"栏数"文本框中键入分栏数，在"宽度和间距"框中设置栏宽和间距。

（5）单击"栏宽相等"复选框，则各栏宽相等，否则可以逐栏设置宽。

（6）单击"分隔线"复选框，可以在各栏之间加一分隔线。

（7）应用范围有"整个文档"、"选定文本"等，视具体情况选定后单击"确定"按钮。

【提示】各栏宽度加间距之和等于页面宽度（如图 4-31 所示）。只有在"页面视图"或"打印预览"下才能显示分栏效果。

6．首字下沉

有时为了使文章内容醒目，可以以每段的首字下沉来替代每段的首行缩进。设置或取消首字下沉具体操作如下：

（1）将插入点移到要设置或取消首字下沉的段落的任意处。

（2）单击"插入"选项卡"文本"组中的"首字下沉"按钮，在其打开的下拉菜单（"无"、"下沉"和"悬挂"三种首字下沉格式）中选定一种。

（3）若需设置更多"首字下沉"格式的参数，可以单击下拉菜单中的"首字下沉选项"按钮，打开如图4-32所示的对话框。在"位置"栏选定下沉格式、"选项"栏中设置首字的字体、下沉行数和距后面正文的距离。

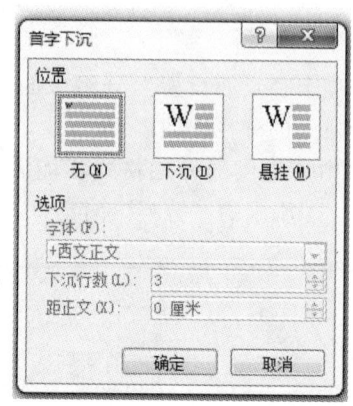

图 4-32　"首字下沉"对话框

7. 水印

水印，是页面背景的形式之一。例如，给文档设置诸如"绝密"、"严禁复制"等字样的水印，可以提醒读者对文档的正确使用。利用"页面布局"选项卡"页面背景"组中的"水印"按钮，可以给文档设置背景。

4.3.4　文档打印

文档编辑、排版完成后，可以打印输出。打印前，可以利用打印预览功能先查看一下排版是否理想，若满意则打印，否则可继续修改排版。

1. 打印预览

Word 2010提供了打印预览功能，这是Word"所见即所得"功能的一种体现。通过预览，可以从总体上检查版面是否符合要求，如果不够理想，可以返回重新编辑调整，直到满意才正式打印。这样就避免了纸张的浪费。

执行"文件"→"打印"命令，在打开的"打印"窗口面板右侧就是打印预览内容。

2. 打印文档

通过打印预览查看满意后可以打印，打印前最好先保存文档，以免意外丢失。Word提供了许多灵活的打印功能。若仅打印文档中的一页或几页，则应单击"打印"

窗口面板中的"打印所有页"右侧的下拉列表按钮,在打开列表的"文档"选项组中,选定"打印当前页",则只打印当前插入点所在的一页;如果选定"自定义打印范围",那么还需要进一步设置需要打印的页码或页码范围。

4.4 Word 2010 的表格制作

表格常常用于工作、学习和生活等方面,由一行或多行单元格组成,用于显示数字和其他项以便快速引用和分析,能很清晰简明地表达所需要表达的东西。Word 提供了丰富的表格功能,不仅可以快速创建表格,而且还可以对表格进行编辑修改、表格与文本间的相互转换和表格格式的自动套用等。本节介绍表格的创建和文字的输入、表格的选定和修改、表格格式的自动套用等基本操作。

4.4.1 表格创建

1. 自动创建简单表格

所谓简单表格,是指由多行和多列构成的表格,即表格中只有横线和竖线,不出现斜线。Word 提供了三种创建简单表格的方法。

(1) 用"插入"选项卡"表格"组中的"插入表格"按钮创建表格,操作步骤如下。将光标移至要插入表格的位置,单击"插入"选项卡"表格"组中的"插入表格"按钮,出现如图 4-33 所示的"插入表格"菜单。鼠标在表格框内向右下方向拖动,选定所需的行数和列数。松开鼠标,表格自动插到当前的光标处。

图 4-33 "插入表格"菜单

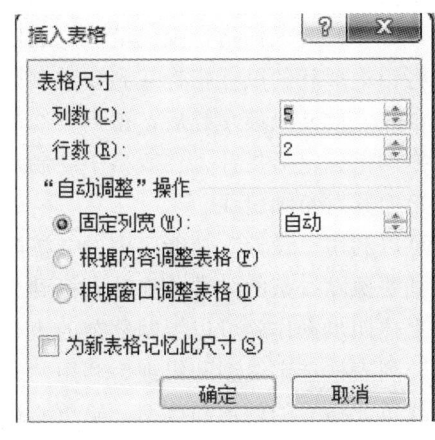
图 4-34 "插入表格"对话框

(2) 用"插入"选项卡"表格"组中下拉菜单中的"插入表格"命令创建表格,操作步骤如下:将光标移至要插入表格的位置,单击图 4-33 中"插入表格"下拉菜单中

"插入表格"命令,打开如图 4-34 所示的"插入表格"对话框,在其"行数"和"列数"框中分别输入行数和列数。单击"确定"按钮,即可在插入点处插入一张表格。

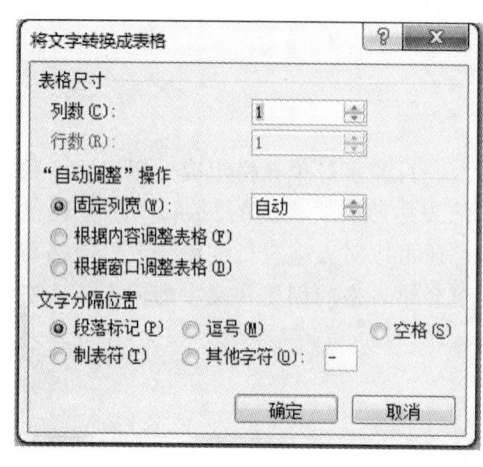

图 4-35 "文本转换为表格"对话框

(3)用"插入"选项卡"表格"组下拉菜单中的"文本转换为表格"功能创建表格。有些需要将部分文本以表格表示,Word 提供了将这类文本转换为表格的功能。具体操作步骤如下:选用图 4-35 中的"文字分隔位置"栏指定的分隔符来分隔的文本。单击图 4-33 中"插入表格"下拉菜单中"文本转换为表格"命令,打开如图 4-35 所示的"文本转换为表格"对话框。在对话框的"列数"文本框中输入表格列数。在"文字分隔位置"栏中,选定分隔符。单击"确定"按钮,就实现了文本到表格的转换。

反之,对选定的表格,窗口自动添加"表格工具"的"设计"和"布局"功能区,单击"布局"功能区的"数据"组中的"转换为文本"命令可将表格转换成文字,分隔符可由用户指定。

2. 手工绘制复杂表格

一些表格中除水平和垂直线外还包含了斜线,Word 提供了绘制这种不规则表格的功能。可以用"插入"选项卡"表格"组中下拉菜单中的"绘制表格"功能来绘制表格。具体操作步骤如下。

(1)单击"插入"→"表格"→"插入表格"按钮,在打开的下拉菜单中单击"绘制表格"命令,此时鼠标指针变成笔状,表明鼠标处在"手动制表"状态。

(2)将铅笔形状的鼠标指针移到要绘制表格的位置,按住鼠标左键拖动鼠标绘出表格的外框虚线,放开鼠标左键后,得到实线的表格外框。

(3)拖动鼠标笔形指针,在表格中绘制水平线或垂直线,也可以将鼠标指针移到单元格的一角向其对角画斜线。

(4)可以利用"设计"功能区中的"擦除"按钮,使鼠标变成橡皮形,把橡皮形鼠标指针移到要擦除线条的一端,拖动鼠标到另一端,放开鼠标就可擦除选定的线段。

使用上述四步操作,可以绘制复杂的表格。另外,还可以利用工具栏中的"线型"和"粗细"列表框选定线型和粗细,利用"边框"、"底纹"和"笔颜色"等按钮设置表格外围线或单元格线的颜色和类型,给单元格填充颜色,使表格变得丰富多彩。

4.4.2 表格修饰

在表格创建后,通常要对它进行编辑与修饰。下面介绍表格修饰的一些主要操作,包括表格的选定，调整行高和列宽，插入或删除行、列和单元格，单元格的合并与拆分，表格的拆分，表格框线和底纹的设置，编辑和排版单元格中的文字等。

1. 表格的选定

选定表格为了对表格进行修改，首先必须先选定要修改的表格。选定表格的方法有下列三种。

1）用鼠标选定单元格、行或列

操作方法如下。

（1）选定单元格或单元格区域：将鼠标指针移到要选定的单元格的左边框靠内一侧，此时指针变成↗形状，单击鼠标选定单元格，若一直拖动鼠标向上、下、左、右可选定相邻多个单元格即单元格区域。

（2）选定表格的行：与选定文本行的操作类似，将鼠标指针移到表格左边外侧，且指针指向要选定行，单击鼠标则选定一行；若一直拖动鼠标向下或向上可选定表中相邻的多行。

（3）选定表格的列：将鼠标指针移到表格最上面的边框线上，且指针指向要选定的列，当鼠标指针变成↓形状时，单击鼠标选定一列；若一直拖动鼠标向左或向右可选定表中相邻的多列。

（4）选定不连续的单元格：按住 Ctrl 键，依次选中多个不连续的区域。

（5）选定整个表格：单击表格左上角的移动控制点可以选定整个表格。

2）用键盘选定单元格、行或列

与用键盘选定文本的方法类似，其方法如下。

（1）若插入点所在的下一个单元格中已输入文本，则按 Tab 键可以选定下一单元格中的文本。

（2）若插入点所在的上一个单元格中已输入文本，那么按 Shift＋Tab 键可以选定上一单元格中的文本。

（3）按 Shift＋End 键可以选定插入点所在的单元格。

（4）按 Shift＋↑/↓/←/→可以选定包括插入点所在的单元格在内的相邻的单元格。

（5）按任意箭头键可以取消选定。

3）用"表格工具"选项卡

用"表格工具"选项卡"布局"功能区"表"组中"选择"下拉菜单选定行、列或表格。

2. 修改行高和列宽

修改表格的行高或列宽的方法有两种：拖动鼠标和使用菜单命令。一般情况下，Word 能根据单元格中输入内容的多少自动调整行高，但也可以根据需要来修改它。调整行高和列宽的方法类似。下面以调整列宽为例，介绍其具体操作方法。

1) 用拖动鼠标修改表格的列宽

操作步骤如下：将鼠标指针移到表格的垂直框线上，当鼠标指针变成调整列宽指针形状时，按住鼠标左键，此时出现一条上下垂直的虚线。向左或右拖动，同时改变左列和右列的列宽（垂直框线两端的列宽度总和不变）。拖动鼠标到所需的新位置，放开左键即可。若想看到当前的列宽数据，则只要在拖动鼠标时按住 Alt 键，水平标尺上就会显示列宽的数据。

【提示】

（1）如果按 Shift 键的同时拖动鼠标，只调整左列的列宽，右列的宽度保持不变。

（2）如果选定了单元格，当鼠标拖动选定单元格的左或右列框线时，只影响选定单元格的列宽度，其他不变。

（3）拖动表格右下角处的表格大小控制点改变表格大小。

2) 用菜单命令改变列宽

使用"表格属性"对话框可以设置包括行高或列宽在内的许多表格的属性，可以使行高和列宽的尺寸得到精确设定。其操作步骤如下：

（1）选定要修改列宽的一列或数列。

（2）单击"表格工具"选项卡"布局"功能区"表"组中的"属性"命令，打开"表格属性"对话框，单击"列"选项卡，得到如图 4-36 所示的"列"选项卡窗口。

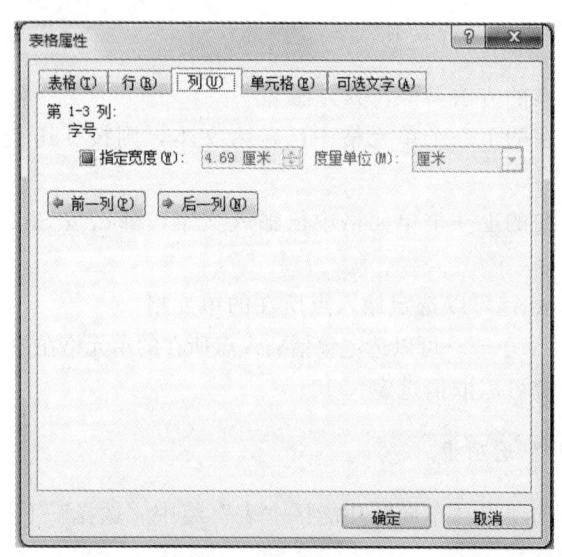

图 4-36 "表格属性"对话框的"列"选项卡窗口

（3）单击"指定宽度"前的复选框，并在文本框中键入列宽的数值，在"度量单位"下拉列表框中选定单位，其中"百分比"是指本列占全表中的百分比。单击"确定"按钮。

【提示】单击"前一列"或"后一列"按钮可在不关闭对话框的情况下设置相邻的列宽。

3. 插入或删除行或列

在已有的表格中,有时需要增加一些空白行或空白列,也可能需要删除某些行或列,具体有以下操作方式。

1)插入行的快捷方法

单击表格最右边的边框外,按 Enter 键,在当前行的下面插入一行;或光标定位在最后一行最右一列单元格中,按 Tab 键追加一行。

2)用"表格工具"选项卡

用"表格工具"选项卡"布局"功能区"行和列"组中的相关按钮插入行或列,有以下选择。

(1)"在上方插入"/"在下方插入"按钮:在当前行(或选定的行)的上面或下面插入与选定行个数等同数量的行。

(2)"在左侧插入"/"在右侧插入"按钮:在当前列(或选定的列)的左侧或右侧插入与选定列个数等同数量的列。

3)插入单元格

单击"表格工具"选项卡"布局"功能区"行和列"组中的"表格中插入单元格"按钮,打开"插入单元格"对话框,选择下列操作之一。

(1)活动单元格右移:在选定的单元格的左侧插入新的单元格,新插入的单元格的个数与选定的单元格个数相同。

(2)活动单元格下移:在选定的单元格的上方插入新的单元格,新插入的单元格的个数与选定的单元格个数相同。

4)删除行或列

若想删除表格中的某些行或列,则只要选定要删除的行或列,单击"表格工具"选项卡"布局"功能区"行和列"组中的"删除"按钮即可。

4. 合并或拆分单元格

通过对单元格的合并或拆分,可以在简单表格的基础上构成比较复杂的表格。

1)合并单元格

单元格的合并是指多个相邻的单元格合并成一个单元格。操作步骤如下:选定 2 个或 2 个以上相邻的单元格。单击"表格工具"选项卡"布局"功能区"合并"组中的"合并单元格"按钮,则选定的多个单元格合并为 1 个单元格。

2) 拆分单元格

单元格的拆分是指将单元格拆分成多行多列的多个单元格。操作步骤如下：选定要拆分的一个或多个单元格。单击"表格工具"选项卡"布局"功能区"合并"组中的"拆分单元格"按钮，打开"拆分单元格"对话框，在其中键入要拆分的列数和行数。单击"确定"按钮，则选定的每一个单元格被拆分为指定的行数和列数。

5. 表格的拆分

要拆分一个表格，则先将插入点置于拆分后成为新表格的第一行的任意单元格中，然后，单击"表格工具"选项卡"布局"功能区"合并"组中的"拆分表格"按钮，这样就在插入点所在行的上方插入一空白段，把表格拆分成两张表格。

若要合并两个表格，则只要删除两表格之间的换行符即可。由上述方法可见，如果把插入点放在表格的第一行的任意列中，用"拆分表格"按钮可以在表格头部前面加一空白段。

6. 表格标题行的重复

当一张表格超过一页时，通常希望在第二页的续表中也包括表格的标题行。Word 提供了重复标题的功能，具体操作如下：选定第一页表格中的一行或多行标题行。单击"表格工具"选项卡"布局"功能区"数据"组中的"标题行重复"按钮。

这样，由于分页而拆开的续表中可以重复表格的标题行，且在页面视图方式下可以查看重复的标题。用这种方法重复的标题，修改时也只要修改第一页表格的标题就可以了。

7. 表格格式的设置

1) 表格自动套用格式

表格创建后，可以使用"表格工具"选项卡"设计"功能区"表格样式"组中内置的表格样式对表格进行排版。该功能还提供修改表格样式，预定义了许多表格的格式、字体、边框、底纹、颜色供选择，使表格的排版变得轻松、容易。

具体操作如下：将插入点移到要排版的表格内。单击"表格工具"选项卡"设计"功能区"表格样式"组中"其他"按钮，打开如图 4-37 所示的表格样式列表框。在表格样式列表框中选定所需的表格样式即可。

2) 表格边框与底纹的设置

除了表格样式外，还可以使用"表格工具"选项卡"设计"功能区"表格样式"组中的"底纹"和"边框"按钮对表格的边框线的线型、粗细和颜色、底纹颜色、单元格中文本的对齐方式等进行个性化的设置。

【提示】利用"边框"按钮也可以设置单元格的斜线。

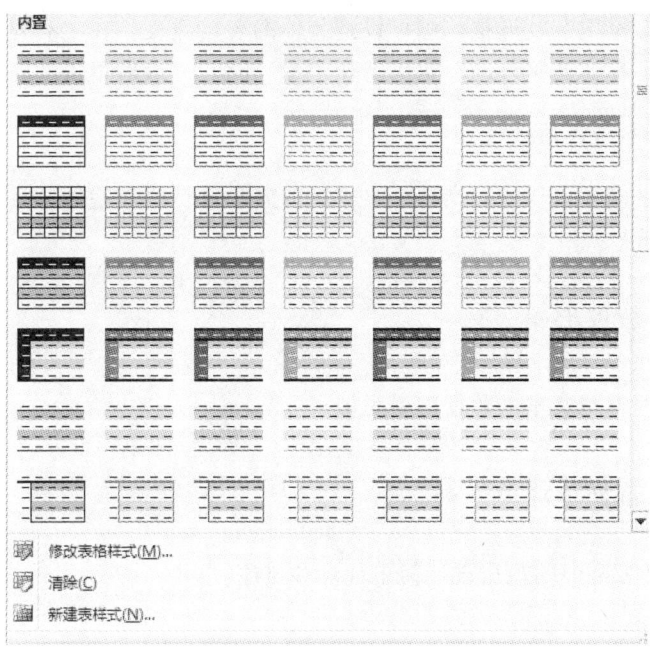

图 4-37 表格样式列表

3）表格在页面中的位置

设置表格在页面中的对齐方式和是否文字环绕表格的操作如下：将插入点移至表格任意单元格内。单击"表格工具"选项卡"布局"功能区"表"组中的"属性"命令，打开"表格属性"对话框，打开如图 4-38 所示的"表格"选项卡窗口。在"尺寸"组

图 4-38 "表格属性"对话框的"表格"选项卡窗口

中,若选中"指定宽度"复选框,则可设定具体的表格宽度。在"对齐方式"组中,选择表格对齐方式;在"文字环绕"组中选择"无/环绕"。最后单击"确认"按钮。

4)表格中文本格式的设置

表格中的文字同样可以用对文档文本排版的方法进行诸如字体、字号、字形、颜色和对齐方式等设置。

4.4.3 表格的数据编辑

表格的数据编辑与文本的数据编辑类似。

4.4.4 表格的数据排序和计算

Word还能对表格中的数据进行简单计算和排序。

1. 排序

下面将对某二年级学生成绩表(表4-2)进行排序,其排序要求是:按语文成绩进行递减排序,当两个学生的语文成绩相同时,再按数学成绩递减排序。以这个为例来介绍排序操作,具体操作如下。

表 4-2　二年级学生期中成绩表

姓名	语文	数学	总分
李思	90	100	
张山	92	98	
赵武	89	99	

(1)将插入点置于要排序的表格中。

(2)执行"表格工具"选项卡"布局"功能区"数据"组中的"排序"按钮,打开图4-39所示的"排序"对话框。

(3)在"主要关键字"列表框中选定"语文"项,其右边的"类型"列表框中选定"数字"(指定该字段的数据类型),再单击"降序"单选钮。

(4)在"次要关键字"列表框中选定"数学"项,其右边的"类型"列表框中选定"数字",再单击"降序"单选钮。

(5)在"列表"选项组中,单击"有标题行"单选钮。最后单击"确认"按钮,可以得到如表4-3所示的排序结果。

2. 计算

Word提供了一些常用的对表格数据可以进行统计计算的功能(如求和、求平均值

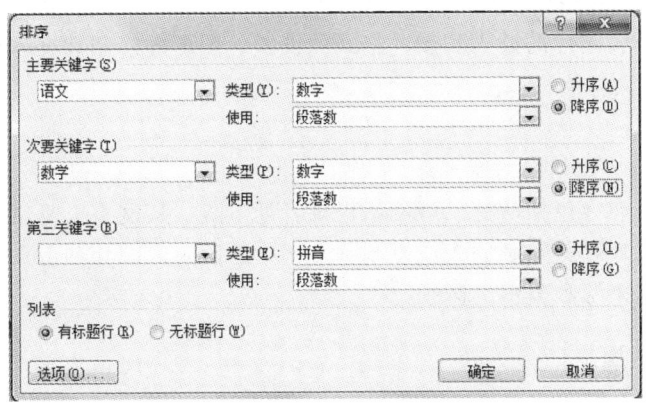

图 4-39 "排序"对话框

表 4-3 排序后的成绩表

姓名	语文	数学	总分
张山	92	98	
李思	90	100	
赵武	89	99	

和最大值等)。下面仍然以表 4-2 所示的成绩表为例,计算表中学生的成绩总分,具体操作如下。

(1) 将插入点移到存放总分的单元格中。本例中放在第二行的最后一列。

(2) 单击"表格工具"选项卡"布局"功能区"数据"组中的"公式"按钮,打开如图 4-40 所示的"公式"对话框,在"公式"文本框中显示"＝SUM (LEFT)",表明要计算左边各列数据的总和,正好本例可以直接使用,其中 LEFT(表示单元格的左边所有数据)是参与运算的数据的表示,也可以取其他值如 RIGHT、ABOVE 等。若要计算平

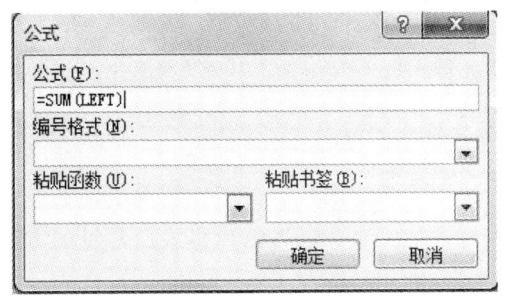

图 4-40 "公式"对话框

均值,则应将其修改为"＝AVERAGE (LEFT)",公式名可以在"粘贴函数"列表框中选定。在"数据格式"列表框中选定"0"格式,表示到无小数。最后单击"确认"按钮,得计算结果。

4.5 Word 2010 的图文混排

为了使一篇文章具有图文并茂的效果,可以在文档中插入由其他软件制作的图片,

也可以插入用 Word 提供的绘图工具绘制的图形,这种图文混排也是 Word 的特色功能之一。本节主要介绍图片的插入和图片格式的设置、图形的绘制和文本框的应用。

4.5.1 插入图片

可以将多种来源(包括从剪贴画网站提供者处下载、从网页上复制或从保存图片的文件夹插入)的图片和剪贴画插入或复制到文档中,同时对图片和剪贴画的这些操作基本类似,只是数据来源和类型的区别。

1. 插入剪贴画(或图片)

插入剪贴画步骤如下。

图 4-41 "剪贴画"任务窗格

(1) 将插入点移到要插入剪贴画或图片的位置。

(2) 单击"插入"选项卡"插图"组中的"剪贴画"按钮(若是图片,则单击"图片"按钮),打开如图 4-41 所示的"剪贴画"任务窗格(若是图片,则打开图片选择对话框)。在"搜索文字"编辑框中输入准备插入的剪贴画的关键字,如苹果,可以单击"结果类型"下拉三角按钮,在类型列表中选定图片类型,单击"搜索"按钮。若被选中的收藏集中含有指定关键字的剪贴画,则会显示剪贴画搜索结果。

(3) 单击合适的剪贴画,或单击剪贴画右侧的下拉三角按钮,并在打开的菜单中单击"插入"按钮即可将该剪贴画插入到文档中。

2. 图片格式的设置

当单击选定图片后,图片周围出现 8 个空心小块即控制点,拖动这 8 个控制点可以改变图片的大小。设置图片格式最常见的方法有如下两种:

(1) 利用"图片工具"功能区:选中一个图片后,窗口中会自动增加一个"图片工具"功能区的"格式"选项卡,利用其功能区可以设置图片的环绕方式、大小、位置和边框等。

(2) 利用快捷菜单:选中一个图片,并单击鼠标右键,利用其快捷菜单也可以设置图片的环绕方式、大小、位置和边框等。

下面介绍利用快捷菜单设置图片格式的操作方法。

1) 改变图片的大小和位置

具体操作如下:单击选定的图片,图片周围出现 8 个黑色小方块。

(1) 将鼠标指针移到图片中的任意位置,指针变成十字箭头时,拖动它可以移动图片到新的位置。

（2）将鼠标移到小方块处，此时鼠标指针会变成水平、垂直或斜对角的双向箭头时，按箭头方向拖动指针可以改变图片水平、垂直或斜对角方向的大小尺寸。

2）图片的剪裁

有时要截取图片中最需要的部分，可以使用"图片工具"功能区的"格式"选项卡的"大小"组中"裁剪"按钮，对图片进行裁剪操作。具体操作如下：单击选中需要进行裁剪的图片。单击"裁剪"按钮，图片周围出现 8 个方向的裁剪控制柄，用鼠标拖动控制柄将对图片进行相应方向的裁剪，同时可以拖动控制柄将图片复原，直至调整合适为止。将鼠标光标移出图片，则鼠标指针将呈剪刀形状。单击鼠标左键则确认裁剪。若要对称裁剪，则裁剪时按住 Ctrl 键。

3）文字的环绕

通过使用"图片工具"功能区的"格式"选项卡的"排列"组中"位置"和"自动换行"下拉按钮，可以更改文档中图片或剪贴画与文本的位置关系。当改变图片为非默认方式即"嵌入型环绕"方式，并调整图片的大小和位置后，可以利用"布局"对话框中的"文字环绕"选项卡的"文字环绕"使文字环绕在图片周围。其操作如下：鼠标右击图片，单击其快捷菜单中的"大小和位置"命令，打开图 4-42 所示的"布局"对话框，单击"文字环绕"选项卡，在"环绕方式"栏中选定所需的环绕方式。

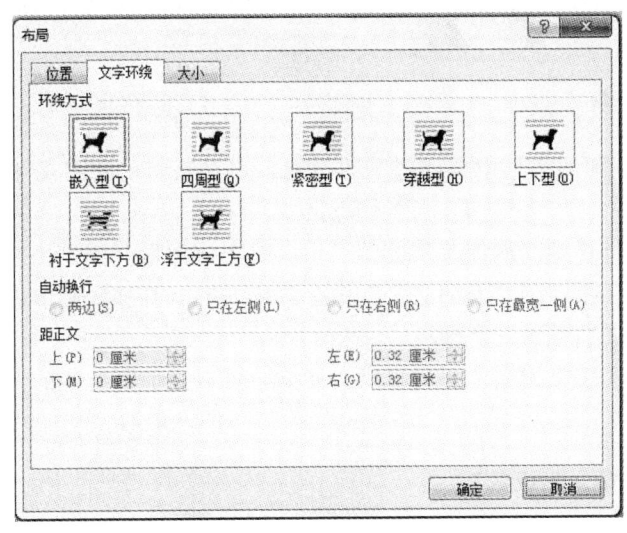

图 4-42 "布局"对话框的"文字环绕"选项卡

4.5.2 绘制图形

Word 提供了一套绘制图形的工具，利用它可以创建各种图形。在创建图形前，应把视图切换到页面视图方式，因为只有在页面视图方式下可以在文档中插入图形。单击"插入"选项卡"插图"组中的"形状"按钮，可打开自选图形单元列表框，可以从中选择所需的图形单元并绘制图形。绘制好图形单元后，若希望对其进行修饰、添加文字、组合、调整叠放次序等操作，与设置图片格式的方法类似，设置图形格式的常用方法也有如下两类。

（1）利用"图片工具"功能区。选中一个图形单元后，Word 窗口中会自动增加一个"图片工具"功能区，利用该功能区可以对图形进行修饰、添加文字、调整叠放次序、组合等操作。

（2）利用快捷菜单。选中一个图片，并单击鼠标右键，利用其快捷菜单也可以对图形单元进行同样的操作。

下面介绍利用快捷菜单对图形单元进行操作的方法。

1. 图形的创建

默认情况下，在文档中插入自选图形时将在文本编辑区直接编辑。用户可以设置插入自选图形时自动创建绘图画布，从而在绘图画布中编辑自选图形。绘图画布相当于文档页面中的一块画板，主要用于绘制各种图形和线条，并且可以设置独立于文档页面的背景。操作方法：单击"插入"选项卡的"插图"分组中的"形状"按钮，在打开的形状菜单中选择可以绘制的图形类型（若单独新建创建画布的话，则选择其"新建绘图画布"命令）。被选定的对象的周围会出现可调节图形大小的小方块，用鼠标拖动这些小方块可以改变图形大小，当鼠标指针变成十字行箭头时，拖动鼠标可以改变图形的位置。

2. 在图形中添加文字

Word 提供在封闭的图形中添加文字的功能，这对绘制示意图是非常有用的。具体操作步骤如下。

（1）将鼠标指针移到要添加文字的图形中，右击该图形，弹出快捷菜单。

（2）执行快捷菜单中的"添加文字"命令，此时插入点移到图形内部。

（3）在插入点之后键入文字即可。

图形中添加的文字将于图形一起移动。同样，可以用前面所述的方法，对文字格式进行编辑和排版。

3. 图形的颜色、线条、三维效果

选中一张图片，单击右键，在其快捷菜单中选择"设置形状格式"命令，可以打开图 4-43 所示的"设置形状格式"对话框，在该对话框中可以使用"填充"、"线条颜色"、"线型"、"阴影"和"三维格式"等命令，给封闭图形填充颜色，或给图形的线条设置线型和颜色，或给图形对象添加阴影或产生立体效果等。

第四章　文字处理软件 Word 2010

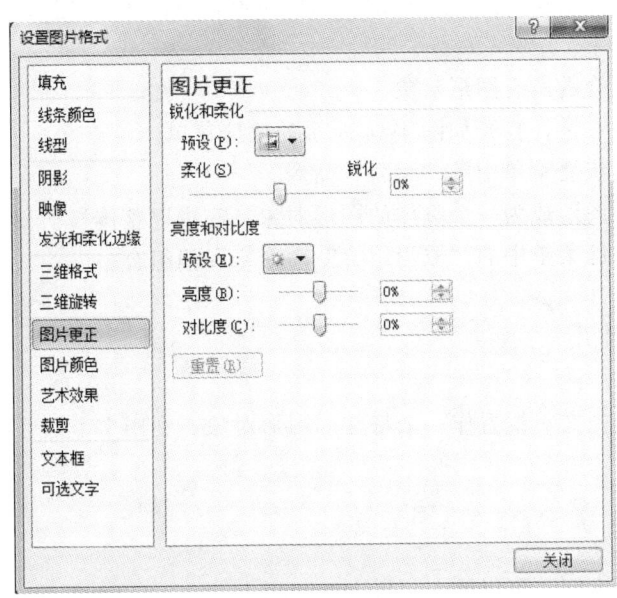

图 4-43　"设置形状格式"对话框

4．调整图形的叠放次序

当两个或多个图形对象重叠在一起时，最近绘制的那一个总是覆盖其他的图形。利用"图片工具"功能区的"格式"选项卡的"排列"中的相应按钮可以调整各图形之间的叠放关系，或者单击右键弹出的快捷键也可，具体步骤如下。

（1）选定要确定叠放关系的图形对象。

（2）单击鼠标右键，打开如图 4-44 所示的快捷菜单。

（3）单击"置于顶层"（或"置于底层"）右侧的三角形按钮，在下一级菜单中，从"置于顶层"（或"置于底层"）、"上移一层"（或"下移一层"）和"浮于文字上方"（或"衬于文字下方"）三个命令选项中选择所需的一个执行。利用叠放次序命令还可以确定图形与文字之间的叠放次序关系。图形可以覆盖文字，也可以在文字下面。

5．多个图形的组合

当用许多简单的图形组成一个复杂的图形后，实际上每一个简单图形还是一个独立的对象。这时，若要移动整个图形是非常困难的，而且还可能由于操作不当而破坏刚刚构成的图形。为此，Word 提供了将多个图形组合的功能。利用组合功

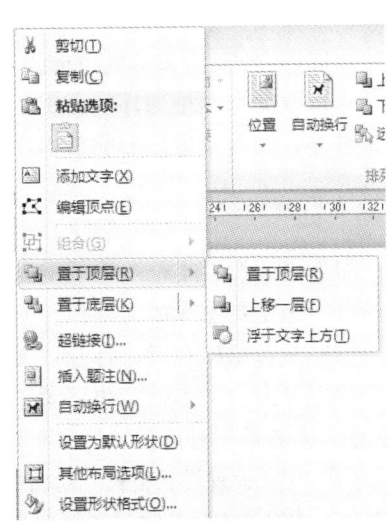

图 4-44　图片快捷菜单

能可以将许多简单图形组合成一个整体的图形对象，以便图形的移动和旋转。多个图形的组合操作步骤如下。

（1）选定要组合的所有图形对象。

（2）单击鼠标右键，打开如图4-44所示的快捷菜单。

（3）单击上述快捷菜单中的"组合"命令。

组合后的所有图形成为一个整体的图形对象，它可以整体移动和旋转。这一组合图形也可以用上述快捷菜单中的"取消组合"命令来取消组合。

4.5.3 文本框使用

实际上，可以把文本框看作一个特殊的图形对象。利用文本框可以把文档编排得更丰富多彩。

1. 绘制文本框

如果要绘制文本框，可以单击"插入"选项卡"文本"组的"文本框"按钮，打开文本框下拉列表框，单击所需的文本框，即可在当前插入点处插入一个文本框。将插入点移至文本框中，可以在文本框中输入文本或插入图片。文本框中的文字格式设置与前述的文字格式设置方法相同。

2. 改变文本框的位置、大小和环绕方式

（1）移动文本框：鼠标指针指向文本框的边框线，当鼠标指针变成十字箭头形状时，用鼠标拖动文本框，实现文本框的移动。

（2）复制文本框：选中文本框，按Ctrl键的同时用鼠标拖动文本框，可实现文本框的复制。

（3）改变文本框的大小：首先单击文本框，在该文本框四周出现8个控制大小的小方块，向内/外拖动文本框边框线上的小方块，可改变文本框的大小。

（4）改变文本框的环绕方式：文本框环绕方式的设定与图片环绕方式的设定基本相同。另外，用与设置图形叠放次序类似的方法，也可以改变文本框的叠放次序。

3. 文本框格式设置

如果想改变文本框边框线的颜色或给文本框填充颜色，则可采取如下步骤。

（1）选定要操作的文本框。

（2）单击鼠标右键，打开"文本框"快捷菜单。

（3）单击"文本框"快捷菜单中"设置形状格式"命令，可以打开图4-43所示的"设置形状格式"对话框。

（4）在"设置形状格式"对话框中可以使用"填充"、"线条颜色"等命令，为文本框填充颜色，或给文本框边框设置线型和颜色，给文本框对象添加阴影或产生立体效果等。

4.5.4 艺术字使用

有时需要在文档中插入非常大的字体，而且字体可以有不同的样式和格式，这种要求在 Word 的"字体"中已达不到要求，这时就可以使用 Word 中的"艺术字"功能。插入艺术字的具体方法：移动鼠标到要插入点，单击"插入"选项卡的"文本"组的"艺术字"下拉按钮，再在"艺术字"样式列表框中根据自己的需要选择样式，然后在出现的对话框中输入"百度经验"四个汉字，最后点击"确定"按钮即可。

4.6 小结

本章主要介绍了 Word 2010 的基本概念和使用 Word 编辑文档、排版、页面设置、表格制作和图形绘制等基本操作。

Word 2010 具有非常直观的操作界面，所提供的各种视图版式（主要包括页面视图、大纲视图、草稿视图等）、预览功能（例如打印预览、缩略图预览）和格式效果（例如渐变填充和映像），为用户观察文档的编辑和排版结果提供了极大的方便。

Word 2010 取消了传统的菜单操作方式，代之以各种功能区，Word 2010 提供了以各种功能区和文件选项卡为基础的丰富多彩的排版工具。大多数情况下，仅利用鼠标就可以完成编辑、排版、表格制作、图形绘制等基本操作。利用 Word 2010，不仅可以编辑文字、图形、图像、声音、动画等对象，还可以插入其他软件制作的内容和信息；Word 软件也提供了多种绘图工具，可完成图形制作、编辑艺术字、编写数学公式等操作，从而最大限度地满足了用户对各类文档处理的需求。

Word 2010 提供了强大的制表功能，不仅可以自动制表，也可以手动绘表；不仅可以实现表格线的自动保护、表格数据的自动计算等功能，还可以实现对表格外观的各种修饰，甚至可以在 Word 文档中直接插入 Excel 电子表格。因此，利用 Word 2010 软件制作表格，最大限度实现了轻松、美观、快捷、方便的操作目标。

4.7 习题

一、选择题

1. 中文 Word 是（　　）。
   A. 字处理软件　　　B. 系统软件　　　C. 硬件　　　D. 操作系统
2. 以下操作不能退出 word 的是（　　）。
   A. 单击标题栏左端控制菜单中的"关闭"命令
   B. 单击文档标题栏右端的"X"按钮
   C. 单击"文件"菜单中的"退出"命令
   D. 单击应用程序窗口标题栏右端的"X"按钮

3. 用 Word 进行编辑时，要将选定区域的内容放到剪贴板上，可单击工具栏中（　　）。
  A. 剪切或替换　　　　　　　　　　　B. 剪切或清除
  C. 剪切或复制　　　　　　　　　　　D. 剪切或粘贴

4. 在 Word 中，用户同时编辑多个文档，要一次将它们全部保存，应执行哪个操作：（　　）。
  A. 按住 Shift 键，并选择"文件"菜单中的"全部保存"命令
  B. 按住 Ctrl 键，并选择"文件"菜单中的"全部保存"命令
  C. 直接选择"文件"菜单中"另存为"命令
  D. 按住 Alt 键，并选择"文件"菜单中的"全部保存"命令

5. 在使用 Word 进行文字编辑时，下面叙述中（　　）是错误的。
  A. Word 可将正在编辑的文档另存为一个纯文本（TXT）文件。
  B. 使用"文件"菜单中的"打开"命令可以打开一个已存在的 Word 文档。
  C. 打印预览时，打印机必须是已经开启的。
  D. Word 允许同时打开多个文档。

6. 使图片按比例缩放应选用（　　）。
  A. 拖动中间的句柄　　　　　　　　　B. 拖动四角的句柄
  C. 拖动图片边框线　　　　　　　　　D. 拖动边框线的句柄

7. 能显示页眉和页脚的方式是（　　）。
  A. Web 版式视图　　　　　　　　　　B. 页面视图
  C. 大纲视图　　　　　　　　　　　　D. 阅读版式视图

8. 将插入点定位于句子"日月如梭"中的"日"与"月"之间，按一下 DEL 键，则该句子（　　）。
  A. 变为"日如梭"　　　　　　　　　　B. 变为"月如梭"
  C. 整句被删除　　　　　　　　　　　D. 不变

9. Word 的页边距可以通过（　　）设置。
  A. "页面"视图下的"标尺"　　　　　　B. "格式"菜单下的"段落"
  C. "文件"菜单下的"页面设置"　　　　D. "工具"菜单下的"选项"

10. 在 Word 中，一般情况下将文档中原有一些相同的字（词）串内容换成另外的内容，采用（　　）的方法会更方便。
  A. 重新输入　　　B. 复制　　　C. 另存　　　D. 替换

二、操作题

题目要求：

1. 为本文添加标题"电子商务"，设置为二号绿色楷体、加粗、字符间距加宽 20 磅、段后间距 0.5 行，并居中显示。

2. 将正文中的","和";"替换为"，"和"；"。

3. 为第三段的文字设置蓝色的边框。

4. 为第三段设置为橄榄绿色（淡色 60%）的底纹。

5. 将文中第一段的行距设置为 1.25 倍行距。

6. 为每段首行缩进 2 个字符。

原文如下：

"电子商务"近来频频出现，但是它已经不是原来意义上的依靠电话或传真的方式从事交易，而是变成了市场营运的新的概念，即"一切交易活动正向网络发展，所以一切交易都是电子业务"。这就是人们所说的第二代电子商务。

目前，第二代电子商务只占商务市场的 5%，数以千计的公司刚刚开始研究如何运行第二代电子商务系统。从某种程度上来说，这是因为第二代电子商务的复杂性，如数据兼容、交易处理、系统集成和可扩充性问题以及大规模数据仓库存储问题。同时，这些应用具有较高的透明度，使企业从事各种交易必须考虑安全问题。

但是，第二代电子商务之所以受到商家的重视，是因为它具有区别于其他方式的不同特点，它可以使企业从事在物理环境中所不能从事的业务。这些特点包括对新的子公司开放后端系统，使 Internet 成为一种重要的业务传送载体；汇聚信息，生成新的业务，产生新的收入；使企业进行相互连锁交易；自适应导航，使用户通过网上搜索交换信息；使用诸如代理的某种智能形式；运用注册业务或媒介组织买方和卖方；使业务交往个人化，具有动态特征，受用户欢迎，更具成本效益。

第五章 电子表格软件 Excel 2010

在日常办公过程中，经常需要处理大量的数据信息，Excel 2010 就是可以用来进行数据处理的重要工具。Excel 2010 是微软办公套装软件 Office 2010 中的重要组成部分，利用它可以进行相关的数据处理、生成统计分析报表和辅助决策等操作，Excel 2010 已广泛应用于管理、统计和金融领域。

本章主要介绍 Excel 2010 的新特点和窗口组成、Excel 2010 的基本操作、工作表的格式化、公式和函数的使用、图表的创建和数据清单的运用等操作。

5.1 Excel 2010 概述

Excel 2010 是 Microsoft Office 系统中的电子表格处理程序。我们可以使用 Excel 2010 创建工作簿（电子表格集合）并设置工作簿格式，以便分析数据和作出更明智的业务决策。而且，可以使用 Excel 跟踪数据，生成数据分析模型，编写公式以对数据进行计算，以多种方式透视数据，并以各种具有专业外观的图表来显示数据。

5.1.1 Excel 2010 介绍

Excel 2010 在继承了早期版本的所有功能以外还新增和改进了很多功能，可帮助用户进一步提高工作效率。在最新版本的 Excel 2010 中，新增和改进了一些功能，例如改进的功能区、工作簿管理工具、迷你图和切片器、改进的条件格式设置和筛选功能等，同时 Excel 提供 32 位和 64 位版本可供用户选择，超级用户和分析员可以在 64 位版本中创建更大、更复杂的工作簿。以下简单介绍一下 Excel 2010 的新增和改进的功能。

1. 改进的功能区

Excel 2007 中首次引入了功能区，利用功能区用户可以轻松地查找以前隐藏在复杂菜单和工具栏中的命令和功能。尽管在 Excel 2007 中，用户可以将命令添加到快速访问工具栏，但无法在功能区上添加用户自己的选项卡或组。但在 Excel 2010 中，可以创建自己的选项卡和组，还可以重命名或更改内置选项卡和组的顺序。（图 5-1）

2. 工作簿管理工具

Excel 2010 提供了可帮助用户管理、保护和共享内容的工具。

1）恢复早期版本

以 Microsoft Office 早期版本的自动恢复功能为基础，Excel 2010 现在可恢复在未

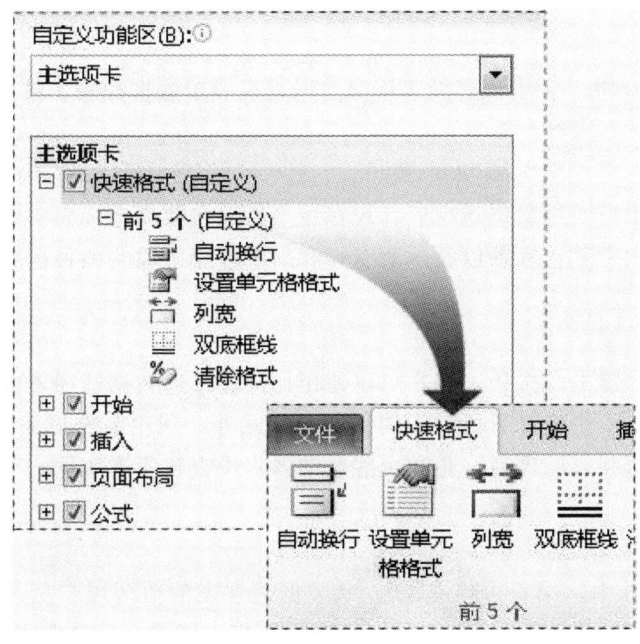

图 5-1 功能区上的"自定义"选项卡

保存的情况下而被关闭的文件版本。当用户忘记进行手动保存、保存了不希望保存的更改或者只是希望恢复到工作簿的早期版本时,此功能非常有用。

2) 受保护的视图

Excel 2010 包含受保护的视图,因此,用户可以在计算机面临可能的安全威胁之前作出更明智的决策。默认情况下,来自 Internet 源的文档将在受保护的视图中打开。若发生这种情况,消息栏上会显示一条警告,同时还会显示用于启用编辑的选项。用户可以控制触发受保护的视图的起始源,还可以设置要在受保护的视图中打开的特定文件类型,而不管这些文件来自何处。

3) 受信任的文档

Office 2010 针对用户使用的包含活动内容(如宏)的文档引入了受信任的文档功能。现在,当用户确认文档中的活动内容可以安全启用之后,以后便无需总是对它进行确认。Excel 2010 会记住用户信任的工作簿,以免在用户每次打开工作簿时总是显示该提示。

3. 改进的数据透视表

在 Excel 2010 中,用户可以更轻松、更快速地使用数据透视表。其主要增强包括以下六个方面。

1）性能增强

在 Excel 2010 中，多线程有助于提高数据透视表中数据检索、排序和筛选的速度。

2）数据透视表标签

为了更便于用户使用数据透视表，现在用户可以在数据透视表中向下填充标签，还可以在数据透视表中重复标签以显示所有行和列中嵌套字段的项目标题。

3）增强的筛选功能

通过单击切片器中的按钮，用户可以使用切片器筛选数据透视表数据，以及在不打开其他菜单的情况下快速查看所应用的筛选器。此外，利用筛选界面中的新增搜索框，用户可以在数据透视表的项目（总数可能非常多）中查找所需数据。

4）回写支持

在 Excel 2010 中，用户可以在 OLAP 数据透视表的值区域中更改值，并将其回写到 OLAP 服务器上的 Analysis Services 多维数据集。用户可以在模拟模式下使用回写功能，然后在不再需要更改时回滚这些更改，或者用户也可以保存这些更改。用户可以对支持 Update Cube 语句的任何 OLAP 提供程序使用此回写功能。

5）值显示方式功能

"值显示方式"功能包含许多新增的自动计算，如"父行汇总百分比"、"父列汇总百分比"、"父级汇总的百分比"、"按某一字段汇总的百分比"、"按升序排名"和"按降序排名"。

6）数据透视图增强

现在，通过添加和删除字段可以更轻松地在数据透视图中直接筛选数据和重新组织图表布局。类似地，用户只需单击一次鼠标即可隐藏数据透视图上的所有字段按钮。

4. 改进的条件格式设置

通过使用数据条、色阶和图标集，条件格式设置可以轻松地突出显示所关注的单元格或单元格区域、强调特殊值和可视化数据。Excel 2010 融入了更卓越的格式设置灵活性。

1）新的图标集

在 Office Excel 2010 中首次引入新的图标集，它根据用户确定的阈值用于对不同类别的数据显示图标。例如，用户可以使用绿色向上箭头表示较高值，使用黄色横向箭头表示中间值，使用红色向下箭头表示较低值。在 Excel 2010 中，用户有权访问更多图标集，包括三角形、星形和方框。用户还可以混合和匹配不同集中的图标，并且更轻松地隐藏图标，例如，用户可以选择仅对高利润值显示图标（图 5-2），而对中间值和较低的值省略图标。

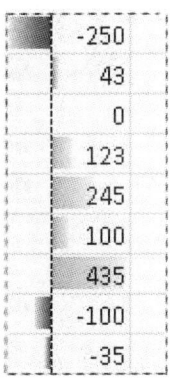

图 5-2　仅对较高值显示图标的示例　　图 5-3　负值的数据条示例

2) 更多的数据条选项

Excel 2010 提供了新的数据条格式设置选项。用户可以对数据条使用实心填充或实心边框，或者将条方向设置为从右到左（而不是从左到右）。此外，负值的数据条显示在正值轴的对端，如图 5-3 所示。

5. 改进的筛选功能

快速、有效地找到用户所需的内容是必须的，尤其是对于大型工作表，用户可能需要在上千乃至上百万个项目中进行搜索。

1) 新增的搜索筛选器

当在 Excel 表、数据透视表和数据透视图中筛选数据时，用户可以使用新增的搜索框，该搜索框可帮助用户在大型工作表中快速找到所需的内容。例如，若要在备有 50 000 多个项目的目录中查找特定产品，请先键入用户的搜索词，此时相关项目会立即显示在列表中。用户可以通过取消选择不希望显示的内容来进一步缩小结果范围，如图 5-4 所示。

2) 不考虑位置的筛选和排序功能

在 Excel 表格中向下滚动长的表时，表格标题取代了列顶部的常规工作表标题。现

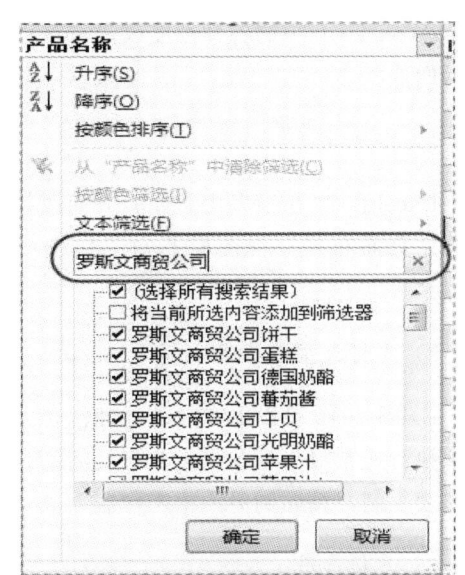

图 5-4　新增的筛选功能图

在，在 Excel 2010 中，自动筛选按钮与表格标题一起显示在表格列中，这样用户可以对数据进行快速排序和筛选，而不必一直向上回滚到表格顶部，如图 5-5 所示。

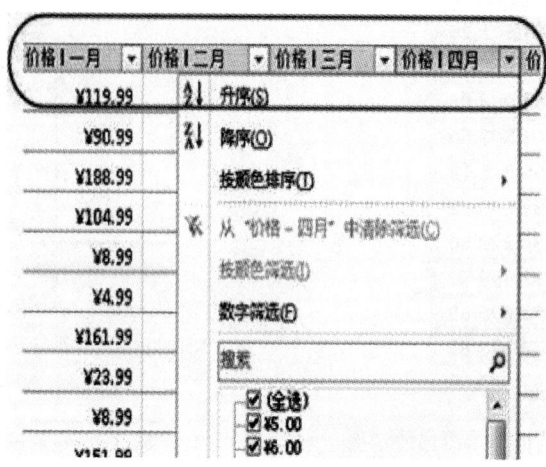

图 5-5　数据的快速排序和搜索

6. 提供 64 位版本 Excel

Excel 2010 提供了 64 位版本，这意味着超级用户和分析员可以创建更大、更复杂的工作簿。使用 64 位版本，用户可以寻址的物理内存（RAM）超过 Excel 32 位版本中 2GB 的限制。

7. 性能改进

Excel 2010 中的各种性能改进可帮助用户更有效地与数据进行交互。具体改进包括以下四点。

1）常规改进

Excel 2010 在很多用户体验方面改进了性能。例如，当移动图表和调整图表大小、使用"页面布局"视图以及与工作表中的形状进行交互时，Excel 2010 的响应速度更快。

2）支持大型数据集

Excel 2010 可以更有效地处理包含大量数据的工作簿。具体而言，它需要更少的时间来执行通常对大型数据集执行的活动。例如，对数据进行筛选和排序，将数据从一个工作表复制并粘贴到另一个工作表，以及使用填充功能来复制公式。

3）多核改进

Excel 2010 中的多线程改进有助于提高检索、排序和筛选数据透视表数据和 Excel

表数据的速度。此外，打开和保存大型文件的速度通常也比以往更快。

4）更快的计算

如果工作簿对组织中的关键业务流程至关重要，则计算速度不得成为瓶颈，这一点非常重要。为了实现更快的计算性能，Excel 2010 融入了对异步用户定义函数的支持，这些函数可在不使用多个 Excel 计算线程的情况下同时运行。当以自定义方式向工作表导入数据时以及在高性能计算（HPC）方案中，这一点极为重要。

5.1.2 Excel 2010 窗口及其组成

在开始菜单找到 Excel 2010 的快捷方式，启动后呈现给用户的就是其工作窗口，如图 5-6 所示。Excel 2010 的窗口中主要包括快速访问工具栏、标题、选项卡、功能区、编辑区和工作表标签等。

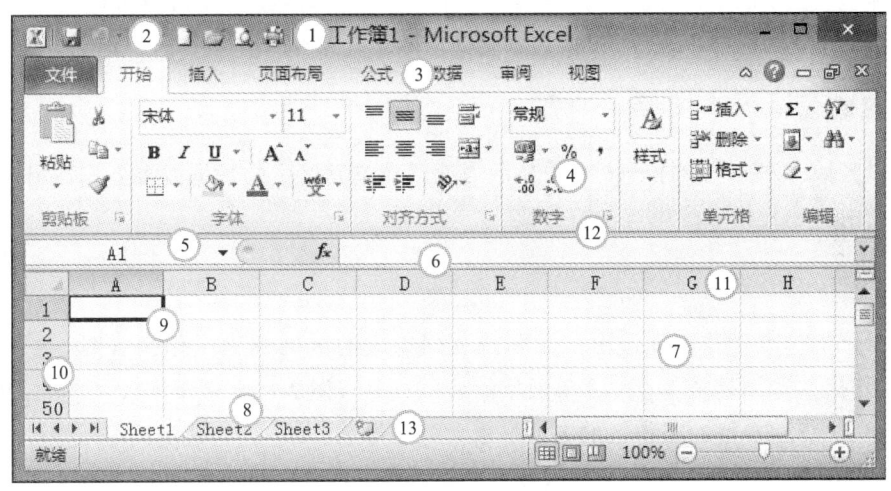

图 5-6 Excel 窗口及其组成

1. 标题

标题（图 5-6 中标号①）用于显示当前打开或正在编辑的工作簿的名称和应用程序的名称。图 5-6 中标题区域显示"工作簿 1-Microsoft Excel"，其中"工作簿 1"是当前工作簿的名称，用户在保存工作簿时可以将其保存或另存为容易记的名称；"Microsoft Excel"是当前打开该工作簿的应用程序名称。通过双击标题栏可以让 Excel 的窗口显示模式在标准和全屏之间切换。

2. 快速访问工具栏

快速访问工具栏（图 5-6 中标号②）中包括用户经常用到的命令按钮，如保存、撤销、恢复、打开和快速打印等，便于用户在不点击文件菜单的情况下快速进行文件操作，用户可以根据个人使用习惯自行定义快速访问工具栏的功能按钮。

3. 选项卡与功能区

　　选项卡（图 5-6 中标号③）与功能区（图 5-6 中标号④）相对应，是包含有同一类功能的命令按钮的集合，用户可以点击选项卡切换不同的功能区域，Excel 2010 的选项卡主要包括开始、插入、页面布局、公式、数据、审阅和视图等，每个选项卡中类似的功能放置在一起，称为逻辑组（简称组，如图 5-6 中标号⑫所示的"数字"组）。在用户操作不同的对象时，选项卡会有动态变化。如果觉得功能区所占屏幕区域过大也可将其隐藏，可点击右上角图标区 问号左侧的上三角符号，再次点击则重新显示。

4. 名称框

　　名称框（图 5-6 中标号⑤）用来显示当前活动单元格或用户选择区域的名称或地址，如图 5-6 中名称框中显示 A1，表示当前活动单元格地址是第 1 行、第 A 列。

5. 编辑区域

　　编辑区域（图 5-6 中标号⑥）中显示当前活动单元格中的数据或者公式，用户可以在编辑栏中对单元格中的内容进行修改。

6. 工作区

　　在 Excel 2010 工作界面中由一系列行和列构成的区域称为工作区（图 5-6 中标号⑦），工作区的左侧是由 1、2、3 等数字组成的行号（图 5-6 中标号⑩），一张工作表中最多允许 1 048 576 行；工作区的上方是由大写字母 A、B……组成的列号（图 5-6 中标号⑪），共有 16 348 列，行列交汇区域称为单元格（图 5-6 中标号⑨）。

7. 工作表标签

　　工作表标签（图 5-6 中标号⑧）显示当前工作簿中的工作表，新建的一个工作簿默认有 3 个工作表，名称为 Sheet1、Sheet2 和 Sheet3，用户可以根据实际情况对工作的名称和位置进行修改，可以点击工作表新建按钮（图 5-6 中标号⑬）新建工作表。

5.1.3　启动与退出

1. 启动 Excel 2010

　　启动 Excel 一般有以下三种方法。

　　（1）在 Windows 界面下依次点击 "开始菜单" → "所有程序"，找到 Microsoft Office 2010 目录，在目录下点击 Microsoft Excel 2010 启动程序。

(2) 如果桌面上有 Excel 2010 的快捷方式则可以直接双击该快捷方式启动 Excel。

(3) 直接双击要打开的 Excel 文件，可以启动 Excel 2010 并打开该电子表格文件。

2. 关闭 Excel 2010

在电子表格文件处理结束需要退出时，可以直接单击界面右上角的"×"图标，也可以点击左上角的"文件"菜单，然后点击"退出"菜单项即可退出。在退出 Excel 2010 时如果有已经修改但尚未保存的文件时，程序会提示用户保存该文件。

5.2 Excel 2010 的基本操作

Excel 的基本操作包括工作簿新建、打开、保存和关闭；工作表的新建、复制、删除和移动；单元格的选择、复制、移动和格式设置等。

5.2.1 工作簿与工作表

1. 工作簿

工作簿是指 Excel 环境中用来储存并处理数据的文件。也就是说 Excel 文档就是工作簿，它是 Excel 工作区中一个或多个工作表的集合，其扩展名为 .xls（2003 及以前版本）或者 .xlsx（2007 及以后版本）。每一个工作簿可以拥有许多不同的工作表，工作簿中最多可建立 255 个工作表。

每次启动 Excel 2010 后，Excel 默认会新建一个名称为"工作簿 1"的空白工作簿，在 Excel 程序界面标题栏中可以看到工作簿名称。

2. 工作表

工作表是 Excel 工作簿中用于存储和处理数据的二维表格。工作表存储在工作簿中，也称电子表格，由排列成行和列的单元格组成，需要分析处理的数据就包含在工作表中。在 Excel 2010 中，每个工作表有 1 048 576 行和 16 384 列。

工作簿和工作表的关系和现实世界中的纸质记录登记簿和登记簿的页的关系类似，每个工作簿中可以包含多张工作表。默认情况下，新建的工作簿中有 3 张工作表，默认名称为"Sheet1"、"Sheet2"、"Sheet3"。每个工作表中的内容相对独立，通过单击工作表标签可以在不同的工作表之间进行切换。

3. 单元格

在工作表中，行和列交叉的位置称为单元格。单元格是 Excel 中最基本的存储数据单元，其命名是依据所在的列号和行号进行标记，如"A1"。单元格区域则是指多个连续的单元格所构成的矩形区域，其命名规则为：左上角的单元格名称：右下角的单元格名称，如"B1：D5"。对于多个矩形区域表示方法是在各个区域中间加入"，"，如图 5-7 所示的选中区域可表示为："B3：D6，C8：E10"。

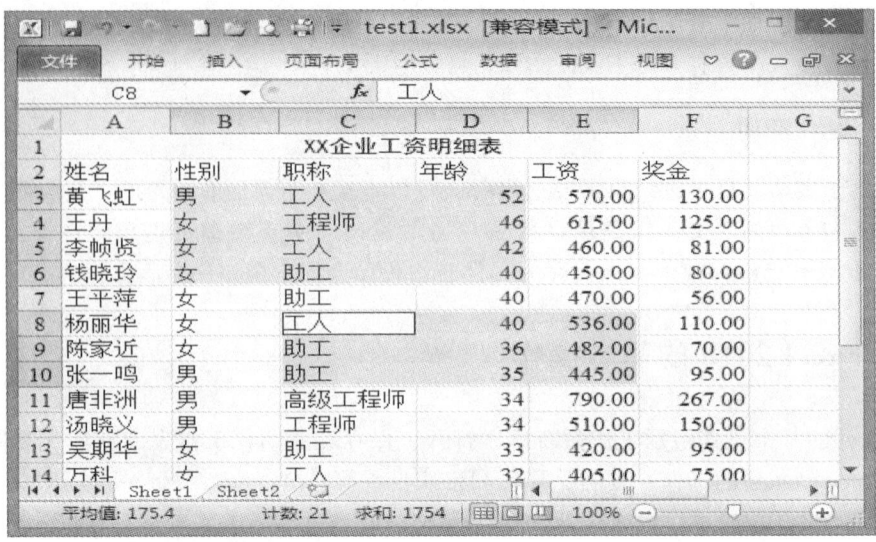

图 5-7　选择单元格区域

5.2.2　创建工作簿与工作表

1. 创建工作簿

新建工作簿在 Excel 2010 工作界面，在"文件"菜单中选择"新建"选项，在右侧选择"空白工作簿"后点击界面右下角的"创建"图标就可以新建一个空白工作簿（图 5-8）。

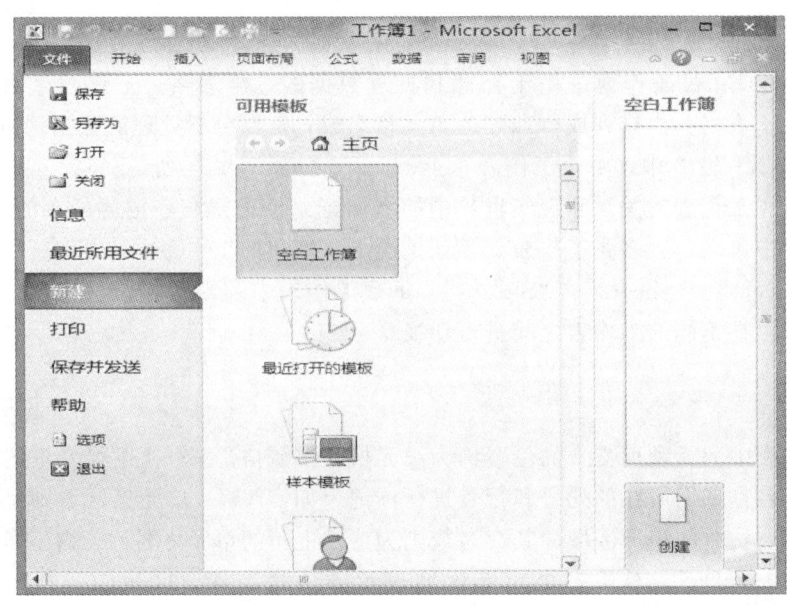

图 5-8　新建工作簿

利用模板创建工作簿时，Excel 2010 还提供了一系列的模板供用户使用，可以利用这些模板快速创建工作簿，如我们要利用销售报表模板创建一个公司销售情况的报表，方法如下。在"文件"菜单选项中选择"新建"选项，然后点击右侧的"样本模板"，在右侧可以看到很多表格模板，选择"销售报表"后点击创建图标即可，如图 5-9 所示。

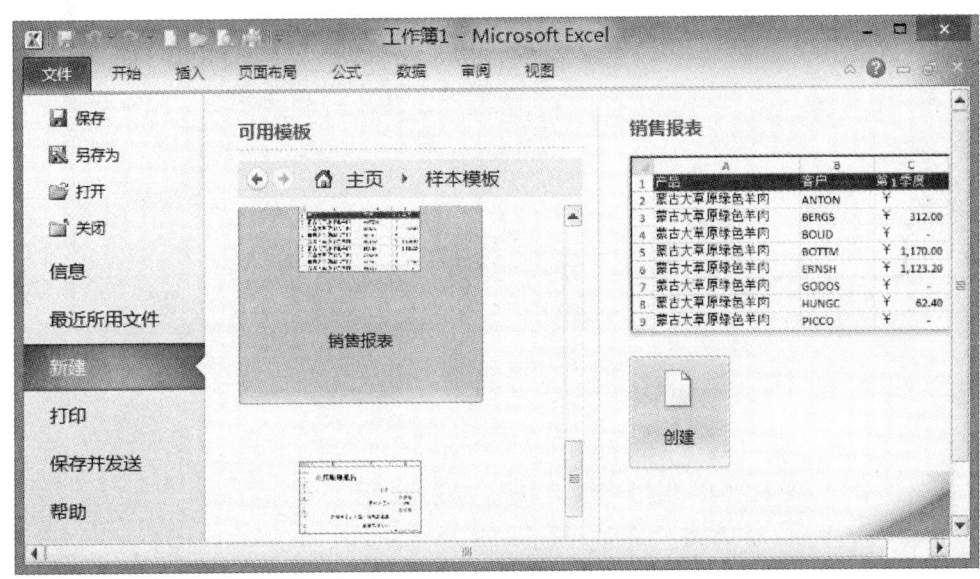

图 5-9　利用模板创建工作簿

Excel 2010 除了提供本地模板外，还提供在线模板，如果计算机连接到互联网，则可以点击"Office.com 模板"，会有更多的 Excel 模板可供选择。

2. 新建工作表

当工作簿中默认的 3 张工作表无法满足需求时，需要新建更多的工作表。新建工作表可以采用两种方法。

（1）新建工作表最简单的方法就是点击工作表标签右侧的新建工作表按钮。

（2）在工作表标签中右键点击任意一张工作表，点击"插入"菜单项（图 5-10），在弹出的对话框（图 5-11）点击"工作表"后点击"确定"按钮即可完成新建工作表。

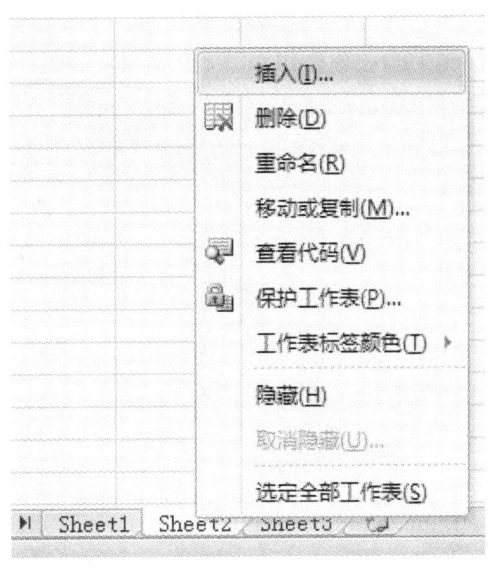

图 5-10　插入工作表

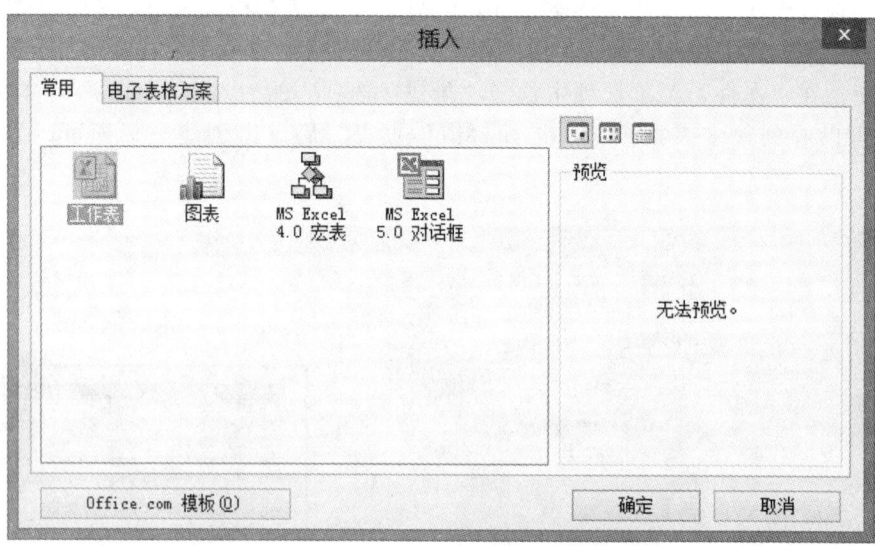

图 5-11 插入工作表对话框

5.2.3 操作工作表和单元格

1. 工作表的操作

1) 移动或复制工作表

移动或复制工作表可以在同一个或不同工作簿之间进行。如果要将工作表移动或复制到另一个工作簿中，请确保在 Excel 中打开该工作簿。在移动或复制工作表时，首先要选择所需的工作表，选择多个工作表时的操作和 Word 中的对象选取类似，可以用 Shift 键＋鼠标左键单击选择连续的多个工作表；用 Ctrl＋鼠标左键单击选择不连续的工作表。

选择好要移动或复制的工作表后，右键点击选中的任一工作表，选择"移动或复制"菜单项（图 5-12），在显示的对话框（图 5-13）选择目标工作簿和工作表位置，如果是复制工作表则需要选择复选框"建立副本"，点击确定即完成移动或复制操作。

如果只是在同一个工作簿中移动工作表，可以利用鼠标拖动来实现，具体方法：鼠标单击要移动的工作表，如 Sheet1，鼠标点击不松开，将工作表拖动到目的位置，松开鼠标即可。

2) 重命名工作表

右击需要重命名的工作表如 Sheet1，选择"重命名"选项，这时工作表 Sheet1 的文字变成高亮状态则可以进行编辑，编辑完成后鼠标点击其他区域即可。也可以直接双

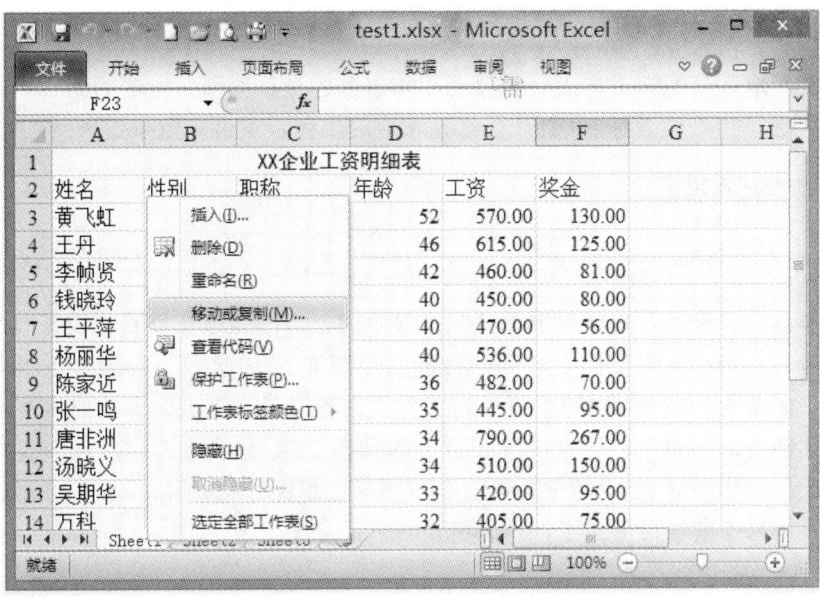

图 5-12 移动或复制工作表

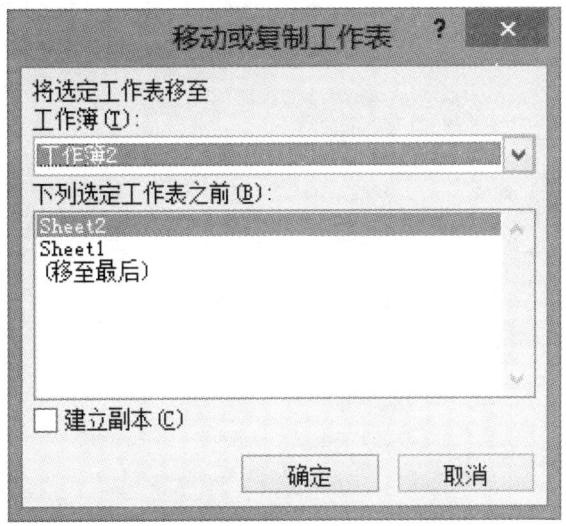

图 5-13 移动或复制工作表对话框

击准备重命名的工作表，如 Sheet1，即可进入编辑状态后修改。

3）删除工作表

要删除一张或多张工作表，先选中该工作表，鼠标右击，选择弹出的快捷菜单中的"删除"选项。

4)更改工作表标签颜色

为了更好地区分不同工作表,需要对工作表颜色进行调整。方法为鼠标右击工作表如 Sheet2,选择"工作表标签颜色",选择相应的颜色,点击确定按钮。

2. 工作表的拆分和冻结

1)工作表的拆分

当工作表内容很多,在屏幕上无法完全显示时,为了能够在查看比较靠右的列或比较靠下的行时,仍然看到工作表的列的标题(如图 5-14 中学号、姓名、班级等)或行的首字段(如图 5-14 中的学号),可以对工作表进行拆分,将工作表按照水平和垂直方向拆分成几部分。例如,将学生成绩表拆分成如图 5-14 所示的式样,选中要拆分区域右下的单元格,如图 5-14 中的 B2 单元格,选择"视图"选项卡,点击功能区的"拆分"按钮,屏幕中就被拆分成了四个部分。

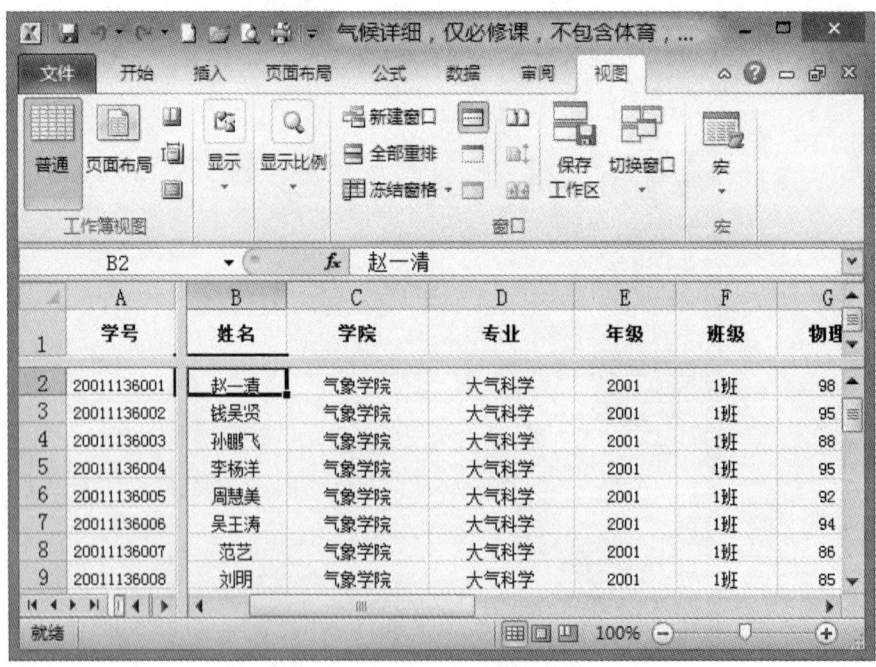

图 5-14 工作表窗口拆分

拆分后的窗口会显示横纵两条拆分线,可以用鼠标拖动的方式调整拆分线的位置。再次点击"拆分"按钮,可取消拆分。

2)工作表的冻结

冻结窗格功能是保持工作表的某一部分在其他部分滚动时仍然可见。在"视图"选项卡功能区内点击"冻结窗格"右侧的下拉按钮,选择相应的菜单项即可完成冻结功能。"冻结窗格"包含的项目包括以下三种：

(1) 冻结拆分窗格：滚动工作表其余部分时，保持行和列可见。

(2) 冻结首行：滚动工作表其余部分时，保持首行可见。

(3) 冻结首列：滚动工作表其余部分时，保持首列可见。

再次点击"冻结窗格"右侧的下拉菜单，选择相应的选项可以取消冻结。

3. 单元格的操作

1) 选中单元格

(1) 选中单个单元格。鼠标单击要选择的单元格即可完成选中。

(2) 选中多个单元格。选择连续多个单元格：鼠标选中左上角单元格后拖动到右下角单元格即可；或者选中左上角单元格后按住 Shift 键，鼠标单击右下角单元格。选择不连续多个单元格：鼠标选中第一个单元格（或单元格区域）后按住 Ctrl 键，鼠标依次选择其他单元格（或单元格区域）。

(3) 选中多行或多列。鼠标移动到要选择的行号或列号上，单击即可选中该行或列，要选中多行或多列时可参照选择多个单元格的方法利用鼠标拖动或借助键盘上的 Shift 键（选择连续行或列）和 Ctrl 键（选择不连续行或列）完成。

2) 插入单元格、行和列

首先选中一个单元格，在右击菜单中选中"插入"按钮，弹出对话框（如图 5-15 所示），可以看到四个选项。

(1) 活动单元格右移：表示在选中单元格的左侧插入一个单元格。

(2) 活动单元格下移：表示在选中单元格上方插入一个单元格。

(3) 整行：表示在选中单元格的上方插入一行。

(4) 整列：表示在选中单元格的左侧插入一列。

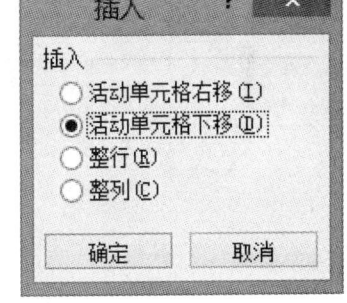

图 5-15 插入单元格对话框

选择相应的选项，点击确定按钮。

要插入一行或一列，先选中一行或一列，右击，弹出快捷菜单中选择"插入"即可。

3) 删除单元格、行和列

和插入单元格类似，选中一个单元格，在右击菜单中选中"删除"按钮，弹出删除对话框，选择相应的选项后点击确定按钮。

要删除多行或多列，先选中多行或多列，右击选中的区域，弹出快捷菜单中选择"删除"即可。

4) 移动与复制

(1) 移动。和 Word 中的移动和复制类似，选择要移动的单元格或区域，右击，选择快捷菜单项"剪切",选择目标单元格或区域,右击,选择"粘贴"。移动单元格时,原单元格中的公式、结果、单元格格式和批注等信息一起被移动。

(2) 复制。选择要复制的单元格或区域,右击,弹出快捷菜单项,有"粘贴选项"和"选择性粘贴"选项,鼠标移动到图标上会有相应提示信息,用户选择相应的选项即可完成粘贴。各选项说明如表 5-1 所示。

表 5-1 选择性粘贴各功能按钮说明

选项	说明
全部	包括内容和格式等,其效果等于直接粘贴
公式	只粘贴文本和公式,不粘贴字体、格式、边框、注释、内容校验等
数值	只粘贴文本,单元格的内容是计算公式的话只粘贴计算结果,这两项不改变目标单元格的格式
格式	仅粘贴源单元格格式,但不能粘贴单元格的有效性,粘贴格式,包括字体、对齐、文字方向、边框、底纹等,不改变目标单元格的文字内容
批注	把源单元格的批注内容拷贝过来,不改变目标单元格的内容和格式
有效性验证	将复制单元格的数据有效性规则粘贴到粘贴区域,只粘贴有效性验证内容,其他的保持不变
边框除外	粘贴除边框外的所有内容和格式,保持目标单元格和源单元格相同的内容和格式
列宽	将某个列宽或列的区域粘贴到另一个列或列的区域,使目标单元格和源单元格拥有同样的列宽,不改变内容和格式
公式和数字格式	仅从选中的单元格粘贴公式和所有数字格式选项
值和数字格式	仅从选中的单元格粘贴值和所有数字格式选项
无	对源区域,不参与运算,按所选择的粘贴方式粘贴
加	把源区域内的值,与新区域相加,得到相加后的结果
减	把源区域内的值,与新区域相减,得到相减后的结果
乘	把源区域内的值,与新区域相乘,得到相加乘的结果

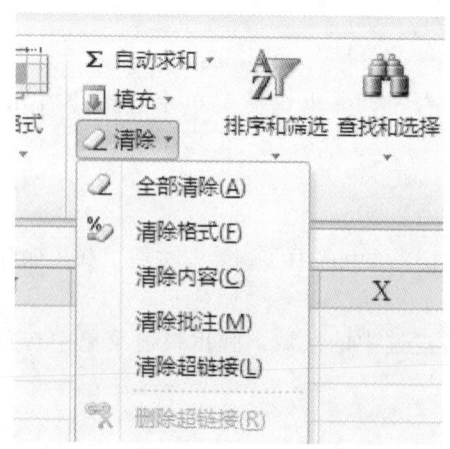

图 5-16 清除功能

5) 查找和替换

点击功能区最右侧的查找和选择,可在工作表中进行查找、替换、公式、批注等操作,具体操作方法和 Word 2010 中操作方法类似,可参照前章节内容进行操作。

6) 清除单元格内容和格式

选择要清除内容的单元格或单元格区域,右击选中的区域,选择"清除内容",即可将单元格内容清除。如果需要清除格式、超链接或者批注等信息,则可以点击功能区的清除按钮,在弹出的选项中选择要进行的操作,如图 5-16 所示。

5.2.4 数据输入

要在单元格中输入数据,则单击该单元格,然后在该单元格中键入数据,按 Enter 或 Tab 移到下一个单元格。若要在单元格中另起一行输入数据,请按 Alt+Enter 输入一个换行符。数据输入主要包括数字类数据输入和文本类数据输入。

1. 数字输入

数字数据指的是可用于计算的数字资料,如数值、日期和时间等,主要由数字 0~9 及符号(如小数点、+、-、$、%等)所组成,例如 15.36、-99、$350、75%等都是数字数据。日期与时间也是属于数字数据,只不过会含有少量的文字或符号,例如:2012/06/10、08:30PM、3 月 14 日等。

输入数字时参照的规则如下。

(1) 输入负数时,需要在数字前面加一个负号"-"或将数字放置在小括号中,如输入"-31"和"(31)",都表示在单元格中输入的数值是-31。如果输入的是正数,则不需要输入正号。如果输入分数,在输入的数值前加上字符 0 和空格,如输入 3/4,则输入"0 3/4",在单元格中显示的是分数的表示方法,否则 Excel 会把分数当成日期处理。

(2) 输入较大数值时,Excel 会把数值转换成科学记数法的表示形式,如输入 11111111111111111111 时,会被转换成 1.11111E19,单元格内的数值也相应改变。输入的数字不是太大且在单元格内无法完全显示时,则会显示"##########",但数值不会改变。输入百分数时按照正常的百分数输入,如 30%。

2. 文本输入

文本数据包括中文字符、英文字符、数字的组合(如学号、工号、电话号码等)及其他符号。

当输入由数字组成的文本时,Excel 会把这些数字当做数值处理,如输入某人的工号"001001",输入后发现变成了"1001",解决方法是在要输入的数字类文本前面加上一个英文的单引号"'",即输入"'001001"后单元格内显示 001001。

3. 自动填充

当输入的数据是多个相同数据或按规律变化的数据时,可以使用自动填充功能。

1) 方法一,鼠标拖动填充

如在图 5-17(a)所示的工作表中,已输入第一条记录的职称,现将其他人员的职称全部填充为工程师。步骤:鼠标移动到 B2 单元格的右下角,当鼠标由空心十字变成实心十字时向下拖动至 B6 单元格,完成填充操作,如图 5-17(b)所示。鼠标拖动填充除了可以填充相同的内容外还可以填充等差数列和公式等。

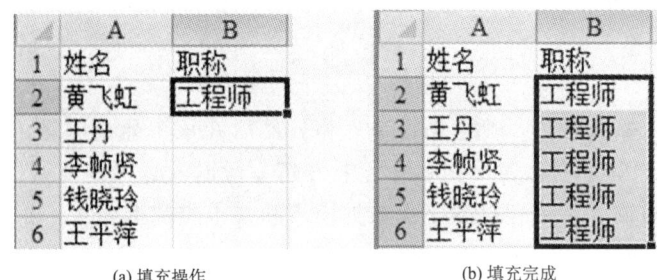

(a) 填充操作　　　　　(b) 填充完成

图 5-17　鼠标拖动填充示例

2）功能按钮填充

在进行填充时，可以利用功能区的"填充"功能按钮（图 5-18（a））进行填充，如图 5-17（a）中选中 B2 到 B6 单元格，点击"填充"功能按钮，选择"向下"即可完成。

在进行序列填充时，还可以参照图 5-18（b）所示进行等差或等比序列、日期和自动填充。

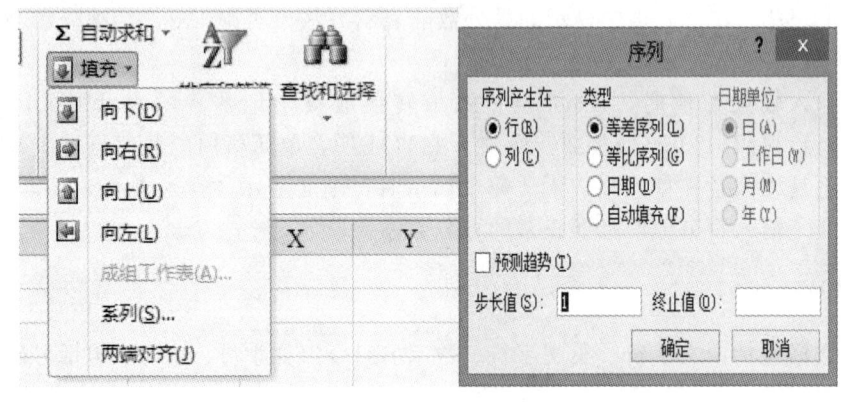

(a) 填充功能按钮　　　　　(b) 序列填充方式选择

图 5-18　功能按钮填充示例

5.2.5　保存工作簿

工作簿编辑结束后点击文件菜单中的保存时，如果该文档已经存在则程序执行保存操作。若为新建的工作簿或用户选择另存为时，则会弹出如图 5-19 所示的"另存为"对话框，用户选择相应的保存路径、文件名和保存类型后（默认为 Excel 工作簿 *.xlsx）点击保存按钮即可。

第五章 电子表格软件 Excel 2010

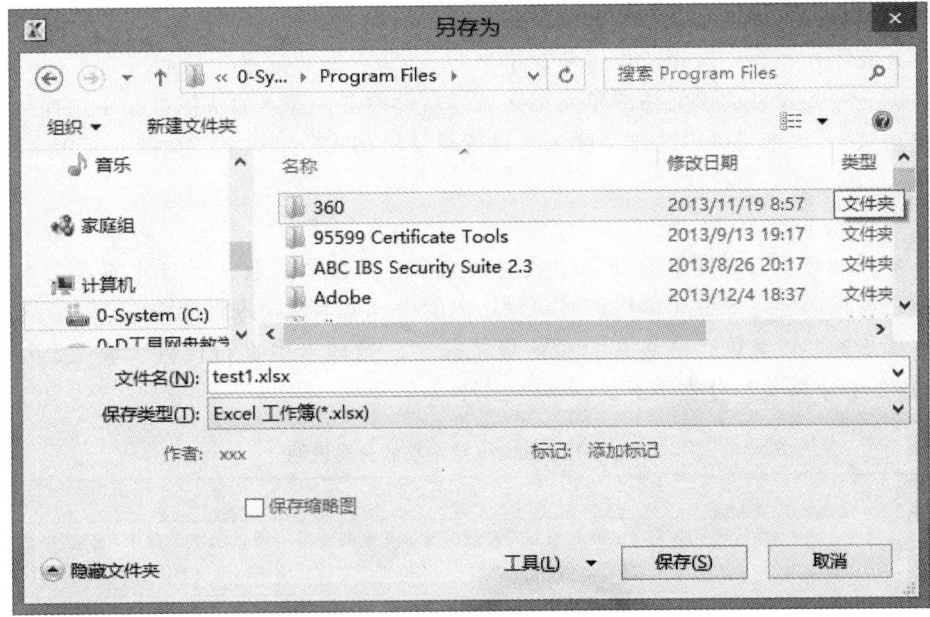

图 5-19　另存为对话框

5.3　工作表格式化

5.3.1　设置单元格格式

默认情况下，数字在 Excel 2010 的单元格中存储时，单元格格式都是不包含任何

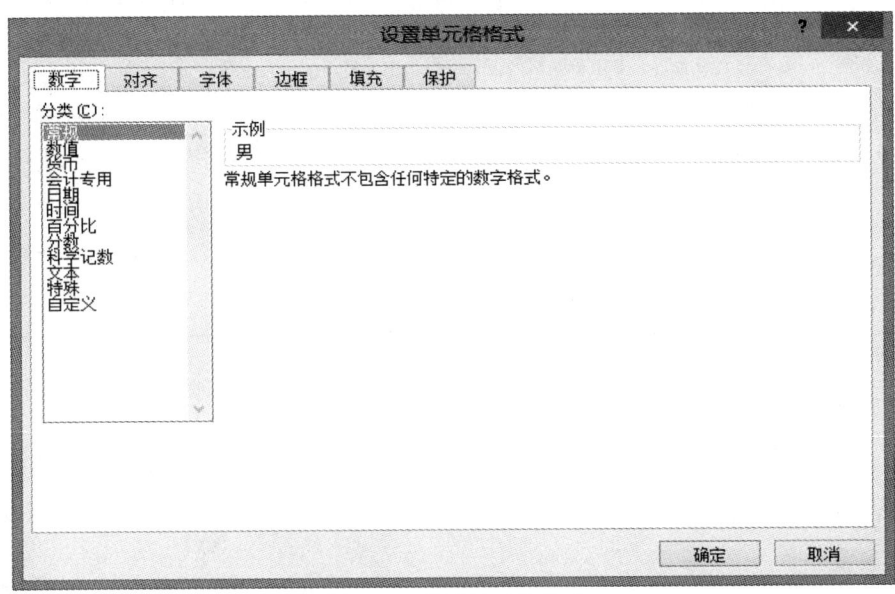

图 5-20　设置单元格格式

特定的数字格式，即通用数字格式。设置单元格格式主要有三种方法：①点击功能区的"格式"，在下拉列表中选择"设置单元格格式"；②点击"数字"功能区右下角的下拉按钮；③选中要设置的单元格或单元格区域，右键单击，弹出的快捷菜单中选择"设置单元格格式"。以上三种方法均会弹出"设置单元格格式"对话框，如图 5-20 所示。

1. 数字格式设置

在输入的数字需要显示为特定格式时，如含有小数位的数、百分比或者文本的形式，用户可以通过设置单元格格式对单元格内的内容显示形式进行调整。

在弹出的"设置单元格格式"对话框"数字"选项卡中进行设置。表 5-2 列出了 Excel 中的数字格式的分类情况。

表 5-2 Excel 2010 数字格式分类说明

类型	说明
常规	默认数字格式，以键入的方式显示。当单元格的宽度不够显示整个数字，会用小数点对数字进行四舍五入。对较大的数字（12 位或更多位）使用科学计数表示法
数值	用于数字的一般表示。可以指定要使用的小数位数、是否使用千位分隔符以及如何显示负数
货币	此格式用于一般货币值并显示带有数字的默认货币符号。可以指定要使用的小数位数、是否使用千位分隔符以及如何显示负数
会计专用	用于显示货币值，但是它会在一列中对齐货币符号和数字的小数点
日期	根据指定的类型和区域设置，将日期和时间系列数值显示为日期值。以星号（*）开头的日期格式响应在"控制面板"中指定的区域日期和时间设置的更改。不带星号的格式不受"控制面板"设置的影响
时间	这种格式会根据用户指定的类型和区域设置（国家/地区），将日期和时间系列数显示为时间值。以星号（*）开头的时间格式响应在"控制面板"中指定的区域日期和时间设置的更改。不带星号的格式不受"控制面板"设置的影响
百分比	以百分数形式显示单元格的值。可以指定要使用的小数位数
分数	根据用户指定的分数类型以分数形式显示数字
科学记数	以指数表示法显示数字，如 2 位小数的"科学记数"格式将 12345678901 显示为 1.23E+10，可以指定要使用的小数位数
文本	将单元格的内容视为文本，并在键入时准确显示内容，即使键入数字
特殊	这种格式将数字显示为邮政编码、电话号码或社会保险号码
自定义	允许修改现有数字格式以创建自定义数字格式

2. 对齐方式设置

在"设置单元格格式"对话框中选择"对齐"选项卡则显示对齐设置的信息，在该页面可以设置文本的对齐方式、文本控制（如自动换行、缩小字体填充）和文字方向。

3. 其他设置

在"设置单元格格式"对话框中还包含"字体"、"边框"和"填充"选项卡，可以设置单元格文本的字体信息、单元格的边框样式和颜色等、单元格的背景色和填充效果，具体使用效果和 Word 中类似，这里不再详述。

5.3.2 设置列宽和行高

可以根据需求进行列宽和行高的设置。方法一：选中要设置的列或者行，点击功能区的"格式"，在下拉菜单中选择"列宽"或者"行高"，在弹出的对话框中输入相应的数值；方法二：选中要设置的列或者行，右键单击选中的列或行，在弹出的快捷菜单中选择"列宽"或"行高"，在对话框中输入设置的数值。

5.3.3 设置条件格式

在分析数据时，用户经常会问自己一些问题，如：在过去几年的利润汇总中，有哪些异常情况？哪些销售员的销售额超过人民币 50 000 元？在大一新生中，谁的成绩最好，谁的成绩最差？对于以上问题，可以使用条件格式，它可以直观地查看和分析数据、发现关键问题以及识别模式和趋势。方法为在"开始"选项卡的"样式"组中，单击"条件格式"向下的箭头，会显示多个选项（图 5-21），下面具体介绍。

1. 突出显示单元格规则

适用于仅对包含文本、数字或日期/时间值的单元格设置格式。若要更方便地查找单元格区域中的特定单元格，可以基于比较运算符设置这些特定单元格

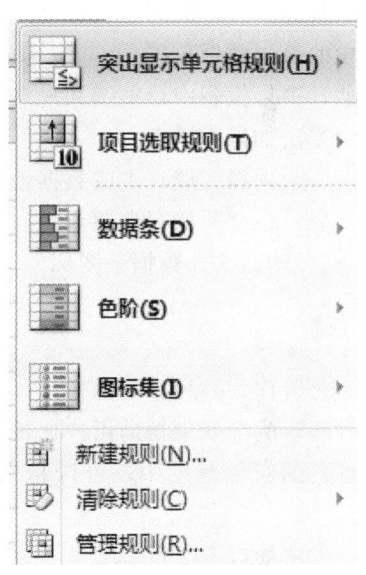

图 5-21　设置条件格式

的格式。例如，在一个按类别排序的库存工作表中，可以用黄色突出显示现有量少于 10 个的产品；而在一个零售店汇总工作表中，可以标识利润超过 10%、销售额低于人民币 100 000 元、地区为"东南"的所有零售店。

方法如以下 3 点。

（1）选择区域、表或数据透视表中的一个或多个单元格。

（2）在"开始"选项卡的"样式"组中，单击"条件格式"旁边的箭头，然后单击"突出显示单元格规则"。

（3）选择所需的命令，如"介于"、"文本包含"或"发生日期"。输入要使用的值，然后选择"设置为"的格式，点击确定按钮。

2. 项目选取规则

仅对排名靠前或靠后的值设置格式。可以根据指定的截止值查找单元格区域中的最高值和最低值。例如，可以在地区报表中查找最畅销的 5 种产品，在客户调查表中查找

最不受欢迎的15％产品，或在部门人员分析表中查找薪水最高的25名雇员。

方法如以下3点。

(1) 选择区域、表或数据透视表中的一个或多个单元格。

(2) 在"开始"选项卡的"样式"组中，单击"条件格式"旁边的箭头，然后单击"项目选取规则"。

(3) 选择所需的命令，如"10个最大的项"或"10％最小的值"。

输入要使用的值，然后选择"设置为"的格式，点击确定按钮。

3. 数据条

数据条可帮助用户查看某个单元格相对于其他单元格的值。数据条的长度代表单元格中的值。数据条越长，表示值越高，数据条越短，表示值越低。在观察大量数据（如节假日销售报表中最畅销和最滞销的玩具）中的较高值和较低值时，数据条非常有用。

方法如以下2点。

(1) 选择区域、表或数据透视表中的一个或多个单元格。

(2) 在"开始"选项卡的"样式"组中，单击"条件格式"旁边的箭头，单击"数据条"，然后选择数据条图标。

4. 色阶

色阶作为一种直观的指示，可以帮助用户了解数据分布和数据变化。双色刻度使用两种颜色的渐变来帮助用户比较单元格区域。颜色的深浅表示值的高低。例如，在绿色和红色的双色刻度中，可以指定较高值单元格的颜色更绿，而较低值单元格的颜色更红。

方法如以下3点。

(1) 选择区域、表或数据透视表中的一个或多个单元格。

(2) 在"开始"选项卡上的"样式"组中，单击"条件格式"旁边的箭头，然后单击"色阶"。

(3) 选择双色刻度。

5. 图标集

使用图标集可以对数据进行注释，并可以按阈值将数据分为3～5个类别。每个图标代表一个值的范围。例如，在三向箭头图标集中，绿色的上箭头代表较高值，黄色的横向箭头代表中间值，红色的下箭头代表较低值。

方法如以下2点。

(1) 选择区域、表或数据透视表中的一个或多个单元格。

(2) 在"开始"选项卡的"样式"组中，单击"条件格式"旁边的箭头，单击"图标集"，然后选择图标集。

5.3.4 使用样式和套用表格格式

Excel 2010 提供了许多预定义的样式，使用这些样式可快速套用表格式。如果预定义的表样式不能满足用户的需要，用户可以创建并应用自定义的表样式。

1. 使用样式

方法如以下 2 点。
（1）选择区域、表或数据透视表中的一个或多个单元格。
（2）在"开始"选项卡的"样式"组中，选择相应的图标集。右手边有图标集导航按钮，可以选择上一行、下一行和打开全部图标。

2. 套用表格格式

方法如以下 2 点。
（1）选择区域、表或数据透视表中的一个或多个单元格。
（2）在"开始"选项卡的"样式"组中，单击"套用表格格式"，选择相应的表样式。

5.4 公式与函数的使用

公式和函数是 Excel 2010 的重要组成部分，在单元格内输入公式或函数后会在单元格内显示计算出来的结果。利用公式可以进行以下操作：执行计算、返回信息、操作其他单元格的内容、测试条件等。使用函数可以返回相应的信息，例如：获取当前日期、统计单元格中的字符数、操作文本（例如，将 hello 转换成 Hello 或 HELLO）、计算贷款偿还数额等。

5.4.1 单元格地址

1. 单元格地址

每个单元格都有其固定的地址来表示，表示方式是列号＋行号。例如"A"列的第"2"行的单元格的地址是"A2"。同样，一个地址也唯一地表示一个单元格，例如"B5"指的是"B"列与第"5"行交叉位置上的单元格。

在表示地址时如果加上符号"＄"可以表示一个绝对地址，如＄B＄2。

2. 单元格引用

在数据处理时，经常要引用一个工作表中的一个或多个单元格中的数据。单元格引用：用于表示单元格在工作表上所处位置的坐标集。例如，显示在第 B 列和第 3 行交叉处的单元格，其引用形式为"B3"。单元格通过坐标进行引用，主要有两种方法。

1) 相对单元格引用

在公式中，基于包含公式的单元格与被引用的单元格之间的相对位置的单元格地址。如果复制公式，相对引用将自动调整。相对引用采用列号和行号组成，如 B3，F6 等。

2) 绝对单元格引用

公式中单元格的精确地址，与包含公式的单元格的位置无关。绝对引用采用的形式为在列号或行号前面加上符号"$"构成，如$B3，F6 等。

在引用单元格时，如果引用的是当前工作簿中另外一张工作表中的一个或多个单元格，则可以通过在单元格前面加上工作表名称和"!"，如在 Sheet2 中引用 Sheet1 中的 A1 单元格，引用可表示为：Sheet1! A1。

5.4.2 使用公式

1. 输入公式

在输入公式时，始终以等号（=）开头。下面举例说明用户可以在工作表中输入的公式类型。

在 B2 单元格的编辑区域输入："=5+2*3"，表示将 5 加 2 与 3 的乘积得到的和赋值给 B2 单元格。

在 B2 单元格的编辑区域输入："=A1+A2+A3"，表示将单元格 A1、A2 和 A3 中的值相加后赋值给 B2。

如图 5-22 所示的"X单位工资明细表"中，应发工资＝工资＋奖金－考勤罚款，在 I3 单元格内输入"=F3+G3-H3"，输入结束后点击编辑区域左侧的√或者敲击键盘上的 Enter 键，完成输入。利用鼠标拖动进行填充，计算应发工资列的其他单元格的值。

同样，工资占比＝工资/应发工资，在 J3 单元格中输入=F3/I3，输入回车键。执行填充操作，通过"设置单元格格式"将单元格设置为"百分比"，保留 2 位小数，显示效果如图中所示。

2. 修改公式

公式输入完成后，可以对公式内容进行修改。方法：双击单元格可使得单元格处于编辑状态或者直接在单元格的编辑区域进行修改。

3. 复制和移动公式

1) 移动公式

（1）选择包含要移动的公式的单元格。

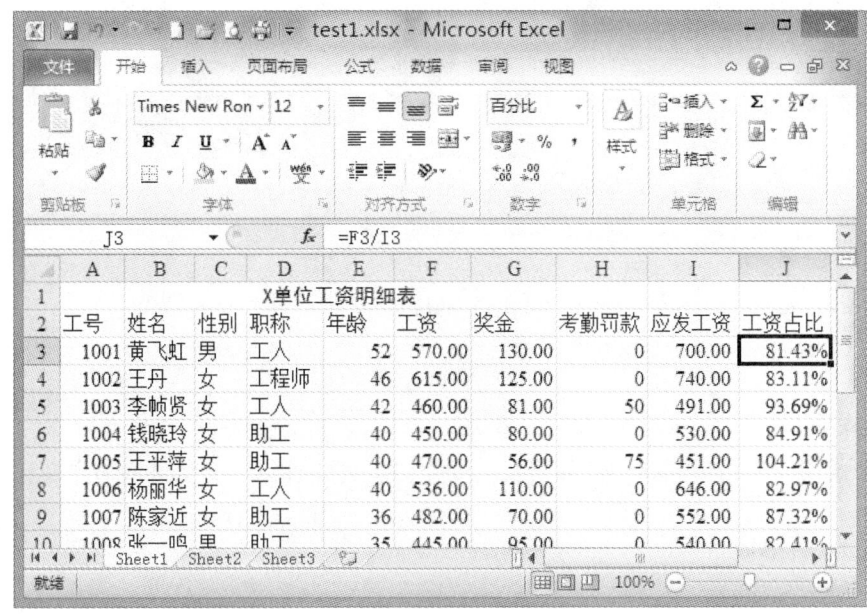

图 5-22 输入公式

（2）在"开始"选项卡上的"剪贴板"组中，单击"剪切" 。也可通过将所选单元格的边框拖动到粘贴区域左上角的单元格上来移动公式。这将替换现有的任何数据。

（3）执行粘贴操作时有以下情形。

① 若要粘贴公式和所有格式，请在"开始"选项卡上的"剪贴板"组中，单击"粘贴" 。

② 若是只粘贴公式，请在"开始"选项卡上的"剪贴板"组中，单击"粘贴"，再单击"公式" 。

2）复制公式

（1）公式复制方法与公式移动类似，只是将"剪切"操作换成了"复制"操作。

（2）用户还可以只粘贴公式结果。在"开始"选项卡上的"剪贴板"组中，单击"粘贴"，再单击"值" 。

【注意】

① 在通过剪切和粘贴操作来移动公式，或者通过复制和粘贴操作来复制公式时，无论单元格引用是绝对还是相对引用，都要注意它们所发生的变化。

② 在移动公式时，无论用户使用哪种单元格引用，公式内的单元格引用不会更改。

③ 在复制公式时，单元格引用会根据所用单元格引用的类型而变化。

公式在复制后粘贴后的变化情况如表 5-3 所示。

表 5-3 公式复制变化情况表

复制操作	原公式	粘贴的公式
	A1（绝对列和绝对行）	A1
	A$1（相对列和绝对行）	C$1
	$A1（绝对列和相对行）	$A3
	A1（相对列和相对行）	C3

当公式所引用的单元格中的数值发生变化时，公式计算后的值也会随之变化。

5.4.3 使用函数

除了输入执行加、减、乘、除等基本数学运算的公式之外，用户还可以使用 Excel 2010 中功能广泛的内置工作表函数库来执行大量操作。例如，在 B2 单元格中输入以下内容，相应的显示数值。公式后面的中文是对前面公式的解释。

=SQRT（A1）使用 SQRT 函数返回 A1 中值的平方根。

=TODAY（）返回当前日期。

=UPPER（"hello"）使用 UPPER 函数将文本"hello"转换为"HELLO"。

=IF（A1>0）测试单元格 A1，确定它是否大于 0 值。

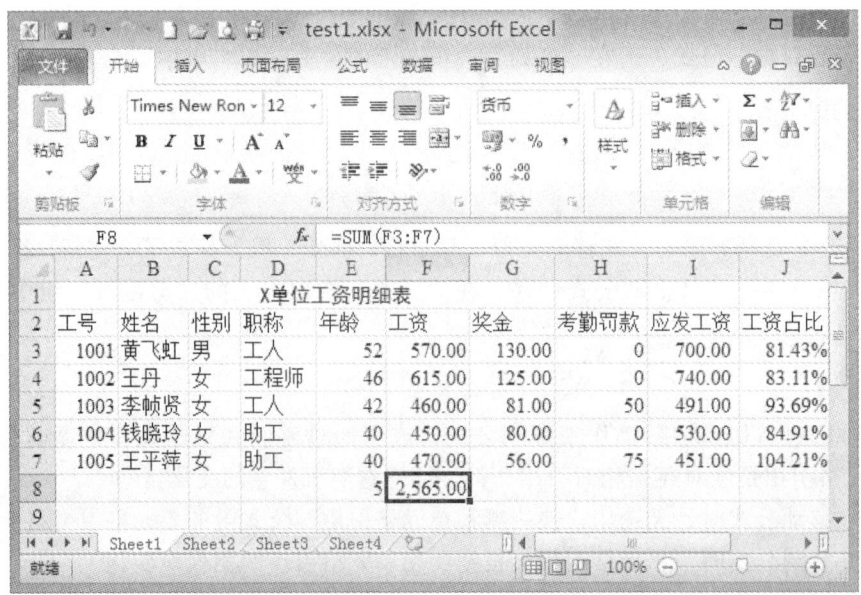

图 5-23 函数使用

操作方法：在单元格中输入包含有函数的公式可以采用手工输入和对话框操作两种方法，例如在图 5-23 所示的数据中，在 E8 和 F8 分别用计数函数 COUNT 和求和函数 SUM 来统计员工人数及公司发的总工资数。

1. 手工输入

双击 F8 单元格或直接在编辑区域输入"＝SUM（F3：F7）"，回车后 F8 单元格则显示数值。同样的方式在 E8 单元格输入包含有统计函数 COUNT 的公式"＝COUNT（E3：E7）"来计算总人数。

2. 对话框输入

通过对话框输入公式统计总人数，操作方法如以下 3 点。

（1）选中 E8 单元格，点击编辑区域的 fx（或者点击"插入"选项卡，在点击"符号"组中的公式），弹出图 5-24 所示的对话框。

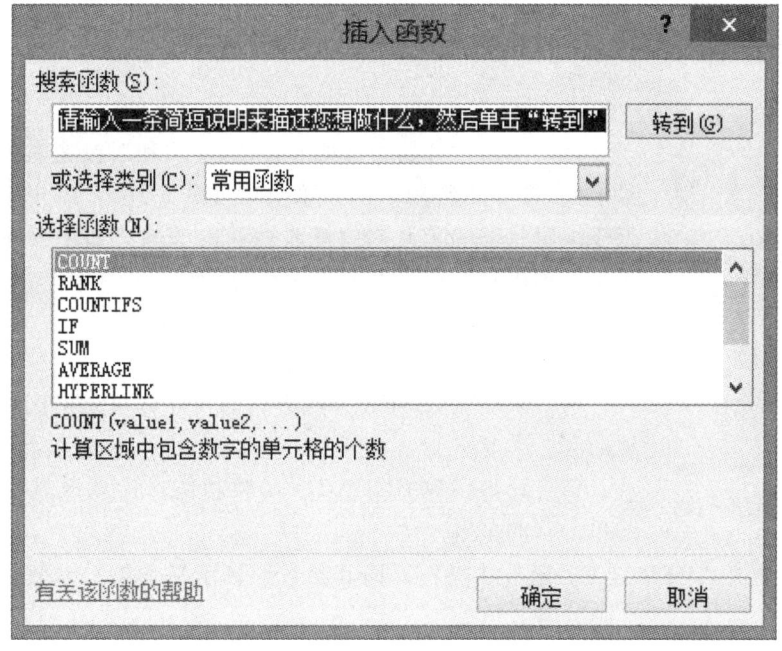

图 5-24　插入函数

（2）在对话框中选择 COUNT 函数，确定，弹出函数参数对话框，如图 5-25 所示。如果当前显示的常用函数中没有需要的函数，可以通过"选择类别"或在"搜索函数"中输入关键词的方法查找所需的函数。

（3）在函数参数对话框（图 5-25）中输入相应的参数，如图中显示的单元格区域"E3：E7"，确定。

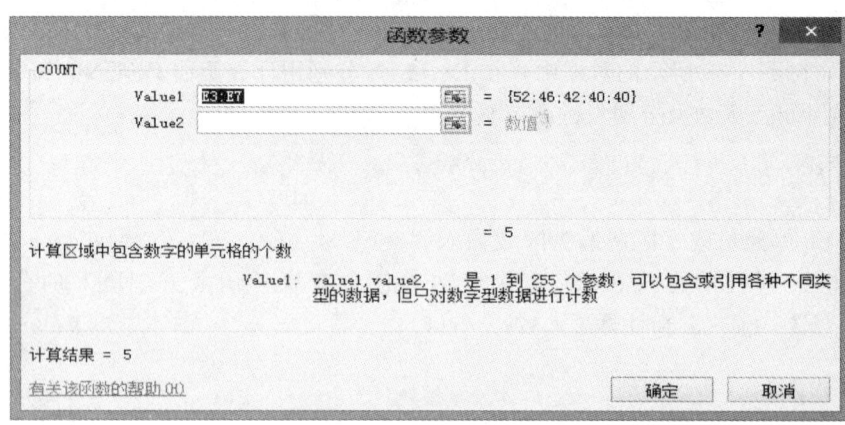

图 5-25　设置函数参数

3. 常用函数

1）使用步骤

（1）选中要输入公式的单元格。

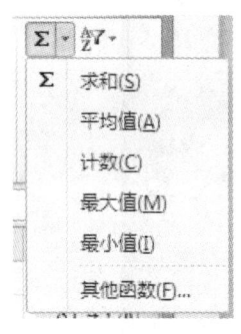

图 5-26　常用函数

（2）点击"开始"选项卡，"自动求和"按钮右侧的下拉符号，Excel 显示常用的函数菜单项（图 5-26），点击菜单项，在处于编辑状态的单元格内修改默认的参数。如果要输入的函数不是常用函数，可以点击"其他函数"。

2）常用函数介绍

（1）求和函数 SUM。函数功能：计算单元格区域中所有数值的和。

（2）计数函数 COUNT。函数功能：计算区域中包含数字的单元格的个数。

（3）平均值 AVERAGE。函数功能：返回其参数的算术平均值；参数可以是数值或包含数值的名称、数组或引用。

在图 5-27 所示，要计算员工的平均工资，操作方法：选中 F8 单元格，点击"平均值"函数选项后，默认的参数是"F3：F7"，如果计算的区域不是默认值，手动修改即可，回车。

（4）Max/Min 函数。函数功能：返回一组数值中的最大值/最小值，忽略逻辑值及文本。

（5）IF 函数。函数功能：判断是否满足某个条件，如果指定条件的计算结果为 TRUE，IF 函数将返回某个值；如果该条件的计算结果为 FALSE，则返回另一个值。

函数语法：IF（logical＿test，[value＿if＿true]，[value＿if＿false]），参数说明如下。

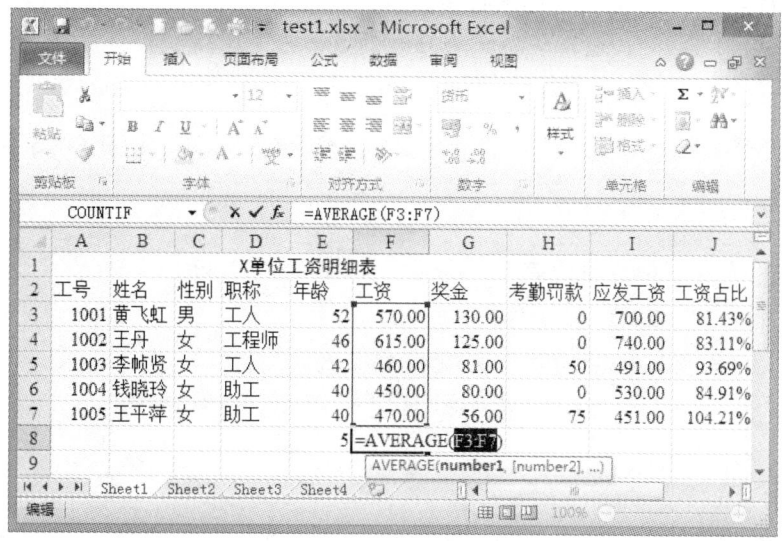

图 5-27 平均值函数

① logical_test 必需。计算结果可能为 TRUE 或 FALSE 的任意值或表达式。此参数可使用任何比较运算符。

② value_if_true 可选。logical_test 参数的计算结果为 TRUE 时所要返回的值。

③ value_if_false 可选。logical_test 参数的计算结果为 FALSE 时所要返回的值。

例如，在图 5-28 所示的表格中 I8 中的数值是应发的平均工资，现在要在 J3 单元格中计算相应的值，条件是当前行的员工应发工资比平均值高则显示"比平均高"，否则则显示"比平均低"。

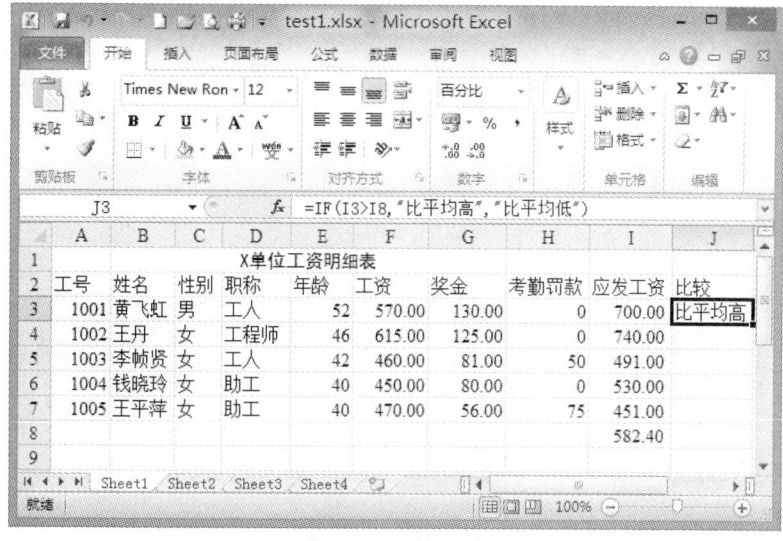

图 5-28 使用 IF 函数输出比较值

操作方法：插入 IF 函数，在函数参数对话框（图 5-29 所示），在参数框中分别输入逻辑表达式"I3＞I8"、逻辑表达式为真时的值"比平均高"和为假时的值"比平均低"，确定。

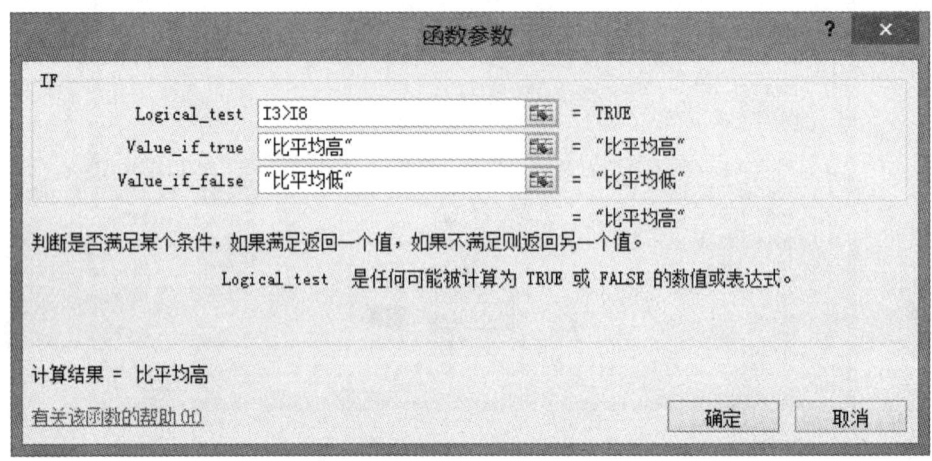

图 5-29　IF 函数参数

计算其他人员的比较情况时可以采用填充柄的方式进行填充，但是需要注意的是：由于在填充过程中公式中引用的单元格会产生变化，因此，需要对 J3 的公式里涉及的单元格的参数进行修改，改成"＝IF（I3＞I＄8,"比平均高","比平均低"）"，然后再进行填充。

（6）RANK 函数。

函数功能：返回某数字在一列数字中相对于其他数值的大小排名。

函数语法：RANK（number，ref，[order]），参数说明如下。

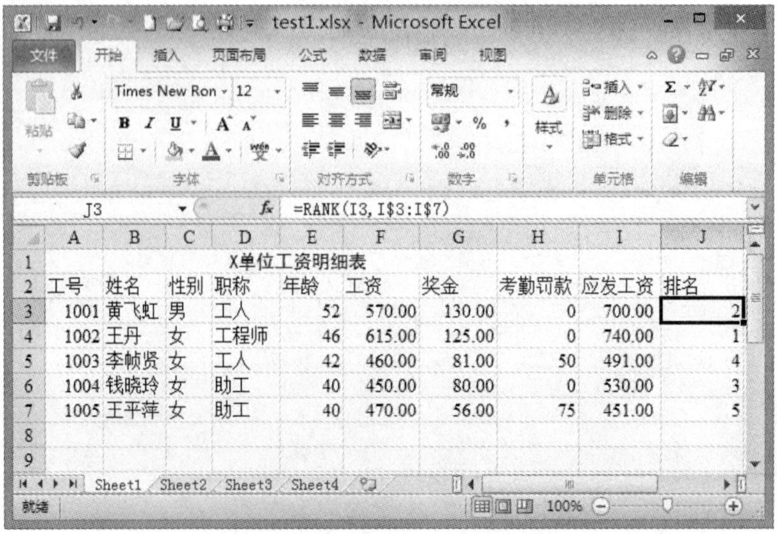

图 5-30　使用 RANK 函数排名

① Number 为必需。需要找到排位的数字。

② Ref 为必需。数字列表数组或对数字列表的引用。Ref 中的非数值型值将被忽略。

③ Order 为可选。一数字，指明数字排位的方式。为 0（零）或省略，按照降序排列的列表。不为零，按照升序排列的列表。

例如，图 5-30 中 J 列需要显示的是所有员工的工资降序排名情况，例如第 3 行员工工资排名第 2，则显示 2，其他类似。

操作方法：选中单元格 J3，插入 RANK 函数，函数参数对话框（图 5-31）中的参数框中分别输入"I3"，"I＄3：I＄7"，第三个参数空白，确定。

可利用填充柄计算其他员工的排名情况。

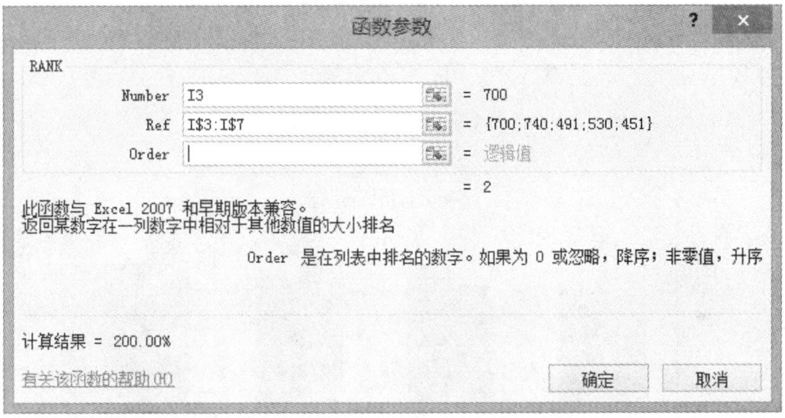

图 5-31　RANK 函数参数

5.5　图表

5.5.1　图表的基本概念

1. 了解图表

图表用于以图形形式显示数值数据系列，使用户更容易理解大量数据以及不同数据系列之间的关系。

若要在 Excel 中创建图表，首先要在工作表中输入图表的数值数据。然后，可以通过在"插入"选项卡上的"图表"组中选择要使用的图表类型来将这些数据绘制到图表中，图 5-32 中表格显示的是数据，下方是数据的图形化显示。

Excel 支持多种类型的图表，可帮助用户使用对展示有意义的方式来显示数据。创建图表或更改现有图表时，可以从各种图表类型（如柱形图或饼图）及其子类型（如三维图表中的堆积柱形图或饼图）中进行选择。用户也可以通过在图表中使用多种图表类型来创建组合图（图 5-33）。

	第一季度	第二季度
预期	72	83
实际	86	97

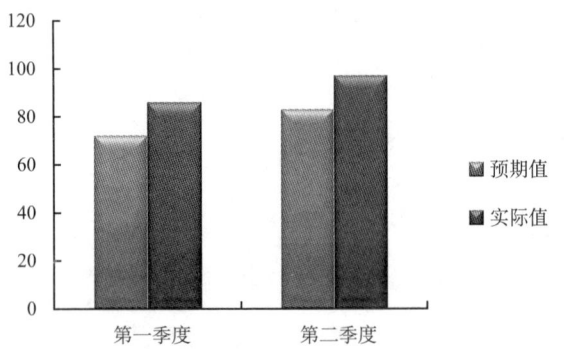

图 5-32　表数据和根据工作表数据创建的图表

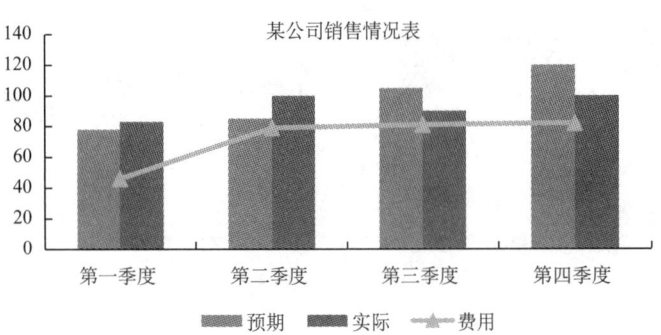

图 5-33　使用柱形图和折线图图表类型的组合图

2．了解图表的元素

如图 5-34 所示，图表中包含许多元素。默认情况下会显示其中一部分元素，而其他元素可以根据需要添加。通过将图表元素移到图表中的其他位置、调整图表元素的大小或者更改格式，可以更改图表元素的显示，还可以删除用户不希望显示的图表元素。

图表各部分说明如下。

（1）图表的图表区。图表区用来显示整个图表及其全部元素。

（2）图表的绘图区。在二维图表中，绘图区是指通过轴来界定的区域，包括所有数据系列。在三维图表中，绘图区同样是通过轴来界定的区域，包括所有数据系列、分类名、刻度线标志和坐标轴标题。

（3）在图表中绘制的数据系列。数据系列是指在图表中绘制的相关数据点，这些数据源自数据表的行或列。图表中的每个数据系列具有唯一的颜色或图案并且在图表的图例中表示。可以在图表中绘制一个或多个数据系列。数据点是指在图表中绘制的单个

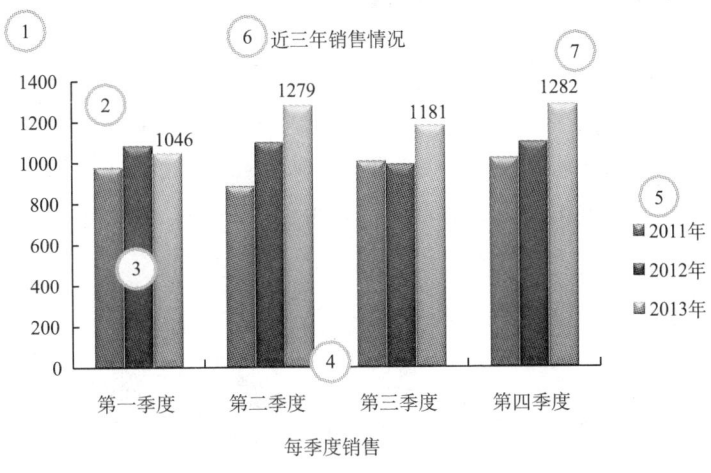

图 5-34 图表元素示意图

值,这些值由条形、柱形、折线、饼图或圆环图的扇面、圆点和其他被称为数据标记的图形表示。相同颜色的数据标记组成一个数据系列。

(4) 横(分类)和纵(值)坐标轴。坐标轴是指界定图表绘图区的线条,用作度量的参照框架。y 轴通常为垂直坐标轴并包含数据;x 轴通常为水平轴并包含分类。数据沿着横坐标轴和纵坐标轴绘制在图表中。

(5) 表的图例。图例是一个方框,用于标识为图表中的数据系列或分类指定的图案或颜色。

(6) 图表以及可以在该图表中使用的坐标轴标题。图表标题是说明性的文本,可以自动与坐标轴对齐或在图表顶部居中。

(7) 可以用来标识数据系列中数据点的详细信息的数据标签。数据标签是指为数据标记提供附加信息的标签,数据标签代表源于数据表单元格的单个数据点或值。

5.5.2 创建图表

下面以公司员工工资表(图 5-35)为例,建立一个三维柱形图。

	A	B	C	D	E	F	G
1	X单位工资明细表						
2	工号	姓名	性别	职称	年龄	工资	奖金
3	1001	黄飞虹	男	工人	52	570.00	130.00
4	1002	王丹	女	工程师	46	615.00	125.00
5	1003	李帧贤	女	工人	42	460.00	81.00
6	1004	钱晓玲	女	助工	40	450.00	80.00
7	1005	王平萍	女	助工	40	470.00	56.00

图 5-35 单位工资明细表

公司员工工资情况图表建立过程如下。

(1) 选择制作图表的数据。选中姓名列 B2：B7、工资和奖金列 F2：G7。

(2) 选择图表类型。在"插入"选项卡上的"图表"组中，单击要使用的图表类型（如图 5-36 所示），本例中选择三维柱形图中的第一个即"三维柱形图"，然后单击图表子类型，本例选择"三维簇状柱形图"，即可生成如图 5-37 所示的三维簇状柱形图。

(3) 若要查看所有可用的图表类型，请单击 以启动"插入图表"对话框，然后单击相应箭头可以浏览图表类型。

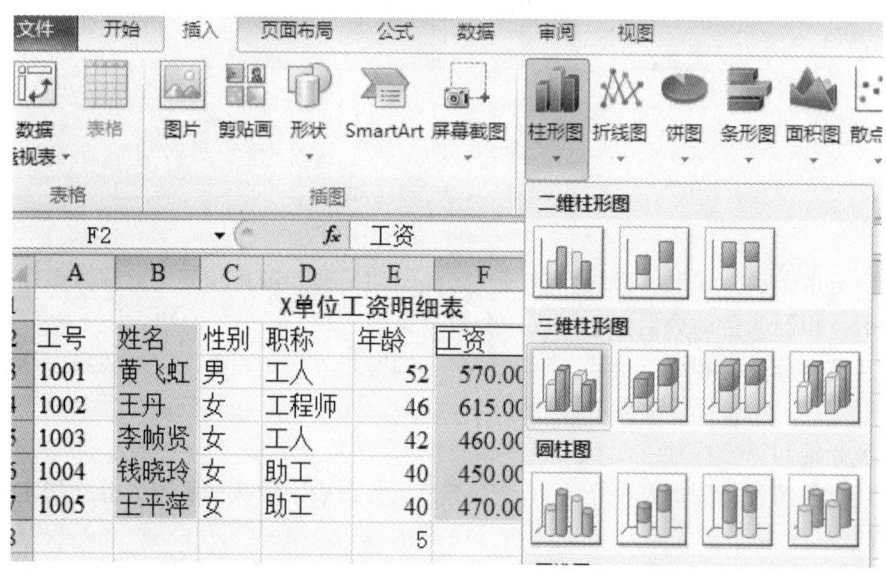

图 5-36　图表类型选择

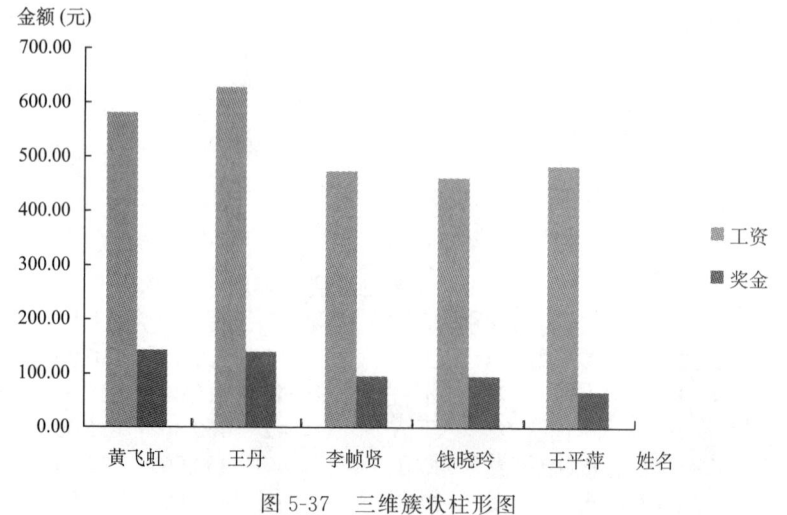

图 5-37　三维簇状柱形图

5.5.3 编辑图表

建立图表以后,由于默认的图表格式相对比较简单,如果显示效果没有达到用户的预期,选中图表后,可以利用"图表工具"功能区内的"设计"、"布局"和"格式"选项卡内的各功能组(图 5-38)对图表进行编辑和格式化,下面简要介绍"图表工具"的各项功能。

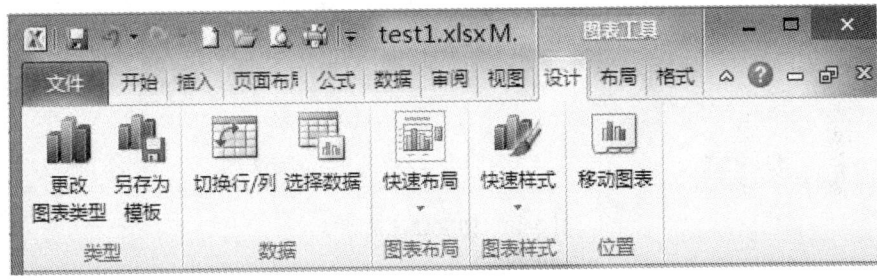

图 5-38 图表设计功能组

1. 切换行列

切换图表中显示数据的行列显示,如图 5-37,图表行列转换后,横轴显示的是"工资"和"奖金",纵轴显示各员工的姓名。

2. 选择数据

调整图表中横轴和纵轴显示的数据,如图 5-37 中将横轴显示的内容修改为"工号"。步骤:选中图表,点击"选择数据",弹出"选择数据源"对话框(图 5-39),在

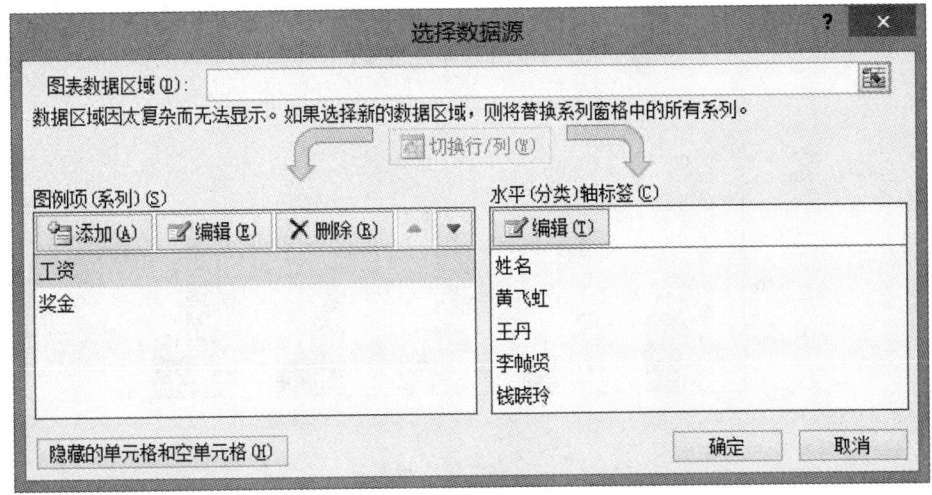

图 5-39 选择数据源

"水平（分类）轴标签"下点击编辑，在弹出的对话框中将现有数据区域替换为"工号"的区域，即 A2：A7。

3. 图表布局和样式

在"设计"选项卡（图 5-40）上的"图表布局"组和"图表样式"组中，单击要使用的图表布局和样式即可。

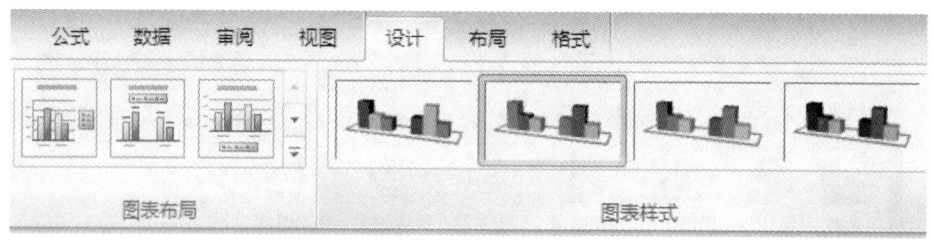

图 5-40　图表设计选项卡

4. 图表布局

在"图表工具"功能区内的"布局"选项卡（图 5-41）中可以调整图表内各组成部分的布局方式，如"图表标题"、"坐标轴标题"、"图例"、"数据标签"和网格线等。如图 5-42 所示，图表中增加了"图表标题"、"横轴"和"纵轴"的标题、"图例"由右方调整到了下方、增加了"网格线"。

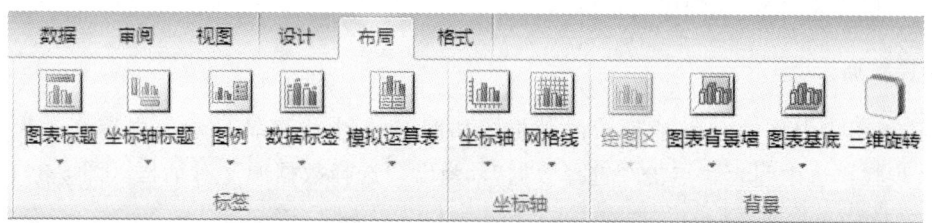

图 5-41　图表布局选项卡

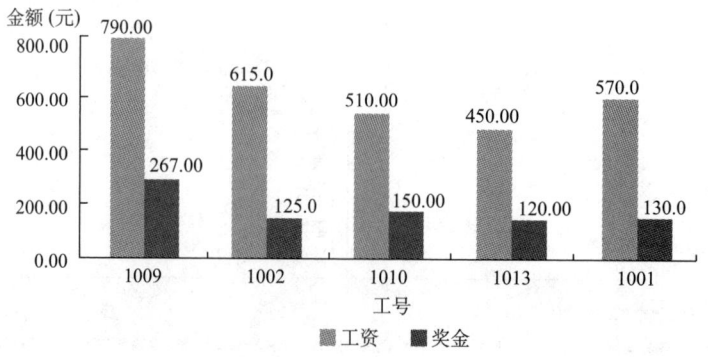

图 5-42　图表布局调整后的工资明细表

5. 格式区域

格式区域可以调整图表的形状、艺术字样式和排列方式等，可参考 Word 中的方法进行操作。

5.6 数据统计与分析

5.6.1 排序数据

数据表数据存储是按照输入时的顺序存放在工作表中的，在后续处理中，经常需要对数据进行排序，如工资明细表中，需要将数据按照应发工资降序排列。

排序可以对一列或多列中的数据按文本（升序或降序）、数字（升序或降序）以及日期和时间（升序或降序）进行排列。还可以按自定义序列（如大、中和小）或格式（包括单元格颜色、字体颜色或图标集）进行排序。大多数排序操作都是列排序，但是也可以按行进行排序。

1. 单列快速排序

操作方法如下。

（1）选择单元格区域中的一列字母数字数据，或者确保活动单元格位于包含字母数字数据的表列中。

（2）在"数据"选项卡的"排序和筛选"组中，执行下列操作之一。

若要按字母数字的升序排序，请单击 [A↓Z] "升序"。

若要按字母数字的降序排序，请单击 [Z↓A] "降序"。

在排序操作中也可以执行区分大小写的排序，操作方法如下。

（1）在"数据"选项卡的"排序和筛选"组中，单击"排序"。

（2）在"排序"对话框中，单击"选项"。

（3）在"排序选项"对话框中，选择"区分大小写"，单击"确定"两次。

若要在更改数据后重新应用排序，请单击区域或表中的某个单元格，然后在"数据"选项卡上的"排序和筛选"组中单击"重新应用"。

2. 自定义排序

当某些数据要按一列或一行中的相同值进行分组，然后用户对该组相等值中的另一列或另一行进行排序时，用户可能要按多个列或行进行排序。例如，有一个"职称"列和一个"年龄"列，可以先按职称进行排序（将同一个职称的所有人员组织在一起），然后按年龄排序（将同职称人员的姓名按字母顺序排列），操作方法如下。

（1）选择具有两列或更多列数据的单元格区域，或者确保活动单元格在包含两列或更多列的表中。

(2) 在"数据"选项卡的"排序和筛选"组中,单击"排序"。显示"排序"对话框,如图 5-43 所示。

(3) 在"列"下的"排序依据"框中,选择要排序的第一列,如"职称"。

(4) 在"次序"下,选择排序方式。选择"升序"或"降序"。

(5) 添加排序依据的另一列,单击"添加级别",然后重复以上步骤,可设置次要关键字"年龄"。

若要复制作为排序依据的列,可选择该条目,然后单击"复制级别"。

若要删除作为排序依据的列,可选择该条目,然后单击"删除级别"。必须在列表中保留至少一个条目。

若要更改列的排序顺序,可选择一个条目,然后单击"向上"或"向下"箭头更改顺序。

列表中处于较高位置的条目排在列表中处于较低位置的条目之前。

若要在更改数据后重新应用排序,可单击区域或表中的某个单元格,然后在"数据"选项卡上的"排序和筛选"组中单击"重新应用"。

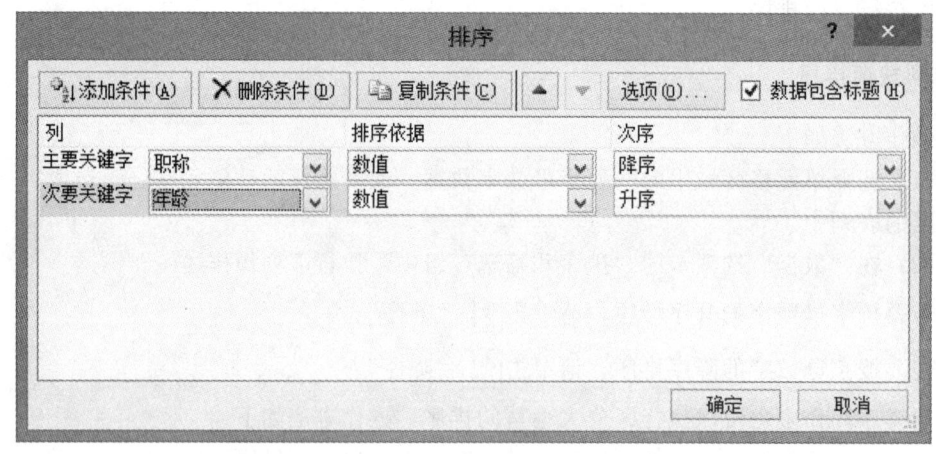

图 5-43　自定义排序

5.6.2　筛选数据

通过筛选工作表中的信息,可以快速查找数值。可以筛选一个或多个数据列。不但可以利用筛选功能控制要显示的内容,而且还能控制要排除的内容。

在筛选操作中,可以使用筛选器界面中的"搜索"框来搜索文本和数字。在筛选数据时,如果一个或多个列中的数值不能满足筛选条件,整行数据都会隐藏起来。

对数据进行筛选有两种方式:自动筛选和高级筛选。

操作方法如以下 3 点。

(1) 选择要筛选的数据,最好包含标题。

(2) 在"数据"选项卡上的"排序和筛选"组中,单击"筛选"。

（3）单击列标题中的箭头筛选下拉箭头，会显示一个筛选器选择列表（如图 5-44 所示）。

可以有以下选择进行筛选。

（1）通过选择值或搜索进行筛选。从列表中选择值和搜索是最快的筛选方法。在启用了筛选功能的列中单击箭头时，该列中的所有值都会显示在列表中。

（2）按指定的条件筛选数据。通过指定条件（如颜色排序或数字筛选），可以创建自定义筛选器，完全按照用户所需的方式缩小数据范围。

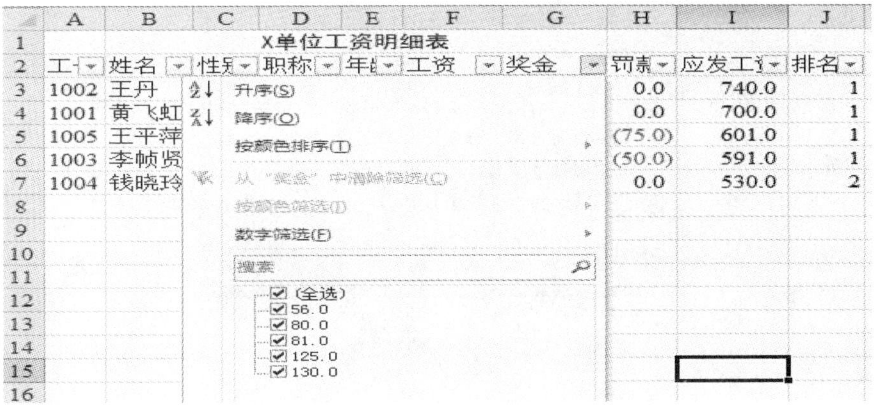

图 5-44　数据的自动筛选

5.6.3　数据分类汇总

通过使用"分类汇总"命令，Excel 2010 可以自动计算列的列表中的分类汇总和总计。例如在 X 单位工资明细表中，按照职称统计不同职称员工的平均工资。

操作方法如以下 3 点。

（1）将工作表数据按照要分类的字段（如职称）进行排序。

（2）选中要分类汇总的数据区域。

（3）点击"分级显示"组中的"分类汇总"，弹出如图 5-45 对话框，在对话框中选择分类汇总字段（如职称）、汇总方式（如平均值）和选定汇总项（如工资）等选项，设置完成后确定。操作结果如图 5-46 所示。

若要在表格中添加分类汇总，首先必须将该表格转换为常规数据区域，然后再添加分类汇总。请注意，这将从数据删除表格格式以外的所有表格功能。

5.6.4　合并计算

若要汇总和报告多个单独工作表中数据的结果，可以将每个单独工作表中的数据合

图 5-45 分类汇总

1 2 3		A	B	C	D	E	F	G	H	I
	1				X单位工资明细表					
	2	工号	姓名	性别	职称	年龄	工资	奖金	罚款	应发工资
	3	1009	唐非洲	男	高级工程师	34	790.00	267.00	0	1,057.00
	4				高级工程师 平		790.00			
	5	1002	王丹	女	工程师	46	615.0	125.0	0.0	740.0
	6	1010	汤晓义	男	工程师	34	510.00	150.00	25	635.00
	7	1013	赵家明	男	工程师	30	450.00	120.00	0	570.00
	8				工程师 平均值		525.00			
	9	1001	黄飞虹	男	工人	52	570.0	130.0	0.0	700.0
	10	1003	李帧贤	女	工人	42	460.0	81.0	50.0	491.0
	11	1006	杨丽华	女	工人	40	536.00	110.00	0	646.00
	12	1012	冯国张	女	工人	32	405.00	75.00	0	480.00
	13	1014	毛旭辉	男	工人	29	378.90	85.00	0	463.90
	14				工人 平均值		469.98			
	15	1005	王平萍	女	助工	40	470.0	56.0	75.0	451.0
	16	1004	钱晓玲	女	助工		450.0	80.0	0.0	530.0
	17	1007	陈家近	女	助工	36	482.00	70.00	0	552.00
	18	1008	张一鸣	男	助工	35	445.00	95.00	0	540.00
	19	1011	吴期华	女	助工	33	420.00	95.00	50	465.00
	20	1015	路遥	男	助工	25	345.00	70.00	0	415.00
	21				助工 平均值		435.33			
	22				总计平均值		488.46			

图 5-46 按职称分类汇总工资的平均值

并到一个工作表（或主工作表）中。所合并的工作表可以与主工作表位于同一工作簿中，也可以位于其他工作簿中。如果在一个工作表中对数据进行合并计算，则可以更加轻松地对数据进行定期或不定期的更新和汇总。

例如，如果有一个用于各分公司开支数据的工作表，则可使用数据合并将这些开支数据合并到总公司的开支工作表中。这个主工作表中可以包含整个企业的销售总额和平均值、当前的库存水平和销售额最高的产品。

合并计算操作方法如以下 5 点。

（1）在主工作表中，在要显示合并数据的单元格区域中，单击左上方的单元格。

（2）在"数据"选项卡上的"数据工具"组中，单击"合并计算"。

（3）在"函数"框中，单击 Microsoft Excel 用来对数据进行合并计算的汇总函数如 Sum、Count 和 Average 等。

（4）如果包含要对其进行合并计算的数据的工作表位于另一个工作簿中，请单击"浏览"找到该工作簿，然后单击"确定"关闭"浏览"对话框。在"引用"框中输入后跟感叹号的文件路径。

（5）重复以上操作可以添加多个工作簿。添加结束点击确定。

5.6.5 建立数据透视表

通过使用数据透视表，可以汇总、分析、浏览和提供工作表数据或外部数据源的汇总数据。在用户需要对一长列数字求和时，数据透视表非常有用，同时聚合数据或分类汇总可帮用户从不同的角度查看数据，并且对相似数据的数字进行比较。本节仅介绍如何为工作表数据创建数据透视表。

1. 为数据透视表定义数据源

若要将工作表数据用作数据源，请单击包含该数据的单元格区域内的一个单元格。

若要将 Microsoft Excel 表中的数据用作数据源，请单击该 Excel 表中的某个单元格。确保该区域具有列标题或表中显示了标题，并且该区域或表中没有空行。

2. 创建数据透视表

1）在"插入"选项卡上的"表格"组中，单击"数据透视表"

弹出创建数据透视表对话框（图 5-47）。Excel 会自动确定数据透视表的区域，但用户可以键入不同的区域或用户来替换该区域定义的名称。

2）根据实际需要执行下列操作

若要将数据透视表放置在新工作表中，并以单元格 A1 为起始位置，请单击"新建工作表"。

若要将数据透视表放在现有工作表中的特定位置，请选择"现有工作表"，然后在"位置"框中指定放置数据透视表的单元格区域的第一个单元格。

3）单击"确定"

Excel 会将空的数据透视表添加至指定位置并显示数据透视表字段列表，以便用户

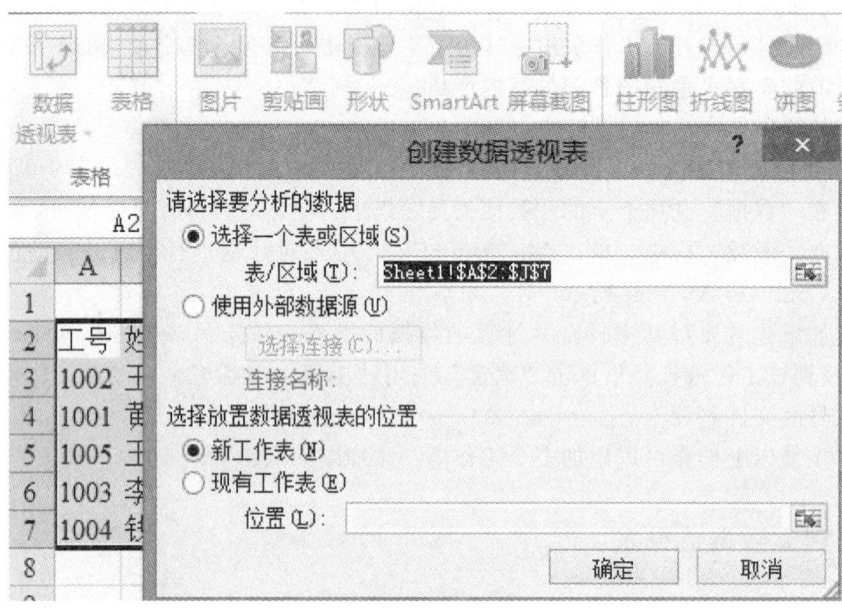

图 5-47 创建数据透视表

可以添加字段、创建布局以及自定义数据透视表。

3. 向数据透视表添加字段

在"数据透视表字段列表"（图 5-48）中，执行下面的一项或多项操作。

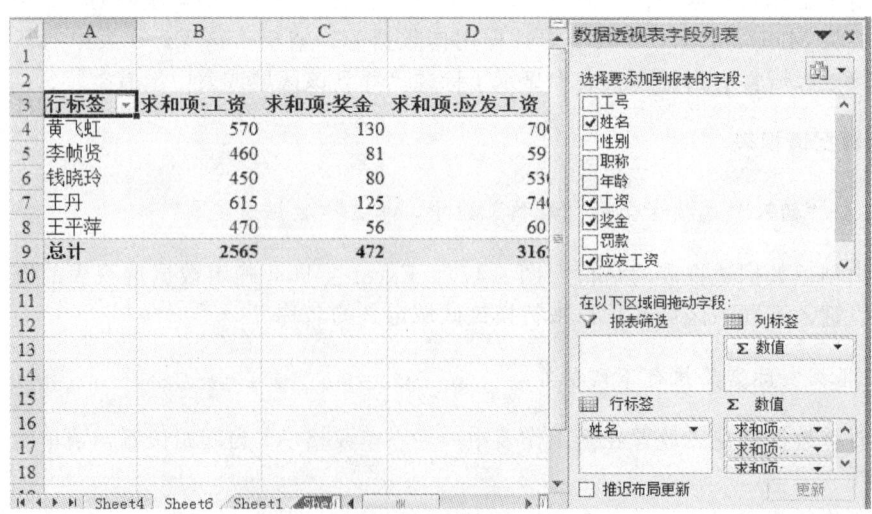

图 5-48 数据透视表字段选择

若要将字段放置到布局部分的默认区域中，请在字段部分中选中相应字段名称旁的复选框。

可以将需要的字段通过鼠标拖动的方式，拖动到"报表筛选"或"行标签"区域以显示相应的报表项。

"在以下区域间拖动字段"右下角数值区中对应的项（默认为求和）（图 5-49），如工资，点击三角符号，选择"值字段设置"，在弹出的对话框（图 5-50）中选择计算类型，如计数、平均值和乘积等。

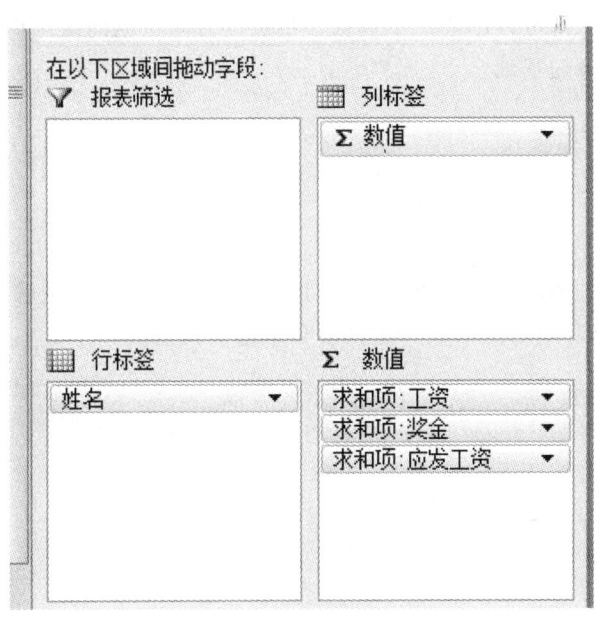

图 5-49 拖动字段设置

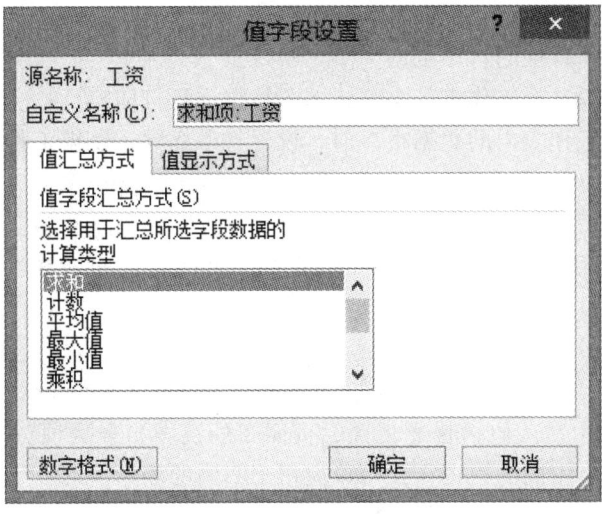

图 5-50 值字段设置

5.7 工作表的打印和超链接

工作表处理完成后要以屏幕或打印的方式进行显示。默认情况下，Excel 2010 以纵向方式打印工作表。用户可以逐一将工作表的页面方向更改为横向。如果希望始终以横向方式打印工作表，则可以创建一个模板，将页面方向从纵向改为横向，然后将该模板用作所有以后工作簿的基础。

5.7.1 页面布局和视图

1. 页面布局

在"页面布局"选项卡中（图 5-51），用户可以选择执行"主题"、"页面设置"和"调整为合适大小"等组中的命令，对页面布局进行调整。

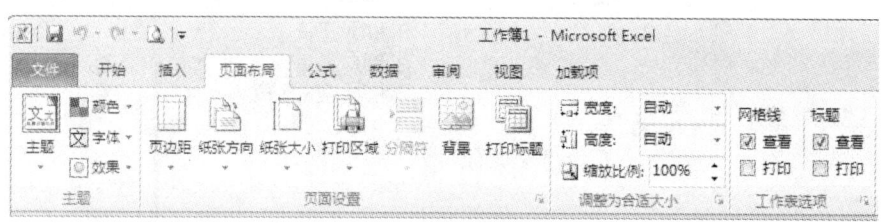

图 5-51 页面布局选项卡

页边距：设置打印纸张的页面的边距大小。
纸张方向：选择横向还是纵向打印。
纸张大小：选择默认的打印纸的大小，默认是 A4。
打印区域：可以选择工作表的全部或部分数据进行打印。
打印标题：当工作表内的数据很多时，设置打印标题，使得工作表的标题在每张纸上都显示。

查看更多的页面设置选项，可以点击"页面设置"右下角的箭头，弹出页面设置对话框，如图 5-52 所示。在对话框里可以设置"页面"、"页边距"、"页眉/页脚"和"工作表"的相关选项。

2. 视图

在 Excel 2010 中默认包括普通视图、页面布局视图、分页预览视图、自定义视图和全屏视图共五种。不同的视图方式可以应用于不同的场景。

（1）一般视图。Excel 2010 程序打开时的默认视图。
（2）页面布局视图。通过该视图可以查看文档的打印外观，可以设置页面的页眉和页脚效果、通过标尺调整页边距等内容。
（3）分页预览视图。应用该视图可以了解打印时的页面分页位置。

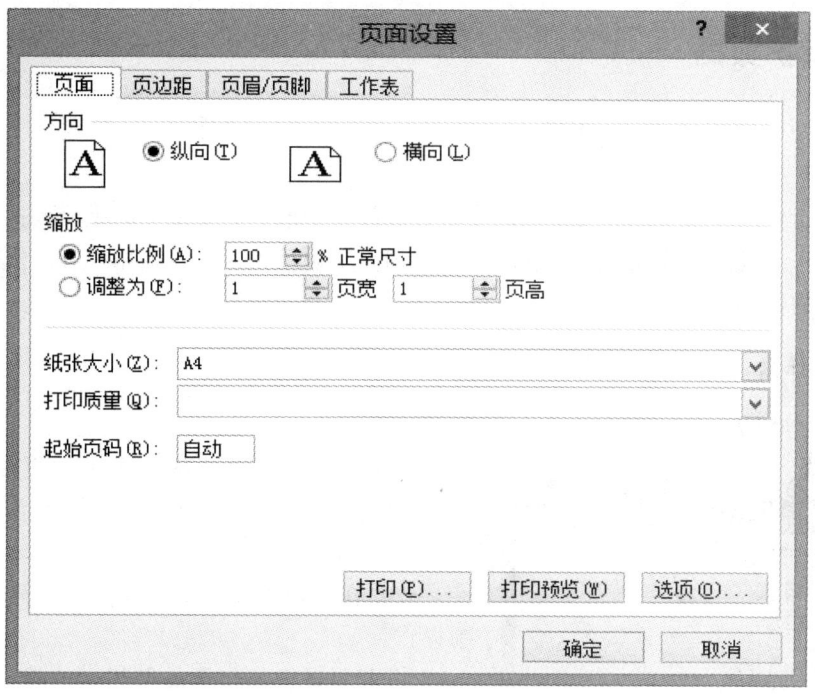

图 5-52 页面设置

(4) 自定义视图。能够设置用户定义的个性视图效果,例如为不同的打印设置保留不同的视图。

(5) 全屏视图。以全屏的方法显示页面的表格,使得页面数据显示范围更大,便于用户在数据量较大时查看更多内容。

5.7.2 打印预览和打印

如同在 Word 2010 中一样,Excel 2010 程序中同样提供了打印效果预览并打印文件的功能,预览结果符合预期则可进行打印,操作方法如下。

(1) 单击工作表或选择要预览的工作表。

(2) 单击"文件",然后单击"打印"。键盘快捷方式按 Ctrl+F2。

(3) 可以在"打印预览"窗口的底部单击"下一页"和"上一页"。只有在选择了多个工作表,或者一个工作表含有多页数据时,"下一页"和"上一页"才可用。若要查看多个工作表,请在"设置"下单击"整个工作簿"。

(4) 单击预览窗口顶部的任何其他选项卡可退出打印预览并返回工作簿。

(5) 在"打印预览"窗口底部单击"显示边距"按钮查看和调整页面边距。

(6) 查看打印预览结果符合预期,则可以在预览效果左侧设置打印选项,如打印份数、打印机、单面打印、纸张方向和纸张大小等选项,设置完成点击左上角的"打印"按钮即可打印。

5.8 保护数据

5.8.1 保护工作簿和工作表

若要防止用户从工作表或工作簿中意外或故意更改、移动或删除重要数据,可以保护某些工作表或工作簿元素,保护时可以使用也可以不使用密码。用户可以根据需要取消工作表的保护。

1. 保护工作簿

保护工作簿方法如下。

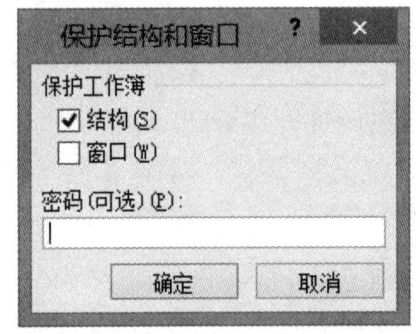

图 5-53 保护结构和窗口

(1) 在"审阅"选项卡上的"更改"组中,单击"保护工作簿",弹出保护结构和窗口对话框如图 5-53 所示。

(2) 在保护工作簿下,请执行下列一项或多项操作:

① 若要保护工作簿的结构,请选中"结构"复选框。

② 若要使工作簿窗口在每次打开工作簿时大小和位置都相同,请选中"窗口"复选框。

③ 若要防止其他用户删除工作簿保护,请在"密码(可选)"框中,键入密码,单击"确定",然后重新键入密码以进行确认。

2. 保护工作表

当工作表中有重要数据,为了保障数据安全,可以对工作表进行保护。

操作方法:鼠标右击工作表如 Sheet2,选择"保护工作表"(或者点击"审阅"选项卡,"更改"组中的"保护工作表"功能按钮),弹出对话框如图 5-54 所示,在对话框中输入相应的密码和允许的操作,点击确定按钮。

5.8.2 隐藏工作表

在某些特殊情况下,如工作很多而只需要查看部分工作表时,需要对现有的部分工作表进行隐藏。操作方法:鼠标右键点击工

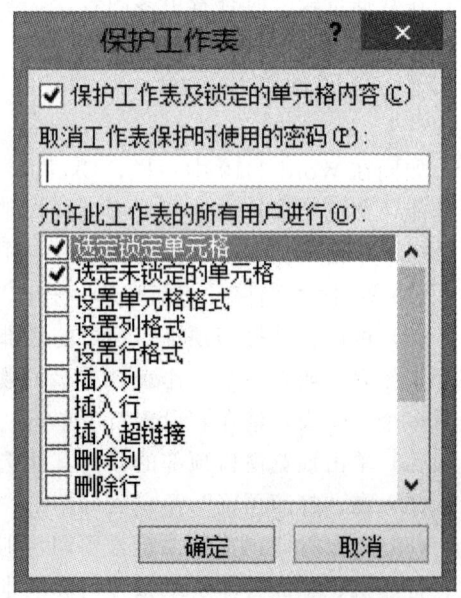

图 5-54 保护工作表

作表如 Sheet2，在弹出的快捷菜单中选择"隐藏"。

如要恢复隐藏的工作表，可鼠标右键点击任意工作表，在弹出的快捷菜单中选择"取消隐藏"，弹出的对话框中选中需要取消隐藏的工作表，点击确定。

5.9 小结

本章主要介绍了 Excel 2010 的基本概念、使用 Excel 2010 编辑工作簿和工作表、使用公式和函数、使用图表、数据统计与分析等基本操作。

Excel 2010 是微软 Office 办公系统中处理电子表格的程序，操作界面使用简洁方便，并提供多种视图版式、工作簿管理工具和数据统计和分析功能（排序、筛选和统计等），用户还可以在功能区添加自己的选项卡或组，为用户处理电子表格提供了极大便利。

在 Excel 2010 工作界面中用户可以实现对电子表格的基本操作包括工作簿新建、打开、保存和关闭；工作表的新建、复制、删除和移动或重命名等；单元格的选择、复制、移动和格式设置以及单元格内数据的填充和修改等；用户还可以利用 Excel 2010 提供的样式和表格格式对工作表或单元格区域进行格式化。

用户可以在工作表中插入公式和函数，在插入公式或函数后的单元格内会显示计算出来的结果。利用公式可以执行计算、返回信息、操作其他单元格的内容、测试条件等操作。使用函数可以实现获取当前日期、统计单元格中的字符数、操作文本（如将单元格内容进行大小写转换操作）、计算数值等操作。

为了更直观地显示数据及数据之间的关系，用户可以使用图表。图表以图形形式显示数值数据系列，Excel 2010 支持多种类型的图表（如柱形图、折线图或饼图，各图表还包括子类型如三维图表中的堆积柱形图、三维饼图和带直线的散点图等），可帮助用户使用多种图表展示方式来显示数据。

在数据统计与分析部分，用户可以利用数据排序、筛选和分类汇总功能快速对电子表格执行数据管理功能。通过对工作表中的数据排序，用户可以按所需的方式来查看数据并快速查找相关数值；利用筛选功能可以筛选工作表中的信息，以快速查找数值；利用分类汇总功能可以以某个类别进行分类并自动计算列表中的各分类的项目总和、平均值或统计数量等数值。

编辑好的电子表格可以在屏幕显示或输出到打印机。Excel 2010 以纵向或横向方式显示或打印工作表，并提供了多种打印方式（如打印活动工作表、打印工作簿或打印选定区域）供用户选择。用户可以使用工作簿、工作表保护功能或工作表隐藏功能以防止由于意外或故意更改、移动或删除等操作导致用户丢失重要数据。

5.10 习题

1. 简述工作簿、工作表和单元格之间的关系。
2. 单元格引用有几种方式，有何不同？

3. 简述数据填充、数据移动和数据复制之间的区别。
4. 如何设置单元格格式，单元格格式中数值类型有哪些种类？
5. 简述图表的创建过程。
6. 简述工作表拆分和冻结的方法。
7. 简述数据分类汇总的过程。
8. 如何在工作表中进行数据筛选？
9. 如何设置打印纸张的大小、页面边距和页眉页脚等项目？

第六章　演示文稿 PowerPoint 2010

在前两章里介绍了 Office 中的常用软件 Word 和 Excel 软件，对计算机的文字编辑和电子表格制作功能和操作有所了解和掌握。本章介绍 Office 中的演示文稿软件 PowerPoint 2010。

6.1　PowerPoint 2010 概述

PowerPoint 2010 是 Microsoft Office 2010 办公自动化软件产品套件的一部分，使用户能够创建可使用投影仪展示的材料，使用此材料公布报表或提案称为演示。通过使用 PowerPoint，用户可以创建有效整合彩色文本、照片、插图、绘图、表格、影片的演示文稿，并像放映幻灯片一样从一个画面过渡到另一个画面的屏幕。用户可以使用动画功能使屏幕上的文本和插图具有动画效果，还可添加声音效果和旁白。此外，在要演示时，用户可将材料打印出来以供分发。

6.1.1　PowerPoint 2010 介绍

使用 Microsoft PowerPoint 2010，用户可以使用比以往更多的方式创建动态演示文稿并与观众共享。令人兴奋的新增音频和可视化功能可以帮助用户讲述一个简洁的电影故事，该故事既易于创建又极具观赏性。此外，PowerPoint 2010 可使用户与其他人员同时工作或联机发布用户的演示文稿并使用 Web 或 Smartphone 从几乎任何位置访问它。Microsoft PowerPoint 2010 功能简介如下。

1. 创建文稿

PowerPoint 2010 提供了新增和改进的工具，可使用户的演示文稿更具感染力。

在 PowerPoint 中嵌入和编辑视频。用户可以添加淡化、格式效果、书签场景并剪裁视频，为演示文稿增添专业的多媒体体验。此外，由于嵌入的视频会变为 PowerPoint 演示文稿的一部分，因此用户无需在与他人共享的过程中管理其他文件。使用新增和改进的图片编辑工具（包括通用的艺术效果和高级更正、颜色以及裁剪工具）可以微调用户的演示文稿中的各个图片，使其看起来效果更佳。添加动态三维幻灯片切换和更逼真的动画效果，吸引观众的注意力。使用可以节省时间和简化工作的工具管理演示文稿，以自己期望的方式工作时，创建和管理演示文稿会变得更简单。

压缩演示文稿中的视频和音频可以减少文件大小，易于共享并可改进播放性能。压缩媒体的选项只是新增 Microsoft Office Backstage 视图提供的许多新功能中的一个。Office 2010 应用程序中的 Backstage 视图替换了所有传统"文件"菜单，为所有的演示文稿管理任务提供了集中式有组织的空间。轻松地自定义经过改进的功能区，以便更加轻松地访问所需命令。创建自定义选项卡甚至自定义内置选项卡。使用 PowerPoint 2010，用户可以掌控一切。

2．协同工作

如果用户需要与其他人员协同完成演示文稿和项目，则 PowerPoint 2010 是用户的理想工具。

用户可在放映幻灯片的同时播放给其他地方的人员，无论他们是否安装了 Power-Point。为演示文稿创建包括切换、动画、旁白和计时的视频，以便在实况广播后与任何人在任何时间共享。

使用新增的共同创作功能，用户可以与不同位置的人员同时编辑同一个演示文稿。用户甚至可以在工作时直接使用 PowerPoint 进行通信。如果用户所在的公司运行 Microsoft SharePoint Foundation 2010，则可以在防火墙内使用此功能。由于在全套 Office 2010 中集成了 Office Communicator，因此用户可以查看联机状态信息，确定其他作者的可用性，然后在 PowerPoint 中直接启动即时消息或进行语音呼叫。如果用户在小型公司工作或使用 PowerPoint 来完成家庭或学校作业，则用户可以通过 Windows Live 使用共同创作功能。用户所需要的只是一个免费的 Windows Live 账户，用来与他人同时编辑演示文稿。需要即时消息账户（例如免费的 Windows Live Messenger）来查看作者的联机状态并启动即时消息会话。

3．共享内容

当用户迸发创意、到达期限、项目和工作出现紧急情况时，手边不一定有计算机。幸运的是，用户可以使用 Web 或 Smartphone 在需要的时间和地点完成工作。

Microsoft PowerPoint Web App 是 Microsoft PowerPoint 的联机伴侣，可使用户将 PowerPoint 体验扩展到浏览器。用户可以查看演示文稿的高保真版本、编辑灯光效果或查看演示文稿的幻灯片放映。几乎可以从任何装有 Web 浏览器的计算机上使用熟悉的 PowerPoint 界面和一些相同的格式和编辑工具。Microsoft PowerPoint Mobile 2010 使用户可以在 Smartphone 上轻松编辑演示文稿的灯光效果。无论用户是在定位职业方向、与团队协同完成重要的演示文稿或忙于完成工作，PowerPoint 2010 均可帮助用户更轻松、更灵活地工作，实现目标。

4．视觉冲击

应用精美的照片效果而不使用其他照片编辑软件程序可节省时间和金钱。通过新增和改进的图片编辑功能（如颜色饱和度和色温、亮度和对比度以及高级剪裁工具）以及艺术过滤器（如虚化、画笔和水印），可以使用户的图像产生引人注目并且赏心悦目的视觉效果。

5. 无需等待

PowerPoint 2010 重新定义了人们共同处理演示文稿的方式。通过共同创作，可以与不同位置的用户同时编辑同一个演示文稿。还可以使用 Office Communicator 或即时消息应用程序查看与用户共同创作演示文稿的其他用户是否空闲，并且无需退出 PowerPoint 即可轻松启动对话。

6. 个性化体验

在 PowerPoint 2010 中直接嵌入并编辑视频文件。轻松剪裁视频以便只显示相关部分。对视频中的要点创建书签，以便在访问这些书签时自动开始快速访问或触发动画。用户还可以将视频设置为指定间隔淡入和淡出，并应用各种视频样式和效果（如反射、棱台和三维旋转），以帮助用户迅速引起访问群体的注意。

7. 即时显示和播放

通过发送 URL 广播 PowerPoint 2010 演示文稿以便人们可以在 Web 上查看用户的演示文稿。访问群体将看到高保真幻灯片，即使他们没有安装 PowerPoint 也没有关系。用户还可以将演示文稿转换为带有旁白的高质量视频，以便通过电子邮件、Web 或 DVD 与任何人共享。

8. 从其他设备上访问

联机发布演示文稿，然后从 Web 或 Windows Phone 进行访问、查看和编辑。使用 PowerPoint 2010，用户可以按照计划在多个位置和设备上完成这些操作。

Microsoft PowerPoint Web App 将 PowerPoint 体验扩展到 Web 并享受全屏、高质量的演示文稿放映效果。联机存储演示文稿，当用户离开办公室、家或学校时，通过 PowerPoint Web App 编辑用户的作品。Microsoft PowerPoint Mobile 2010，使用 PowerPoint 增强的移动版本（特别适用于用户的 Windows Phone）保持更新并在必要时立即采取措施。

9. 使用图形创建文稿

用户不必是设计专家也能创建专业的图形。使用大量附加 SmartArt 布局可以创建多种类型的图形，如组织结构图、列表和图片图表。可以将字词转换为令人难忘的视觉图形，以更好地阐释用户的创意。创建图表与键入项目符号列表一样简单，并且只需几次单击即可将文本和图像转换为图表。

10. 新增的切换和改进的动画

PowerPoint 2010 提供了全新的动态幻灯片切换和动画效果，看起来与在电视上看到的画面相似。可以轻松访问、预览、应用、自定义和替换动画。还可以使用新增动画刷轻松地将动画从一个对象复制到另一个对象。

11. 更高效地组织和打印幻灯片

使用幻灯片节可以轻松组织和导航幻灯片。将一个演示文稿分为多个逻辑幻灯片组，重命名幻灯片节以帮助管理内容（如为特定作者分配幻灯片），或者只轻松打印一个幻灯片节。

12. 更快完成任务

PowerPoint 2010 简化了访问功能的方式。新增的 Microsoft Office Backstage 视图取代了传统的文件菜单，只需几次单击即可保存、共享、打印和发布演示文稿。并且，通过改进的功能区，用户可以自定义选项卡或创建自己的选项卡以适合自己独特的工作方式，从而可以更快地访问常用命令。

13. 多个监视器处理

在 PowerPoint 2010 中，每个打开的演示文稿都具有完全独立的窗口。因此，用户可以单独、并排甚至在不同监视器中查看和编辑多个演示文稿。

6.1.2　PowerPoint 2010 窗口及其组成

PowerPoint 2010 整个窗口由标题栏、"文件"选项卡、快速访问工具栏、功能区、编辑窗口、显示按钮、滚动条、缩放滑块和状态栏等组成，如图 6-1 所示，具体

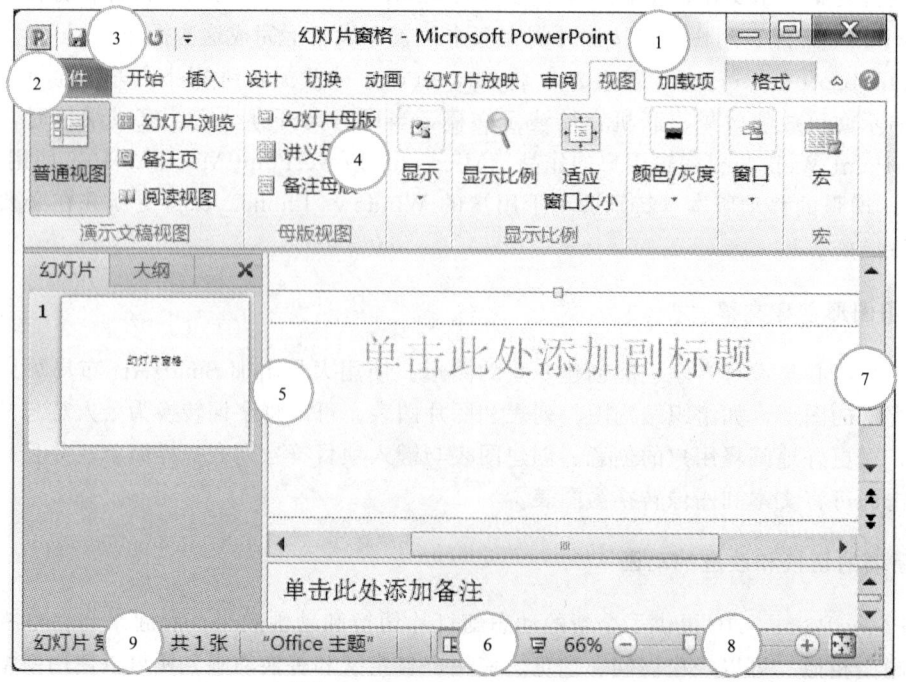

图 6-1　PowerPoint 2010 窗口

如下。

(1) 标题栏：显示正在编辑的演示文稿的文件名以及所使用的软件名。

(2) 文件选项卡：基本命令位于此处，如"新建"、"打开"、"关闭"、"另存为"和"打印"。

(3) 快速访问工具栏：常用命令位于此处，如"保存"和"撤消"。用户也可以添加自己的常用命令。

(4) 功能区：工作时需要用到的命令位于此处。它与其他软件中的"菜单"或"工具栏"相同。

(5) 编辑窗口：显示正在编辑的演示文稿。

(6) 显示按钮：用户可以根据自己的要求更改正在编辑的演示文稿的显示模式。

(7) 滚动条：使用户可以更改正在编辑的演示文稿的显示位置。

(8) 缩放滑块：使用户可以更改正在编辑的文档的缩放设置。

(9) 状态栏：显示正在编辑的演示文稿的相关信息。

6.1.3 启动与退出

1. 启动 PowerPoint

要使用 PowerPoint 软件，和使用其他 Windows 应用软件一样，可以在"开始"菜单中查找 PowerPoint 图标并单击该图标，通常使用下列步骤启动 PowerPoint。

(1) 单击 Windows "开始"按钮。显示"开始"菜单。

(2) 查找 PowerPoint 图标，如图 6-2 所示。

图 6-2　Microsoft PowerPoint 2010 快捷菜单　　图 6-3　PowerPoint 启动界面

(3) 此时将显示 PowerPoint 启动屏幕，如图 6-3 所示。PowerPoint 启动后即如图 6-1所示 PowerPoint 2010 窗口，即 PowerPoint 2010 主界面。

首次启动 PowerPoint 时，可能会显示 Microsoft 软件许可条款，如图 6-4 所示。

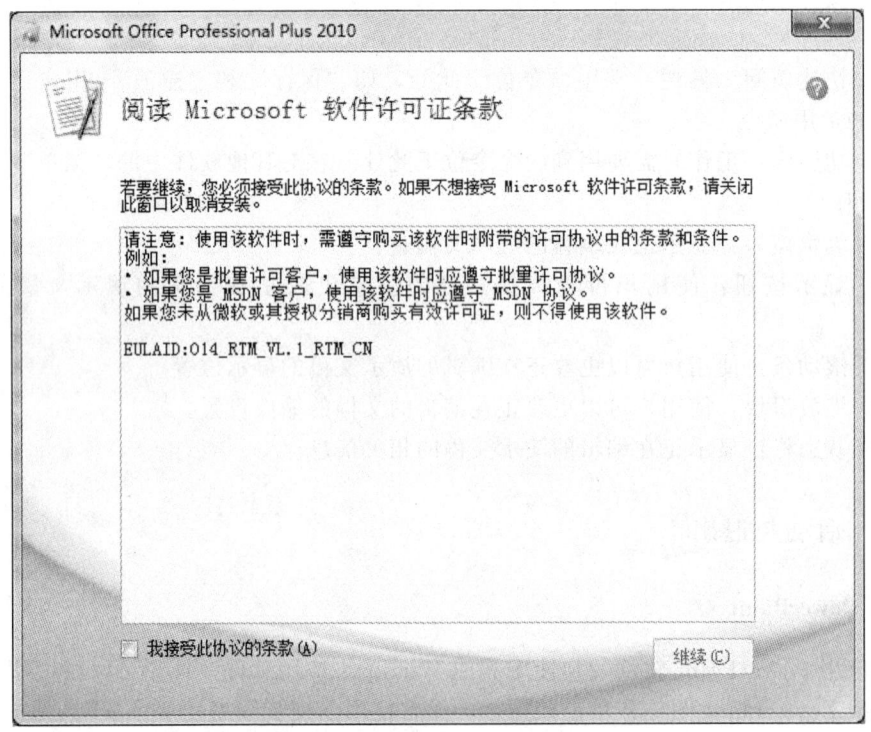

图 6-4　Microsoft 软件许可条款

在此情况下，仔细阅读许可条款，然后选中"我接受此协议的条款"并单击"继续"按钮。如果使用的是盒装版本，此屏幕及其操作可能会不同。

2. 退出 PowerPoint

退出 PowerPoint 的第一种方法是：单击 PowerPoint 窗口右上角的关闭 ⊠ 按钮。如图 6-5 所示按钮关闭 PowerPoint。第二种方法是通过"文件"菜单，找到"退出"菜单，点击后可以退出 PowerPoint 2010，如图 6-6 所示。

如果是新建的演示文稿，或打开后编辑没有保存，在点击关闭按钮或退出菜单时，PowerPoint 软件会弹出一个消息对话框，提示"是否保存用户对演示文稿 1 所做的更改？"消息，如图 6-7 所示退出确认对话框。

若要保存更改，请单击"保存"。若要退出而不保存更改，请单击"不保存"。如果错误地单击了窗口关闭按钮或退出菜单，请单击"取消"。

第六章　演示文稿 PowerPoint 2010

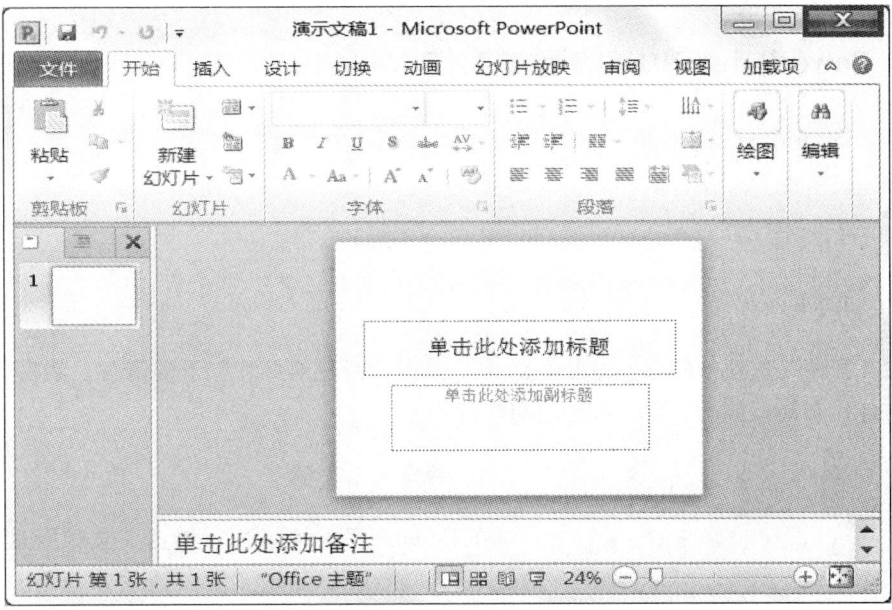

图 6-5　按钮关闭 PowerPoint

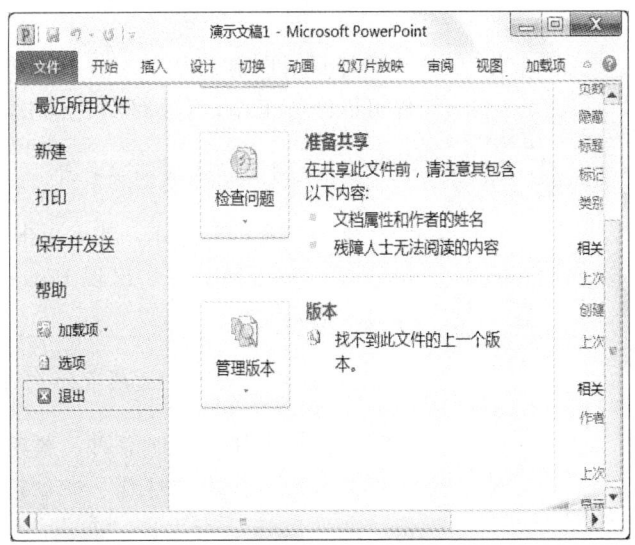

图 6-6　菜单退出 PowerPoint

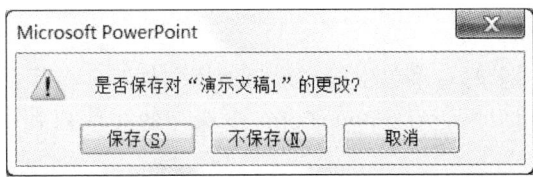

图 6-7　退出确认对话框

6.2 PowerPoint 2010 的基本操作

6.2.1 创建与打开演示文稿

1. 创建新幻灯片

1)插入新幻灯片

在"开始"选项卡的"幻灯片"组中,单击"新建幻灯片"下的箭头,然后单击所需的幻灯片布局,如图 6-8 所示新建幻灯片。

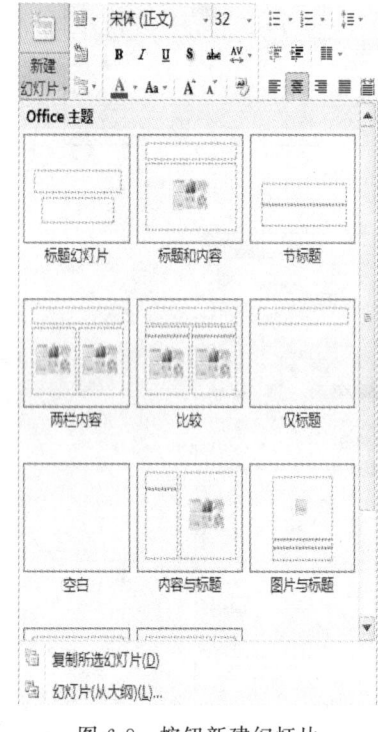

图 6-8 按钮新建幻灯片

2)新建演示文稿

在 PowerPoint 2010 中,单击"文件"选项卡,然后单击"新建"。单击"空白演示文稿",然后单击"创建",如图 6-9 所示新建幻灯片。

2. 打开演示文稿

打开用户刚才保存的演示文稿文件。打开该文件可以继续工作,有如下几种方法。

1)使用文档快捷菜单打开

单击"开始"按钮,然后单击"文档",如图 6-10 所示。双击该文件,出现 PowerPoint 启动屏幕,并显示演示文稿。

2)使用"文件"选项卡的"打开"命令

单击"文件"选项卡时,菜单中的"打开"命令将会出现。使用"打开"命令打开演示文稿。单击"文件"选项卡上的"打开",如图 6-11 所示。单击要打开的演示文稿,然后单击"打开"。

3)从"最近所用文件"中打开

单击"文件"选项卡时,菜单中的"最近所用文件"命令将会出现。用户可以使用"最近所用文件",从用户最近在 PowerPoint 中保存的文件列表中打开演示文稿文件,如图 6-12 所示。

第六章　演示文稿 PowerPoint 2010

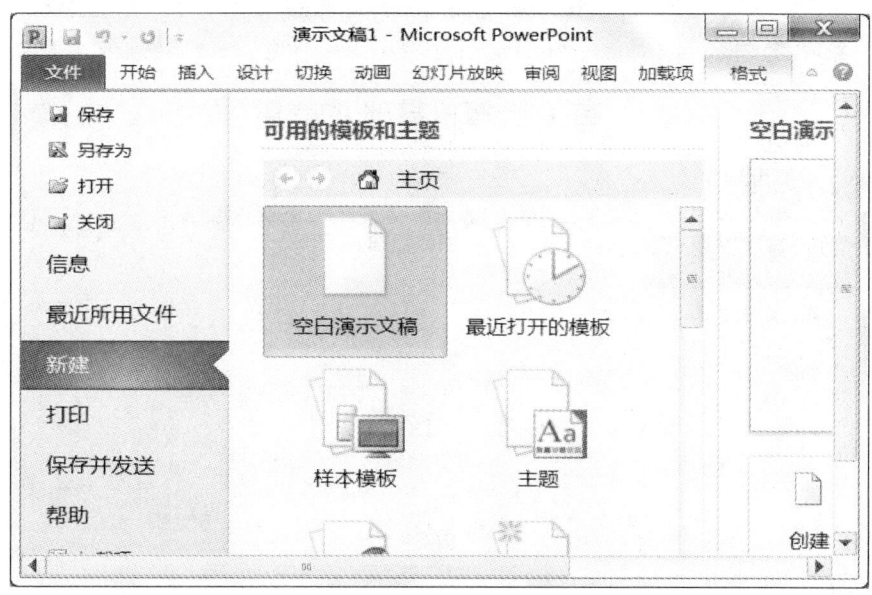

图 6-9　菜单新建幻灯片

图 6-10　文档快捷菜单

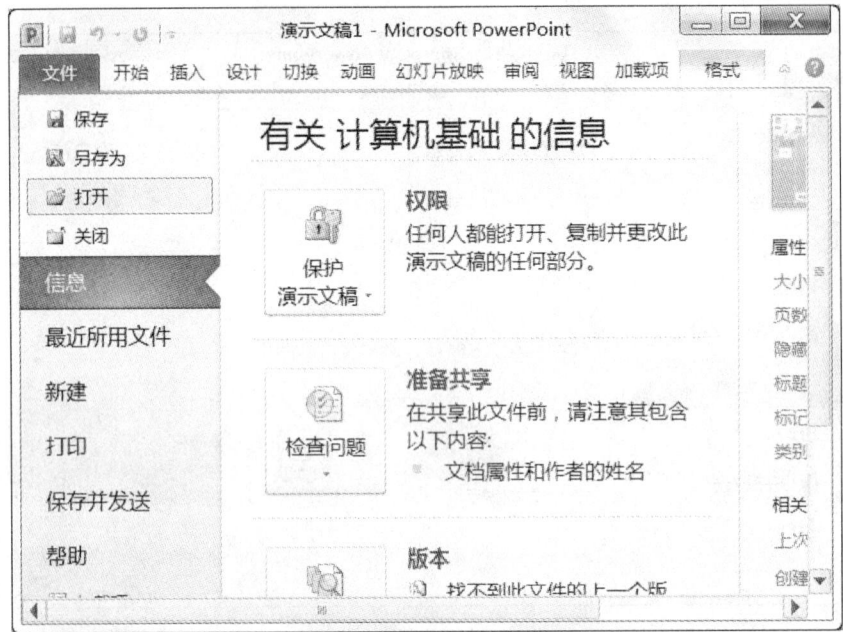

图 6-11　PowerPoint 菜单打开文件

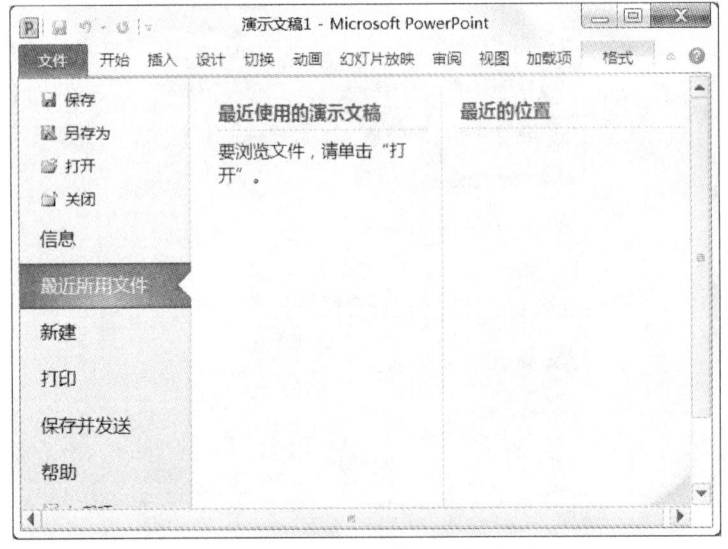

图 6-12　最近使用文件

6.2.2　编辑幻灯片

1. 复制幻灯片

　　如果用户希望创建两个或多个内容和布局都类似的幻灯片，则可以通过创建一个具有两个幻灯片都共享的所有格式和内容的幻灯片，然后复制该幻灯片来保存工作，最后向每个幻灯片单独添加最终的风格。

（1）在普通视图中包含"大纲"和"幻灯片"选项卡的窗格上，单击"幻灯片"选项卡，右键单击要复制的幻灯片，然后单击"复制"，如图 6-13 所示。

（2）在"幻灯片"选项卡上，右键单击要添加幻灯片的新副本的位置，然后单击"粘贴"。还可以使用此过程将幻灯片副本从一个演示文稿插入另一个演示文稿。

2. 移动幻灯片

使用窗口左侧显示的小幻灯片，用户可以轻松移动幻灯片。将第四张幻灯片移到第一页（标题幻灯片）和第二页之间，如图 6-14 所示。

（1）在窗口左侧显示的区域中，单击以选择要移动的幻灯片。选择第四张幻灯片。

（2）按住鼠标左键的同时移动鼠标，直到用户到达要将幻灯片移至的位置，然后松开左键。将幻灯片移到第一张和第二

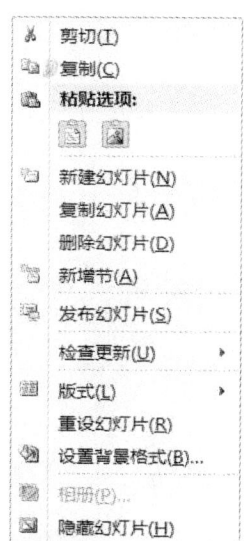

图 6-13　复制菜单

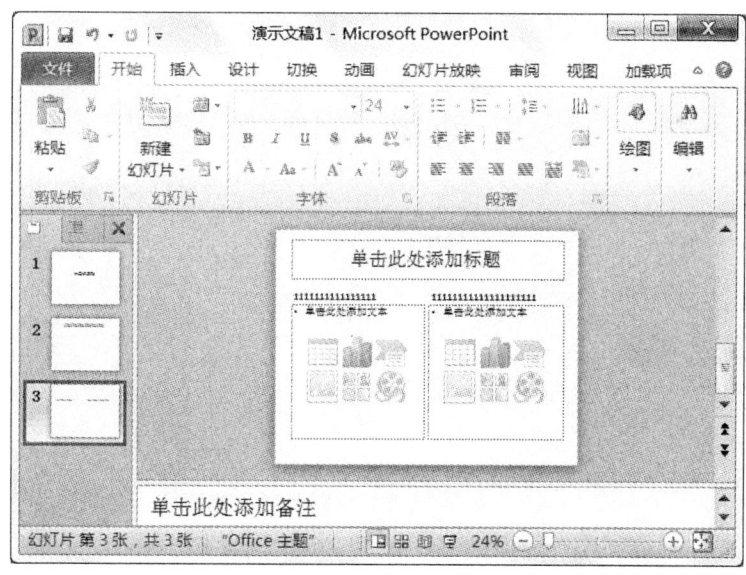

图 6-14　移动幻灯片前

页幻灯片之间，如图 6-15 所示。

选择幻灯片或特定项目、按住左键的同时移动鼠标，以及在另一个位置松开鼠标，称为"拖放操作"。

（3）反复练习，直到用户可以将幻灯片移到所需的位置，如图 6-16 所示。

（4）保存演示文稿。要保存修改，需要保存演示文稿。

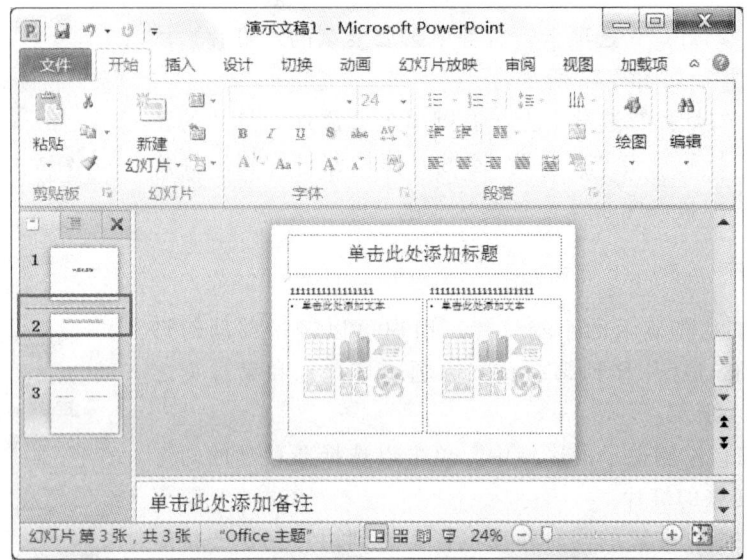

图 6-15　移动幻灯片

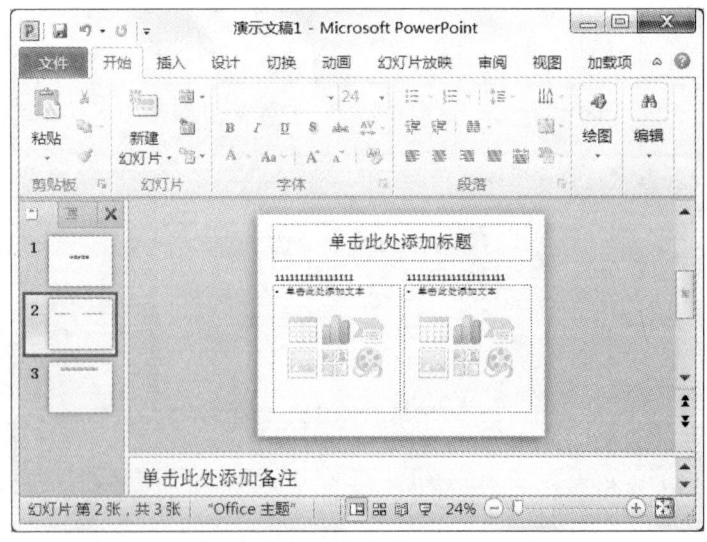

图 6-16　移动幻灯片后

6.2.3　增加幻灯片

1. 新增幻灯片

启动 PowerPoint 时，将会显示要作为演示文稿封面的幻灯片。将作为封面的幻灯片称为"标题幻灯片"。在标题幻灯片上输入一些文本，如图 6-17 所示。

添加幻灯片并更改幻灯片的版式，向演示文稿添加新幻灯片。在标题幻灯片之后添

图 6-17 新建演示文稿封面

加下一张幻灯片时，将会添加一张版式适于输入演示文稿内容的幻灯片。如有必要，用户可将此版式更改为另一个版式。

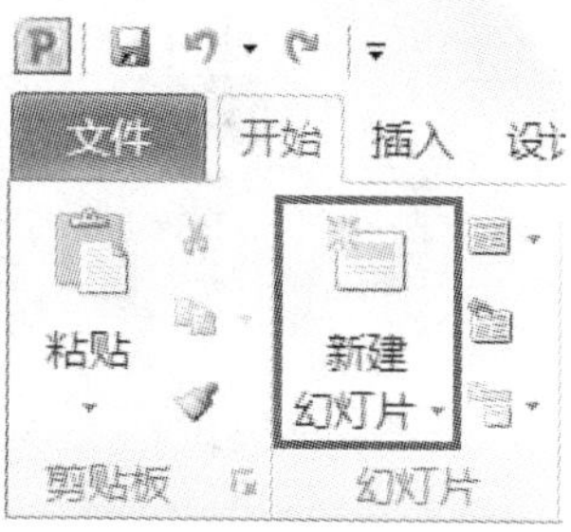

（1）单击"开始"选项卡"幻灯片"中的"新建幻灯片"，如图 6-18 所示。

（2）幻灯片添加在标题幻灯片之后。提供了一个文本框（用户可在其中键入标题）和一个文本框（用户可在其中键入内容），如图 6-19 所示。

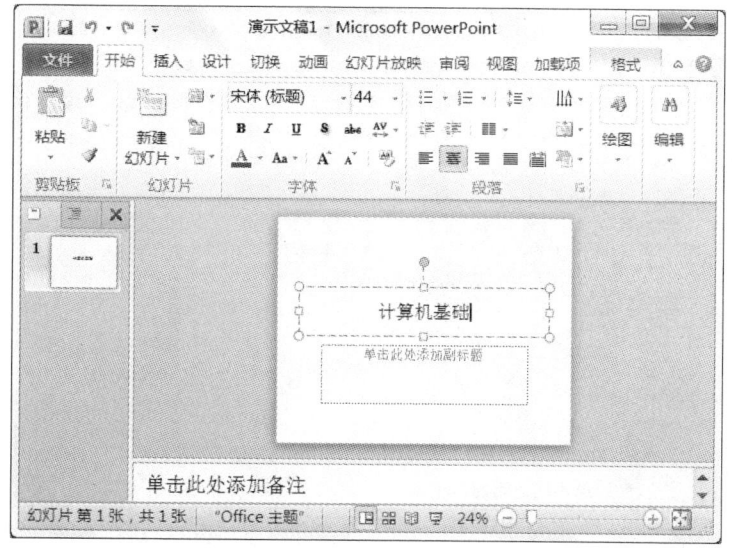

图 6-18 新建幻灯片

（3）更改添加的幻灯片的版式。让用户来更改版式，以使用户可以并列排放两个文本框并可比较其中内容。单击"开始"选项卡"幻灯片"中的"版式"，然后单击"比较"，如图 6-20 所示。

（4）幻灯片版式更改，如图 6-21 所示。

（5）在添加的幻灯片中键入文本，如图 6-22 所示。

（6）执行相同的操作，刚才添加的幻灯片后面添加一张新幻灯片，如图 6-23 所示。

（7）已添加一张幻灯片。

用户添加的幻灯片与上一页中的幻灯片具有相同的版式，但在标题幻灯片后面添加的幻灯片除外。上一页的幻灯片使用"比较"版式，因此这张幻灯片也使用相同的"比较"版式。

（8）将添加的幻灯片的版式更改为"标题和内容"并键入一些文本。

图 6-19 幻灯片输入内容

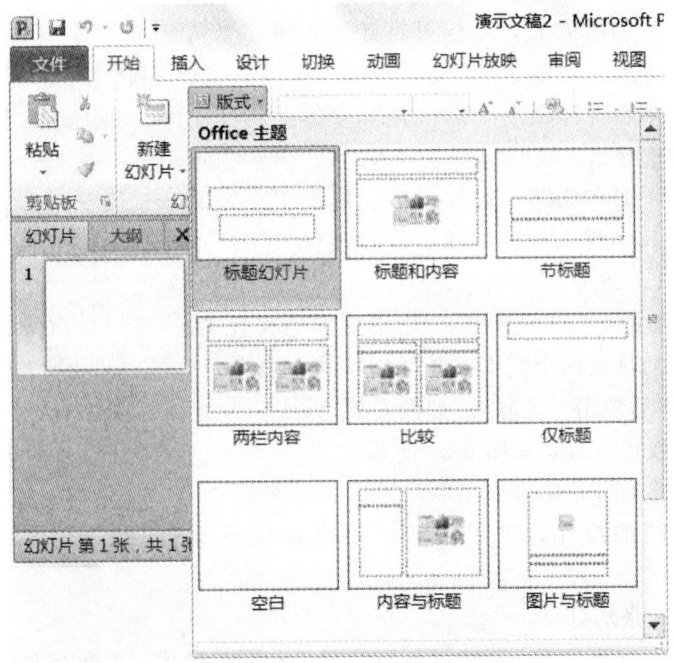

图 6-20 更改添加的幻灯片的版式

2. 插入幻灯片

在幻灯片之间添加新幻灯片时,用户可以使用窗口左侧显示的小幻灯片,如

图 6-21 幻灯片版式更改

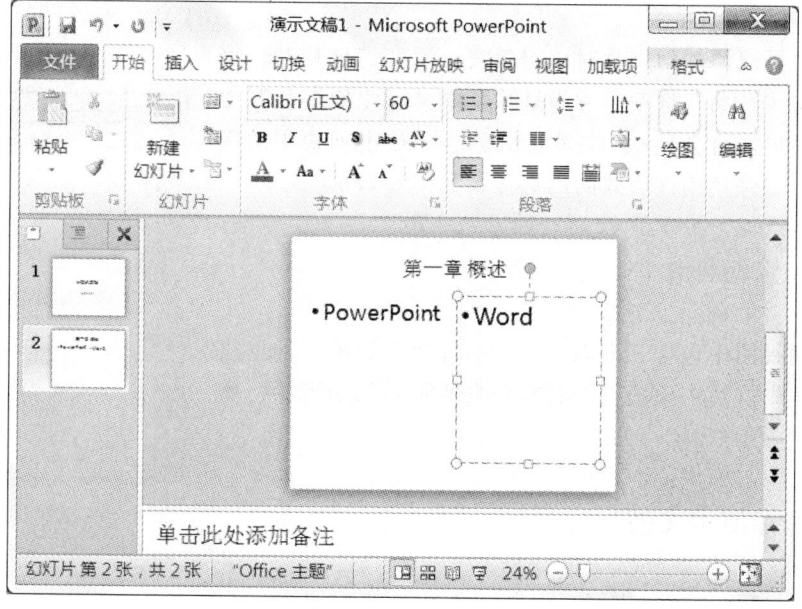

图 6-22 幻灯片文本

图 6-24 所示。

（1）单击窗口左侧用户要向其中添加幻灯片的区域。在本例中，在第二页和第三页之间单击，如图 6-25 所示选择插入位置。

（2）单击"开始"选项卡"幻灯片"中的"新建幻灯片"。

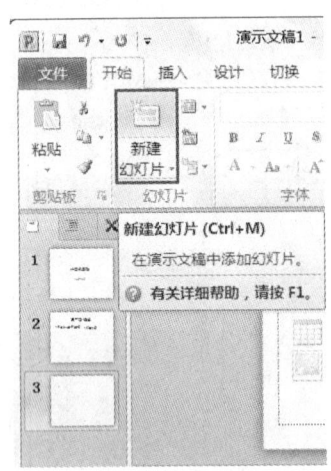

图 6-23 追加幻灯片

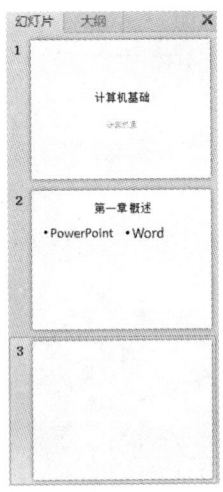

图 6-24 插入幻灯片前

(3) 在第二页和第三页之间添加新幻灯片，如图 6-26 所示。

(4) 将添加的幻灯片的版式更改为"标题和内容"并键入一些文本。

用户也可以添加幻灯片时决定版式。添加幻灯片时，用户可以单击"开始"选项卡"幻灯片"中"新建幻灯片"中的向下三角形，将会显示幻灯片版式列表。单击列表中的版式，以添加一张使用该版式的幻灯片，如图 6-27 所示。

6.2.4 删除幻灯片

在普通视图中包含"大纲"和"幻灯片"选项卡的窗格上，单击"幻灯片"选项卡，右键单击要删除的幻灯片，然后单击"删除幻灯片"，如图 6-28 所示。

6.2.5 保存演示文稿

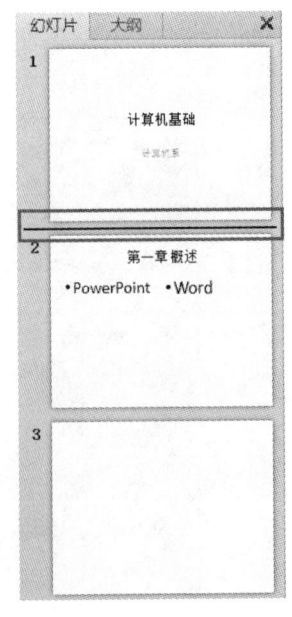

图 6-25 选择插入位置

在 PowerPoint 中，当用户中断工作或退出时必须"保存"，否则用户的工作将会丢失。保存时，演示文档将作为"文件"保存在计算机上，可在以后打开、修改和打印该文件。

1. 保存为演示文稿

(1) 单击 ![] ("保存"按钮)，如图 6-29 所示。

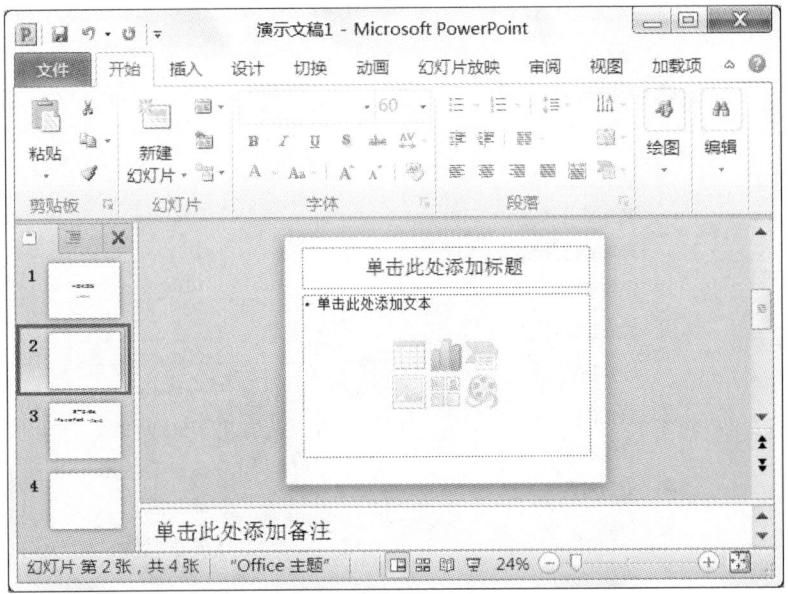

图 6-26　插入幻灯片

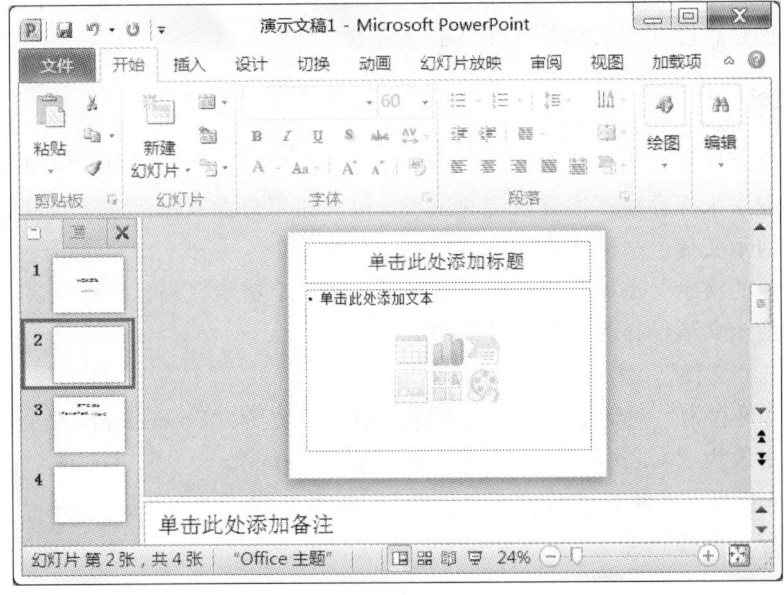

图 6-27　选择幻灯片版式

（2）在"另存为"对话框中指定要保存该演示文稿的位置和文件名，然后单击"保存"。

（3）将演示文稿保存为"文件"，标题栏中的文件名将从"演示文稿1"更改为保存的文件名。

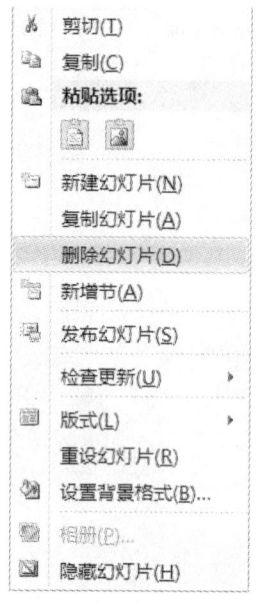

图 6-28 删除幻灯片菜单

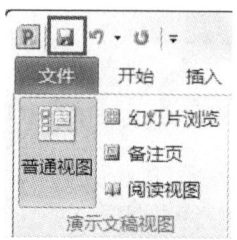

图 6-29 保存按钮

（4）检查保存文件的位置。单击（"开始"按钮），然后单击"文档"。让用户来检查保存的文件是否已在"文档"文件夹中。

2. 保存为模板

让用户保存使用模板创建的演示文稿。保存已创建的文档，用户可以使用保存普通演示文稿的方法来保存使用模板创建的演示文稿。让用户尝试保存之前创建的名为"业务计划"的演示文稿。

将已创建的演示文稿保存为模板。如果要重用某个演示文稿，应将该演示文稿保存为模板。将演示文稿保存为模板的过程如下。

（1）单击"文件"，然后单击"另存为"。

（2）在"另存为"对话框中，将"保存类型"设置为"PowerPoint 模板"。保存的位置会自动更改为"Microsoft"文件夹中的"Templates"。

（3）输入模板的名称，然后单击"保存"，如图 6-30 所示。也可以从"我的模板"中选择已保存的模板。

6.2.6 打包演示文稿

打包演示文稿即为保存为幻灯片放映格式。可以将 PowerPoint 文件保存为"幻灯片放映"格式。对于保存为幻灯片放映格式的文件，可以通过电子邮件发送，也可以保存在 CD-R 中进行分发。如果目标计算机安装了 PowerPoint 或 PowerPoint Viewer，收到幻灯片放映格式文件的用户可以播放该文件。

第六章 演示文稿 PowerPoint 2010

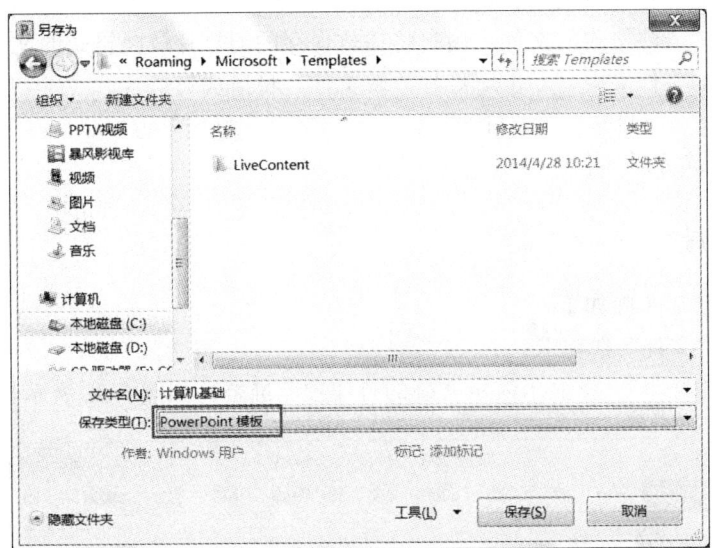

图 6-30　保存模板

用户将以幻灯片放映格式保存相册。
（1）单击"文件"选项卡，然后单击"另存为"，此时将显示"另存为"对话框。
（2）在"保存类型"中指定"PowerPoint 放映"，如图 6-31 所示。

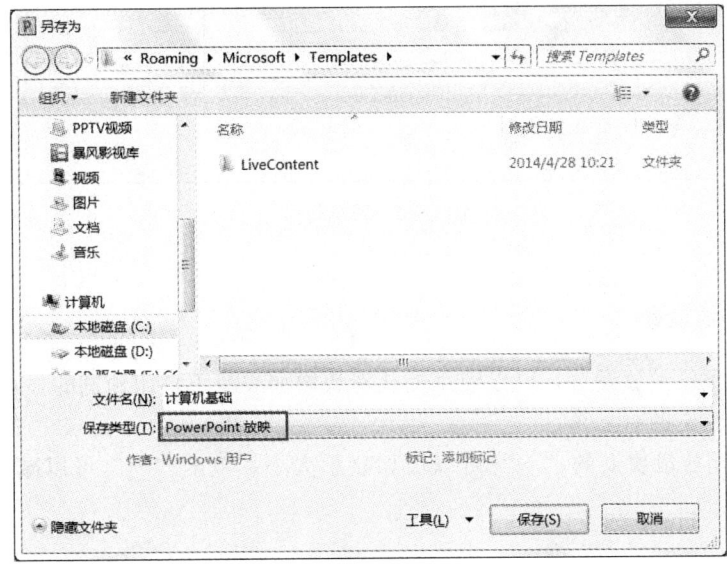

图 6-31　保存放映格式

（3）指定幻灯片放映的保存位置。指定"文档"文件夹。
（4）在"文件名"框中键入要保存的幻灯片放映的名称，然后单击"保存"。
用户不能编辑保存为幻灯片放映的文件。鉴于此，用户必须将文件保存为演示文稿格式，这样才能在打开后进行编辑。

播放幻灯片放映格式的文件，用户将播放保存的幻灯片放映格式的文件。在保存幻灯片放映文件的文件夹中，双击幻灯片放映文件，将播放幻灯片。

6.2.7 打印演示文稿

1. 预览打印布局

预览打印布局步骤如下。
(1) 单击"文件"选项卡。
(2) 单击"打印"。将显示演示文稿的打印预览屏幕，如图 6-32 所示。

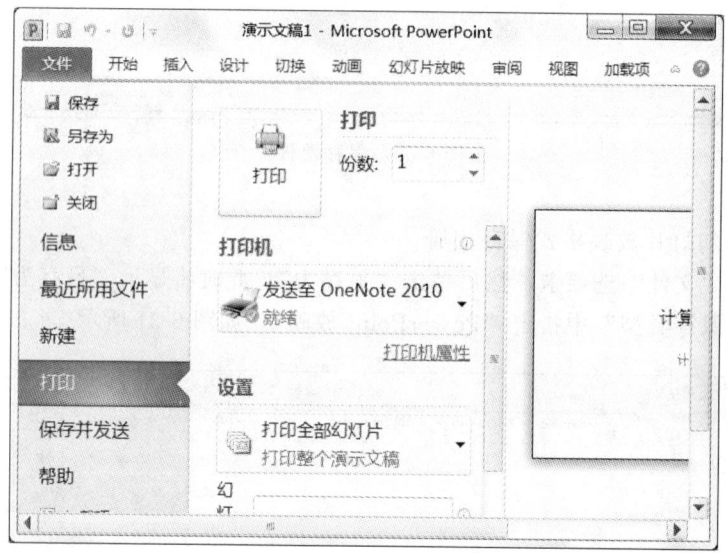

图 6-32 预览打印

2. 打印预览缩放设置

更改打印预览缩放设置，可以使用缩放滑块增加或减小打印预览的显示大小，缩放滑块位于打印预览的右下角。
(1) 单击缩放滑块上的"＋"可以增加显示大小，单击"－"可以减小显示大小，如图 6-33 所示。

图 6-33 打印预览缩放设置　　　　图 6-34 满屏设置

(2) 预览屏幕右侧的幻灯片将更改为指定的比例。
需要根据屏幕大小显示幻灯片，单击位于缩放滑块右侧的"使幻灯片适应当前窗口"按钮来调整缩放比例,以便单张幻灯片占满整个屏幕。还可以通过移动滑块更改缩放设置,如图 6-34 所示。

3. 在打印预览中设置页面

设置页面设置,用户可以更改将在打印预览屏幕上显示的内容。基本页面设置一起放在打印预览屏幕的"设置"中,如图 6-35 所示。

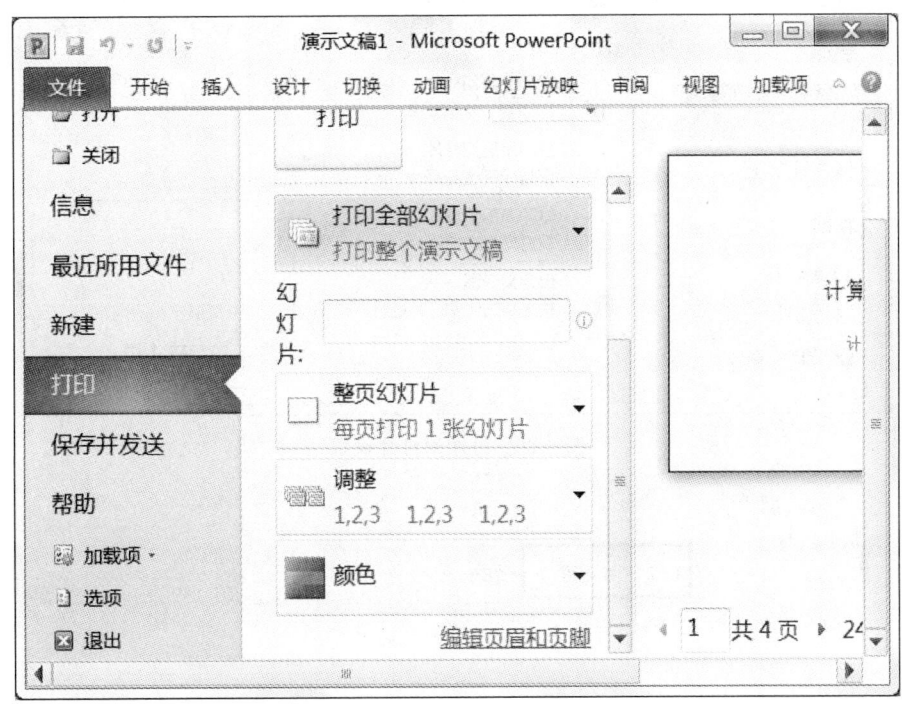

图 6-35　打印预览中设置页面

4. 打印幻灯片

显示打印预览。单击"文件"选项卡,然后单击"打印"。幻灯片的打印预览将显示在屏幕的右侧,如图 6-36所示。若要显示打印预览的下一页面,请单击打印预览屏幕底部的右箭头。还可以单击左箭头显示上一页,如图 6-37 所示。

5. 打印讲义

更改打印目标,在此示例中,用户将更改设置以便将三张幻灯片组合在一张纸中进行打印。

（1）单击"设置"中显示"整页幻灯片"的按钮,如图 6-36所示。
（2）单击"3 张幻灯片"（默认情况下打印"整页幻灯片"）,如图 6-38 所示。
（3）要打印的内容已经更改。

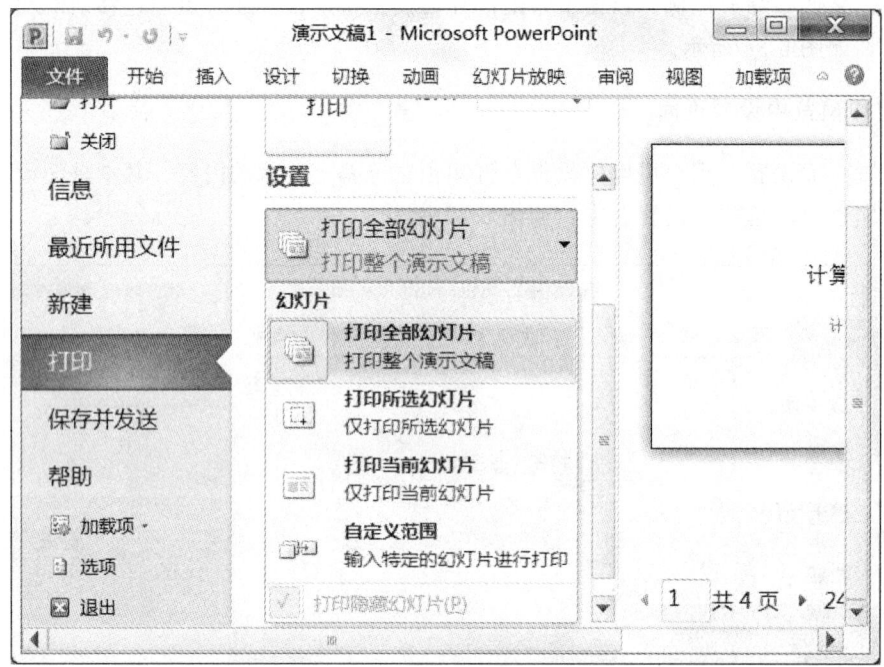

图 6-36 打印幻灯片设置

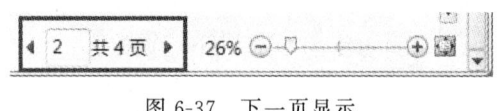

图 6-37 下一页显示

6. 退出打印预览

（1）单击"开始"选项卡。

（2）"打印预览"窗口关闭，将返回编辑窗口。若要保存在"打印预览"窗口中更改的打印设置，请保存演示文稿。

6.3　PowerPoint 2010 视图

PowerPoint 2010 提供了六种视图方式，它们各有不同的用途，用户可以在大纲区上方找到大纲视图和幻灯片视图。在窗口右下方找到普通视图、幻灯片浏览视图、阅读视图和幻灯片放映这四种主要视图。单击 PowerPoint 2010 窗口右下角的按钮，如图 6-39 所示，可在各种视图方式之间进行切换。

以下是 Microsoft PowerPoint 2010 中可用于编辑、打印和放映演示文稿的视图：普通视图，幻灯片浏览视图，备注页视图，幻灯片放映视图（包括演示者视图），阅读视图，母版视图（幻灯片母版、讲义母版和备注母版）。

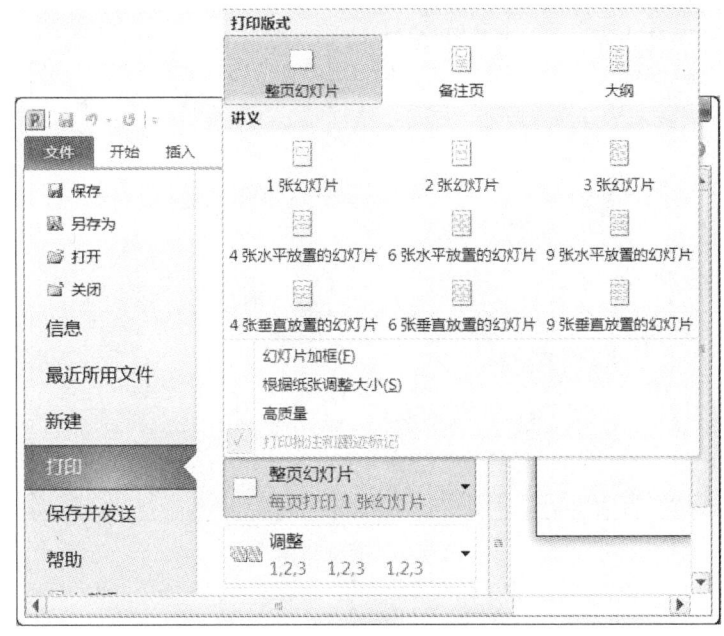

图 6-38　选择幻灯片

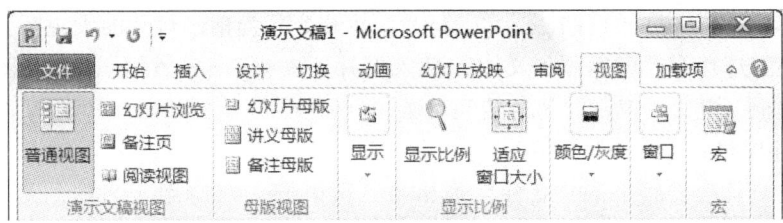

图 6-39　幻灯片视图切换

1. 普通视图

普通视图是主要的编辑视图，可用于撰写和设计演示文稿。普通视图有四个工作区域，如图 6-40 所示。

1）大纲选项卡

此区域是用户开始撰写内容的理想场所；在这里，用户可以捕获灵感，计划如何表述它们，并能移动幻灯片和文本。"大纲"选项卡以大纲形式显示幻灯片文本。若要打印演示文稿大纲的书面副本，并使其只包含文本（就像大纲视图中所显示的那样）而没有图形或动画，请先单击"文件"选项卡。然后，单击"打印"，单击"其他设置"下的"整页幻灯片"，单击"大纲"，再单击顶部的"打印"。

2）幻灯片选项卡

在编辑时以缩略图大小的图像在演示文稿中观看幻灯片。使用缩略图能方便地遍历

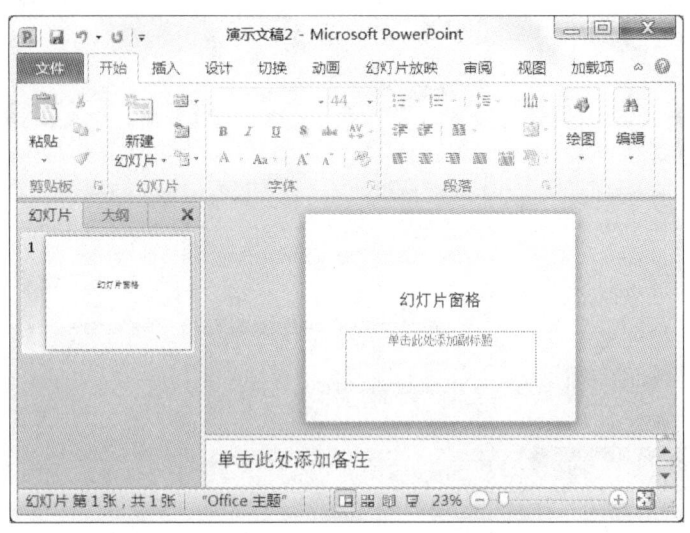

图 6-40　普通视图

演示文稿，并观看任何设计更改的效果。在这里还可以轻松地重新排列、添加或删除幻灯片。

3）幻灯片窗格

在 PowerPoint 窗口的右上方，"幻灯片"窗格显示当前幻灯片的大视图。在此视图中显示当前幻灯片时，可以添加文本，插入图片、表格、SmartArt 图形、图表、图形对象、文本框、电影、声音、超链接和动画。

4）备注窗格

在"幻灯片"窗格下的"备注"窗格中，可以键入要应用于当前幻灯片的备注。以后，用户可以将备注打印出来并在放映演示文稿时进行参考。用户还可以将打印好的备注分发给受众，或者将备注包括在发送给受众或发布在网页上的演示文稿中。

用户可以在"幻灯片"和"大纲"选项卡之间进行切换。若要查看普通视图中的标尺或网格线，请在"视图"选项卡上的"放映"组中选中"标尺"或"网格线"复选框。

2. 幻灯片浏览视图

幻灯片浏览视图可使用户查看缩略图形式的幻灯片，如图 6-41 所示。通过此视图，用户在创建演示文稿以及准备打印演示文稿时，将可以轻松地对演示文稿的顺序进行排列和组织。

用户还可以在幻灯片浏览视图中添加节，并按不同的类别或节对幻灯片进行排序。

3. 备注页视图

"备注"窗格位于"幻灯片"窗格下。用户可以键入要应用于当前幻灯片的备注。

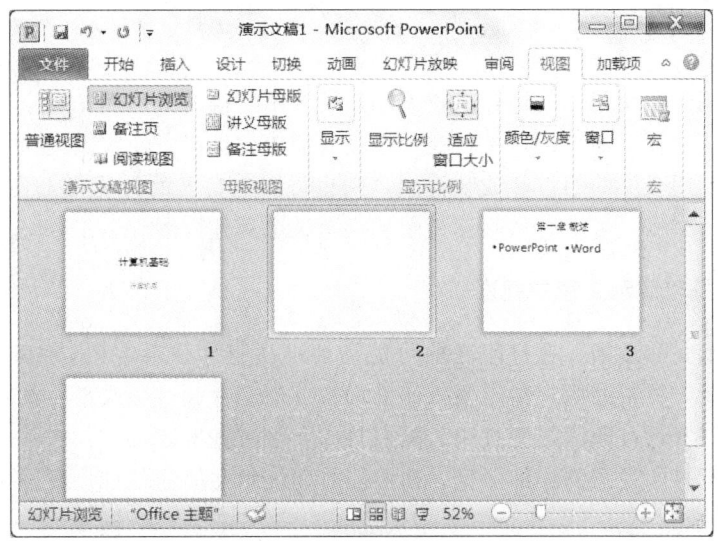

图 6-41　幻灯片浏览视图

以后，用户可以将备注打印出来并在放映演示文稿时进行参考。用户还可以将打印好的备注分发给受众，或者将备注包含在发送给受众或发布在网页上的演示文稿中。

　　如果要以整页格式查看和使用备注，请在"视图"选项卡上的"演示文稿视图"组中单击"备注页"。

4. 母版视图

　　母版视图包括幻灯片母版视图、讲义母版视图和备注母版视图。它们是存储有关演示文稿的信息的主要幻灯片，其中包括背景、颜色、字体、效果、占位符大小和位置。使用母版视图的一个主要优点在于，在幻灯片母版、备注母版或讲义母版上，可以对与演示文稿关联的每个幻灯片、备注页或讲义的样式进行全局更改。

5. 幻灯片放映视图

　　幻灯片放映视图可用于向受众放映演示文稿。幻灯片放映视图会占据整个计算机屏幕，这与受众观看演示文稿时在大屏幕上显示的演示文稿完全一样。用户可以看到图形、计时、电影、动画效果和切换效果在实际演示中的具体效果。

　　若要退出幻灯片放映视图，请按 Esc。

6. 演示者视图

　　演示者视图是一种可在演示期间使用的基于幻灯片放映的关键视图。借助两台监视器，用户可以运行其他程序并查看演示者备注，而这些是受众所无法看到的。

　　若要使用演示者视图，请确保用户的计算机具有多监视器功能，同时也要打开多监视器支持和演示者视图。

7. 阅读视图

阅读视图用于向用自己的计算机查看用户的演示文稿的人员而非受众（例如通过大屏幕）放映演示文稿。如果用户希望在一个设有简单控件以方便审阅的窗口中查看演示文稿，而不想使用全屏的幻灯片放映视图，则也可以在自己的计算机上使用阅读视图。如果要更改演示文稿，可随时从阅读视图切换至某个其他视图。

8. 用于准备和打印演示文稿的视图

为了节省纸张和油墨，在打印之前可能需要准备打印作业。PowerPoint 提供了一系列视图和设置，可帮助用户指定要打印的内容（幻灯片、讲义或备注页）以及这些作业的打印方式（彩色打印、灰度打印、黑白打印、带有框架等）。

有关打印及打印视图的详细信息，请参阅打印演示文稿的幻灯片或讲义。

9. 打印预览

打印预览可让用户指定要打印的内容（讲义、备注页、大纲或幻灯片）的设置。

将视图设置为默认视图，将默认视图更改为用户的工作所需的视图时，PowerPoint 将始终在该视图中打开。可以设置为默认视图的视图包括：幻灯片浏览视图、只使用大纲视图、备注视图和普通视图的变体。

默认情况下，打开 PowerPoint 时会显示普通视图，其中列有缩略图、备注和幻灯片视图。但是，用户可以根据需要指定 PowerPoint 在打开时显示另一个视图，例如幻灯片浏览视图、幻灯片放映视图、备注页视图以及普通视图的各种变体。

单击"文件"选项卡。单击屏幕左侧的"选项"，然后在"PowerPoint 选项"对话框的左窗格上单击"高级"。在"显示"下的"用此视图打开全部文档"列表中，选择要设置为新默认视图的视图，然后单击"确定"。

6.4 PowerPoint 2010 的基本制作

PowerPoint 中提供了各种框。用户可以插入图表、图片和音乐，如图 6-42 所示。

6.4.1 插入文本

在 PowerPoint 中，用户必须在文本框中输入文本。文本框上带有"单击此处添加标题"。"文本框"是一个矩形区域，如图 6-43 所示，用户可在其中输入文本。顾名思义，它仅用于输入文本。但用户发现屏幕上已有文本。仔细查看屏幕，在左上角有一些小幻灯片，其中未显示任何文本。

"单击此处添加标题"和"单击此处添加副标题"不是实际输入的文本，而是告诉用户"在每个文本框中输入合适文本"的说明。如果用户实际键入标题和副标题，用户就明白了。左上角小幻灯片中显示文本，如图 6-44 所示。

图 6-42 基本制作

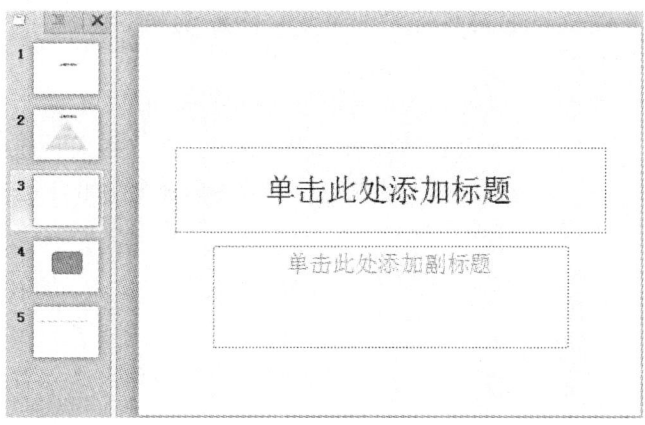

图 6-43 插入文本

"单击此处添加标题"→键入幻灯片标题,单击此处添加副标题→键入副标题,文本格式化功能主要位于功能区"开始"选项卡中的"字体"下面。字体设置类似于 Word。

图 6-44　插入文本后

6.4.2　插入图片

可以在框中所添加幻灯片的右侧轻松添加各种内容（照片、插图、图表、影片等）。

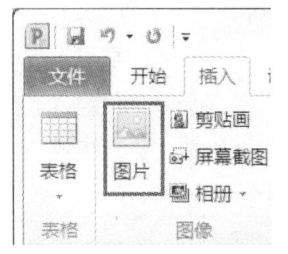

图 6-45　插入图片按钮

单击 ，随即显示"插入图片"对话框，如图 6-45 所示。

指定照片的保存位置，单击照片，然后单击"插入"。将选择保存在"库"文件夹的"图片"文件夹中的某一图片插入进来，如图 6-46 所示。

在插入图片时，将会显示"图片工具"并且"格式"选项卡会自动添加到功能区中。在"格式"选项卡中，用于更改照片和图表的设计和位置的命令会组合到一起。

在插入的图片或图表外部单击时，"图片工具"将会隐藏。要再次显示"图片工具"，请单击图片或图表，如图 6-47 所示。

即使没有框，也可以插入图片。用户可以打开"插入图片"对话框并插入图片。对于没有用于插入照片的框的幻灯片也是如此，方法是单击"插入"选项卡中"图像"中的"图片"。

然而，以这种方式插入的照片会放置在预定义大小的幻灯片的中心位置，因此用户可能需要更改照片的大小和位置。

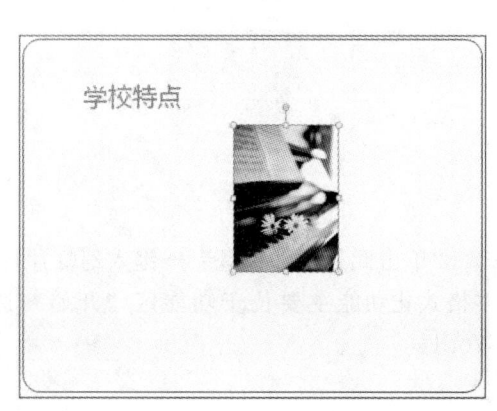

图 6-46　插入图片

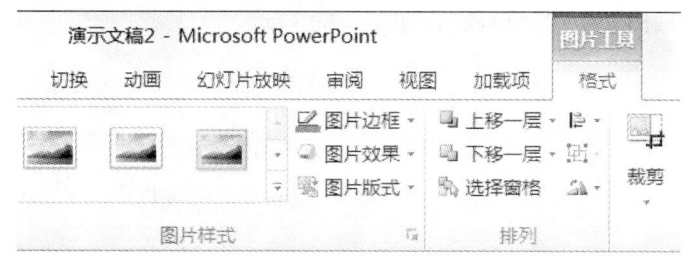

图 6-47　图片工具

6.4.3　插入艺术字

在"插入"功能区中,单击"插入艺术字"按钮,展开"艺术字"选项区,如图 6-48 所示。在其中选择某种样式后单击,此时在幻灯片编辑区中出现"请在此放置用户的文字"艺术字编辑框,如图 6-49 所示。更改要编辑的艺术字文本内容,可以在幻灯片上看到文本的艺术效果。选中艺术字后,在"绘图工具/格式"菜单功能区中可以进一步编辑"艺术字"。右击艺术字,可以选择设置艺术字的形式格式。

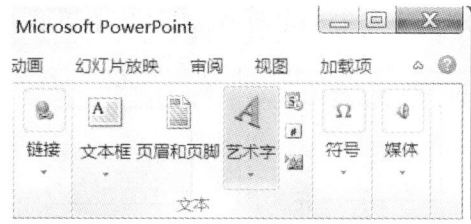

图 6-48　插入艺术字

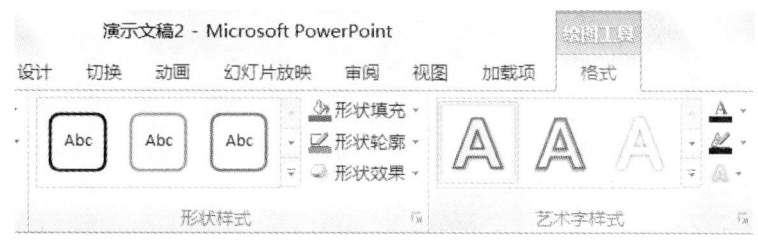

图 6-49　字体样式

选中文本框或要修改的文字,会出现活动选项卡"绘图工具",在艺术字样式中选择想要的效果。

6.4.4　插入形状

1. 绘制矩形

(1) 单击"插入"选项卡。

(2) 单击"插图"中的"形状",如图 6-50 所示。

图 6-50 插入形状

图 6-51 图形选择

(3) 单击"矩形"中的 □ (矩形),如图 6-51 所示。

(4) 在幻灯片上拖动光标,绘制一个矩形。插入一个矩形,如图 6-52 所示。

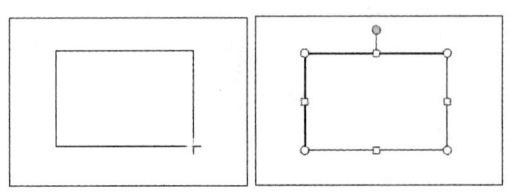

图 6-52 拖动光标

2. 绘制任意多边形

(1) 单击"插入"选项卡。

(2) 单击"插图"中的"形状"。

(3) 单击"线条"中的 ⌒ (任意线条),如图 6-51 所示。

(4) 单击一次,然后单击幻灯片上的另一点以绘制直线。在绘图画布上拖动光标,绘制一个任意线条。

(5) 双击用户正绘制的任意多边形的终点,完成任意多边形的绘制,如图 6-53 所示。

3. 编辑任意多边形

如果要修改任意多边形的形状,用户可以使用"编辑形状"。

(1) 单击要修改的任意多边形,如图 6-54 所示。

(2) 单击"绘图工具"选项卡中的"格式"。

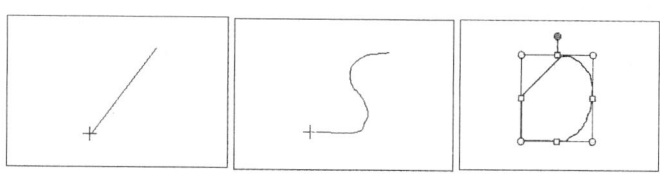

图 6-53　拖动光标

(3) 单击"插入形状"中的 ▣ (编辑形状)。

(4) 单击"编辑顶点"。任意多边形的每个顶点出现黑色小方块，如图 6-55 所示。

(5) 拖动要修改其位置的顶点的黑色小方块，如图 6-56 所示。

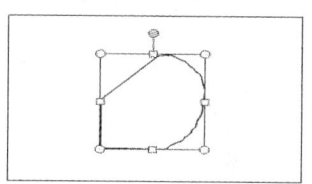

图 6-54　任意多边形

4. 用连接线（箭头）连接图形

通过使用连接线，用户可使用动态线条将一个形状连接到另一个形状。如果移动通过连接线与另一个形状连接的形状，连接线会自动改变形状以使形状保持连接。本例中使用肘形连接线连接形状。

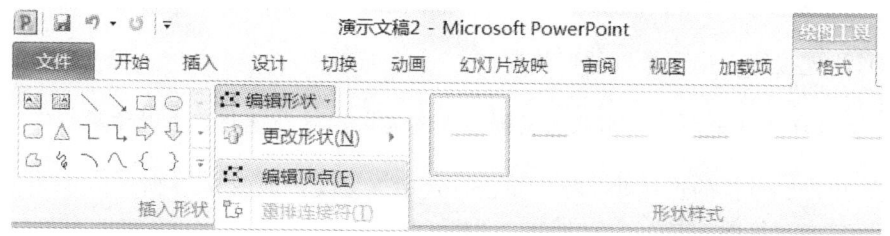

图 6-55　编辑顶点菜单

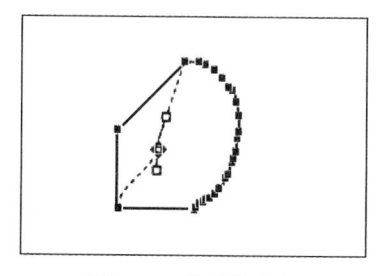

图 6-56　拖动修改点

(1) 单击"插入"选项卡。

(2) 单击"插图"中的"形状"。

(3) 单击"线条"中的 ┐ (肘形连接线)。

(4) 指向形状中要放置连接线起点的部分。形状的每条边上出现红色小方块。

(5) 指向要作为连接线绘制起点的边上出现的红色小方块。

(6) 将鼠标拖到连接线要连接到的另一个形状上的红色小方块。这些形状通过连接线连接，如图 6-57 所示。

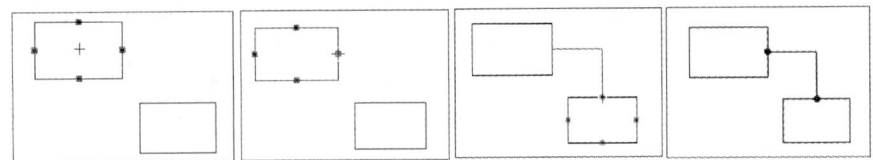

图 6-57　连接线连接图形

5. 编辑连接线（箭头）

1）将连接线重新连接到其他形状

(1) 单击要重新连接到其他形状的连接线。连接线末端出现小红圈。

(2) 指向小红圈，然后将其拖到用户要将连接线重新连接到的形状上的小红圈。连接线已重新连接，如图 6-58 所示。

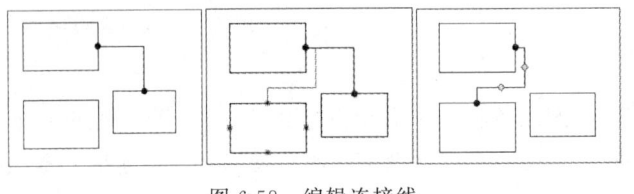

图 6-58　编辑连接线

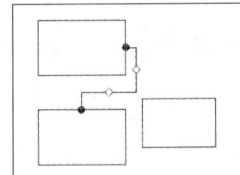

图 6-59　选中连接线

(3) 将连接线重排到最近的形状顶点。

2）如果连接线未与所连形状的最近顶点相连，则可让连接线自动重排

(1) 单击要重排的连接线。鼠标单击，选中连接线，如图 6-59 所示。

(2) 单击"绘图工具"选项卡中的"格式"。

(3) 单击"插入形状"中的 ■ （编辑形状）。

(4) 单击"重排连接线"，如图 6-60 所示。

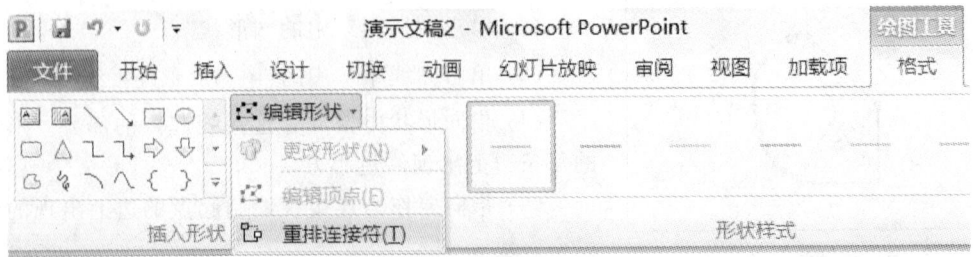

图 6-60　重排菜单

所选连接线会自动重排到连接线所连形状的最近顶点，如图 6-61 所示。

3）显示"绘图工具"

仅当用户选择了形状时,"绘图工具"才会显示。如果"绘图工具"未显示而用户要显示它,请单击要编辑的形状。

6.4.5 插入表格

图 6-61 重排连接线

有内容占位符的单击"插入表格"图标,或在"插入"功能区中单击"插入表格"按钮。选择要插入的表格行数和列数,如图 6-62 所示,或在弹出的"插入表格"对话框中输入行数和列数,单击"确定"按钮即可,如图 6-63 所示。

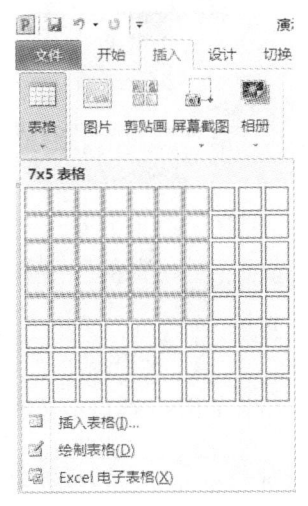

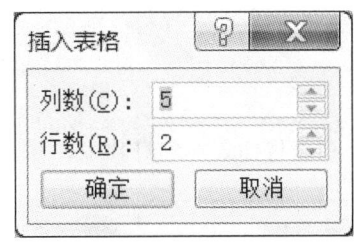

图 6-62 选择行列　　　　　图 6-63 输入行列

6.4.6 插入 SmartArt 图表

PowerPoint 中提供了一项名为"SmartArt"的功能。SmartArt 中提供了很多预定义的表单。用户只需从列表中进行选择即可轻松创建图表。用户可以粘贴照片或在表单中键入文本。

使用 SmartArt 并在幻灯片上显示照片和标题。在幻灯片中插入 SmartArt,然后再将照片粘贴到幻灯片中。

1. 插入 SmartArt

（1）启动 PowerPoint 并打开新的演示文稿。

（2）单击"插入"选项卡上"插图"中的"SmartArt",如图 6-64 所示。

（3）单击"选择 SmartArt 图形"对话框中的图片标题"列表",然后单击"确定"。如图 6-65 所示选择 SmartArt 图形。

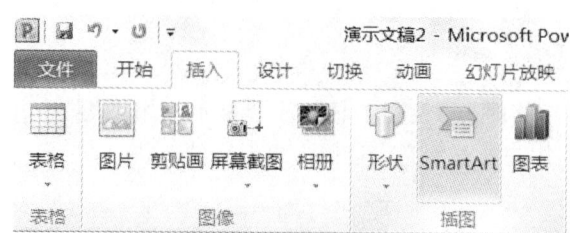

图 6-64 插入 SmartArt

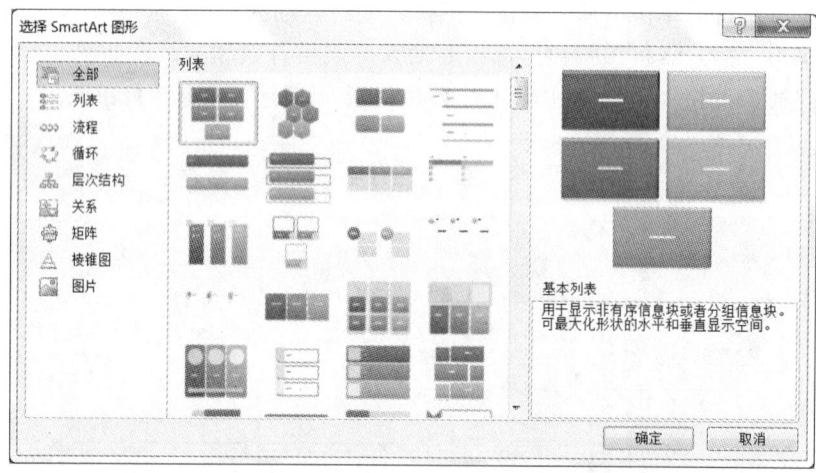

图 6-65 选择 SmartArt 图形

SmartArt 列表将插入在幻灯片中,并显示文本窗格。如图 6-66 所示显示文本窗格。

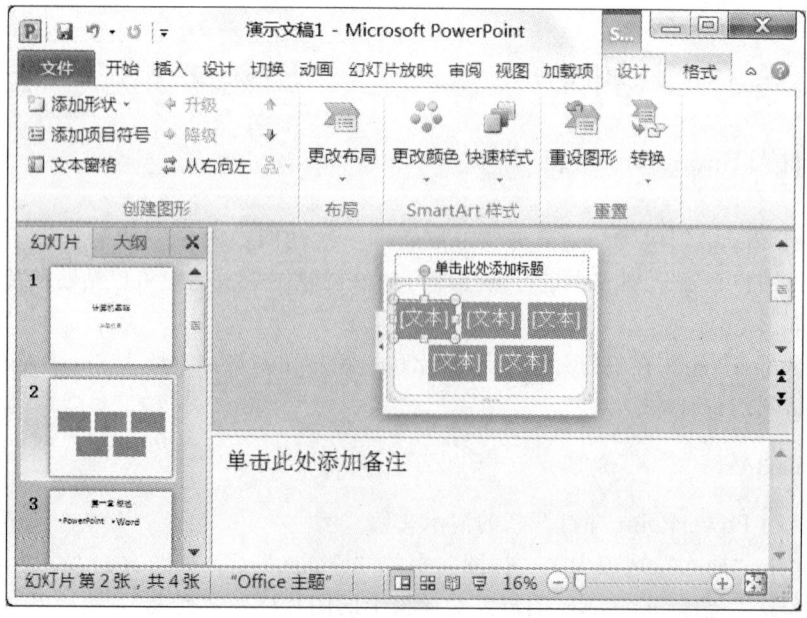

图 6-66 显示文本窗格

插入 SmartArt 时，将会显示"SmartArt 工具"，并且"设计"选项卡和"格式"选项卡将自动添加到功能区。用户可以更改 SmartArt 类型和设计的命令分组在"设计"选项卡中。用于更改绘图格式的命令分组在"格式"选项卡中，如图 6-67 所示更改 SmartArt 类型。

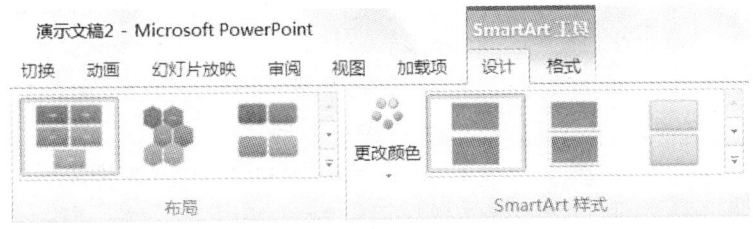

图 6-67　更改 SmartArt 类型

在用户插入的 SmartArt 之外或文本窗格之外单击时，"SmartArt 工具"将会隐藏。若要再次显示"SmartArt 工具"，请单击 SmartArt。

2. 插入 SmartArt 组合图形

用户可在幻灯片中插入 SmartArt 图形。在本例中，用户在幻灯片中插入一个基本棱锥形的 SmartArt 图形。

（1）单击"插入"选项卡。

（2）单击"插图"中的"SmartArt"，"选择 SmartArt 图形"对话框即会显示，如图 6-65 所示。

（3）单击"棱锥图"，然后单击"基本棱锥图"，如图 6-68 所示。

（4）单击"确定"。

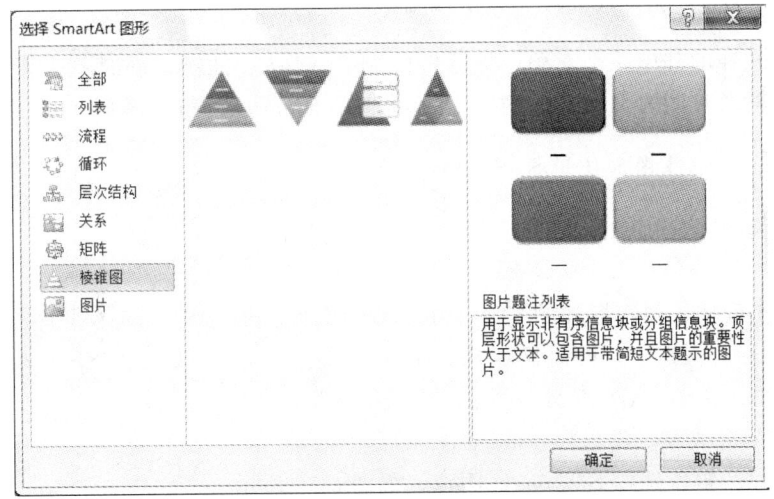

图 6-68　基本棱锥图

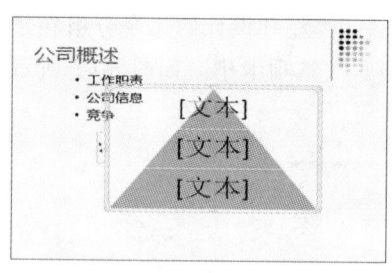

图 6-69 基本棱锥形的 SmartArt

幻灯片中将插入一个基本棱锥形的 SmartArt，如图 6-69 所示。

3. 移动 SmartArt 组合图形

用户可在幻灯片中移动插入的 SmartArt 图形。

（1）单击要移动的 SmartArt 图形，选择 SmartArt 图形。

（2）指向 SmartArt 图形的边框（而非四个角中的圆点或四个边的中心），如图 6-70 所示。

（3）将 SmartArt 图形的边框拖到需要移至的位置，如图 6-70 所示移动 SmartArt 组合图形。

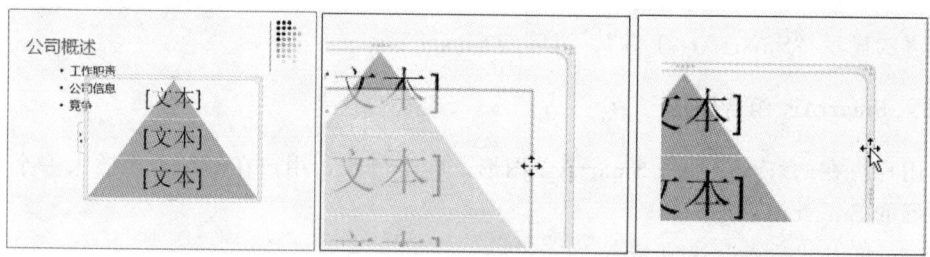

图 6-70 移动 SmartArt 组合图形

4. 编辑 SmartArt 组合图形

1）同时选择多个形状和其他类型的对象

单击要选择的其中一个对象，然后按住 Shift 键或 Ctrl 键，同时单击要选择的其他对象。这些对象被同时选中，如图 6-71 所示选中 SmartArt 组合图形。

2）对 SmartArt 图形使用 SmartArt 工具

如果要编辑 SmartArt 图形，请使用 SmartArt 工具。

（1）单击已插入到幻灯片的某个 SmartArt 图形。SmartArt 图形将被选中，同时显示 SmartArt 工具。

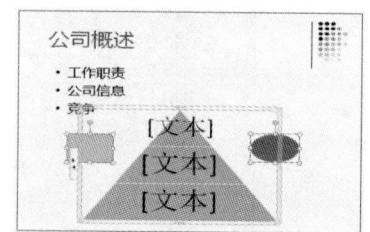

图 6-71 选中 SmartArt 组合图形

（2）单击"SmartArt 工具"中的"设计"选项卡或"格式"选项卡。将显示 SmartArt 工具中的项目，用户可以编辑所选的 SmartArt 图形，如图 6-72 所示。

（3）要结束使用 SmartArt 工具时，请单击幻灯片中不是 SmartArt 图形的任意位置。SmartArt 工具消失，并取消选择 SmartArt 图形。

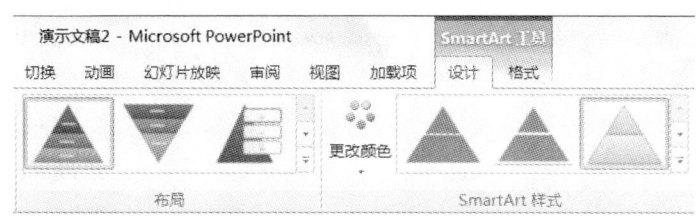

图 6-72　编辑 SmartArt 图形

6.4.7　添加视频和音频

在客户做演示的过程中，希望播放视频文件来增加演示的效果，PowerPoint 2010 中可以嵌入视频或链接到视频。嵌入视频时，不必担心在拷贝演示文稿到其他位置时会丢失文件，因为所有文件都各自存放。用户还可以限制演示文稿的大小，可以链接到本地硬盘的视频文件或者上传到网站上（优酷、土豆等）。

如图 6-73 所示插入媒体，在"插入"选项卡的"媒体"组中。

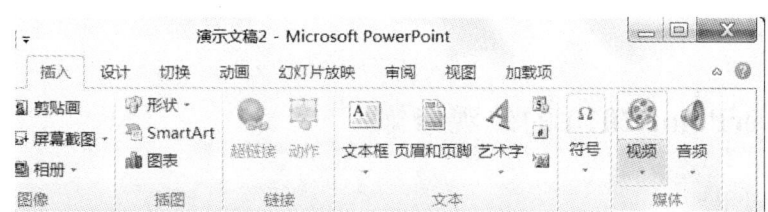

图 6-73　插入媒体

在演示文稿中嵌入视频注意事项：如果安装了 QuickTime 和 Adobe Flash 播放器，则 PowerPoint 将支持 QuickTime（.mov、.mp4）和 Adobe Flash（.swf）文件。

在 PowerPoint 2010 中使用 Flash 存在一些限制，包括不能使用特殊效果（例如阴影、反射、发光效果、柔化边缘、棱台和三维旋转）、淡出和剪裁功能以及压缩这些文件以更加轻松地进行共享和分发的功能。PowerPoint 2010 不支持 64 位版本的 QuickTime 或 Flash。

嵌入来自文件的视频如下。

（1）在"普通"视图下，单击要向其中嵌入视频的幻灯片。

（2）在"插入"选项卡上的"媒体"组中，单击"视频"下的箭头，然后单击"文件中的视频"。

（3）在"插入视频"对话框中，找到并单击要嵌入的视频，然后单击"插入"。用户也可以单击内容布局中的"视频"图标来插入视频。

插入的视频可以预览、设置"视频效果""视频形状"等，如图 6-74 所示插入视频。

图 6-74　插入视频

6.5　PowerPoint 2010 的外观修饰

6.5.1　选用主题

选择幻灯片主题，PowerPoint 中提供了很多模板，它们将幻灯片的配色方案、背景和格式组合成各种主题。这些模板称为"幻灯片主题"。通过选择"幻灯片主题"并将其应用到演示文稿，用户可以制作所有幻灯片均与相同主题保持一致的设计，如图 6-75 所示幻灯片主题。

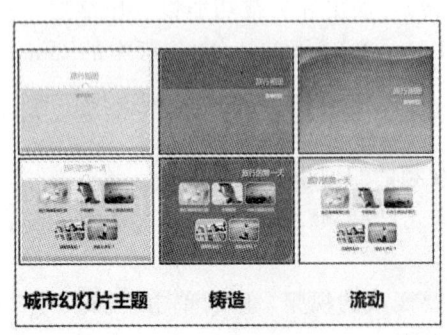

图 6-75　幻灯片主题

选择相册幻灯片主题操作如下。

(1) 启动 PowerPoint 并打开新的演示文稿。

(2) 在标题幻灯片上键入文本。

(3) 单击"开始"选项卡"幻灯片"中的"新建幻灯片"，添加一张新幻灯片。

(4) 在添加的幻灯片上键入文本。

(5) 选择幻灯片主题。单击"设计"选项卡上"主题"中的幻灯片主题，如图 6-76 所示。

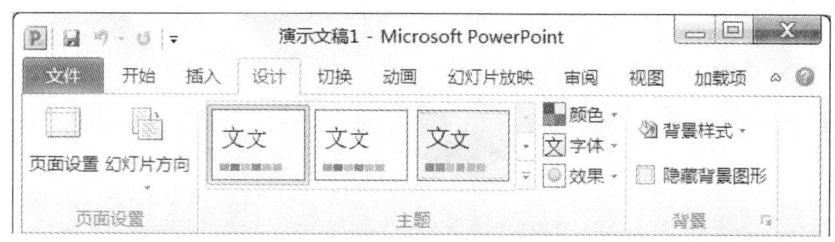

图 6-76 选择幻灯片主题

选择幻灯片主题。通过在 ▼ "主题"中单击,用户可以滚动浏览可用主题的列表。此外,当用户单击 ▼ ("更多"按钮)时,将会显示所有的可用幻灯片主题,如图 6-77 所示。

图 6-77 选择更多幻灯片主题

检查幻灯片主题,通过指向"主题"中的幻灯片主题,用户可以检查主题在应用后的实际效果。

(6)幻灯片主题已应用到所有幻灯片,如图 6-78 所示。

6.5.2 设置幻灯片背景

1. 在演示文稿中更改背景颜色或图案

(1)单击"设计"→"背景样式"按钮,选择"设置背景样式..."命令,弹出设置背景样式对话框。

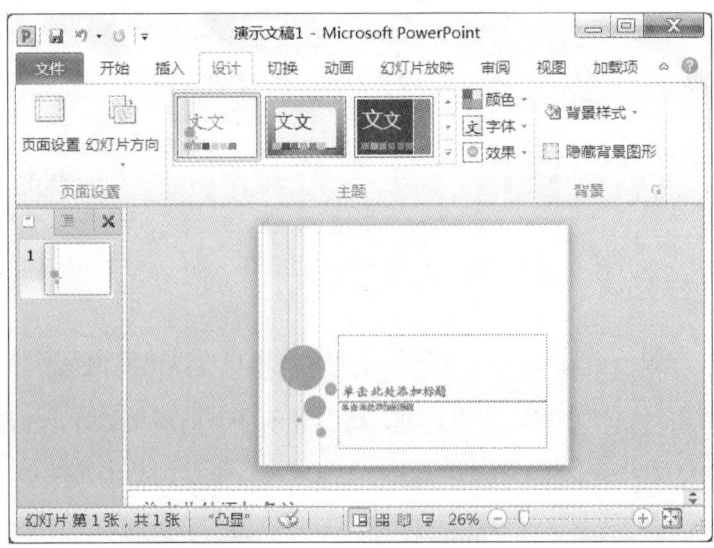

图 6-78　幻灯片主题应用

（2）单击"纹理"下拉按钮，选择要填充的纹理作为背景填充。或者选择插入自"文件…"，在文件目录中选择某一个图片作为背景填充。

（3）单击"关闭"按钮，则背景设置只应用在当前幻灯片上，若单击"全部应用"按钮，则背景设置应用到整个演示文稿。

2. 方法与步骤

（1）新建一个 PPT 文件，双击打开，直接进入的是普通视图模式。如果背景图片是直接复制粘贴在 PPT 普通视图里中，可以很轻易地修改；但如果背景图片放在母版里，在普通视图里就无法修改了。

（2）在 PPT2010 中，单击"视图"→"幻灯片母版"，即可进入幻灯片母版的编辑模式。在此模式下可以按 Delete 键删除不要的信息，比如公司 Logo、联系信息等。

（3）在母版视图状态下，从左侧的预览中可以看出，PPT2010 提供了 12 张默认幻灯片母版页面。其中第一张为基础页，对它进行的设置会自动在其余的页面上显示。

（4）单击"插入"→"图片"命令，为第一张 PPT 页面插入一张制作好的背景图片。这里也可以使用快捷键组合 Ctrl＋C 与 Ctrl＋V 插入图片，可以节省时间。

可以看出，不仅第一张的背景图片换掉了，所有 12 张默认的 PPT 页面都被换掉了，而且下面 11 张 PPT 页面的背景图片都没有办法选择和修改，要想改变的话只有在上面覆盖别的图片了。所以可以说，第一张 PPT 基础页是母版中的母版，一变全变，如图 6-79 所示幻灯片背景。

（5）在 PPT 母版中，第二张一般用于封面，所以想要使封面不同于其他页面，只有在第二张母版页单独插入一张图片覆盖原来的。可以看到，只有第二张发生了变化，其余的还是保持原来的状态，如图 6-80 所示修改幻灯片背景。

第六章 演示文稿 PowerPoint 2010

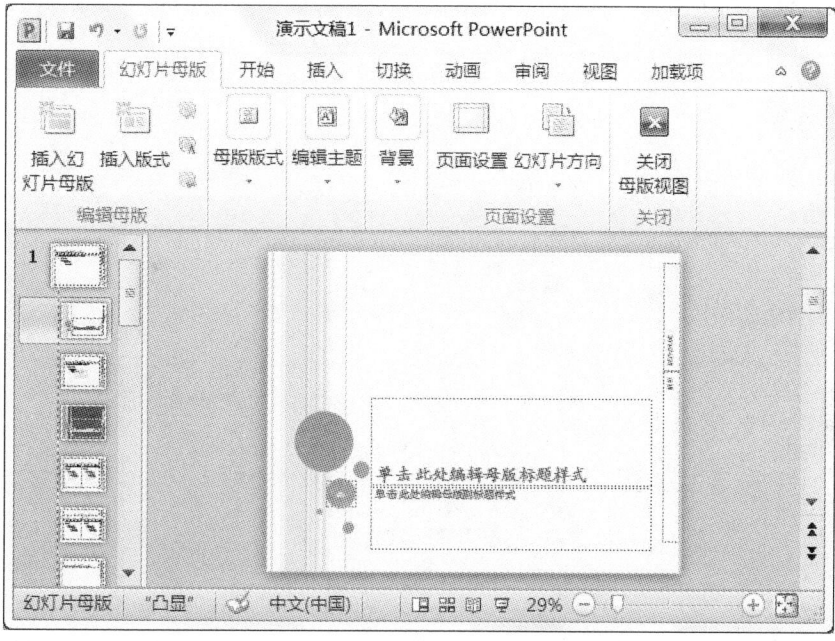

图 6-79 幻灯片背景

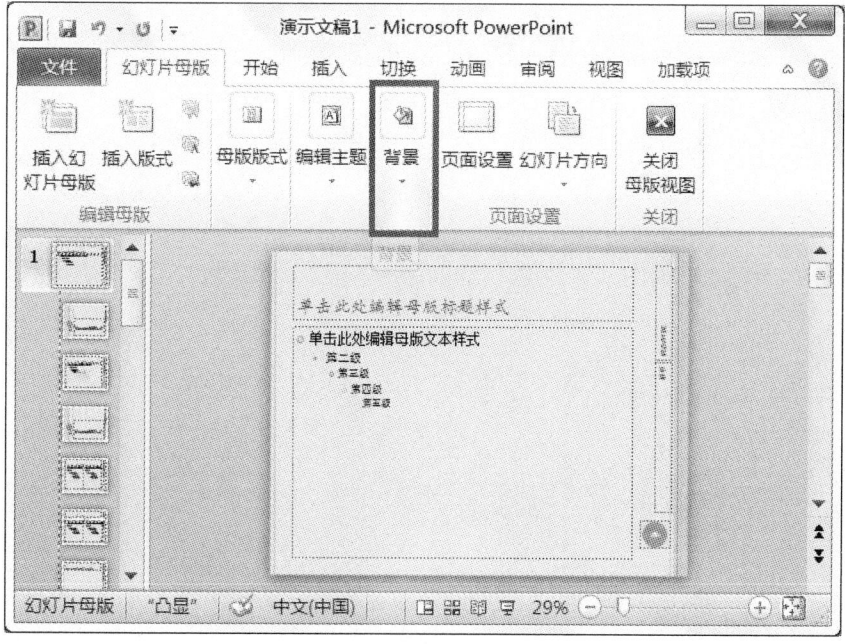

图 6-80 修改幻灯片背景

（6）当在第二张 PPT 母版中插入了图片后，关闭母版视图，回到普通视图，发现 PPT 已经默认添加了封面，而这个封面在此无法被修改，如图 6-81 所示幻灯片封面。

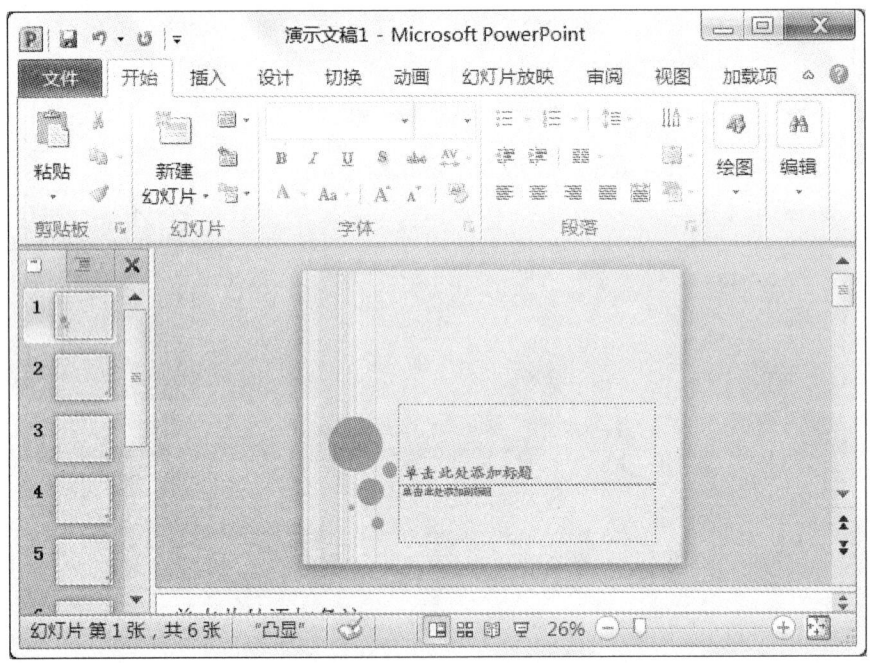

图 6-81　幻灯片封面

图 6-82　幻灯片内容

（7）再增加内页看看效果。增加内页有两种方式：一是用鼠标单击左侧缩略图的任意地方，按 Enter 键；二是在缩略图的任意地方右键单击，选择"新建幻灯片"命令即可。可以发现，新增的 PPT 内页都是有背景图片的，也就是刚刚在第一张母版中插入的图片，如图 6-82 所示幻灯片内容。

（8）为内页更换版式。操作的前提是，必须在母版中制作好各种需要用到的版式。更换版式时，在左侧缩略图中选择页面，右键单击，在弹出菜单中选择"版式"命令，就可以在预设的各个版式里选择了，如图 6-83 所示更换版式。这样做可以修改别人的母版背景，也可以设置自己想要的母版背景。

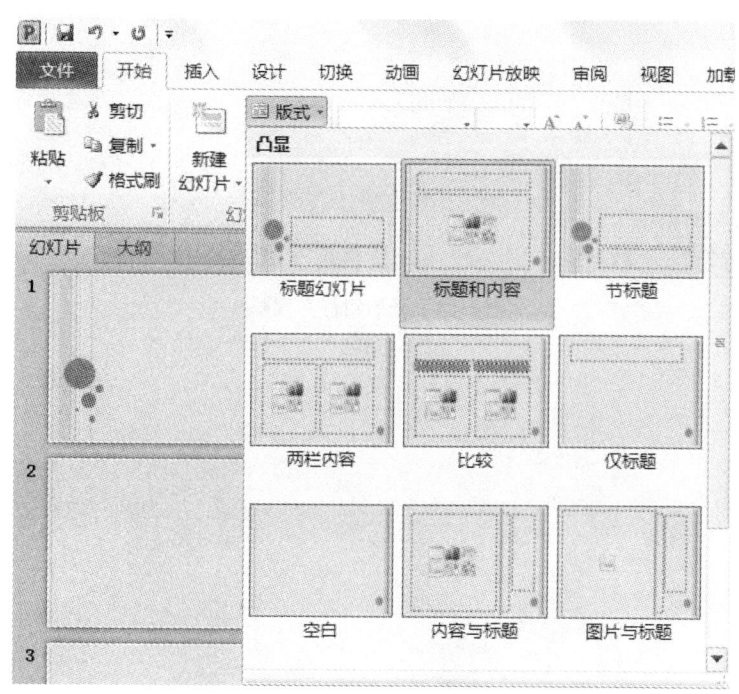

图 6-83　更换版式

6.6　PowerPoint 2010 的放映设计

6.6.1　放映演示文稿

1. 播放演示文稿

1）从头到尾播放演示文稿

（1）单击"幻灯片放映"选项卡"开始幻灯片放映"中的"从头开始"，如图 6-84 所示。

（2）演示文稿开始播放，第一张幻灯片上出现在计算机屏幕上，如图 6-85 所示。

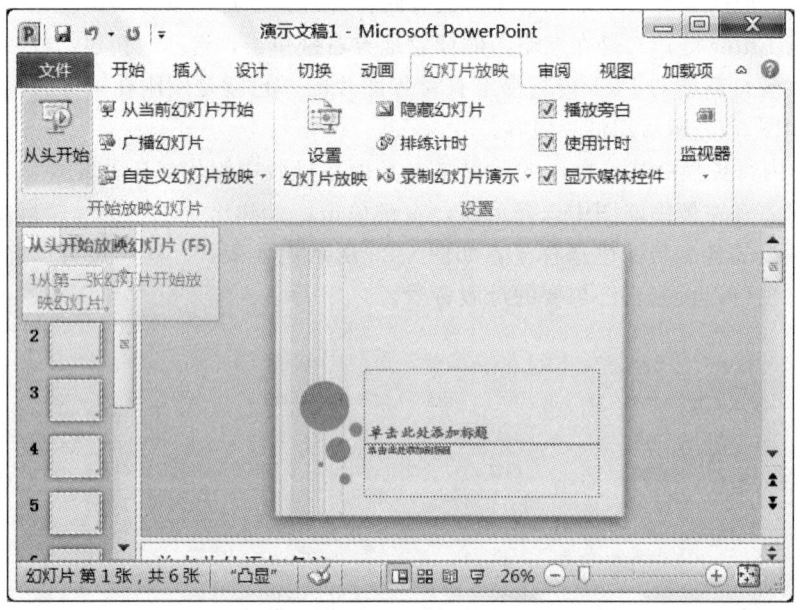

图 6-84　开始幻灯片放映

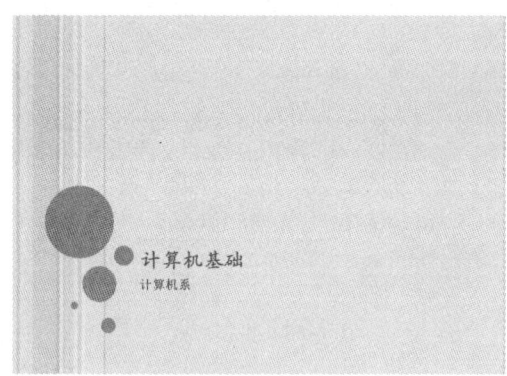

图 6-85　幻灯片放映

开始放映幻灯片时，光标将会隐藏；当用户移动鼠标时，光标就会显示，因此请尝试将鼠标移动几下。停止移动鼠标时，光标会再次隐藏。

要使用笔记本电脑和投影仪在屏幕上投射演示文稿时，用户必须做好以下准备。第一次有大量工作要做，事先检查如何操作每个项目，使用电缆将笔记本电脑连接到投影仪。打开投影仪的电源开关，使笔记本电脑的显示分辨率与投影仪支持的分辨率相匹配，使用键盘切换笔记本电脑的图像信号，以使输出同时在笔记本电脑屏幕和投影仪上显示。有关设置和安装的详细信息，请参阅笔记本电脑和投影仪附带的手册。

（3）单击鼠标左键转到下一张幻灯片，或按键盘上的"向右"键转到下一张幻灯片。按键盘上的"向左"键转到上一张幻灯片。

（4）用户一直单击，直至到达最后一张幻灯片。单击最后一张幻灯片时，用户将转到黑色屏幕，此时显示"结束放映，单击鼠标退出。"，如图6-86所示结束放映。

图6-86 结束放映

（5）当用户单击时，演示文稿将停止播放，并且用户将返回到编辑窗口。

其他演示文稿的播放方法。按键盘上的F5，可像上述步骤一样从头播放演示文稿。单击"幻灯片放映"选项卡"开始幻灯片放映"中的"从当前幻灯片开始"，可从当前显示的幻灯片开始播放演示文稿，如图6-87所示从当前幻灯片开始。

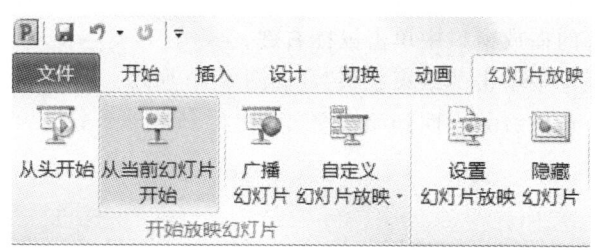

图6-87 从当前幻灯片开始

通过单击窗口下端的"幻灯片放映"按钮，用户还可以从当前显示的幻灯片开始播放幻灯片，如图6-88所示。

图6-88 从当前幻灯片开始

播放演示文稿时，用户不仅可以转到下一页和返回到上一页，还可以快速转到特定的页面并进行编辑。

2）转到特定幻灯片

（1）打开演示文稿。
（2）在演示文稿播放窗口中右键鼠标。
（3）指向"定位至幻灯片"，然后单击幻灯片编号，如图6-89所示选择幻灯片。

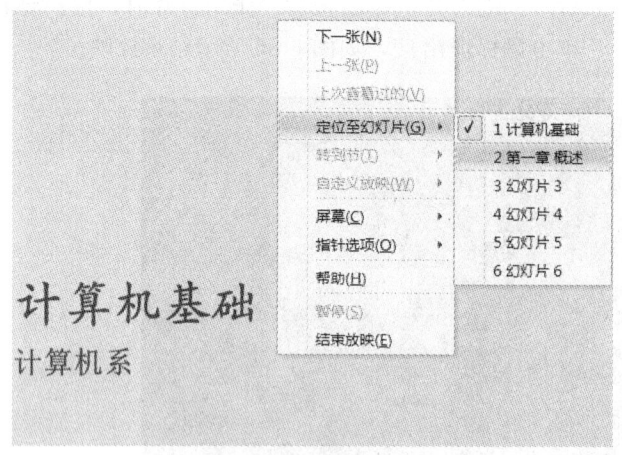
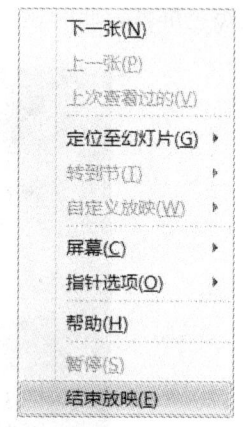

图 6-89 选择幻灯片　　　　　　　　　图 6-90 结束放映

（4）用户单击的幻灯片将会显示。

2. 演示过程中退出

用户可以演示过程中退出播放，而不用等到幻灯片播放完毕。
（1）打开演示文稿。
（2）在演示文稿的播放窗口中单击鼠标右键。
（3）在显示的菜单中单击"结束放映"，如图 6-90 所示。
（4）演示文稿停止播放并返回到编辑窗口。

3. 在幻灯片上书写

播放演示文稿时，用户可以使用鼠标绘出下划线、圆形或突出显示幻灯片上的文

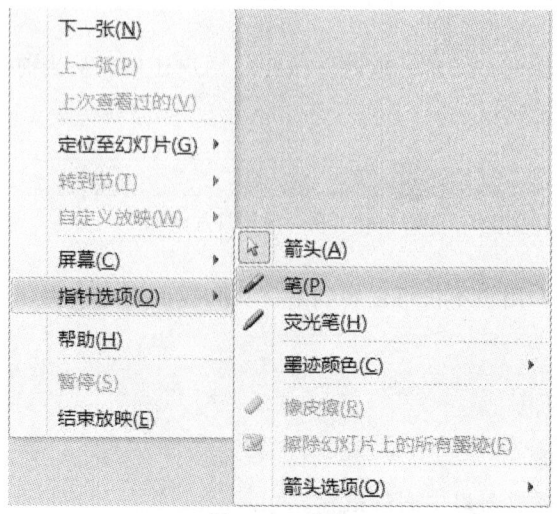

图 6-91 选笔

本。让用户使用"笔"命令来在幻灯片上书写。

（1）打开演示文稿。

（2）在演示文稿中播放窗口中单击鼠标右键。

（3）在显示的菜单中，指向"指针选项"，然后单击"笔"，如图 6-91 所示选笔。

现在，用户可以使用鼠标在幻灯片上书写。光标形状更改为笔的红点，如图 6-92 所示。

图 6-92　笔

（4）按住鼠标左键的同时移动鼠标，然后在幻灯片上书写，如图 6-93 所示。

（5）如果用户已在幻灯片上书写，则在幻灯片放映结束时，将显示以下消息，如图 6-94 所示确认保存。

单击"保留"，返回到保留所写内容的编辑窗口。在编辑窗口中，可以检查书写的内容。单击"放弃"删除

图 6-93　幻灯片上书写

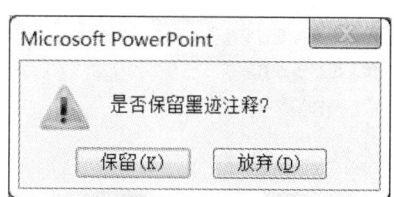

图 6-94　确认保存

书写内容并返回到编辑窗口。如果要保存书写，请保存演示文稿。

6.6.2　为幻灯片中的对象设置动画效果

制作幻灯片 PPT，不仅需要在 PPT 的内容设计上制作精美，还需要在 PPT 的动画上下工夫，好的 PPT 动画能给 PPT 演示带来一定的帮助与推力，带动观看 PPT 的主动性、吸引力也挺强。

PPT2010 动画效果分为 PPT2010 自定义动画以及 PPT2010 切换效果两种动画效

果,先来学习第一种动画效果:PPT2010自定义动画,Microsoft powerpoint 2010 演示文稿中的文本、图片、形状、表格、SmartArt图形和其他对象制作成动画,赋予它们进入、退出、大小或颜色变化甚至移动等视觉效果。具体有以下四种自定义动画效果。

1. "进入"效果

在PPT菜单的"动画"→"添加动画"里面"进入"或"更多进入效果",如图6-95所示进入效果,都是自定义动画对象的出现动画形式,比如可以使对象逐渐淡入焦点、从边缘飞入幻灯片或者跳入视图中等。

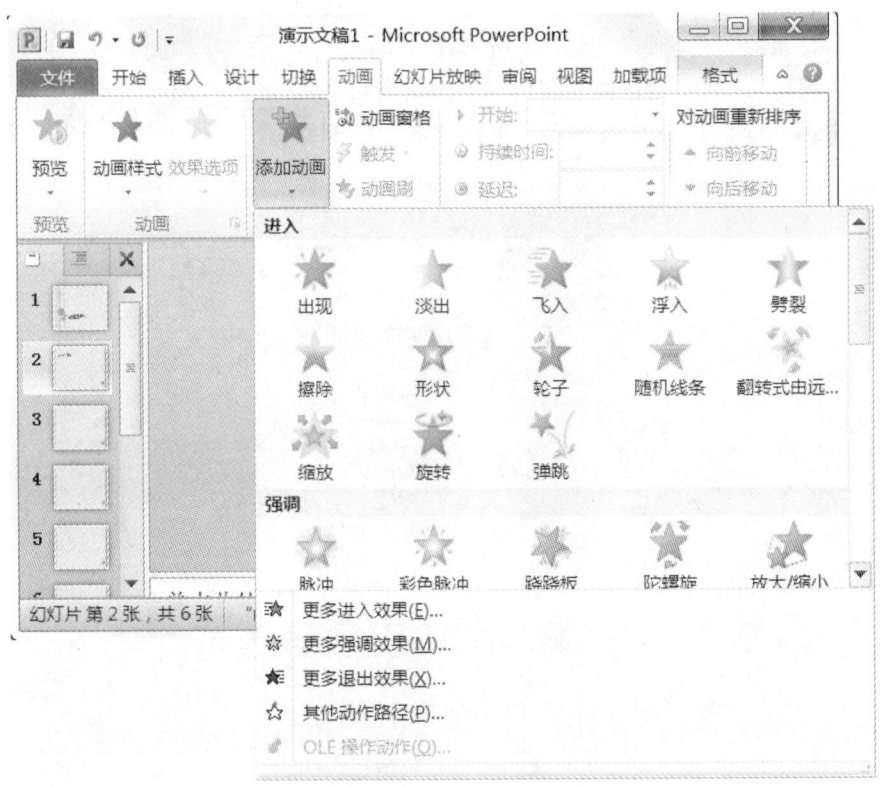

图 6-95 进入效果

2. "强调"效果

同样在PPT菜单的"动画"→"添加动画"里面"强调"或"更多强调效果",如图6-96所示,有"基本型""细微型""温和型"以及"华丽型"四种特色动画效果,这些效果的示例包括使对象缩小或放大、更改颜色或沿着其中心旋转。

3. "退出"效果

这个自定义动画效果的区别在于与"进入"效果类似但是相反,如图6-97所示退出效果,它是自定义对象退出时所表现的动画形式,如让对象飞出幻灯片、从视图中消

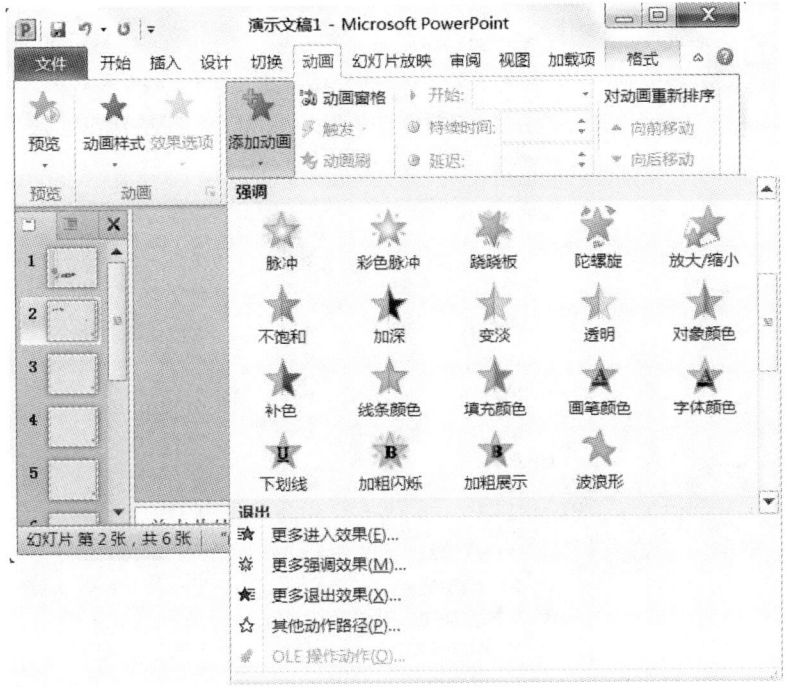

图 6-96 强调效果

失或者从幻灯片旋出。

4. "动作路径"效果

这一个动画效果是根据形状或者直线、曲线，如图 6-98 所示动作路径效果的路径来展示对象游走的路径，用这些效果可以使对象上下移动、左右移动或者沿着星形或圆形图案移动（与其他效果一起）。

以上四种自定义动画，可以单独使用任何一种动画，也可以将多种效果组合在一起。例如，可以对一行文本应用"飞入"进入效果及"陀螺旋"强调效果，使它旋转起来如图 6-99 所示旋转效果。也可以对自定义动画设置出现的顺序以及开始时间，延时或者持续动画时间等。可以单独使用任何一种动画，也可以将多种效果组合在一起。例如，可以对一个文本应用"飞入"进入效果及"放大/缩小"强调效果，使它在左侧飞入的同时逐渐放大。

幻灯片自定义动画技巧："动画刷"。"动画刷"是一个能复制一个对象的动画，并应用到其他对象的动画工具。在菜单"动画"的"高级动画"里面的"动画刷"，如图 6-100 所示。其使用方法为：点击有设置动画的对象，双击"动画刷"按钮，当鼠标变成刷子形状时，点击需要设置相同自定义动画的对象便可。

PPT2010 怎么做动画的另一种方法：PPT2010 动画效果中的切换效果，即给幻灯片添加切换动画，在 PPT2010 菜单栏的"切换"中的"切换到此幻灯片"组有"切换方案"以及"效果选项"，在"切换方案"可以看到有"细微型"、"华丽型"以及"动

· 266 ·　　　　　　　　　　　计算机文化基础

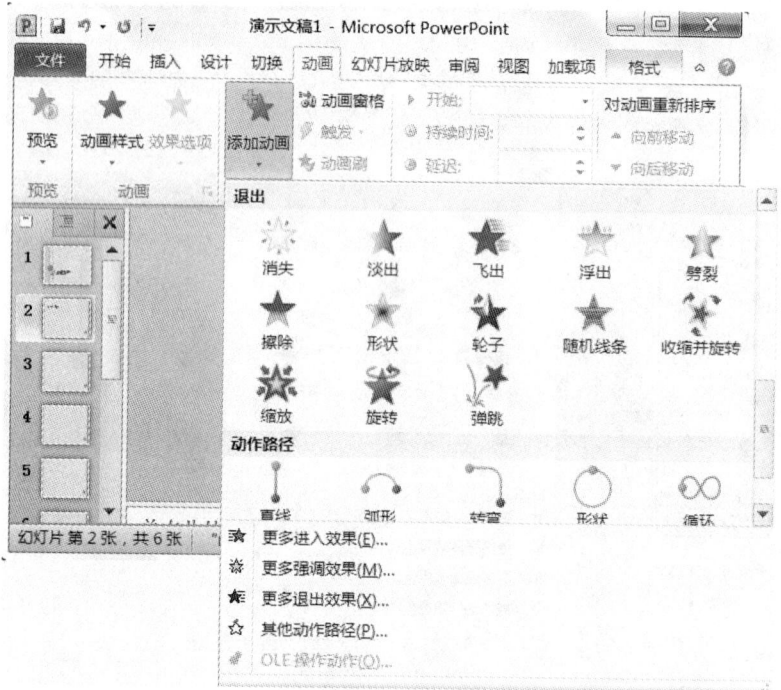

图 6-97　退出效果

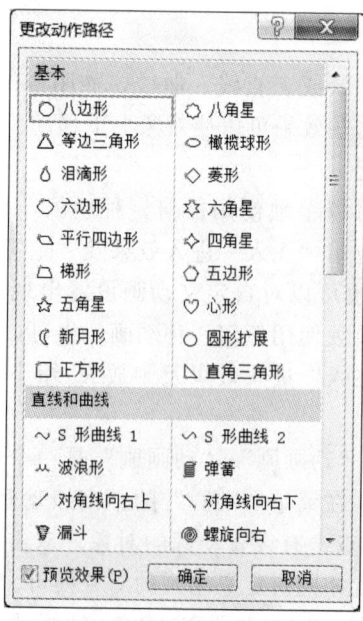

图 6-98　动作路径效果

第六章　演示文稿 PowerPoint 2010

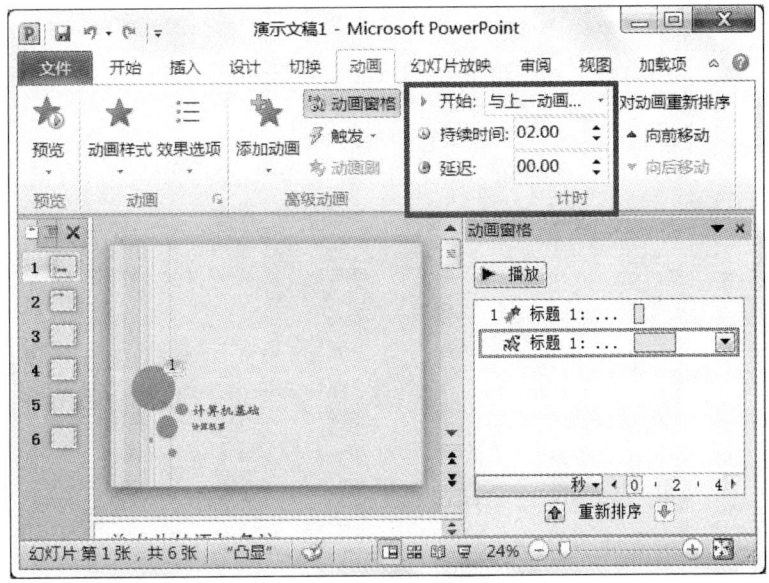

图 6-99　旋转效果

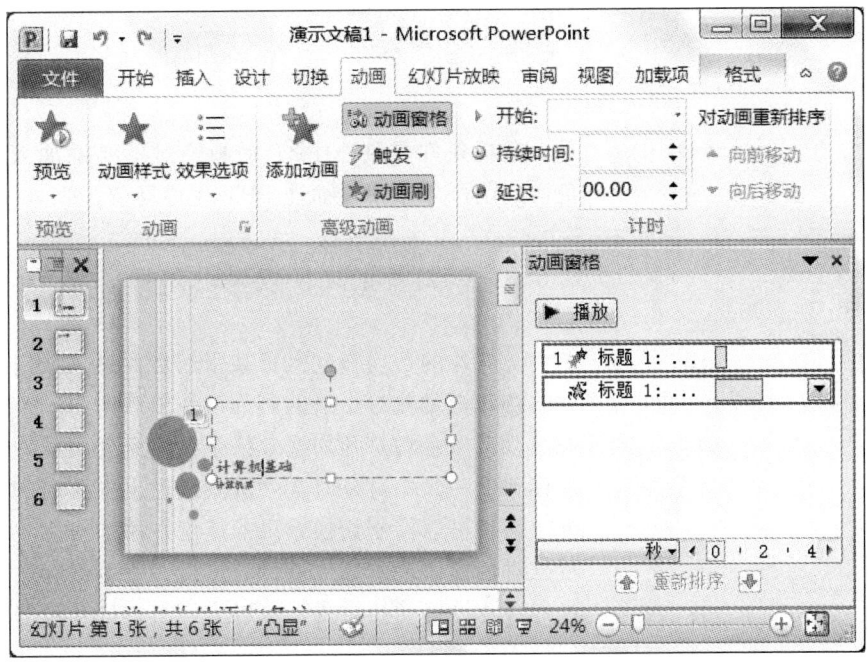

图 6-100　动画刷

态内容"三种动画效果，如图 6-101 所示综合动画。其使用方法为：选择要想其应用切换效果的幻灯片，在"切换"选项卡的"切换到此幻灯片"组中，单击要应用于该幻灯片的幻灯片切换效果。

学会了 PPT 动画效果，不仅能给 PPT 带来炫酷的效果，给用户的感觉更是一种尊

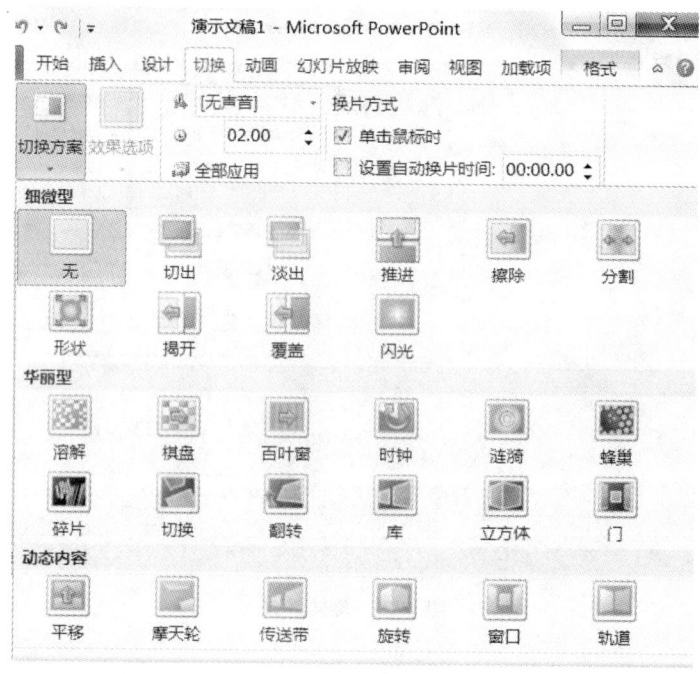

图 6-101 综合动画

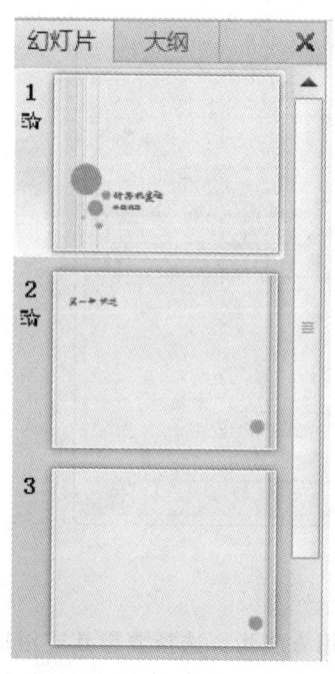

图 6-102 幻灯片选项卡

重,前提条件是制作 PPT 动画绝对不要添加太多,避免出现动画效果多度而让 PPT 变得复杂。

6.6.3 幻灯片的切换效果设计

幻灯片的切换方式是指某张幻灯片进入或退出屏幕时的特殊视觉效果,目的是为了使前后两张幻灯片之间的过渡自然。幻灯片切换效果是在演示期间从一张幻灯片移到下一张幻灯片时在一进入或退出屏幕时的特殊视觉效果,可以控制切换效果的速度,添加声音,甚至还可以对切换效果的属性进行自定义。既可以为选择的某张幻灯片设置切换方式,也可为一组幻灯片设置相同的切换方式。

在幻灯片之间添加切换效果,选择"切换"功能区,即可设置幻灯片切换方式。向幻灯片添加切换效果的步骤如下。

(1) 在包含"大纲和幻灯片"选项卡的窗格中,单击"幻灯片"选项卡,如图 6-102 所示。

(2) 选择要想其应用切换效果的幻灯片的缩略图。

(3) 在"切换"选项卡的"切换到此幻灯片"组中，单击要应用于该幻灯片的幻灯片切换效果，如图 6-103 所示。

在"切换到此幻灯片"组中选择一个切换效果。在此示例中，选择只有 PowerPoint 2010 才有的"库"切换效果。

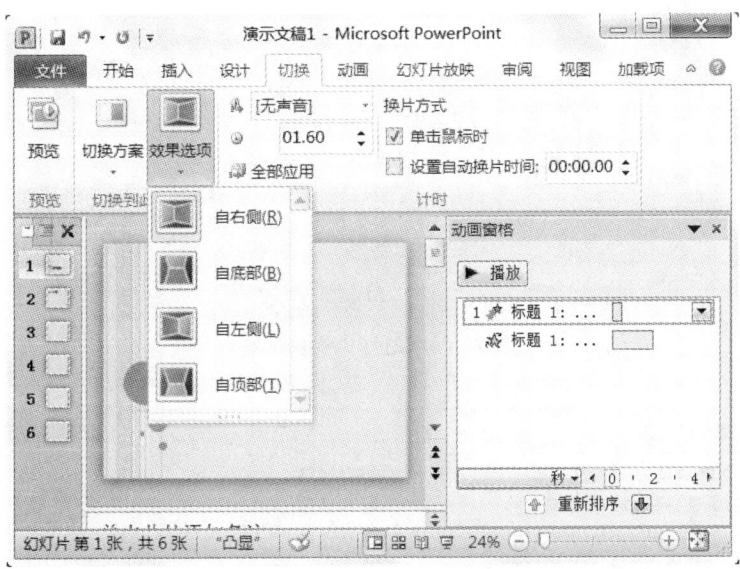

图 6-103　幻灯片切换效果

6.6.4　幻灯片放映方式设置

在默认情况下，PowerPoint 2010 会按照预设的演讲者放映方式来放映幻灯片，但放映过程需要人工控制，在 PowerPoint 2010 中还有两种放映方式：一是观众自行浏览，二是展台浏览，方法/步骤如下。

(1) 打开一个演示文稿，切换至"幻灯片放映"面板，单击"设置"选项板中的"设置幻灯片放映"按钮，如图 6-104 所示。

(2) 弹出"设置放映方式"对话框，即可在"放映类型"选项区中看到三种放映方式，如图 6-105 所示。

(3) 在"放映类型"选项区中，各单选按钮的含义如下。

"演讲者放映方式"单选按钮：演讲者放映方式是最常用的放映方式，在放映过程中以全屏显示幻灯片。演讲者能控制幻灯片的放映，暂停演示文稿，添加会议细节，还可以录制旁白。

"观众自行浏览"单选按钮：可以在标准窗口中放映幻灯片。在放映幻灯片时，可以拖动右侧的滚动条，或滚动鼠标上的滚轮来实现幻灯片的放映。

"在展台浏览"单选按钮：在展台浏览是三种放映类型中最简单的方式，这种方式

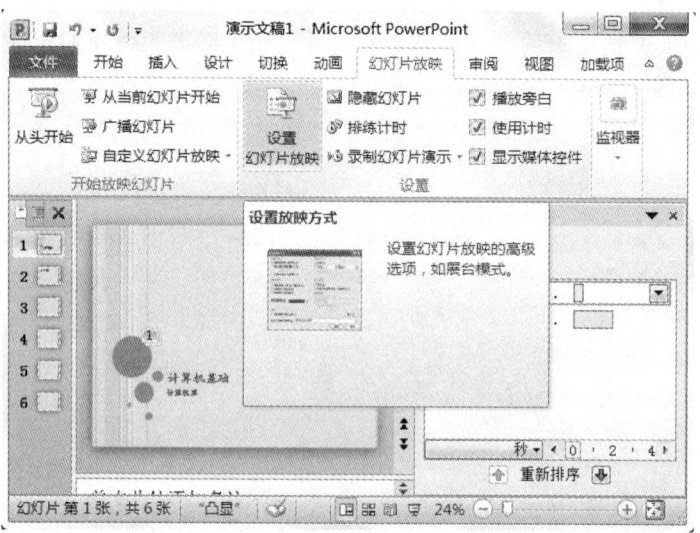

图 6-104 幻灯片放映设置

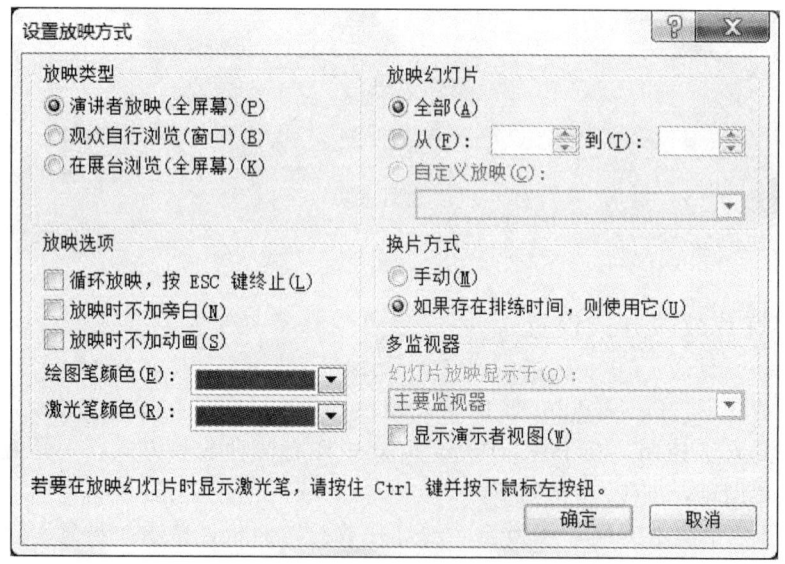

图 6-105 设置放映方式

将自动全屏放映幻灯片,并且循环放映演示文稿,在放映过程中除了通过超链接或动作按钮来进行切换以外,其他的功能都不能使用,如果要停止放映,只能按"Esc"键来终止。

6.7 小结

本章介绍了 PowerPoint 2010 概述,PowerPoint 2010 的基本操作,PowerPoint

2010 视图，PowerPoint 2010 的基本制作，PowerPoint 2010 的外观修饰，以及 PowerPoint 2010 的放映设计。以实践为主，图文并茂的向读者介绍了 PowerPoint 2010 的功能、制作和使用方法与步骤，使读者易学易懂。

6.8 习题

1. 在几种 PowerPoint 视图中，能够添加和显示备注文字的视图是_____。
2. 在 PowerPoint 2010 中，若希望演示文稿作者的名字出现在所有的幻灯片中，则应将其加入到_____中。
3. 在 PowerPoint 2010 中放映类型有哪几种？
4. 按以下要求，应用 PowerPoint 2010 独立设计制作一个演示文稿，在课堂上与同学分享交流。
（1）创建一个演示文档，并尝试在演示文档中插入几段文字，一个表格，一个超级链接，一个 Smart Art 图形，一段 Flash。
（2）尝试修改一个母版并应用到刚创建的演示文档中。
（3）为刚才创建的演示文档添加动画效果。

第三篇　软件技术基础（二级）

第七章 程序设计基础与基本数据结构

对于 21 世纪的理工科大学生和计算机爱好者来说，程序设计基础与基本数据结构是非常重要的基础知识，掌握效果如何直接影响到专业中信息化处理课程的学习以及对编程的兴趣程度。在程序设计基础部分将围绕程序设计方法学、结构化程序设计方法和面向对象程序设计方法等进行介绍，使读者能初步具备程序设计相关的理论知识和掌握目前主流的程序方法。在基本数据结构部分将围绕程序的本质、简单数据结构及其应用等进行阐述，通过学习让读者详细掌握程序的本质"算法＋数据结构"，初步掌握简单基本的线性和非线性数据结构，以及在查找和排序上的简单应用。

7.1 程序设计基础

7.1.1 程序设计方法学与风格

众所周知，随着科技和信息技术的迅猛发展，越来越多的工作和业务被程序支撑与控制着，如数值天气预报、数字化校园以及网上购物等。那究竟什么是程序？通俗来说，程序是用来控制计算机操作的一系列代码。而程序设计目的是利用计算机对现实问题进行求解。其实，计算机科学家、图灵奖获得者尼克劳斯·威茨（Niklaus Wirth）教授对程序进行了经典定义：

$$程序＝算法＋数据结构$$

此公式对计算机科学的影响程度足以类似物理学中爱因斯坦的 $E=MC^2$，它揭示了程序的本质。

随着软件产业的迅猛发展和软件开发的工程化日趋完善，程序与软件开发环境的关系越来越紧密，开发工具的选择对程序的开发效率有着非常大的影响，有时会起到事半功倍的效果。因此需与时俱进，对程序的定义进行扩充：

$$程序＝算法＋数据结构＋开发环境$$

1. 程序设计方法学

程序设计方法学是探讨程序设计的理论和方法的学科，是用以指导程序设计各阶段工作的原理和原则，以及依此提出的设计技术。程序设计方法学包括程序理论、研制技术、支持环境、工程规范和自动程序设计等课题，使程序设计更加科学化和工程化。它起源于 20 世纪 70 年代，与程序设计方法学的发展、软件的发展以及编程语言的发展都有着密切的关系。通过对其研究，不断地提高编程人员的程序设计水平，丰富程序人员的思维方法，而问题求解规模和复杂性大大地促进了程序设计技术的发展；反过来，程序设计的提高也推动着程序设计方法学这门学科不断地发展。

通常来说，程序设计方法学的概念有狭义和广义之分。狭义的程序设计方法学是指传统的有关结构化程序设计的理论、方法和技术；广义的程序设计方法学概念包括了程序设计语言和程序设计的所有理论和方法。特别是在结构化程序设计的研究逐步衰退以后，程序设计方法学成为一个笼统的概念。但随着软件产业的快速发展，对程序设计方法提出了更高的要求，如设计过程简单化、代码跨平台化、代码重用化等，促使程序设计方法学成为一门学科。为此，首先要弄清楚程序设计方法学的基本研究目标。

从学科定义来说，程序设计方法学的目标是能设计出可靠、高效、易读而且代价合理的程序。更通俗地说，程序设计方法学的最基本目标是通过对程序本质属性的研究，说明什么样的程序是一个"优秀"的程序，怎样才能设计出"优秀"的程序。

一般的程序设计过程是借助某种编程语言对求解问题的计算机算法进行编程实现。其产出是软件产品（俗称程序），其功能是利用计算机求解问题，因此在程序设计时，最重要的是程序的正确性和程序的执行效率。程序的正确性和效率是由程序的结构和算法决定的，当然，也与程序的易读性、可维护性有密切的关系。程序设计的一般过程应包括分析实际问题并抽象，利用数学建模技术构建问题的数学模型，借助计算方法和数据模型构造合适数据结构，进而设计算法，最后借助计算机语言实现算法形成程序。

程序设计方法大致经历如下主要阶段：手工作坊式、结构化、模块化、面向对象等程序设计阶段。后续内容将以主流的结构化程序设计和面向对象程序设计为例，分别讲解它们的设计方法。

2. 源程序编写的一般规范

除了好的程序设计方法和技术之外，程序设计编码的规范也是很重要的。良好的程序设计风格可以使程序结构清晰合理，使程序代码易于测试和维护。程序设计风格是指编写程序时所表现出的特点、习惯和逻辑思路，为了测试和维护程序，往往还要阅读和跟踪程序，因此程序设计的风格总体而言应该强调简单和清晰。良好的编程风格是提高程序可靠性非常重要的手段，也是大型项目多人合作开发的技术基础。本小节目的在于通过规范定义来避免不好的编程风格，增强程序的易读性，便于自己和其他程序员理解。

在编写程序过程，遵循的规范有很多，不同的软件公司也专门设计了适合本公司的规范，因此，下面仅介绍常见的约定规范。

1) 标识符命名及书写规则

（1）规范的基本要求。

这里的标识符是指程序设计中语法对象的名字，它们有常量名、变量名、函数名、类型名和文件名等，标识符的基本语法是以字母开始，由字母、数字及下划线组成的单词。

标识符本身最好能够表明其自身的含义，以便于使用和他人阅读；按其在应用中的含义可由一个或多个词组成，可以是英文词或中文拼音词。

当标识符由多个词组成时，建议每个词的第一个字母大写，其余全部小写，常量标识符全部大写。中文词由中文描述含义的每个汉字的第一个拼音字母组成；英文词尽量不缩写，如果有缩写，在同一系统中对同一单词必须使用相同的表示法。如在 C 语言中，还规定了标识符的总长度建议一般不要超过 32 个字符等。

（2）特殊约定。

有的编程工具或软件企业对标识符的命名有自己的特有规定。例如，常把标识符分为两部分：规范标识前缀＋含义标识。

其中，规范标识前缀用来标明该标识的归类特征，以便与其他类型的标识符互相区别。例如：实型标识符的前缀为 f，表示身高的实型变量可命名为：fHeight；整型标识符的前缀为 i，表示年龄的整型变量可命名为：iAge；字符型标识符的前缀为 c，表示性别的字符型变量可命名为：cSex。

含义标识用来标明该标识所对应的被抽象的实体，以便记忆，上面例子中"fHeight"的"Height"就是含义标识。

（3）源代码文件标识符命名规则。

源代码文件标识符分为两部分，即文件名前缀和后缀。格式规则如下：×× … ××.×××。前缀部分通常与该文件所表示的内容或作用有关；后缀部分通常表示该文件的类型，可以自己给定，具体的编程环境有特殊规定的以编程环境的规定为准，如 C 语言中默认的后缀为.c。

前缀和后缀这两部分字符应仅使用字母、数字和下划线；文件标识的长度不能超过 32 个字符，以便于识别。

2）注释及格式要求

注释总是加在程序需要作一个概括性说明、不易理解或易理解错的地方。注释应做到语言简练、易懂而又准确，所采用的可选语种是中文，如有输入困难、编译环境限制或特殊需求也可采用英文。

（1）源代码文件的注释。

一般在文件的头部加上注释，常用来标明程序名称，说明程序所完成的主要功能、文件的作者及完成时间等；或阶段测试结束后，主要修改活动的修改人、时间、简单原因说明列表，以及维护过程中需要修改程序时，应在被修改语句前面注明修改时间和原因。

（2）函数（过程）的注释。

一般在函数头部加上必要的注释，用来对函数进行功能和参数（值参、变参）说明。如算法复杂时，需在函数的主体部分进行注释，用来对其算法思路与结构作出必要说明。

（3）语句的注释。

需要进行语句注释的场合包括：应对不易理解的分支条件表达式加注释；不易理解的循环，应说明出口条件；过长的函数实现，应将其语句按实现的功能分段加以概括性说明；供别的文件或函数调用的函数。

(4) 常量和变量的注释。

建议在常量名字（或有宏机制的语言中的宏）声明后对该名字作适当注释，注释说明的要点是被保存值的含义、合法取值的范围等。变量的注释也作类似处理。

3) 缩进规则

(1) 控制结构的缩进。

程序应以缩进形式展现程序的块结构和控制结构，在不影响展示程序结构的前提下尽可能地减少缩进的层次。常采用的两种缩进为

```
缩进方式 1
if (expression)
{
    statements
}
else
{
    statements
}
```

```
缩进方式 2
if (expression) {
    statements
}
else {
    statements
}
```

(2) 缩进的限制。

一个程序的宽度如果超出页宽或屏宽将很难阅读，所以须使用折行缩进的方法、合并表达式或编写函数的方法来限制程序的宽度。

建议如下：任何一个程序最大行宽不得超过 80 列，超过者应折行书写；建议一个函数的缩进不得超过 5 级，超过者应将其子块作为函数处理。

4) 代码的排版布局

在使用编程语言的集成环境进行源程序代码编写时，建议采用如下的代码排版规范：

(1) 关键词和操作符之间加适当的空格。
(2) 相对独立的程序块与块之间加空行。
(3) 较长的语句、表达式等要分成多行书写。
(4) 划分出的新行要进行适当的缩进，使排版整齐，语句可读。
(5) 长表达式要在低优先级操作符处划分新行，操作符放在新行之首。
(6) 循环、判断等语句中若有较长的表达式或语句，则要进行适当的划分。
(7) 若函数中的参数较长，则要进行适当的划分。
(8) 不允许把多个短语句写在一行中，即一行只写一条语句。
(9) 函数的开始、结构的定义及循环、判断等语句中的代码都要采用缩进风格。

7.1.2 结构化程序设计

1. 概述

迪克斯特拉（E. W. Dijkstra）在 1969 年提出了结构化程序设计方法，是以模块化设计为中心，将待开发的软件系统划分为若干个相互独立的模块，这样使每一个模块的完成变得简单且明确，为设计一些较大的软件打下了良好的基础。由于模块相互独立，

因此在设计其中一个模块时，不会受到其他模块的牵连，因而可将原来较为复杂的问题化简为一系列简单模块的设计。模块的独立性还为扩充已有的系统、建立新系统带来了不少的方便，因为我们可以充分利用现有的模块作积木式的集成与扩展。

结构化程序的概念首先从以往编程过程中无限制地使用转移语句而提出。转移语句可以使程序的控制流程强制性地转向程序的任一处，在传统流程图中，用"很随意"的流程线来描述转移功能。如果一个程序中多处出现这种转移情况，将会导致程序流程无序可寻，程序结构杂乱无章，这样的程序是令人难以理解和接受的，并且容易出错。尤其是在实际软件产品的开发中，更多追求是软件的可读性和可修改性，像这种结构和风格的程序是不允许出现的。为此，提出了程序的三种基本结构。

程序的顺序、选择和循环三种控制流程，这就是结构化程序设计方法强调使用的三种基本结构。算法的实现过程是由一系列操作组成的，这些操作之间的执行次序就是程序的控制结构。1966年，计算机科学家Bohm和Jacopini证明了这样的事实：任何简单或复杂的算法都可以由顺序结构、选择结构和循环结构这三种基本结构组合而成。所以，这三种结构就被称为程序设计的三种基本结构，也是结构化程序设计须采用的结构。

结构化程序设计的基本思想是采用"自顶向下，逐步求精"的程序设计方法和"单入口单出口"的控制结构。自顶向下、逐步求精的程序设计方法从问题本身开始，经过逐步细化，将解决问题的步骤分解为由基本程序结构模块组成的结构化程序框图。"单入口单出口"的思想认为一个复杂的程序，如果它仅由顺序、选择和循环三种基本程序结构通过组合、嵌套构成，那么这个新构造的程序一定是一个单入口单出口的程序。据此就很容易编写出结构良好、易于调试的程序来。

因此结构化程序设计具有以下优点：①整体思路清楚，目标明确；②设计工作中阶段性非常强，有利于系统开发的总体管理和控制；③在系统分析时可以诊断出原系统中存在的问题和结构上的缺陷。

结构化程序设计非常强调对程序设计风格的要求。这是因为程序设计风格主要影响程序的可读性。一个具有良好风格的程序应当注意以下几点：①语句形式化。程序语言是形式化语言，需要准确，无二义性。②程序一致性。保持程序中的各部分风格一致，文档格式一致。③结构规范化。程序结构、数据结构，甚至软件的体系结构都要符合结构化程序设计原则。④适当使用注释。注释是帮助程序员理解程序，提高程序可读性的重要手段。⑤标识符贴近实际。程序中数据、变量和函数等的命名原则是：选择有实际意义标识符，以易于识别和理解。

如何编写程序才算符合结构化程序设计方法呢？按照1974年世界著名科学家D. Gries教授的分析，结构化程序设计应包括以下八个方面内容。

（1）结构化程序设计是指导我们编写程序的一般方法。

（2）结构化程序设计是一种避免使用goto语句的程序设计。

（3）结构化程序设计是自顶向下逐步求精的程序设计。

（4）结构化程序设计把任意大而复杂的流程图转变为标准形式和少数基本而又标准的控制逻辑结构（顺序、选择、循环）。

（5）结构化程序设计是一种组织和编写程序的方法，利用它编写的程序容易理解和修改。

(6) 结构化程序设计是控制复杂性的整个理论和训练方法。

(7) 结构化程序的一个主要功能是使得正确性的证明容易实现。

(8) 结构化程序设计将任何大规模的和复杂的流程图转换为一种标准形式，使它们能够用几种标注形式的控制结构通过重复和嵌套来表示。

常用的结构化程序设计语言有：C 语言、FORTRAN 语言、Pascal 语言和 Basic 语言等。更为简单地说，结构化程序设计有以下几个特征。

1) 模块化

(1) 把一个较大的程序划分为若干个函数或子程序，每一个函数或子程序总是独立成为一个模块。

(2) 每一个模块又可继续划分为更小的子模块。

(3) 程序具有一种层次结构。

【注意】运用这种编程方法时，考虑问题必须先进行整体分析，避免想到哪里写到哪里。

2) 层次化

(1) 先设计第一层（即顶层）。然后步步深入，逐层细分，逐步求精，直到整个问题可用程序设计语言具体明确地描述出来为止。

(2) 步骤：先对问题进行仔细分析，确定其输入、输出数据，写出程序运行的主要过程和任务；然后从大的功能方面把一个问题的解决过程分成几个问题，每个子问题形成一个模块。

(3) 特点：先整体后局部，先抽象后具体。

3) 逐步求精

逐步求精是对一个复杂问题，不是一步就编成一个可执行的程序，而是分步进行，具体如下。

第一步编出的程序最为抽象。

第二步编出的程序是把第一步所编的程序（如函数、子过程等）细化，较为抽象。

……

直到最后，第 n 步编出的程序即为符合要求的程序。

所谓"抽象程序"是指程序所描述的解决问题的处理规则，是由那些"做什么"（What）操作组成，而不涉及这些操作"怎样做"（How）以及解决问题的对象具有什么结构，不涉及构造的每个局部细节。

这一方法原理就是：对一个问题或任务，程序人员应立足于全局，考虑如何解决这一问题的总体关系，暂不涉及每个局部细节。在确保全局的正确性之后，再分别对每一局部进行考虑。每个局部又将是一个问题或任务，因而这一方法是自顶而下的，同时也是逐步求精的。采用逐步求精的优点如下。

(1) 便于构造程序。由这种方法产生的程序，其结构清晰、易读、易写、易理解、易调试、易维护。

(2) 适用于大任务、多人协同设计，也便于软件管理。

逐步求精方法有多种具体做法，例如流程图方法、基于函数或子过程的方法等。

2. 程序设计步骤

程序设计步骤如下。

(1) 分析问题。对要解决的问题，首先必须分析清楚问题的已知条件、所问的问题等，初步确定问题的解题思路和方法。

(2) 建立数学模型。从编程的角度，遵循编程思想，列出所有已知量，找出题目的求解目标，在对实际问题进行分析之后，找出它的内在规律，就可以建立相应的数学模型。只有建立问题模型，才有可能利用计算机来解决。

(3) 选择算法。建立数学模型后，还不能着手编写程序，必须选择合适的数据结构来设计解决问题的算法。一般选择算法要注意：① 算法的逻辑结构尽可能简单；② 算法所要求的存储量应尽可能少；③ 避免不必要的循环，减少算法的执行时间；④ 在满足题目条件要求下，使所需的计算量最小。

(4) 编写程序。把整个程序看作一个整体，先全局后局部，自顶向下。如果某些子问题的算法相同而仅参数不同，可以用函数或子程序来表示。

(5) 调试运行。根据程序的运行出现的逻辑错误和输出错误，通过跟踪调试的方法查找出现错误的位置和出错的原因，再次修改程序代码，直至输出正确结果为止。

(6) 分析结果。根据题目要求，输入要解决问题的初始条件及数据，运行并分析结果，将结果进行保存。

(7) 写出程序的文档。为了便于后期的程序升级及维护，稍复杂的程序需要撰写必要的程序文档，主要给出程序设计的思路和相关的实现过程等。

3. 方法举例

【例 7-1】 输出 2 到 N 之间的素数（质数）。

解：要求 2 到 N 之间的素数，程序要做的事就是从 2 开始依次找，判断是否是素数，若是则打印出来，否则继续往下找，直到 N 为止。

第一步：通过分析问题，给出程序总体框架。

<1>读入一个正整数 N；

<2>初始化循环变量 i 为 2；

<3>判断 i 与 N 间的关系。若 i 大于 N，则转<4>；否则

 <3-1>判断 i 是否为素数。若 i 是素数，则打印输出 i；

 <3-2>取比 i 大的下一个数，并放入 i 中；

 <3-3>转<3>；

<4>程序结束。

第二步：细化"判断 i 是否为素数"。

思路：若 i 是一个素数，则返回值为真，否则返回值为假。依据素数的定义，除了 1 和本身之外不能被其他正整数整除的正整数称为素数。进一步细化如下：

<1>初始化循环变量 k 为 2，素数标记 flag 为真（先假定 i 是素数）；

<2>判断 k 与 i 间的关系。若 k 大于等于 i，则转<5>；

<3>判断 i 是否能被 k 整除。若能整除，则素数标记 flag 为假（表示 i 不是素数），转<5>；

<4>若素数标记 flag 为真，则取比 k 大的下一个数，并放入 k 中，转<2>；

<5>返回素数标记 flag。

第三步：补充完整程序。

第四步：除了<2>之外，其实所有的素数都是奇数，因此可进行相应的程序优化。

7.1.3 面向对象的程序设计

1. 概述

面向对象（object-oriented，OO）是当前计算机界关心的热点，现已发展成为软件开发方法的主流。面向对象的概念和应用已超越了程序设计和软件开发，扩展到很宽的范围，如数据库系统、交互式界面、应用结构、应用平台、分布式系统、网络管理结构、CAD 技术、人工智能等领域。早期，面向对象是专指在程序设计中采用封装、继承、抽象等设计方法。可现在面向对象的思想已经涉及软件开发的各个方面，如面向对象的分析（object-oriented analysis，OOA），面向对象的设计（object-oriented design，OOD），以及我们经常说的面向对象的编程实现（object-oriented programming，OOP）。常用的面向对象程序设计语言有 C++语言、Java 语言、C#语言、Visual Basic 语言和 Delphi 语言等。

面向对象程序设计是一种把面向对象的思想应用于软件开发过程中，指导开发活动的系统方法，是建立在"对象"概念基础上的方法学。对象是由数据和容许的操作组成的封装体，与客观实体有直接对应关系，一个对象类定义了具有相似性质的一组对象。而继承性是对具有层次关系的类的属性和操作进行共享的一种方式。所谓面向对象就是基于对象概念，以对象为中心，以类和继承为构造机制，来认识、理解、刻画客观世界和设计、构建相应的软件系统。

相对于结构化程序设计来讲，面向对象程序设计理论扩充了许多新的概念和术语。要想理解和掌握面向对象的理论，必须从最基本的概念入手，通过对最基本概念的掌握来真正认识面向对象方法的作用。与此同时，为了更好地掌握面向对象，须熟悉结构化程序设计。换句话说，结构化程序设计的学习是锤炼程序员的编程思想，面向对象程序设计的学习更多的是锻炼程序员的代码组织。

1）对象

面向对象程序设计中的对象具有两方面的含义，即在现实世界中的含义和在计算机世界中的含义。

在现实世界中可以将任何客观存在的事物都看作一个对象，如一个人、一辆汽车、一棵树，甚至一个星球。一方面，对象与对象之间存在着一定的差异，如一棵树和一辆汽车是两个截然不同的对象；另一方面，对象与对象之间可能又存在某些相似性。如一辆白色的自行车和一辆红色的自行车，两者都是自行车，具有相同的结构和工作原理，仅仅是颜色不同而已。对象既具有一些静态的特征，如一个人的性别、血型和身份证等，还具有一些动态的特征，如一个人身高、年龄和受教育程度等。另外，每一个对象都具有一个名字以区别其他对象，如学生张三和学生李四。

在计算机世界中，对象（Object）是一个现实实体的抽象。一个对象可被认为是一个将数据（属性）和程序（方法）封装在一起的实体，程序用来刻画该对象的动作或对它接收到的外界信号的反应，这些对象操作有时称为方法。

对象是建立面向对象程序所依赖的基本单元。从专业角度来说，所谓对象就是一种代码的实例。这种代码执行特定的功能，具有自包含或者封装的性质。在结构化程序设计中，变量可以看做是简化了的对象。换句话说，变量是仅仅具有单一属性且不具有方法的对象，这里的单一属性便是变量的取值，变量名就是对象名。

通过上面的分析，无论是现实世界中的对象还是计算机世界中的对象，它们具有如下共同的特征。

（1）每个对象都有一个名字以区别其他对象。
（2）每个对象都有一组状态用来描述它的某些特征。
（3）对象通常包含一组操作，每个操作决定对象的一种功能或行为。

在一个面向对象的系统中，对象是运行期的基本实体。它可以用来表示一个人或一个银行账户、一张数据表格。当一个程序运行时，对象与对象之间通过互发消息来相互作用。

2）类

类是构成面向对象程序设计的基础，它把数据和函数封装在一起，是具有相同操作功能和相同数据格式（属性）的对象抽象，它可以被看做抽象数据类型的具体实现。

在程序设计语言中，数据类型本质上是抽象的。高级程序设计语言从位、字节和字中抽象出字符、整数和实数等基本数据类型，这使程序员比使用位、字节等来设计程序方便多了，因为整数、实数的抽象比位、字节的抽象更接近现实的表达。但是在实际应用中，程序设计语言中所提供的数据类型总是有限的。例如，在一般的编程语言中，没有矩阵、方程组、矢量等数据类型，也没有年龄、地址等数据类型。这些数据类型是人们应用抽象到一组对象上而得到的抽象数据类型。在程序中定义一个新类将导致产生一种新的数据类型，达到丰富程序数据类型的目的，因此类的设计就是数据类型的设计。

3）类与对象的关系

简单来说，类是用户自定义的数据类型，是用来描述只有相同属性和方法的对象集合，它定义了该集合中每个对象所共有的属性和方法，对象是类的实例。例如，苹果是一个类，而放在桌上的那个苹果则是一个对象。对象和类的关系相当于一般的程序设计语言中变量和数据类型的关系。

对象包含数据以及操作这些数据的代码。一个对象所包含的所有数据和代码可以通过类来构成一个用户定义的数据类型。事实上，对象就是类类型的变量。一旦定义了一个类，就可以创建这个类的多个对象，每个对象与一组数据相关，而这组数据的类型在类中定义。因此，一个类就是具有相同类型对象的抽象。例如，芒果、苹果和橘子都是水果类的对象。类是用户自定义的数据类型，但在一个程序设计语言中，它和内建的数据类型行为相同，比如创建一个类对象的语法和创建一个整数对象的语法是相同的。

4）面向对象的基本特征

（1）对象唯一性。每个对象都有自身唯一的标识，通过这种标识，可找到相应的对象。在对象的整个生命期中，它的标识都不改变，不同的对象应有不同的标识。

（2）抽象性。抽象是指强调实体的本质、内在的属性。在系统开发中，抽象指的是在决定如何实现对象之前的对象的意义和行为。使用抽象可以尽可能避免过早考虑一些细节。类实现了对象的数据（即状态）和行为的抽象。将具有一致的数据结构（属性）和行为（操作）的对象抽象成类。一个类就是这样一种抽象，它反映了与应用有关的重要性质，而忽略其他一些无关内容。任何类的划分都是主观的，但必须与具体的应用有关。

（3）封装性。封装性是保证软件部件具有优良的模块性的基础。面向对象的类是具有良好封装的模块，类定义将其说明（用户可见的外部接口）与实现（用户不可见的内部实现）显式地分开，其内部实现按其具体定义的作用域提供保护。对象是封装的最基本单位。封装防止了程序相互依赖性而带来的变动影响。面向对象的封装比传统语言的封装更为清晰、更贴近现实。

（4）继承性。继承性是子类自动共享父类数据结构和方法的机制，这是类之间的一种关系。在定义和实现一个类时，可以在一个已经存在类的基础之上进行，把这个已经存在的类所定义的内容作为自己的内容，并加入若干新的内容。继承性是面向对象程序设计语言不同于其他语言的最重要特点，是其他语言所没有的。在类层次中，若子类只继承一个父类的数据结构和方法，则称为单继承；在类层次中，若子类继承了多个父类的数据结构和方法，则称为多重继承。在软件开发中，类的继承性使所建立的软件具有开放性、可扩充性，这是信息组织与分类的行之有效方法，它简化了对象、类的创建工作量，大大增加了代码的可重性，提高了编程效率。

（5）多态性。多态性是指相同的操作或函数、过程可作用于多种类型的对象上并获得不同的结果。不同的对象，收到同一消息可以产生不同的结果，这种现象称为多态性。多态性允许每个对象以适合自身的方式去响应共同的消息；多态性增强了软件的灵活性和重用性。

在面对对象方法中，对象和传递消息分别表现事物及事物间相互联系的概念。类和继承是适应人们一般思维方式的描述范式；方法是允许作用于该类对象上的各种操作。这种对象、类、消息和方法的程序设计范式的基本点在于对象的封装性和类的继承性。通过封装能将对象的定义和对象的实现分开，通过继承能体现类与类之间的关系，由此带来的动态联编和实体的多态性，构成了面向对象的基本特征。

5）与结构化程序设计方法的比较

结构化设计方法中，程序被划分成许多个模块，这些模块被组织成一个树型结构，并且数据和对数据的操作（函数或过程）是完全分离的（图7-1）。上层的模块需要调用下层的模块，所以这些上层的模块就依赖于下层的细节。与问题领域相关的抽象要依赖于与问题相关领域的细节，细节层次影响抽象层次。

在面向对象程序设计中，倒转这种依赖关系，创建的抽象不依赖于任何细节，而细节则高度依赖于上层的抽象；更为重要的是将数据与对数据的操作封装在一起构成一个整体（图7-2）。这种依赖关系的倒转正是面向对象程序设计和传统技术之间根本的差异，也正是面向对象程序设计思想的精华所在。

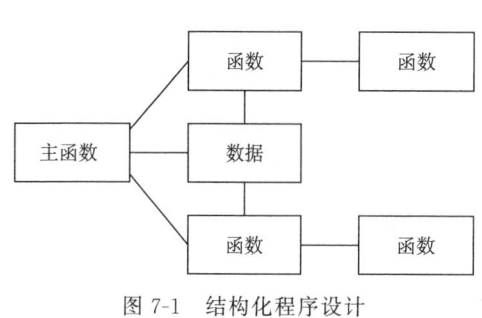

图7-1　结构化程序设计

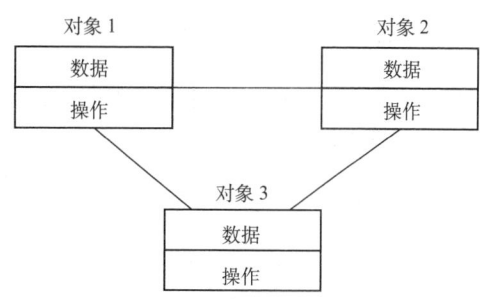

图7-2　面向对象程序设计

2. 程序设计步骤

面向对象程序设计方法学的出发点和所追求的基本目标是：使人们分析、设计与实现一个系统的方法尽可能接近人们认识一个系统的方法；使描述问题的问题空间和解决问题的方法空间在结构上尽可能一致。对问题空间进行自然分割，以更接近人类思维的方式建立问题域模型，以便对客观实体进行结构模拟和行为模拟，从而使设计出的软件尽可能直接地描述现实世界。其核心思想：面向对象程序设计方法模拟人类习惯的解题方法，用对象分解取代功能分解，即把程序分解成许多对象，不同对象之间通过发送消息向对方提出服务要求，接收消息的对象主动完成指定功能。程序中的所有对象分工协作，共同完成整个程序的功能。

面向对象程序设计把数据看作程序开发中的基本元素，并且不允许它们在系统中自由流动。它将数据和操作这些数据的函数紧密地结合在一起，并保护数据不会被外界的过程意外地改变。面向对象程序设计允许将问题分解为一系列实体（对象），然后围绕这些实体抽象出相应的数据和函数。

面向对象的程序设计过程，应包括以下基本步骤。

（1）分析问题。对要解决的问题，首先必须抽象出问题中包含哪些实体。

（2）建立数学模型。列出所有实体，找出它们间的内在联系，就可以建立数学模型。只有建立了模型的问题，才有可能利用计算机来解决。

（3）类的构建。进一步明确各实体应包含的属性（数据）、操作方法，以及它们各自的访问权限等，按照类定义的规范，完成对实体的抽象形成类。

（4）编写程序。按照编程语言的规范，完成各类的定义和实现。借助各类定义，完成问题中对象的生成,根据对象间的关系,实现对象间的调用关系。

(5)调试运行。根据程序的运行出现的逻辑错误和输出错误,通过跟踪调试的方法查找出现错误的位置和出错的原因,再次修改程序代码,直至输出正确结果为止。

(6)分析结果。根据题目要求,输入要解决问题的初始条件及数据,运行并分析结果,将结果进行保存。

(7)写出程序的文档。为了便于后期的程序升级及维护,稍复杂的程序需要撰写必要的程序文档,主要给出程序设计的思路和相关的实现过程等。

3. 方法举例

为更好地理解面向对象的程序设计方法,下面以时钟为例进行讲解。

【例 7-2】 时钟类

解:通常一个时钟,要保存当前时钟的值(时、分、秒)需用数据变量,同时一个时钟还应具备最基本的功能,包括显示时间和设置时间等。

第一步:通过分析问题,给出类基本信息。

＜1＞对现实时钟对象进行抽象,形成时钟类;

＜2＞确定类定义信息;

　＜2-1＞类名确定;

　＜2-2＞类中数据成员的确定;

　＜2-3＞类中操作成员的确定;

　＜2-4＞类中数据成员访问属性的确定;

　＜2-5＞类中操作成员访问属性的确定。

＜3＞根据具体的面向对象编程语言,完成类的定义。

第二步:针对时钟类,细化并完成类的定义。对第一步中＜2＞进行细化如下:

＜2-1＞类名确定:Clock;

＜2-2＞类中数据成员的确定:整数 Hour,Minute,Second;

＜2-3＞类中操作成员的确定:设置时间 SetTime,显示时间 ShowTime;

＜2-4＞类中数据成员访问属性的确定:为了确保数据成员的访问安全,均使用私有属性为宜;

＜2-5＞类中操作成员访问属性的确定:为了确保对象能方便地修改时间和显示时间,将操作成员设为公共属性为宜。

第三步:编写主程序类,在主程序中完成对时钟类对象的定义,通过对象的使用来验证时钟类的正确性。

7.2 基本数据结构

7.2.1 算法与数据结构

程序为什么能解题?就是它能把输入的数据,经过表达式计算、赋值、置换转移等一系列计算步骤,最后得到输出。编制程序就是要设计数据(输入的、输出的、中间的),然后针对这些数据一一安排计算步骤。著名计算机科学家尼克劳斯·威茨(Niklaus Wirth)教授提出经典的程序本质为"程序=算法+数据结构"。明确地指出了实际上数据结构是程序的主要部分,算法提出了计算机对数据的操作过程或步骤,程序就是设计什么算法对数据进行处理,而数据通过其数据结构剖析其内在关系与存储方式,也就是说,程序是对按一定存储方式和具有某些相关关系的数据,用某种操作方式进行处理的一系列步骤。

算法和数据结构讨论的是抽象的计算逻辑,与具体的表示法无关,可以用图形、伪代码和汇编语言、高级程序设计语言表达它们。

本节讨论编程最重要的两个基础,即算法与数据结构。

1. 算法

在日常生活中做任何一件事情,都是按照一定的规则一步一步地进行的。比如在大学中课程学习有课前预习、听课、课后做题、考前复习、考试和成绩评定等各个环节,这些课程学习就是算法。因此,算法是在任何这些数值计算或非数值计算的过程中所采取的方法和步骤。

计算机用于解决数值计算,如科学计算中的数值积分、解线性方程等的计算方法,就是数值计算的算法;用于解决非数值计算,如用于管理、文字处理、图像图形等的排序、分类、查找,就是非数值计算的算法。

算法并不给出问题的精确解,只是说明怎样才能得到解。每一个算法都是由一系列的操作指令组成的。这些操作包括加、减、乘、除、判断、置数等,按顺序、选择、循环等结构组成。所以,研究算法的目的就是研究怎样把各种类型的问题的求解过程分解成一些基本的操作。

算法写好之后,要检查其正确性和完整性,再根据它编写出用某种高级语言表示的程序。程序设计的关键就在于设计出一个好的算法,所以算法是程序设计的核心。

1) 算法概念

对解题方案准确而完整的描述称为算法。算法是在有限步骤内求解某一问题所使用的一组定义明确的规则。通俗点说,就是计算机解题的过程(计算的方法)。在这个过程中,无论是形成解题思路还是编写程序,都是在实施某种算法。算法不等于程序,也不等于计算方法,程序的编制不可能优于算法的设计。例如,对于给定的 n 个数,要求从大到小进行排序。解决排序的方法有许多,常用的有插入排序、选择排序等。

2) 算法的基本特征

算法是一组严谨地定义运算顺序的规则,每一个规则都是有效的且是明确的,此顺序将在有限的次数下终止。其具备以下四个基本特征。

(1) 可行性。针对实际问题而设计的算法,执行后能够得到满意的结果。

(2) 确定性。算法中每一步骤都必须有明确定义,不允许有模棱两可的解释,不允许有多义性。

(3) 有穷性。算法必须能在有限的步骤内做完，即能在执行有限时间后终止。

(4) 拥有足够的情报。要使算法有效，必须为算法提供足够的情报，当算法拥有足够的情报时，此算法才最有效的；而当提供的情报不够时，算法可能无效。

顺便说明一下，有的教材将"拥有足够的情报"分成"输入数据"与"输出数据"两个特征。"输入数据"特殊是指一个算法有零个或多个输入，以刻画运算对象的初始情况，所谓零个输入是指算法本身给出了初始条件；"输出数据"特征是指一个算法至少有一个或多个输出，以反映对输入数据加工后的结果；没有输出的算法是毫无意义的。

3) 算法的基本要素

算法的基本要素：一是对数据对象的运算和操作；二是算法的控制结构。

(1) 算法中对数据的运算和操作。

在计算机系统中，基本的运算和操作有以下四类。

① 算术运算：主要包括加、减、乘、除等运算。

② 逻辑运算：主要包括"与"、"或"、"非"等运算。

③ 关系运算：主要包括"大于"、"小于"、"大于等于"、"小于等于"、"等于"、"不等于"等运算。

④ 数据传输：主要包括赋值、输入、输出等操作。

(2) 算法的控制结构：算法中各操作之间的执行顺序称为算法的控制结构。

4) 算法的表示

有效、简洁地描述一个计算机求解过程，称为算法的表示。常见的算法表示方法有自然语言表示方法、传统流程图、N-S 结构化流程图、算法描述语言等。在介绍算法表示时，先了解一下程序的三种基本结构。

(1) 程序的三种基本结构。

任何单入口和单出口的没有"死循环"的程序都能由三种最基本的控制结构构造出来，即顺序结构、选择结构和循环结构。

顺序结构就是从头到尾一次执行每一个语句。严格按照语句的书写顺序从上到下，从左到右执行。例如：求任一个数的平方？可按如下步骤进行：首先从键盘输入一个数；然后求此数的平方；最后输出平方值。

选择结构是根据不同的条件执行不同的语句或者语句体，可分为单分支、二分支和多分支结构。例如：如果明天天气晴好，我就去户外打篮球，否则我就待在寝室看书。显然，多分支结构在执行时，依据执行时的具体情况，一次只会执行到一个，即不同时刻执行，会执行到不同的分支。

循环结构就是重复的执行语句或者语句体，达到重复执行一类操作的目的。常见的有计数型循环、当型循环、直到型循环。例如：一年中有春、夏、秋、冬四个季节，年年如此。

(2) 流程图及其表示。

为了更加清楚、准确地表示算法，常采用简单明了的图形符号来表示。介绍常用的传统流程图符号（表 7-1）。

表 7-1 常用的传统流程图符号

图形和名称		含义
▱	起止框	表示程序开始和结束
▱	输入输出	表示数据的输入输出，有一个入口和一个出口
▭	处理框	表示处理或运算功能，有一个入口和一个出口
◇	判断框	表示判断或选择，有一个入口，两个出口
○	连接点	表示转向流程图的它处或从它处转入
↓ →	流程线	表示算法执行路径，箭头表示方向

一个完整的流程图应包括：表示相应操作的框，带箭头的流程线，框内外必要的文字说明。借助流程图符号，程序的三种基本结构表示如下。

■ 顺序结构：虚框内表示处理框 B 中代码在处理框 A 中的代码执行完后，方可执行。

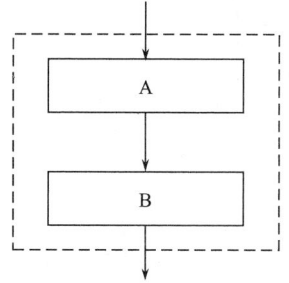

■ 选择结构：虚框内表示先对判断框 P 中条件进行判断，后根据判断值的真假，选择相应的处理框执行。如左边图为两分支情形，右边图为单分支情形。

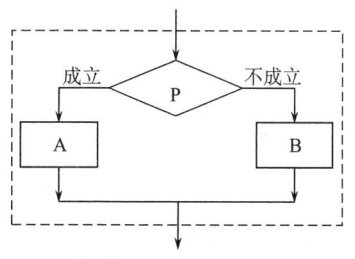 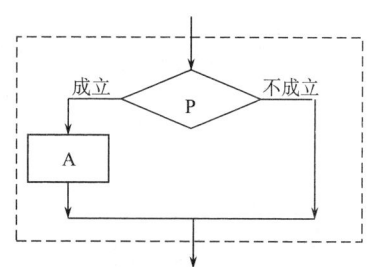

■ 循环结构：常分两种情形，一种是先判断条件后执行循环体，如左图；另一种是先执行循环体后判断条件，如右图。两者区别在：前者会出现循环体一次都不执行，后者至少执行一次。

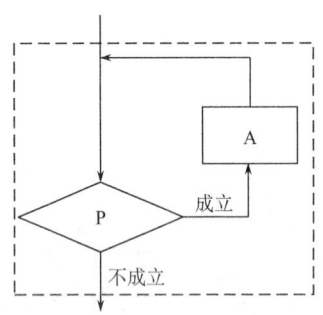 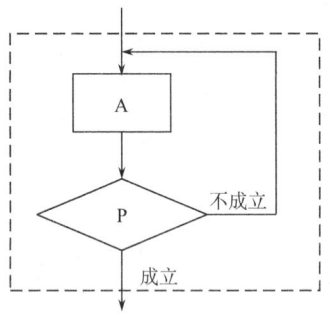

（3）N-S 图及其表示。

1973 年美国学者提出了一种新型流程图：N-S 流程图，这是对传统流程图的改造。与上节传统流程图的最大区别是不允许使用流程线，带来的好处是使流程更加规范，流程更清晰，避免了频繁使用流程线导致流程凌乱的弊端。特别是当求解问题相对复杂时，必然导致传统流程图复杂和凌乱，此时建议采用 N-S 流程图更为合适。简单的流程图两者皆可，依程序员的喜好而定。

依据 N-S 流程图的表示方法，程序的三种基本结构表示如下。

■ 顺序结构：

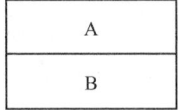

■ 选择结构：

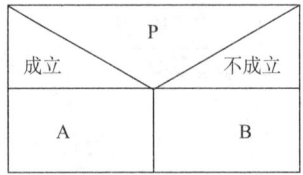

■ 循环结构：

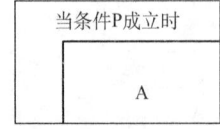 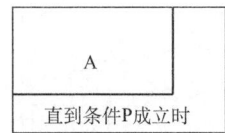

（4）简单算法举例。

【例 7-3】 写一个算法输入南京市 2014 年 7 月份每天的平均气温，求出这个月的平均气温并输出。

答：1. 依题意，先给出求解的步骤：

第 1 步：定义一个 31 个元素的实数型数组 T，总温度和的实数型变量 SumT，平均温度的实数型变量 AvgT 等；

第 2 步：借助循环，从键盘接收每天的平均气温值；

第 3 步：借助循环，统计这个月的温度总和；

第 4 步：用温度总和 SumT 除以 31 天，得该月的平均气温 AvgT；

第 5 步：输出平均气温 AvgT；

第 6 步：算法结束。

对第 2 步进一步细化为：

第 2.1 步：循环变量初始化 day=1；

第 2.2 步：接收一个温度，并存入相应温度数组元素 T［day］中；

第 2.3 步：day=day+1；

第 2.4 步：如果 day 不大于 31，则转第二步；

第 2.5 步：输入结束。

对第 3 步进一步细化为：

第 3.1 步：循环变量初始化 day=1；

第 3.2 步：从温度数组中读取 T［day］元素，并累加到 SumT；

第 3.3 步：day=day+1；

第 3.4 步：如果 day 不大于 31，则转第二步；

第 3.5 步：统计结束。

【说明】数据的合法性没考虑，实际应用中需对输入的数据进行合法性检查。

2. 传统流程图表示如图 7-3。

3. N-S 图表示如图 7-4。

5）算法设计的基本方法

（1）枚举法。

枚举法的基本思想是，根据提出的问题列举所有可能的情况，并用问题中给定的条件检验哪些是需要的，哪些是不需要的。枚举法也称穷举法或列举法，虽然有点笨但也是一种有效且可靠的方法，有时可以解决常规方法不易解决的问题。例如，古老的百元买百鸡问题，即公鸡每只五元，母鸡每只三元，小鸡三只一元，请问百元买百鸡有多少种买法？在用枚举方法进行解题时，可穷举公鸡 c 为 0～20 只，母鸡 h 为 0～33 只，小鸡 s 则为 $100-c-h$ 只，且需满足如下关系式：$5\times c+3\times h+\dfrac{(100-c-h)}{3}=100$。

（2）归纳法。

归纳法的基本思想是：通过列举少量的特殊情况，经过分析，最后找出一般的关系。显然，归纳法要比枚举法更能反映问题的本质，并且可以解决枚举量为无限的问题。但是，从一个实际问题中总结归纳出一般的关系，并不是一件容易的事情，尤其是要归纳出一个数学模型更为困难。

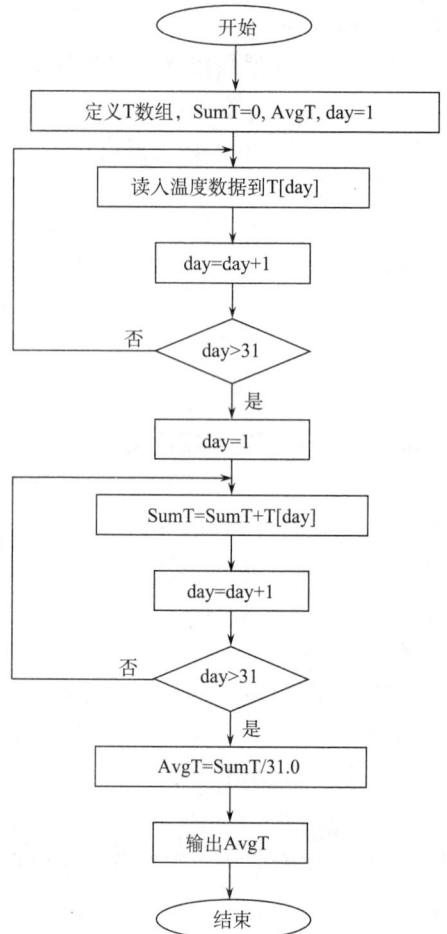

图 7-3 平均气温处理的传统流程图

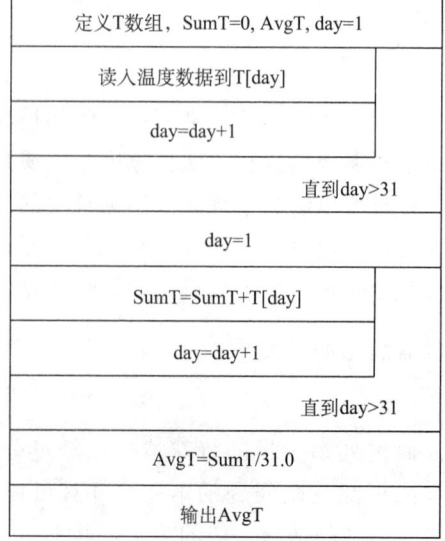

图 7-4 平均气温处理的 N-S 流程图

归纳是一种抽象，即从特殊现象中找出一般关系。但由于在归纳的过程中不可能对所有的情况进行列举，因此，最后由归纳得到的结论还只是一种猜测，还需要对这种猜测加以必要的证明。实际上，不能证明通过精心观察而得到的猜测，或最后证明猜测是错误的，也是常有的事。

（3）递推。

递推是指从已知的初始条件出发，依次推出所要求的各中间结果和最后结果。其中初始条件或是问题本身已经给定，或是通过对问题的分析与化简而得到确定。递推本质上也属于归纳法，工程上许多递推关系式实际上是通过对实际问题的分析与归纳而得到的，因此，递推关系式往往是归纳的结果。

（4）递归。

人们在解决一些复杂问题时，为了降低问题的复杂程度（如问题的规模等），一般总是将问题层层分解，最后归结为一些最简单的问题。这种将问题层层分解的过程，实际上并没有对问题进行求解，而只是当解决了最后那些最简单的问题后，再沿着原来分解的逆过程逐步进行综合，这就是递归的基本思想。递归分为直接递归与间接递归两种。

递归是一种很重要的算法设计方法之一。实际上，递归过程能将一个复杂的问题归结为若干个较简单的问题，然后将这些较简单的每一个问题再归结为更简单的问题，这个过程可以一直做下去，直到最简单的已知问题为止。

有些实际问题，既可以归纳为递推算法，又可以归纳为递归算法。但递推与递归的实现方法是大不一样的。递推是从初始条件出发，逐次推出所需求的结果；而递归则是从未知出发，一直推到递归出口为止。通常，递归算法要比递推算法清晰易读，其结构更加简练。特别是在许多比较复杂的问题中，很难找到从初始条件推出所需结果的全过程，此时，设计递归算法要比递推算法容易得多，但递归算法的执行效率比较低。

例如，n! 阶乘问题。数学上 n! 定义为，n！＝n×(n－1)×(n－2)×…×2×1；且 1！＝1。若要求 5！有两种不同方法，方法一是递推方法，即 1！＝1，2！＝2×1！＝2，3！＝3×2！＝6，4！＝4×3！＝24，5！＝5×4！＝120；此方法的特点是从已知推出已知，最后得到 5！。另一种方法是采用递归方法，其特点是从未知到已知，再从已知到结果的过程。具体来说，要知道 5！，首先要知道 4！；要知道 4！，首先要知道 3！；要知道 3！，首先要知道 2！；要知道 2！，首先要知道 1！；而 1！＝1 是已知；就能返回 2！＝2×1！＝2；就接着能返回 3！＝3×2！＝6；就接着能返回 4！＝4×3！＝24；最后返回 5！＝5×4！＝120。

（5）减半递推技术。

解决实际问题的复杂程度往往与问题的规模有着密切的关系。对问题分而治之的方法称为分治法。工程上常用的分治法是减半递推技术。这个技术在快速算法的研究中有很重要的实用价值。所谓"减半"，是指将问题的规模减半，而问题的性质不变；所谓"递推"，是指重复"减半"的过程。

(6) 回溯法。

在工程上,有些实际问题很难归纳出一组简单的递推公式或直观的求解步骤,并且也不能进行无限的列举。对于这类问题,一种有效的方法是"试"。通过对问题的分析,找出一个解决问题的线索,然后沿着这个线索逐步试探,若试探成功就得到问题的解,若试探失败就逐步退回,换别的路线再逐步试探。

此方法的过程如同下棋,每一步都会对结果状态有所影响,每一步都正确,结果自然正确。算法设计就是设计出能得出正确结果的全过程。为此规定每一步的约束,有时一下子规定不了必然正确的全过程,只能根据当时当地情况决策,试着来,发现不对可以反悔(如同悔棋)。这就是回溯的思想,回溯法也是一种极其有效的方法。

6) 算法的复杂度

算法的复杂度包括算法的时间复杂度和算法的空间复杂度两个方面。

(1) 算法的时间复杂度。

算法的时间复杂度是指执行算法所需要的计算工作量。为了能够比较客观地反映出一个算法的效率,在度量一个算法的工作量时,不仅应该与所使用的计算机、程序设计语言以及程序编制者无关,而且还应该与算法实现过程中的许多细节无关。为此,可以用算法在执行过程中所需基本运算的执行次数来度量算法的工作量。基本运算反映了算法运算的主要特征,因此,用基本运算的次数来度量算法工作量是客观的也是实际可行的,有利于比较同一问题的几种算法的优劣。例如,在考虑两个矩阵相乘时,可以将运算次数最多的两个实数之间乘法运算作为基本运算,而对于所用的加法(或减法)运算可以忽略不计。

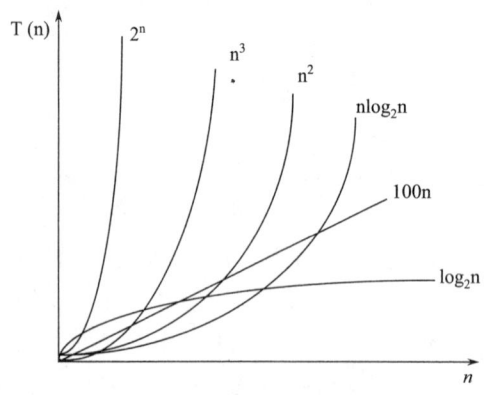

图 7-5 不同量级时间复杂度函数的比较

换句话说,算法的时间复杂度用算法所执行的基本运算次数来度量,只依赖于问题的规模,因此它是问题的规模函数。即算法的时间复杂度$=T(n)$,n为问题的规模。算法的时间复杂度可进一步细分为平均时间复杂度和最坏情况时间复杂度两类。平均时间复杂度是指各种特定输入下的基本运算次数的加权平均值来度量算法的工作量。而最坏情况时间复杂度是指在规模为n时,算法所执行的基本运算的最大次数。

算法的时间复杂度度量时,常用量级相同的函数$f(n)$来表示,并记为$T(n)=O(f(n))$。常见的$f(n)$函数有$\log_2 n$、n、$n\log_2 n$、n^2、n^3和2^n不同情况,且量级关系如下:$O(1)<O(\log_2 n)<O(n)<O(n\log_2 n)<O(n^2)<O(n^3)<O(2^n)$,其中,$O(1)$表示常量时间,与问题规模$n$无关。以上各量级函数的变化关系如图 7-5 所示。

(2) 算法的空间复杂度。

一个算法在计算机存储器上所占用的存储空间是指执行这个算法所需要的存储空间，包括输入输出数据所占用的存储空间、算法程序占用的存储空间及算法执行过程中所需要的额外空间。其中算法中输入输出数据所占用的存储空间是由要解决的问题所决定的，它不随算法的改变而改变；算法程序占用的存储空间与算法书写的长度有关，算法越长，占用的存储空间越多；额外空间包括算法程序执行过程中的工作单元以及某种数据结构所需要的附加存储空间，例如，在链式结构中，除了要存储数据本身外，还需要存储链接信息。如果额外空间量相对于问题规模来说是常数，则称该算法是原地工作的。

所谓算法的空间复杂度算法通常被定义为在执行过程中临时占用的存储空间。算法的空间复杂度比较容易计算，它包括局部变量所占用的存储空间和系统为实现递归（若采用递归算法）所占用的堆栈这两个部分。算法的空间复杂度也用数量级的形式给出，常记为 $S(n)=O(f(n))$，其中，n 为问题的规模。

2. 数据结构

计算机在进行数据处理时，实际需要处理的数据元素一般有很多，而这些大量的数据元素都需要存放在计算机中，因此，大量的数据元素在计算机中如何组织，以便提高数据处理的效率，并且节省计算机的存储空间，这是进行数据处理的关键问题。

1）基本概念

（1）数据。数据是对信息采用计算机能够识别、存储和处理的二进制方式的一种描述。如在程序中，定义一个整型数、实型数，这些变量具有值（大小）的特点，它们对程序来说就是数据。再者数据库中每个学生代表一条记录，一条记录又分成不同的字段（又称为域或项），如姓名、性别、出生年月、籍贯、…、系别。

（2）集合。将许多同类型的事物汇集在一起，就构成了一个集合，也就是说集合是指汇集在一起的一类事物总体，构成集合的许多事物中的每一个就称为该集合的一个元素。在数据结构中，常常讨论具有相同类型的一组数据，我们把这组数据就可看成是一个集合，构成集合的每一个数据称作该集合的一个数据元素。

（3）数据结构。数据结构是指相互有关联的数据元素的集合。一般情况下，在具有相同特征的数据元素集合中，各个数据元素之间存在有某种关系（即联系），这种关系反映了该集合中的数据元素所固有的一种结构。

数据结构是研究数据和数据之间关系的一门学科，它包括三个方面内容。

① 数据集合中各数据元素之间所固有的逻辑关系，即数据的逻辑结构。

② 在对数据进行处理时，各数据元素在计算机中的存储关系，即数据的存储结构。

③ 对各种数据结构进行的运算。

2）逻辑结构

数据的逻辑结构是指反映数据元素之间逻辑关系的数据结构，而不管其在计算机中的存储表示方式。数据的逻辑结构通常以（D，R）二元组来表示：D 表示数据元素的信息；R 表示各数据元素之间的逻辑关系。数据的逻辑结构按数据间对应关系可分为：线性结构（一对一关系）、树型结构（一对多关系）和图型结构（多对多关系）；通常后两种又统称为非线性结构（图 7-6）。

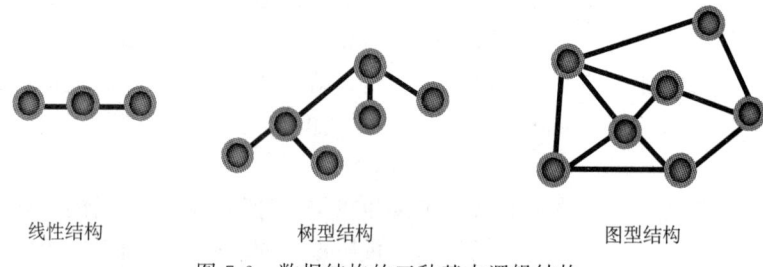

图 7-6　数据结构的三种基本逻辑结构

【例 7-4】　一个线性结构的例子，如图 7-7 所示。
一年四季的数据结构可表示为
　　　　Year＝（D，R）
　　　　D＝{春，夏，秋，冬}
　　　　R＝{（春，夏），（夏，秋），（秋，冬）}

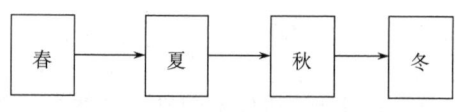

图 7-7　线性数据结构的例子

【例 7-5】　一个树型的非线性结构例子，如图 7-8 所示。
家庭成员的数据结构可表示为
　　　　Family＝（D，R）
　　　　D＝{父亲，儿子，女儿}
　　　　R＝{（父亲，儿子），（父亲，女儿）}

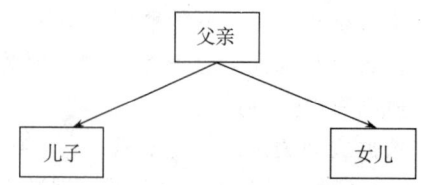

图 7-8　树型数据结构的例子

【例 7-6】　一个图型的非线性结构例子，如图 7-9 所示。
中国主要城市间高速铁路连接图的数据结构可表示为
　　　　Railway＝（D，R）

D＝｛北京，天津，武汉，重庆，南京，上海，杭州，广州｝
R＝｛（北京，天津），（北京，武汉），（天津，南京），（重庆，武汉），（武汉，南京），（南京，上海），（上海，杭州），（南京，杭州），（武汉，广州），（杭州，广州）｝

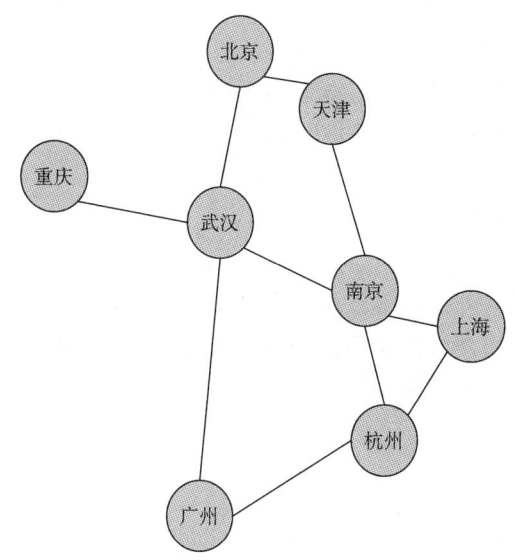

图 7-9 图型数据结构的例子

3) 存储结构

数据结构的存储结构是指数据结构在计算机存储空间中的具体实现。计算机在实际进行数据处理时，被处理的各数据元素总是被存放在计算机的存储空间中，并且各数据元素在计算机存储空间中的位置与它们的逻辑关系不一定是相同的，而且一般也不可能相同。如：上面例中的"一年四季"在计算机存储空间中是如何存放得？

常见的存储结构有：顺序存储结构、链式存储结构和索引存储结构。

顺序存储结构主要用于线性的数据结构，把逻辑上相邻的数据元素存储在物理上相邻的存储单元里，结点之间的关系由存储单元的邻接关系来实现。由于计算机中内存的存储单元地址是按顺序进行分配的，即分配给用户的数据存储区是一片地址连续的空间，因此这种存储方式主要用于线性数据结构。

链式存储结构就是在每个结点中至少包括一个指针域，用指针来体现数据元素之间逻辑上的联系。这种方式存储时，可在内存的用户数据区中离散地存入节点（而不是连续地存入），每个节点还带有一个指针，指向其邻接的节点在内存中的存入地址，各节点间好比用链子（指针）连起来一样，常称为动态链表。

索引存储结构是指在顺序存储结构中模拟链式存储方式，每个结点在序列中均有一个对应的序号，这个序号就是结点的索引，可用结点索引组成的索引表中的索引号确定结点的存储地址，通常又称静态链表。

需提醒的是，同一种数据结构可以根据需要表示成一种或多种存储结构。

4）数据的运算

数据的运算是定义在数据的逻辑结构上的，但运算的具体实现要在存储结构上进行。数据的各种逻辑结构有相应的各种运算，每种逻辑结构都有一个运算的集合。常用的运算有检索、插入、删除、更新、排序等。

数据的运算是数据结构的一个重要方面，讨论任何一种数据结构时，都离不开对该结构上的数据运算及实现算法的讨论。

7.2.2 基本线性数据结构

在本节中，将介绍一种最简单且最常用的线性数据结构，包括线性表和特殊线性表两部分；其中特殊线性表是线性表的特例，包括栈和队列。首先分别给出各自的概念，然后介绍它们的存储结构及其主要运算。

1. 线性表

1）线性表基本概念

线性表是由 n（n≥0）个数据元素组成的一个有限序列，常记为

$$(a_1, a_2, a_3, \cdots, a_{i-1}, a_i, a_{i+1}, \cdots, a_n)$$

其中，n 表示线性表的长度，n=0 表示线性表为空，即没有数据元素。a 的下标表示元素在线性表中的排列序号，这里 a_1 为线性表的第一个元素，它的前面没有前驱元素，因此常称表头，且在线性表中只有一个表头。a_n 称为最后一个元素，它的后面没有后继元素，因此常称为表尾，且在线性表中也只有一个表尾。除了表头与表尾外，线性表中的其他元素都有唯一的前驱元素和唯一的后继元素。如 a_2 的唯一前驱元素是 a_1，a_2 的唯一后继元素是 a_3，再如 a_i 的唯一前驱元素是 a_{i-1}，a_i 的唯一后继元素是 a_{i+1}，其他以此类推。

一般地，线性表的逻辑结构（D，R）二元组如下：

D= { a_i | $a_i \in$ ElemSet, i=1, 2, $\cdots$, n, n≥0 }；R= { <a_{i-1}, a_i> | a_{i-1}, $a_i \in$ D, i=2, $\cdots$, n }。

【例 7-7】 某班级 C 语言程序设计课程的考试成绩组成的一个线性表：

(50, 73, 65, 97, 79, 58, 87, 80, 91, 85)

其中，每个数据元素为考生的成绩，成绩的线性表中共有 10 个数据元素。

2）线性表的存储结构

按存储方式进行划分，线性表的存储结构可分为顺序存储结构和链式存储结构两种。

(1) 线性表的顺序存储结构。

将线性表存储在计算机中，最简单、最常用的方法是占用一块连续的内存存储单元区，将表中的各数据元素依次存入一块连续存储区中。线性表顺序存储所需的存储空间取决于线性表的长度以及每个数据元素所占的字节数。例如：若表中的数据元素为字符型，则每个元素占用一个存储单元（字节）；若表中的数据元素为整型数，通常每个元素占用 4 个字节。一般地，对线性表（a_1，a_2，a_3，…，a_i，…，a_n）中的各数据元素在内存中的存储地址如图 7-10 所示。图中假设 a_1 存储地址是 Loc（a_1），每个数据元素所占的字节数为 L，则第 i 个数据元素的存储地址为

Loc（a_i）＝Loc（a_1）＋L×（i－1）。

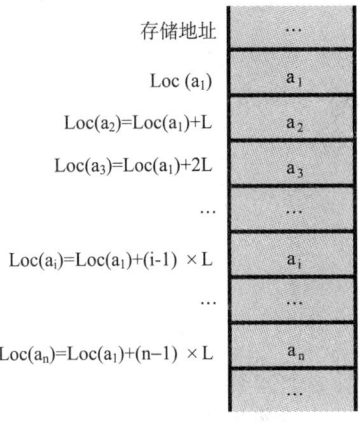

图 7-10 线性表的顺序存储示意图

通常，上式中的 Loc（a_1）称为基地址，L×（i－1）称为位移量。即它是以开始节点存入地址作为基地址，将数据的序号作为位移量（当序号从 1 开始时，序号要减 1），基地址加位移量即可得该数据的存入地址。

上述存储结构常可用一维数组来实现。例如，定义一个一维数组，让其容量足够大，使得有剩余空间可进行插入、移动等操作。

线性表的顺序存储结构决定了此方式的显著特点：线性表具有随机存取特性。

(2) 线性表的链式存储结构。

链式存储结构不要求逻辑上相邻的数据元素物理位置也相邻，而且各数据元素的存储顺序也是任意的，各数据元素的先后关系是由各结点的指针域指示，线性表的链式存储结构又称为线性链表。

链式存储结构的特点是每一个存储结点不仅存储结点的值，而且存储结点之间的前后关系。仍以线性表（a_1，a_2，a_3，…，a_i，…，a_n）为例，若结点的定义为

则线性链表，表示如下：

HEAD → a_1 → a_2 → a_3 → … → a_i → … → a_n ∧

从上面给出的单链表可以看出，单链表方式存在访问后继结点方便，而访问前驱结点不方便的问题。为了增加链表方式线性表的访问灵活性，引入循环链表、双向链表、双向循环链表等。下面结合数据元素的结点结构不同，作——介绍。

若数据元素结点的定义为

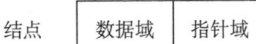

且将表尾元素的空指针加以利用,用来指向表头元素,这样就形成了线性循环链表。其特点是可以从任何一个结点开始访问链表的所有结点,但访问当前结点的前驱结点仍然不方便。表示如下:

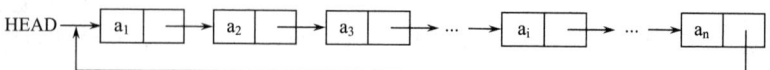

若数据元素结点的定义为

| 结点 | 前驱指针域 | 数据域 | 后继指针域 |

此结点中,包含两个指针,一个前驱指针和一个后继指针,分别指向当前元素的前驱元素和后继元素。其特点是采用两个指针后,既能方便地访问当前结点的前驱结点,也能方便地访问当前结点的后继结点,从而克服了单链表访问前驱结点的不足。此时线性双向链表示如下:

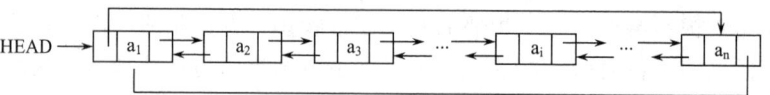

若数据元素结点的定义为

| 结点 | 前驱指针域 | 数据域 | 后继指针域 |

在结点中包含前驱和后继两个指针,将表尾元素的后继指针和表头的前驱指针加以利用,这样就形成了线性双向循环链表。表示如下:

线性表的链式存储结构决定了此方式与线性表的顺序存储结构的最大差别是:线性链表不具有随机存取的特性。

3) 线性表的操作

线性表的操作包括线性表的创建、更新、查找和遍历等。因线性表的存储方式不同,各操作的实现方式也不尽相同。下面针对线性表更新操作类中的插入和删除两个重要操作,分别就不同的存储方式进行一一介绍。

(1) 顺序存储方式下的插入与删除操作。

首先,介绍顺序存储方式下的插入操作。插入操作是指在现有线性表中添加一个新的数据元素到指定的位置,形成一个新的线性表,其描述如下:

插入前(表长为n):

| 序号 | 1 | 2 | 3 | … | i-1 | i | i+1 | … | n | … |
| 元素 | a_1 | a_2 | a_3 | … | a_{i-1} | a_i | a_{i+1} | … | a_n | … |

插入操作：在第 i 个位置前插入一个新数据元素 a_t（$1 \leqslant i \leqslant n+1$）。

插入后（表长为 n+1）：

序号	1	2	3	...	i-1	i	i+1	i+2	...	n+1
元素	a_1	a_2	a_3	...	a_{i-1}	a_t	a_i	a_{i+1}	...	a_n

插入前后对比发现：表长增加了 1，且自 a_n 到 a_i 按顺序依次向后移动一个位置，且在原 i 个位置添加了新数据元素 a_t。

其次，介绍顺序存储方式下的删除操作。删除操作是指在现有线性表中删除一个已有数据元素，形成一个新的线性表，其描述如下。

删除前（表长为 n）：

序号	1	2	3	...	i-1	i	i+1	...	n
元素	a_1	a_2	a_3	...	a_{i-1}	a_i	a_{i+1}	...	a_n

删除操作：删除位于第 i 个位置的数据元素 a_i（$1 \leqslant i \leqslant n$）。

删除后（表长为 n-1）：

序号	1	2	3	...	i-1	i	...	n-1	...
元素	a_1	a_2	a_3	...	a_{i-1}	a_{i+1}	...	a_n	

删除前后对比发现：表长减少了 1，且自 a_{i+1} 到 a_n 按顺序依次向前移动一个位置，覆盖了数据元素 a_i。

从线性表顺序存储方式下的插入与删除操作可以看出，要插入或删除一个元素，都会造成数据元素的大量移动而消耗大量的处理时间，平均需要移动大约一半的数据元素。所以，这种存储方式对于数据规模小的线性表或其中数据元素不经常变动的线性表是合适的；而当线性表的数据元素量较大，并且经常要对其做插入或删除操作时，效率问题需要考虑一下。

（2）链式存储方式下的插入与删除操作。

考虑到线性表的链式存储方式除了单链表之外，还有循环链表、双向链表、双向循环链表等；在此，仅讨论单链表方式的线性表，其他类似处理。

首先，介绍链式存储方式下的插入操作。插入操作是指在现有单链表中添加一个新的数据元素结点到指定的位置，形成一个新的单链表，其描述如下。

插入前（表长为 n）：

HEAD → a_1 → a_2 → ... → a_{i-1} → a_i → a_{i+1} → ... → a_n

插入操作：在第 i 个结点前插入一个新数据元素结点 a_t（$1 \leqslant i \leqslant n+1$）。

插入后（表长为 n+1）：

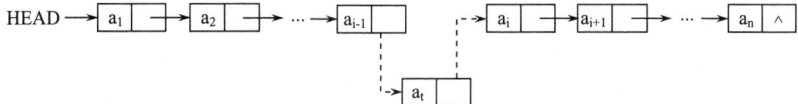

插入前后对比发现：关键是新申请一个用来存放数据元素 a_t 的结点，并且改变了 a_{i-1} 和 a_t 的后继指针的指向关系，形成一个完整链表。即断开 a_{i-1} 的后继指针，不再指向 a_i；改成指向新增数据元素 a_t 所在结点，并且让结点 a_t 的后继指针指向结点 a_i，最终形成一个表长增加 1 的新单链表，完成在第 i 个结点处添加了新数据元素结点 a_t。

从上面的操作可以看出，与顺序存储方式下的插入相比，此方法的优势是不移动原结点的存储位置，而是改变相关结点的指针指向关系，从而克服了顺序存储方式的大量移动元素的弊端。

其次，介绍链式存储方式下的删除操作。删除操作是指在现有单链表中删除一个已有数据元素结点后，形成一个新的单链表，其描述如下。

删除前（表长为 n）：

HEAD → a_1 → a_2 → … → a_{i-1} → a_i → a_{i+1} → … → a_n ∧

删除操作：删除位于第 i 个位置的数据元素结点 a_i（$1 \leqslant i \leqslant n$）。

删除后（表长为 n−1）：

HEAD → a_1 → a_2 → … → a_{i-1} → a_i ∧ a_{i+1} → … → a_n ∧

删除前后对比发现：关键是改变了 a_{i-1} 的后继指针的指向关系，又称指针短路。即断开 a_{i-1} 的后继指针，不再指向 a_i；改成指向数据元素 a_{i+1} 结点，并且让结点 a_i 的后继指针为空并释放结点 a_i 所占的存储空间，最终形成一个表长减少 1 的新单链表，完成对第 i 个结点 a_t 的删除操作。

从上面的操作可以看出，与顺序存储方式下的删除相比，此方法的优势是不改变除数据元素结点 a_i 外所有原结点存储位置，而是改变相关结点的指针指向关系，从而克服了顺序存储方式的大量移动元素的弊端。

4）线性表的应用

线性表是应用最广的数据结构之一。比如建立一个含有多人的通讯录，可采用之前介绍的顺序存储和链式存储都可以实现，考虑到通讯录不可避免地要经常进行插入和删除等操作，因此优先采用链式存储方式。除此之外，像多项式的相加和相乘运算、两个数据序列的合并、集合的运算以及计算机的事务处理都可采用线性表来实现。

以上着重讨论了线性表的逻辑结构、物理存储以及主要运算的相关内容，详细介绍了线性表的顺序存储和链式存储方式，给出了在这两种存储方式下线性表的插入与删除两种主要运算，并对两种存储方式进行了比较。

2. 栈和队列

栈（Stack）和队列（Queue）是只能进行特殊存取、插入、删除操作的线性表。在物理存储上，通常采用连续内存空间存储。当然，也可用链式存储，但对其进行操作时，却不能向顺序存储线性表那样任意操作。因此，栈和队列是两种特殊的操作受限的线性表。

1) 栈

栈是一种满足"后进先出"（last in first out，LIFO）特性的特殊线性表，是使用最为广泛的线性数据结构之一。在日常生活中，很多事务是按照"后到达的比先到达的优先"的顺序处理的。例如，穿衣服的顺序是先衬衫，后制服，最后是大衣；脱衣服的顺序必须反过来，最先脱的是最后穿上的大衣。再如，同学们在食堂用餐时使用的托盘，最后放入的盘子是最先被同学们取走的，而最先放入的盘子是最后被同学们取得的，且放入和取走盘子时都是在一端进行操作的。

(1) 栈的概念。

栈是限定仅在表尾进行插入和删除运算的线性表，表尾称为栈顶（Top），表头称为栈底（Bottom）。表中无元素时称为空栈。元素按 a_1，a_2，a_3，…，a_i，…，a_n 的顺序依次入栈，a_1 为栈底元素，如图 7-11 所示。再有新元素入栈要置于 a_n 之上，删除或出栈必须先对 a_n 进行操作。栈顶减去栈底加 1 为栈的长度。栈的物理存储可采用顺序存储结构，也可采用链表存储结构。

(2) 栈的基本操作。

栈的常用基本操作包括：创建空栈、判定栈是否为空、入栈、出栈以及读取栈顶元素等。由于栈的本身特性，决定了栈的入栈和出栈等基本操作不需要移动栈中其他数据元素，因此，不难得出，栈常使用顺序存储方式进行物理存

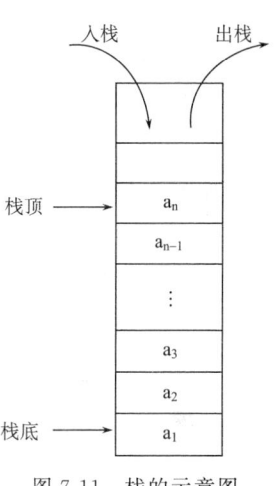

图 7-11 栈的示意图

储。下面以顺序存储实现的栈（简称顺序栈）来介绍最为重要的入栈、出栈、取栈顶元素三个基本操作。

顺序栈用一组连续的存储单元存放自栈底到栈顶的数据元素，一般用一维数组表示，设置一个简单变量 Top 指示栈顶位置，称为栈顶指针，它始终指向最后插入元素的位置。

基本操作一：入栈（Push），有时又称为进栈或压栈。

入栈前：栈中已有 a_1，a_2，a_3，…，a_i，…，a_n 依次入栈，栈顶 Top 指针指向 a_n 元素所在位置，如图 7-12（a）所示。

入栈操作：在图 7-12（a）所处的状态上，此时又有一个新的元素 a_{n+1} 入栈，如图 7-12（b）所示。

入栈后：当元素 a_{n+1} 入栈后，栈顶 Top 指针将作相应的修改，不再指向元素 a_n，而是指向新入栈的元素 a_{n+1}，如图 7-12（c）所示。

基本操作二：出栈（Pop），有时又称为退栈。

出栈前：栈中已有 a_1，a_2，a_3，…，a_i，…，a_n 依次入栈，栈顶 Top 指针指向 a_n 元素所在位置，如图 7-13（a）所示。

出栈操作：在图 7-13（a）所处的状态上，此时执行一个出栈操作，即将 a_n 从栈中

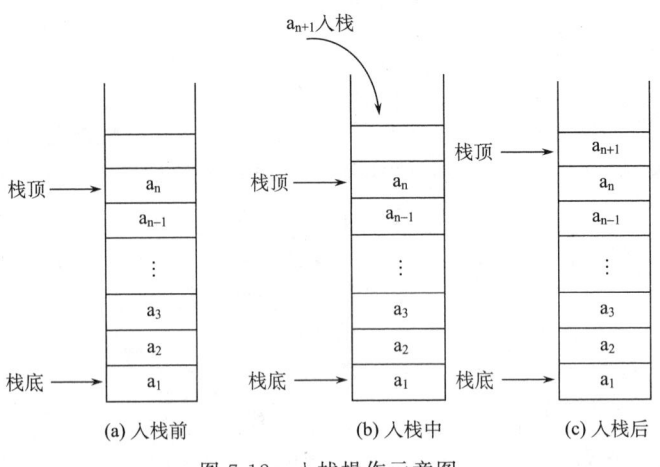

图 7-12　入栈操作示意图

删除，如图 7-13（b）所示。

出栈后：当元素 a_n 出栈后，栈顶 Top 指针将作相应的修改，不再指向元素 a_n，而是指向新的栈顶元素 a_{n-1}，如图 7-13（c）所示。

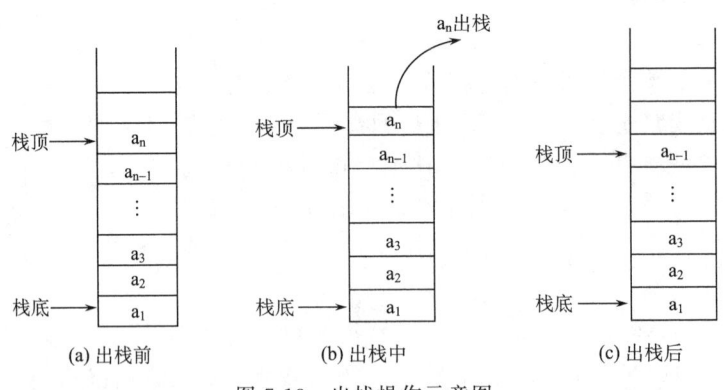

图 7-13　出栈操作示意图

基本操作三：取栈顶元素（Get Top）。

取栈顶元素前：栈中已有 a_1，a_2，a_3，…，a_i，…，a_n 依次入栈，栈顶 Top 指针指向 a_n 元素所在位置，如图 7-14（a）所示。

取栈顶元素后：在图 7-14（a）所处的状态上，此时执行一个取当前栈顶元素 a_n 操作，但并不将 a_n 从栈中删除，这是与出栈操作的最大区别。换句话说，取栈顶元素并不改变栈的内容，也就不用改变栈顶 Top 指针的指向，仅是返回当前栈顶元素 a_n 的内容，如图 7-14（b）所示。

2）队列

队列是一种满足"先进先出"（first in first out，FIFO）特性的特殊线性表，又一

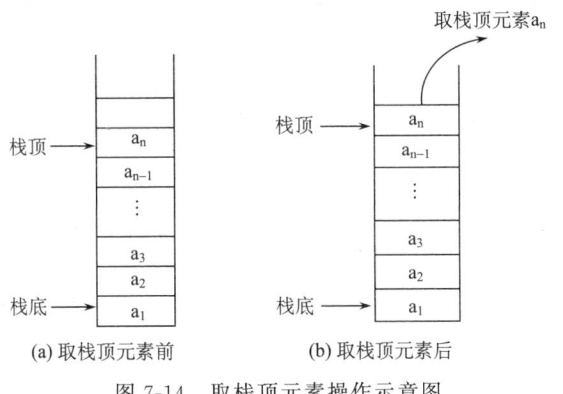

图 7-14 取栈顶元素操作示意图

使用最为广泛的数据结构之一。在实际生活中，经常要靠排队来维护正常的秩序，数据结构中的队列与生活中的"排队"极为相似，也是按"先来到先服务"的原则操作的，并且既不允许"加塞儿"，也不允许"中途离队"等。例如，同学们在食堂用餐时，需在服务窗口进行排队，不希望有人插队。再如同学们去银行办理业务，需要通过自助取号来进行排队，也是满足先来先服务的，这样才能体现服务的公平性。

(1) 队列的概念。

队列（Queue）是限定所有的插入只能在表的一端进行，而所有的删除都是在表的另一端进行的线性表。表中允许插入的一端称为队尾（Rear），允许删除的一端称为队头（Front）。如图 7-15 所示的队列中，a_1 是队头元素，a_n 是队尾元素，队列中元素以 $a_1, a_2, \cdots, a_i, \cdots, a_n$ 的次序依次进入队列，则 a_1 是第一个出队列的元素，即队列的操作是按"先进先出"的原则进行的。队尾减去队头加 1 为队列的长度。队列的物理存储可采用顺序存储结构，也可采用链表存储结构。

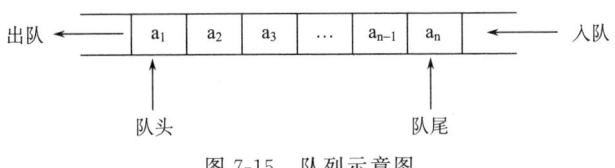

图 7-15 队列示意图

(2) 队列的基本操作。

队列的常用基本操作包括：创建空队、判定队列是否为空、入队、出队以及读取队头元素等。由于队列的本身特性，决定了队列的入队和出队等基本操作不需要移动队列其他数据元素，因此，不难得出队列也常使用顺序存储方式进行物理存储。下面以顺序存储实现的队列（简称顺序队列）来介绍最为重要的入队、出队、取队头元素三个基本操作。

顺序队列用一组连续的存储单元存放队列中的数据元素，一般用一维数组表示，设置一个简单变量 Rear 来指向队尾位置，称为队尾指针；再设置一个简单变量 Front 来指示队头位置，称为队头指针。

基本操作一：入队。

入队前：队列中已有 a_1，a_2，a_3，…，a_i，…，a_n 依次入队，队头 Front 指针指向 a_1 元素所在位置，队尾 Rear 指针指向 a_n 元素所在位置，如图 7-16（a）所示。

入队操作：在图 7-16（a）所处的状态上，此时又有一个新的元素 a_{n+1} 入队，如图 7-16（b）所示。

入队后：当元素 a_{n+1} 入队后，队尾 Rear 指针将作相应的修改，不再指向元素 a_n，而是指向新入队的元素 a_{n+1}；队头 Front 指针仍然指向 a_1 元素所在位置，并不改变，如图 7-16（c）所示。

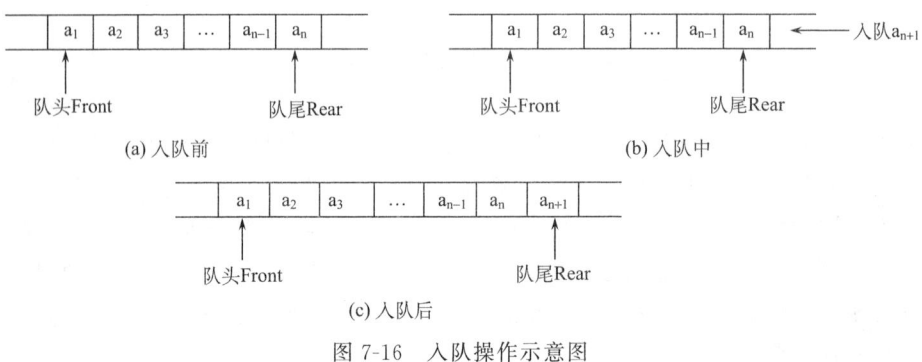

图 7-16 入队操作示意图

基本操作二：出队。

出队前：队列中已有 a_1，a_2，a_3，…，a_i，…，a_n 依次入队，队头 Front 指针指向 a_1 元素所在位置，队尾 Rear 指针指向 a_n 元素所在位置，如图 7-17（a）所示。

出队操作：在图 7-17（a）所处的状态上，此时执行一个出队操作，即将 a_1 从队列中删除，如图 7-17（b）所示。

出队后：当元素 a_1 出队后，队头 Front 指针将作相应的修改，不再指向元素 a_1，而是指向新的队列元素 a_2；队尾 Rear 指针仍然指向 a_n 元素所在位置，并不改变，如图 7-17（c）所示。

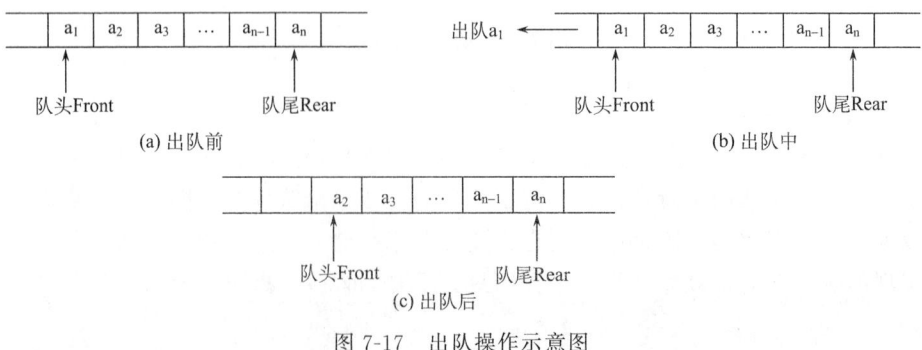

图 7-17 出队操作示意图

基本操作三：取队头元素。

取队头元素前：队列中已有 a_1，a_2，a_3，…，a_i，…，a_n 依次入队，队头 Front 指

针指向 a_1 元素所在位置，队尾 Rear 指针指向 a_n 元素所在位置，如图 7-18（a）所示。

取队头元素后：在图 7-18（a）所处的状态上，此时执行一个取队头元素 a_1 操作，但并不将 a_1 从队列中删除，这是与出队操作的最大区别。换句话说，取队头元素并不改变队列的内容，也就不用改变队头 Front 指针和队尾 Rear 指针的指向，仅是返回当前队列元素 a_1 的内容，如图 7-18（b）所示。

图 7-18 取队头元素操作示意图

（3）循环队列及其基本运算。

由于顺序队列的入队和出队操作是在两端进行的，若顺序队列不做特殊的处理和考虑，队列长度的设置就变得非常困难。也就是说，实际应用中队列的长度是很难估计的，这是为什么呢？

当队列进行删除操作时，由于只能在队头进行，因而删除后的元素所占存储单元就被空置了，而进行入队时，只能在队尾进行，这样当频繁地进行入队和出队操作时，在队头由于多次删除数据，因而空了许多存储单元，而在队尾进行插入时，可能最后没有空间了，这就出现无法再入队新元素，而此时在队头又有许多出队后留下的可用空间，即所谓的队列假溢出情况，如图 7-19（a）。

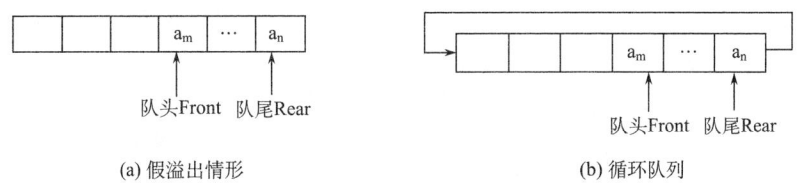

图 7-19 假溢出与循环队列示意图

为了解决这个问题，可以采用循环队列的方法，即将队列的头和尾相接，构成一个环，如图 7-19（b）。用两个指针作为头尾指针，来指向当前队列的头和尾，当入队一个数据时，队尾 Rear 指针顺时针移动一个位置，作为指向要入队的位置；当出队一个数据时，队头 Front 指针顺时针后移一个位置，以指出新的队列头。这样，队头 Front 和队尾 Rear 指针在进行入队和出队操作时总是同方向变化，因而随着队尾 Rear 指针的增加，有可能指向由于出队而空出来的那些原来队列头的位置上，这样就可将因出队而释放的那些空间作为队尾空间来用，因此循环

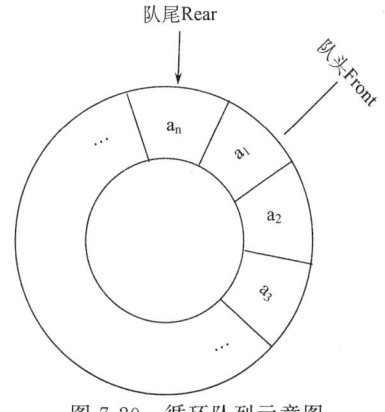

图 7-20 循环队列示意图

队列就可以避免假溢出的情况。更加形象的表述是，可把队列的存储空间在逻辑上看作一个环，将顺序队列的首尾相连，就形成了循环队列，如图 7-20 所示。

具体实现时，又如何在顺序队列下做到首尾相接呢？可借助队列数组的下标转换来方便实现从顺序队列向循环队列的转换。具体来说，假定顺序队列用数组 Q [1..n] 来存储，初始时队头 Front 和队尾 Rear 指向的下标均为 1。当后续进行入队和出队操作时，队头 Front 和队尾 Rear 指向的下标变化，不再是简单地加 1 操作，而是先将队头 Front 和队尾 Rear 对队列长度 n 取模（mod）后，再加 1，即 Front＝Front mod n＋1，Rear＝Rear mod n＋1。

7.2.3 基本非线性数据结构

基本非线性数据结构包括树和图两大类。树表示的是事物间的层次关系，一对多的关系；而图表示的是事物间的网状关系，多对多的关系。鉴于最新 2013 年版的《全国计算机等级考试二级公共基础知识考试大纲》的具体要求，在本节中仅介绍基本非线性数据结构中的树型结构。

1. 树的基本概念

树型结构是一类应用十分广泛和重要的非线性数据结构。它很像自然界中的树，有根、叶和枝。例如家谱以及行政组织等，都是常见的树结构实例。树中的每一个结点可以有 n（n≥0）个直接后继结点，除根以外任一结点有且仅有一个直接前趋结点，树型结构是以结点间分支关系定义的层次结构。

树（Tree）是 n（n≥0）个结点的有限集合 T。当 n＝0 时，称为空树。否则，在任一非空树中，它满足以下两个条件。

(1) 有且仅有一个特定的结点称为根结点。

(2) 其余结点分为 m（m≥0）个互不相交的有限集合 T_1、T_2、…、T_m，其中每个结合 T_i（1≤i≤m）又都是一棵树，并称其为根的子树。

这是一个递归定义，即在树的定义中又引用了树的定义，这种定义符合树的固有特性。树中每一个结点都是该树中某一棵子树的根。

例如，在图 7-21 (a) 中，表示一棵只有根结点的树。图 7-21 (b) 是一棵有 12 个结点的树，其中 A 是根，其余结点分成三个互不相交的集合：T_1＝{B，E，F，G，J，K}；T_2＝{C}；T_3＝{D，H，I，L}。T_1、T_2、T_3 都是根 A 的子树，且本身也是一棵树。例如，T_1 其根为 B，其余结点分成为三个互不相交的子集，T_{11}＝{E}；T_{12}＝{F，J，K}；T_{13}＝{G}。T_{11}、T_{12} 和 T_{13} 都是 B 的子树。而 T_{11} 是一棵只有根结点 E 的树。T_{12} 是一棵由 T_{121}＝{J} 和 T_{122}＝{K} 两棵互不相交的子树构成的树。以上是树的典型表示法之一，圆圈表示结点，圈内的字母或字符串等作为结点的名称或结点的值，结点间的连线表示结点间的逻辑关系。

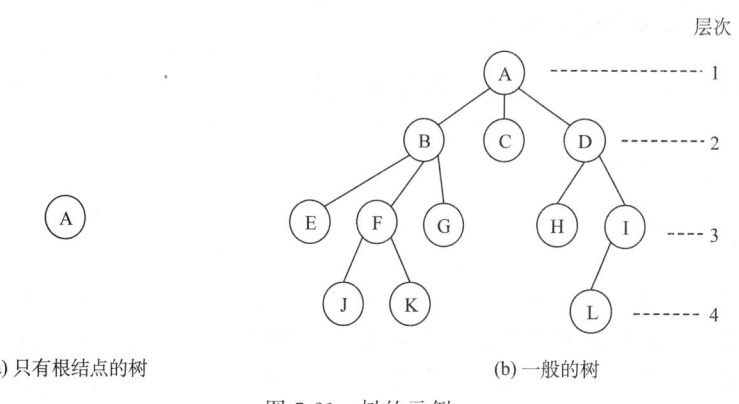

图 7-21 树的示例

下面给出树结构中的一些基本术语。

① 结点的度：树中每个结点的子树个数称为结点的度（Degree）。例如，在图 7-21（b）中，结点 B 的度为 3、结点 D 的度为 2，结点 C 的度为 0。

② 树的度：树中各结点度的最大值称为树的度。例如，在图 7-21（b）中，树的度为 3。

③ 叶子：度为 0 的结点称为叶子或终端结点。图 7-21（b）中的结点 E、J、K、G、C、H、L 都是树的叶子。

④ 分支结点：度不为 0 的结点，称为分支结点或非终端结点。图 7-21（b）中的结点 A、B、D、F、I 都是树的分支结点。

⑤ 孩子结点和双亲结点：结点的子树的根又可称为该结点的孩子结点（Child）；相应地，该结点称为孩子的双亲结点（Parent）。例如，在图 7-21（b）中，结点 B 的孩子结点有 E、F 和 G 结点；结点 E 的双亲结点是 B 结点；结点 B 的双亲结点是 A 结点。

⑥ 兄弟结点：同一个双亲的孩子之间互称兄弟结点。例如，图 7-21（b）中，B、C、D 结点互为兄弟结点。

⑦ 祖先结点：一个结点的祖先是从根到该结点所经分支上所有结点。例如，图 7-21（b）中 H 结点的祖先有 D 和 A 结点。

⑧ 子孙结点：一个结点的子孙是其子树中的所有结点。例如，结点 D 的子孙为 H、I 和 L 结点。

⑨ 结点的层次：结点的层次从根开始定义，根为第一层，根的孩子为第二层，以此类推。若某结点在第 L 层，则其子树的根（即其孩子）就在第 L+1 层。

⑩ 树的深度或高度：树中结点的最大层次称为树的深度或高度。如图 7-21（b）中，树的深度为 4。

森林（Forest）是 m（m≥0）棵互不相交的树的集合。森林的概念与树非常接近。只要把一棵树的根结点去掉，就可以改变成森林，如图 7-21（b）所示树中，将 A 去掉，就变成了由三棵树组成的森林。反之，如果要把由 m 棵互不相交的树组成森林，则加上一个结点，使这 m 棵树的根作为该结点的孩子，则使森林变成树。

2. 二叉树的定义及其存储结构

在树结构的应用中，二叉树起着特别重要的作用。这是因为处理树的许多算法问题用二叉树形式解决就会变得非常简单。事实上，任何树和二叉树之间都可以通过简单规则的操作使其相互转换。

1) 二叉树的定义

二叉树（Binary Tree）是有限个结点的集合，或者为空集，或者由一个根结点以及两棵互不相交且分别称为根的左子树和右子树的二叉树组成。这是二叉树的递归定义。若二叉树为空集，则称之为空二叉树。二叉树的每个结点至多只有两棵子树（即二叉树中各结点的度不大于2），且其子树有左右之分，同时这种次序是不能任意颠倒的。由于二叉树的子树亦是二叉树，则由二叉树的定义，它们也可以是空树。由此，二叉树可以有五种基本形态，如图 7-22 所示。

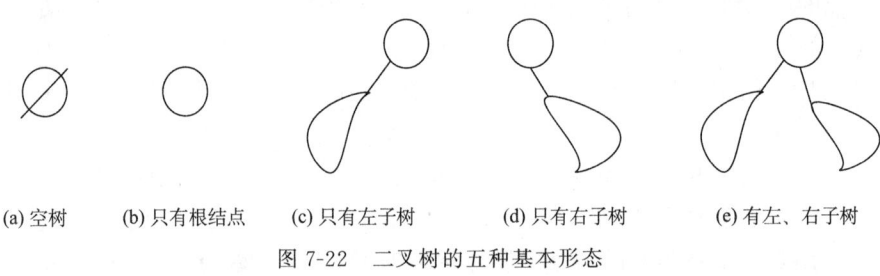

(a) 空树　　(b) 只有根结点　　(c) 只有左子树　　(d) 只有右子树　　(e) 有左、右子树

图 7-22　二叉树的五种基本形态

在图 7-22 中，(a) 为空二叉树；(b) 为只有根结点，其左、右子树均为空二叉树；(c) 有根结点，其左子树为非空二叉树，其右子树为空二叉树；(d) 有根结点，其左子树为空二叉树，其右子树为非空二叉树；(e) 有根结点，其左右子树均为非空二叉树。

二叉树与树有着许多的联系，而且都使用一些相同的术语，但二叉树是另一种树型结构，与树是两个不同的概念。它们之间的主要差异是：树中的任一结点可以有任意有限棵子树，且可不必区分各子树之间的次序；而二叉树中的任一结点至多只有两棵子树，且必须非常明确地将其区分为左子树和右子树，即使在只有一棵子树的情形下，也必须指出它是根的左子树，还是根的右子树。

2) 二叉树的性质

下面首先介绍二叉树的若干重要性质和几种特殊形态的二叉树。

性质 1：位于二叉树第 i 层上的结点最多为 2^{i-1} 个（$i \geqslant 1$）。

用数学归纳法证明：当 i=1 时，只有一个根结点，显然第 1 层上的结点最多为 $2^{1-1}=2^0=1$ 成立。现假设，对于所有的 K（K<i），命题都成立，即位于第 K 层上的结点最多为 2^{K-1} 个。

由归纳假设可知，位于第 i−1 层上的结点最多为 2^{i-2} 个。由于二叉树的每个结点的度最多为 2；故位于第 i 层上的结点个数最多是第 i−1 层上的结点个数的两倍，即

$2 \times 2^{i-2} = 2^{i-1}$,证毕。

性质 2:深度为 K 的二叉树的结点总数最多为 $2^K - 1$ 个($K \geq 1$)。

根据性质 1,显然深度为 K 的二叉树的结点总数最多为

$$\sum_{i=1}^{K}(\text{第 i 层上的最多结点数}) = \sum_{i=1}^{K} 2^{i-1} = 2^K - 1$$

性质 3:对于任一非空二叉树 BT,如果其叶子数(度数为 0)为 n_0 个,度为 2 的结点数为 n_2 个,则有 $n_0 = n_2 + 1$ 成立。

证明:设二叉树 BT 中度为 1 的结点数为 n_1 个,二叉树 BT 中结点总数为 n 个。由于二叉树 BT 中所有结点的度均小于或等于 2,所以二叉树 BT 中结点的总数为 $n = n_0 + n_1 + n_2$。

再看二叉树 BT 中的分支数。除根结点之外,二叉树 BT 的每一个结点都有一个由其双亲结点到该结点的分支进入。设二叉树 BT 中分支的总和数为 B,则有 $n = B + 1$;又由于二叉树 BT 中所有的分支都是度为 1 和度为 2 的结点引出来的,所以又有 $B = n_1 + 2 \times n_2$。于是可得如下等式:$n_0 + n_1 + n_2 = n = n_1 + 2 \times n_2 + 1$,整理等式可得 $n_0 = n_2 + 1$,证毕。

为更好地介绍二叉树的顺序存储结构,先引出两种特殊的二叉树,它们分别是满二叉树和完全二叉树。

满二叉树:一棵深度为 K 且有 $2^K - 1$ 个结点的二叉树为满二叉树。如图 7-23(a)所示是一棵深度为 4 的满二叉树,共有 $1 + 2 + 4 + 8 = 15$ 个结点。这种树的特点是每一层上的结点数都是最多结点数。若对满二叉树的结点进行顺序编号,顺序编号的方法是:由根结点开始,从上至下;同层结点从左至右。$2^K - 1$ 个结点的满二叉树,依次用 $1, 2, \cdots, 2^K - 1$ 顺序编号。

完全二叉树:深度为 K,有 n 个结点的二叉树,当且仅当其每一个结点都与深度为 K 的满二叉树中编号从 1 到 n 的结点一一对应时,称之为完全二叉树。如图 7-23(b)所示是一棵深度为 4 且结点数为 10 的完全二叉树。更为一般地,深度为 K 的完全二叉树,它的第 1 层至第 $K-1$ 层具有最多的结点数,即 $K-1$ 层为满二叉树;第 K 层的结点数小于等于相对应满二叉树的结点数,但编号是一致的。通俗来说,深度为 K 的完全二叉树是指前 $K-1$ 为满的,仅 K 层不满且仅缺 K 层右侧的连续结点。从图 7-23(a)和(b)相比较来看,图 7-23(b)所示的完全二叉树仅缺了编号为 11、12、13、14、15 右侧的连续结点。

性质 4:具有 n 个结点的完全二叉树的深度为 $\lfloor \log_2 n \rfloor + 1$。

证明:假设有 n 个结点的完全二叉树深度为 K,则根据性质 2 和完全二叉树定义有:$2^{K-1} - 1 < n \leq 2^K - 1$;于是有:$K - 1 \leq \log_2 n < K$,且 K 为整数,因此有 $K = \lfloor \log_2 n \rfloor + 1$。

性质 5:如果对一棵有 n 个结点的完全二叉树进行顺序编号,则对于编号为 i($1 \leq i \leq n$)的结点有以下三种情况。

(1)如果 $i = 1$,则该结点是二叉树的根,无双亲;如果 $i > 1$,则该结点的双亲结点编号为 $\lfloor i/2 \rfloor$。

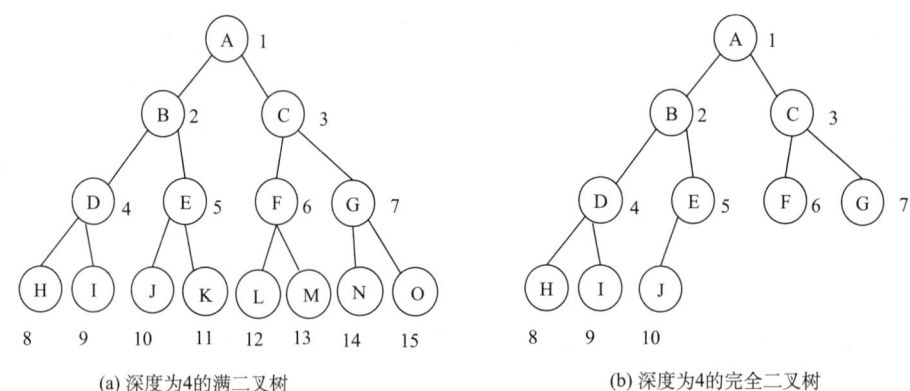

图 7-23 两种特殊的二叉树

(2) 如果 2×i>n，则该结点无左孩子，且该结点是叶子；如果 2×i≤n，则该结点左孩子结点编号为 2×i。

(3) 如果 2×i+1>n，则该结点无右孩子；如果 2×i+1≤n，则该结点右孩子结点编号为 2×i+1。

3）二叉树的存储结构

(1) 二叉树的顺序存储结构。

二叉树的顺序存储是指用一组连续的存储单元存储二叉树的数据元素，即用一个一维数组 bTree [n] 来表示一棵二叉树。首先讨论完全二叉树的顺序存储，对于完全二叉树，可以方便地将它的结点按顺序编号的次序顺序存入一维数组中。设 n 个结点的完全二叉树，其顺序存储结构用一维数组 bTree [n] 表示，其中编号为 i（1≤i≤n）的结点存入 bTree [i] 中。例如，一棵有 10 个结点的完全二叉树及其顺序表示如图 7-24（a）所示。根据完全二叉树特性（性质 5），结点在一维数组中的相对位置蕴含着结点之间的关系。结点 bTree [i] 的双亲是 bTree [i/2]，bTree [1] 是根结点，无双亲。若 2×i≤n，则 bTree [i] 的左孩子是 bTree [2×i]；若 2×i+1≤n，则 bTree [i] 的右孩子是 bTree [2×i+1]。

对于非完全二叉树的顺序存储，仍可采用类似完全二叉树的顺序存储方法，但需增加一些虚结点（如图 7-24（b）中结点 4、8、9），即将二叉树中的各结点按完全二叉树进行编号，并按编号将结点存入一维数组中相应位置上，如图 7-24（b）所示一般二叉树的顺序存储。在这种表示方式中，结点之间的关系仍可用完全二叉树来确定，但是一般二叉树的顺序存储将造成存储空间的浪费（如图 7-24（b）中结点 4、8、9）。一个极端情形是深度为 K 的右单支二叉树，它只有 K 个结点，但却需要 2^K-1 个存储位置。

(2) 二叉树的链式存储结构。

由二叉树的定义可知，二叉树中的每个结点至多有两个孩子，且分别称为左孩子和右孩子，因此表示二叉树的链表中的结点至少应包含三个域：数据域和左、右孩子指针域，其结点结构为

第七章 程序设计基础与基本数据结构 · 313 ·

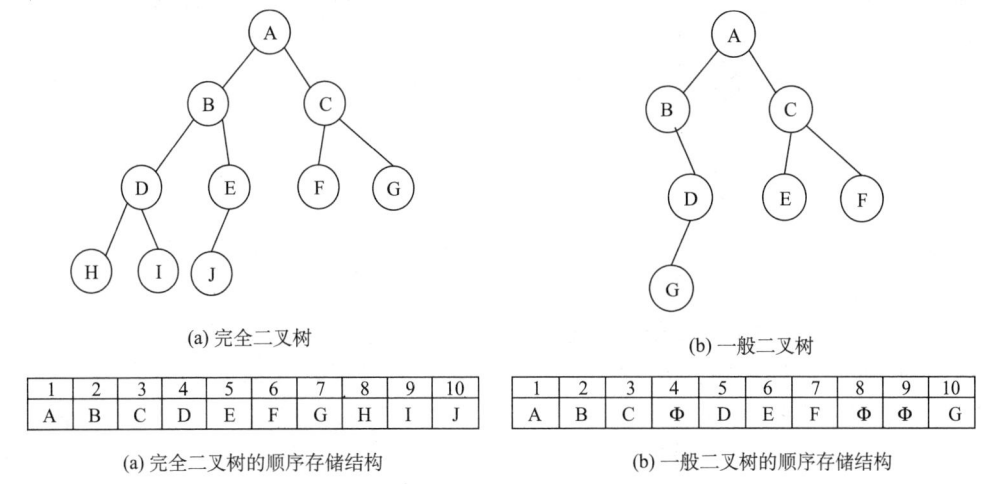

图 7-24 不同形式二叉树的顺序存储结构示意图

其中，左孩子指针域是指向左孩子的指针，右孩子指针域是指向右孩子的指针，数据域表示结点的名称或其值。

图 7-25 是由 7 个结点组成的二叉树，按上述的结点结构，形成的链式存储示意图。

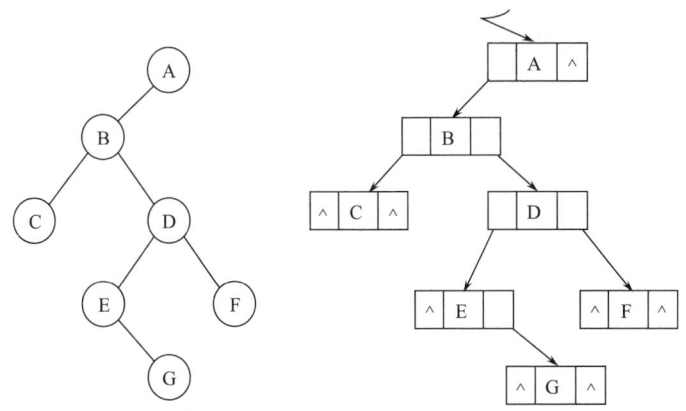

图 7-25 二叉树的链式存储结构示意图

3. 二叉树的遍历

在二叉树的一些应用中，常常会遇到在二叉树中查找具点某种特征的结点，或者对树中全部结点逐一进行某种处理的问题。这就涉及二叉树的一种最基本的"遍历"操作。

遍历一棵二叉树，就是按照某种规则访问二叉树中的每个结点，且每个结点仅被访问一次。所谓访问是对结点做某种规定的处理，如输出结点的信息等。遍历的目的在于得到二叉树中结点的一个线性序列，使非线性关系的结点线性化，以利于相应的运算与处理。由于二叉树是一种非线性结构，每个结点都可以有两棵子树，因此需要寻找一定的规律，以便按确定的方式处理每个结点及其子树，保证每个结点都被访问到，且仅被访问一次。

一棵非空二叉树由三部分构成：根结点、左子树和右子树，而每个子树又是由这三部分构成的。因此，无论以何种规则来遍历一棵二叉树，都应包括这样三个步骤：访问根结点、遍历这个根结点的左子树和遍历这个根结点的右子树。假如以 D 表示访问根结点，以 L 和 R 分别表示遍历这个根的左子树和右子树，这样就得到 DLR、LDR、LRD、DRL、RDL 和 RLD 这六种不同遍历二叉树的规则。若限定对于根的两棵树按先左子树后右子树的次序进行遍历，则只有 DLR、LDR、LRD 这三种遍历规则，分别称它们为先根次序遍历、中根次序遍历和后根次序遍历，简称为先序、中序和后序遍历。

下面给出这三种遍历二叉树的递归算法定义。

1）先序遍历（根左右，DLR）

先序遍历二叉树的递归算法定义为：若二叉树为空，则返回；否则，执行下列操作：① 访问根结点；② 先序遍历左子树；③ 先序遍历右子树。

2）中序遍历（左根右，LDR）

中序遍历二叉树的递归算法定义为：若二叉树为空，则返回；否则，执行下列操作：① 中序遍历左子树；② 访问根结点；③ 中序遍历右子树。

3）后序遍历（左右根，LRD）

后序遍历二叉树的递归算法定义为：若二叉树为空，则返回；否则，执行下列操作：① 后序遍历左子树；② 后序遍历右子树；③ 访问根结点。

这三种遍历的算法定义都是递归的，递归的终止条件是二叉树为空。至于遍历中对根结点的"访问"内容，可视具体要求而定。为叙述算法方便起见，假定访问的内容为输出数据域的信息。如对图 7-24 (b) 所示的二叉树分别进行先序、中序和后序遍历，访问结点时输出其值，则得到结点的线性遍历序列分别为 ABDGCEF、BGDAECF 和 GDBEFCA。另对图 7-25 所示的二叉树分别进行先序、中序和后序遍历，访问结点时输出其值，则得到结点的线性遍历序列分别为 ABCDEGF、CBEGDFA 和 CGEFDBA。

7.2.4 基本数据结构的应用

通过之前线性和非线性数据结构的学习，读者一定掌握了相关的概念和数据结构的内涵，其实更为重要的是，如何借助所学数据结构来解决一些实际应用问题，本节将紧紧围绕基本数据结构的应用问题，重点介绍常用的数据查找和数据的排序等两大类问题。具体来说，查找又分为顺序查找和二分法查找算法；基本排序算法又分为插入类排序、选择类排序、交换类排序等。

1. 查找

查找（searching）又称为检索，是对数据进行处理并大量使用的一种基本运算，也是像插入、删除、更新等各种操作的基础，其是根据给定的某个值在待查数据集中确定是否存在一个关键字等于给定值的记录。在查找时，若待查数据中存在符合要求的记录，则称查找成功。此时，查找的结果给出整个记录的信息或指出该记录在待查数据集中的位置。若在待查数据集中不存在关键字等于给定值的记录，则称查找失败（或查找不成功），此时查找结果给出相应的信息。

首先介绍与查找相关的几个概念。

记录（Record）是由若干个数据项组成的数据元素。

待查数据集（searched data set）是由若干个记录组成的集合，即含有若干个记录的集合。例如，某学院的学生通讯录可以看做一个待查数据集，其数据元素由姓名、学号、班号、籍贯、性别、电话号码等数据项组成。

关键字（key）是记录中用来区分不同记录的数据项值，有时可以标识一个记录。若一个关键字可以唯一地标识一个记录，则称此关键字为主关键字（primary key）。反之，称用以标识若干个记录的关键字为次关键字（secondary key）。若记录中只有一个数据项时，其关键字即为该记录的值。如在学生通讯录待查数据集中，每个"学号"可以作为主关键字，"班号"可以作为次关键字。一般说来，不同的记录其主关键字应不相同。选择记录中的哪些数据项作为关键字，应根据实际情况而定。

查找是计算机程序设计中的一项重要的基本技术。在使用查找技术时应根据具体的数据结构选用相应的查找算法。查找算法的优劣对查找效率影响很大，好的查找方法将会大大提高软件的执行效率以及拥有好的用户体验。

衡量查找算法效率的标准是平均查找长度。所谓平均查找长度（average search length），也就是为确定记录在查找表中的位置，需和给定值进行比较的关键字个数的期望值。对于有 n 个记录的查找表，查找某记录成功时的平均查找长度为

$$ASL = \sum_{i=1}^{n} p_i\, c_i$$

其中，p_i 为查找第 i 个记录的概率；c_i 为查找第 i 记录成功时，和给定值已进行过比较的关键字的个数。显然，有 $\sum_{i=1}^{n} p_i = 1$。

1）顺序查找

顺序查找（sequential search）又称线性查找，是一种最简单的查找方法。如果顺序表中有 n 个记录，这 n 个记录按某种顺序存放在顺序表中，则进行顺序查找的过程为：从顺序表的第一个记录的开始，逐个顺序地进行记录的关键字和给定值的比较，若某个记录的关键字和给定值相等，则表明查找成功；反之，直到最后一个记录也没找到

其关键字和给定值相等的记录，则表明查找失败。当得到查找成功或失败的结论后，查找结束。当然也可采取从后向前查的方法。可见顺序查找适用于表中记录无序的情况。

例如，某班级的"计算机文化基础"课程成绩单是按学号排序，现查找课程考试成绩为某分数的学生，但并不知道课程成绩的分布情况，则为了找到课程成绩为某分数的学生，就要对课程成绩表进行从头到尾地查看，直到找到课程成绩为某分数或查找全部列表且仍未找到为止。对此问题进行数学抽象，形成如下例题。

【例 7-8】 设有"计算机文化基础"课程成绩单如下，下标假定为学生的学号，数组元素为学生的课程成绩，共有 10 个记录的待查数据集 D＝［77、68、54、47、75、35、85、88、98、92］；现要查找成绩关键字为 85 的记录。

顺序查找过程如下：初始时，查找指针 p 指向待查数据集的第一个元素，即 p＝1，并与待查关键字 85 进行比较；在查找过程中，依据查找移动方向指针 p 依次移动一个位置，即 p＝p+1，并与待查关键字 85 进行比较；直至找到待查的关键词 85 或者指针 p 已移动到最后一个位置仍未找到后查找结束（图 7-26）。

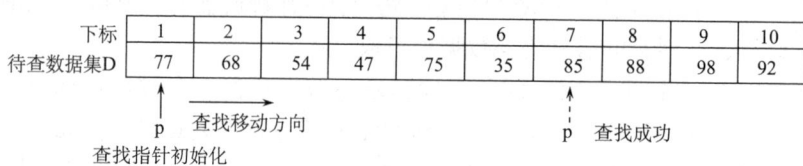

图 7-26 顺序查找的示意图

对于顺序查找算法，其所需内存空间较少，其执行时间主要取决于关键字值的比较次数。在上述算法中，查找第 1 个元素只要进行 1 次比较，查找第 i 个元素则要进行 i 次比较，查找第 n 个元素则要进行 n 个比较。如果假设顺序表中每个记录的被查找概率相同，即 $p_i=1/n$ （$1 \leqslant i \leqslant n$），则查找成功时的平均查找长度为

$$ASL = \sum_{i=1}^{n} p_i c_i = \sum_{i=1}^{n} \frac{1}{n} \times i = \frac{n+1}{2}$$

从上推导可知，在平均情况下，大约要与表中一半以上元素进行比较，效率较低，平均查找长度较大，最好情况需查找 1 次，而最坏情况需查找 n 次。当然，其优点是算法较简单、使用面广、对表是否有序情况不作要求。

顺序查找适用的主要场合有：线性表为无序表（元素排列是无序的）；即使是有序线性表，采用的也是链式存储结构。

2）二分法查找

如果查找表是有序表形式，而且采用顺序存储结构，此时可采用效率更高的二分法查找（binary search），又称为折半查找方法。

二分法查找是一种有序表上的效率较高的查找方法。其查找思路是：首先确定待查记录所在的范围，然后逐步缩小范围，直到查找成功或失败为止。这种查找方法也是通过关键字间的比较来进行查找的。不过，其查找过程不是逐个进行查找而是跳跃地检

查；二分法查找就像是不用索引去查字典，大概估计所查字在字典中的位置，翻到这一页，然后比较所查字与该页上的字的顺序关系，确定再向前或向后翻页，重复进行，直到找到所查的字。一般的假定有一个有 n 个记录的有序表，该有序表存储在一维数组 D 中，各记录是按关键字值的递增次序排列的，即各记录的关键字满足 D［1］.key≤D［i］.key≤D［n］.key。设置三个变量 down、up 和 mid 分别表示指向表的当前待查范围的下界、上界和中间位置的指针。在初始时，down＝1，up＝n，mid＝⌊(down＋up)/2⌋（mid 为不大于 down 和 up 的平均值的最大整数）。设待查找记录的关键字值为 key，则二分法查找的过程是：

(1) 比较 D［mid］.key 与 key 值的大小。

① 当 D［mid］.key＝key，则查找成功，此时，待查找记录在有序表中的序号等于指针变量 mid 的值；

② 当 D［mid］.key＞key，则应在当前表的前半部分查找，且序号介于 down 和 mid 之间，修改查找范围，令下界指示变量 down 的值保持不变，上界指示变量 up 的值重新设置为 mid－1；

③ 当 D［mid］.key＜key，则应在当前表的后半部分查找，且序号介于 mid 和 up 之间，修改查找范围，令下界指示变量 down 的值需重新设置为 mid＋1，上界指示变量 up 的值保持不变；

(2) 重新设置，mid＝⌊(down＋up)/2⌋。

(3) 比较当前变量 down 和 up 的值，若 down≤up，则重复执行 (1)、(2) 两步；若 down＞up，则说明查找失败。

二分法查找的精髓是：先确定待查找记录所在的范围，然后逐步缩小范围，直到找到或确认找不到该记录为止。其前提必须在具有顺序存储结构的有序表中进行；其特点是比顺序查找方法效率高得多，即便在最坏的情况下，也最多比较 $\log_2 n$ 次。

【例 7-9】 设有"计算机文化基础"课程成绩单是按成绩从低到高排序的，共有 10 个记录的待查数据集 D＝［35、47、54、68、75、77、85、88、92、98］。现要查找成绩关键字为 85 的记录。

下面先给出查找给定值 key＝85 的查找过程：

首先，初始化指针 down＝1、up＝10 和 mid＝⌊(down＋up)/2⌋＝⌊(1＋10)/2⌋＝5；分别指向待查找记录所在范围的上界、下界和中间位置（图 7-27）。

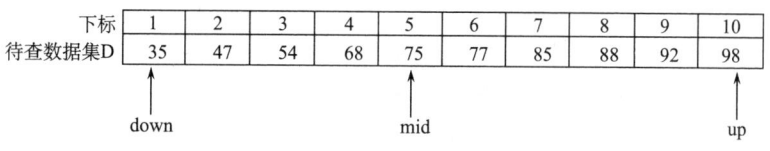

图 7-27 二分法查找的初始化示意图

此时 D［5］.key＝75 且 D［5］.key＜85，因此应在数据集的后半部分，即第 6 个元素和第 10 个元素之间查找；重新设定：down＝mid＋1＝5＋1＝6，up 保持不变（图 7-28）。mid＝⌊(down＋up)/2⌋＝⌊(6＋10)/2⌋＝8。

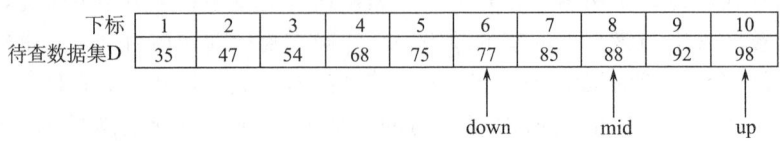

图 7-28　第一趟二分法查找的示意图

此时 D[8].key=88 且 D[5].key>85，因此应在数据集前后半部分，即第 6 个元素和第 7 个元素之间查找；重新设定：down 保持不变，up=mid－1=8－1=7，mid=⌊(down+up)/2⌋=⌊(6+7)/2⌋=6。（图 7-29）

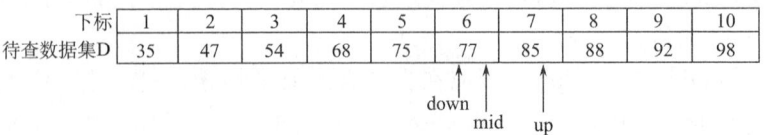

图 7-29　第二趟二分法查找的示意图

此时 D[6].key=77 且 D[5].key<85，因此应在数据集的后半部分，即第 7 个元素和第 7 个元素之间查找；重新设定：down=mid+1=6+1=7，up 保持不变，mid=⌊(down+up)/2⌋=⌊(7+7)/2⌋=7。（图 7-30）

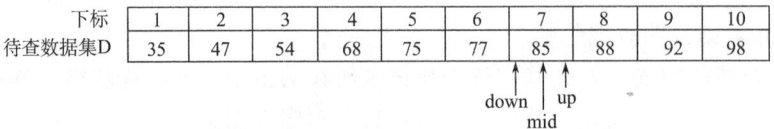

图 7-30　第三趟二分法查找的示意图

此时 D[7].key=85 且等于要查找的记录，查找成功，此次二分法查找共找了 3 次，小于 $\log_2 10$ 次，更小于顺序查找的平均性能 5 次。随着待查数据集的规模越大，二分法查找的效率优势更能体现。

2. 基本排序算法

　　排序（sorting）是将一个由若干数据元素（或记录）的组成的任意序列，重新排列成一个按关键字有序的序列。排序在计算机软件系统设计中占有相当重要的地位，是最基本的算法之一，更是许多复杂算法的基础。

　　一般地，设有一个含有 n 个数据元素的序列为 D＝[D_1、D_2、…、D_i、…、D_n]，及相应的关键字序列为 K＝[K_1、K_2、…、K_i、…、K_n]，确定 1、2、…、i、…、n 的一种排列 P_1、P_2、…、P_i、…、P_n，使相应的关键字满足如下的递增（或递减）关系：$K_{P1} \leq K_{P2} \leq \cdots \leq K_{Pi} \leq \cdots \leq K_{Pn}$（$K_{P1} \geq K_{P2} \geq \cdots \geq K_{Pi} \geq \cdots \geq K_{Pn}$）。换言之，使原来的无序序列 D_1、D_2、…、D_i、…、D_n 成为一个按关键字有序的序列：D_{P1}、D_{P2}、…、D_{Pi}、…、D_{Pn}，这样一种操作过程就称为排序。

由于待排序的数据量不同，使得排序过程中用于存放待排序数据的存储器不同，据此可将排序方法分为内部排序和外部排序两大类。内部排序指的是在排序过程中，待排序数据全部存放在计算机的内部存储器中的排序方法。外部排序是指待排序的数据量很大，全部数据不能同时存放在内存中，在排序过程中不仅要使用内存储器，还要使用外存储设备，数据要在内、外存储器之间移动的排序方法。

内部排序的方法很多，按所用的排序准则不同，内部排序方法可分为五大类：插入排序、选择排序、交换排序、归并排序和基数排序。内部排序的细分如图 7-31 所示。如果按内部排序过程中所需的时间复杂度来区分，则可分成三类：①简单的排序方法，其时间复杂度为 $O(n^2)$；②快速的排序方法，其时间复杂度为 $O(n\log_2 n)$；③基数排序法，其时间复杂度为 $O(d \cdot n)$。每种方法都各有优缺点和不同的适用条件，每种排序分类中又有许多不同的算法，因此，就全面性能来考虑，没有一种绝对最好的排序方法。

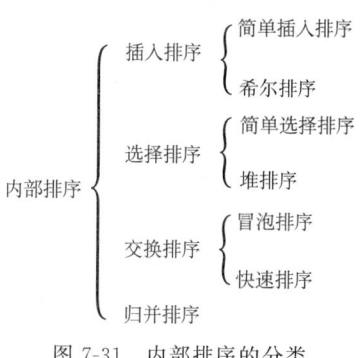

图 7-31 内部排序的分类

1) 插入类排序

插入排序法是一种由初始空集合开始，不断地把记录插入到适当位置的排序方法。下面介绍两种常用的插入排序方法。

(1) 简单插入排序。

简单插入排序又称直接插入排序，是一种最简单的排序方法，它的基本思想是顺序地把待排序中的各数据按其关键字值非递减（或非递增）次序插入到已排序的序列的适当位置。

假设待排序序列为 D_1、D_2、…、D_i、…、D_n，开始非递减排序时，认为待排序列中的第一个数据元素 D_1 是已排好序的，并且以 D_1 为第一个数据组成了排列序列的初始序列。接下来，将待排序序列中的第二个数据的关键字与已排好序数据的关键字进行比较，若 $K_1 > K_2$，则交换两个数据的位置，否则不交换，这样就将第二个数据插入到了已排好序的序列中。此时，已排序列由两个数据组成。以此类推，对待排序序列中的第 i 个数据 D_i 排序时，已排序的序列中有 i－1 个数据，它们是 D_i 前面的 i－1 个数据组成的。从已排序序列的第 i－1 个数据依次向前进行比较，若找到某个位置 j（1≤j≤i－1）时，已排序序列中的第 j－1 个数据的关键字比 K_i 小，而第 j 个数据的关键字比 K_i 大，此时把已排序序列中的从 j 位置起到 i－1 位置的数据全部顺序的后移一个位置，将 D_i 放到第 j 个位置上，否则将 D_i 直接存放到第 i 个位置，就完成了对待排序列中的第 i 个记录的插入排序。依次重复过程，当完成了待排序列中的第 n 个数据 D_n 的插入后，整个序列排序完毕。

简单地说其排序思想是：从数组的第 2 号元素开始，顺序从数组中取出元素，并将该元素插入到其左端已排好序的数组的适当位置上。非常类似在打扑克牌中理牌过程，即边抓牌、边插入和边排序。

【例 7-10】 设有"计算机文化基础"课程成绩数据集 D＝［77、68、54、47、75、35、85、88、98、92］，共有 10 个数据，为简单起见，此题中数据元素与其关键词相同，用简单插入排序进行从小到大排序。简单插入排序过程如图 7-32 所示，其中加括号 ［］的为已排好序的数据集。

下标	1	2	3	4	5	6	7	8	9	10
初始关键词序列	[77]	68	54	47	75	35	85	88	98	92
第1次排序	[68	77]	54	47	75	35	85	88	98	92
第2次排序	[54	68	77]	47	75	35	85	88	98	92
第3次排序	[47	54	68	77]	75	35	85	88	98	92
第4次排序	[47	54	68	75	77]	35	85	88	98	92
第5次排序	[35	47	54	68	75	77]	85	88	98	92
第6次排序	[35	47	54	68	75	77	85]	88	98	92
第7次排序	[35	47	54	68	75	77	85	88]	98	92
第8次排序	[35	47	54	68	75	77	85	88	98]	92
第9次排序	[35	47	54	68	75	77	85	88	92	98]

图 7-32 简单插入排序的过程

(2) 希尔排序。

希尔排序（Shell's sort）又称缩小增量排序，是 Shell 在 1959 年提出的一种排序方法。希尔排序对简单插入排序进行改进，得到希尔排序虽然也属于一种插入排序类的方法，但在时间效率上比简单插入排序方法有较大的改进。

希尔排序的基本思想是：不断地把待排序的数据集分成若干个小组，对同一组内的数据进行简单插入排序，在分组时，始终保证当前组内的数据个数超过前一次分组排序时组内的数据个数。待整个序列中的记录"基本有序"的，再对全体数据进行一次简单插入排序。

希尔排序的具体做法是：先设一个整数量 d，称之为增量。将待排序的数据序列中所有距离为 d_1 的数据分为一组。例如，若 $d_1=4$，则将 D＝［77、68、54、47、75、35、85、88、98、92］分为四组：一组 D^1＝［77、75、98］，二组 D^2＝［68、35、92］，三组 D^3＝［54、85］，四组 D^4＝［47、88］。然后对各组内的数据分别进行简单插入排序，这样的一次分组排序过程称为一趟希尔排序。再设置新的增量 d_2，要求 $d_2 < d_1$。采用与上述过程相同的过程，进行第二趟希尔排序，依次类推，当某趟排序时设置的增量 $d_k=1$ 时，表明序列中全部数据放在了同一组内，最后对整个序列进行一趟简单插入排序，即完成了整个希尔排序的过程。

【例 7-11】 设有"计算机文化基础"课程成绩数据集 D＝［77、68、54、47、75、35、85、88、98、92］，共有 10 个数据，为简单起见，此题中数据元素与其关键词相同，用希尔排序进行从小到大排序。希尔排序过程如图 7-33 所示，其中加括号 ［］的为分组待排序的数据集。

下标	1	2	3	4	5	6	7	8	9	10
初始关键词序列	77	68	54	47	75	35	85	88	98	92
$d_1=4$ $D^1=$[	77				75				98	]
$D^2=$[		68				35				92]
$D^3=$[			54				85			]
$D^4=$[				47				88		]

$D^1 \sim D^4$各自进行简单插入排序后合并

第1趟希尔排序结果	75	35	54	47	77	68	85	88	98	92
$d_2=2$ $D^1=$[75		54		77		85		98	]	
$D^2=$[	35		47		68		88		92]	

$D^1 \sim D^2$各自进行简单插入排序后合并

第2趟希尔排序结果	54	35	75	47	77	68	85	88	98	92
$d_3=1$ $D^1=$[54	35	75	47	77	68	85	88	98	92]	

D^1进行简单插入排序后合并

| 第3趟希尔排序结果 | 35 | 47 | 54 | 68 | 75 | 77 | 85 | 88 | 92 | 98 |

图 7-33　希尔排序的过程

2）选择类排序

选择排序（Selection Sort）的基本思想是：每一次排序都是从待排序的数据序列中选取关键字最小的数据按顺序放到已排序的数据序列的后面，直到待排序序列中所有数据都已排序为止。

（1）简单选择排序。

简单选择排序（simple selection sort）是最简单的一种排序方法之一，这种方法的排序操作步骤为：首先从 n 个待排序数据中找出关键字值最小的数据，然后将这个数据与第一个位置上的数据对调，这样就是关键字值最小的数据找到了它应占据的位置上。然后再从剩下的 n−1 个数据中找关键字值最小的记录，并把它与第二个位置上的数据进行对调。一般地，从剩余的 n−i+1 （1≤i≤n−1）个数据中选取关键字值最小的数据，并和第 i （1≤i≤n）个位置上的数据进行对调。依此类推，直到所有的数据都处在它应占据的位置上，便完成了简单选择排序。

【例 7-12】　设有"计算机文化基础"课程成绩数据集 D＝［77、68、54、47、75、35、85、88、98、92］，共有 10 个数据，为简单起见，此题中数据元素与其关键词相同，用简单选择排序进行从小到大排序。简单选择排序过程如图 7-34 所示，其中加括号［］的为已排好序的数据集。

由以上简单选择排序过程可以看出，因进行了 n−1 次排序后，剩余的一个数据一

下标	1	2	3	4	5	6	7	8	9	10
初始关键词序列	77	68	54	47	75	35	85	88	98	92
第1次排序	[35]	68	54	47	75	77	85	88	98	92
第2次排序	[35	47]	54	68	75	77	85	88	98	92
第3次排序	[35	47	54]	68	75	77	85	88	98	92
第4次排序	[35	47	54	68]	75	77	85	88	98	92
第5次排序	[35	47	54	68	75]	77	85	88	98	92
第6次排序	[35	47	54	68	75	77]	85	88	98	92
第7次排序	[35	47	54	68	75	77	85]	88	98	92
第8次排序	[35	47	54	68	75	77	85	88]	98	92
第9次排序	[35	47	54	68	75	77	85	88	92]	98
选择排序结果	[35	47	54	68	75	77	85	88	92	98]

图 7-34 简单选择排序的过程

定是在待排序数据中关键字值最大的数据，该数据应排在其他数据的后面。所以一个具有 n 个数据的待排序序列，采用简单选择排序需要进行 n-1 趟排序。

简单选择排序法是一种稳定的排序方法。其时间复杂度为 $O(n^2)$，其空间复杂度为常数级 $O(1)$。

(2) 堆排序。

堆排序 (heap sort) 是对简单选择排序法的改进，是借助于完全二叉树结构形成的一种排序方法。由于在简单选择排序中，当选出排序序列中的第 i 个数据时，就需要从 n-i+1 个数据中比较 n-i ($1 \leqslant i \leqslant n$) 次，从而得到一个关键字值最小的数据。而事实上，在前面排出 i-1 个数据时，有些数据的关键字间已进行过比较，只是这些比较信息没有被保存。如果能利用这些比较信息，就会使排出第 i 个数据时可能并不需要进行 n-i 次比较，从而可以减少各次排序中的总比较次数。

基于以上分析，对简单选择排序加以改进，可以得到树型选择排序。树型选择排序又称锦标赛排序，是一种按照锦标赛的思想进行选择排序的方法。它的具体做法是：首先对 n 个数据的关键字两两进行比较，取出其中较小的关键字作为比较结果保存下来，然后再对新保存的这些关键字再两两比较，选出其中较小的保存，依此类推，直至选出最小的关键字为止。这个过程可以用一棵具有 n 个叶子结点的完全二叉树来描述。

下面给出堆的定义：n 个数据元素的序列 D 为：$D = [D_1, D_2, \cdots, D_i, \cdots, D_n]$，及相应的关键字序列 K 为：$K = [K_1, K_2, \cdots, K_i, \cdots, K_n]$，都满足下列关系：

① 若 $2×i≤n$ 时，$K_i≤K_{2i}$（或 $K_i≥K_{2i}$）；

② 若 $2×i+1≤n$ 时，$K_i≤K_{2i+1}$（或 $K_i≥K_{2i+1}$）。

此时，称这个元素序列为一个小根堆（或大根堆）。

为描述方便，以大根堆为例，使得序列从小到大排序，堆排序的主要过程：①将一个无序序列建成大根堆；②将堆顶数据与堆中最后一个数据交换（最大项应该在序列的最后）。不考虑已经换到最后的那个元素，只考虑前 $n-1$ 个元素构成的子序，显然该子序列已不是堆，但左、右子树仍为堆，可以将该子序列调整为堆。反复做第②步，直到剩下的子序列为空为止。适用规模较大的线性表，在最坏情况下堆排序需要比较的次数为 $O(n\log_2 n)$。下面结合例子叙述堆排序的过程。

【例 7-13】 设有"计算机文化基础"课程成绩数据集 D＝[77、68、54、47、75、35、85、88、98、92]，共有 10 个数据，为简单起见，此题中数据元素与其关键词相同，用堆排序进行从小到大排序。考虑到从小到大排序，因此采用大根堆方式，堆排序过程如图 7-35 所示。

第一步：建大根堆。

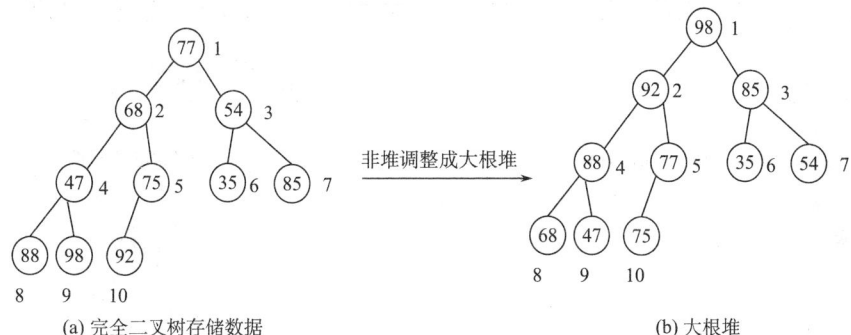

(a) 完全二叉树存储数据　　　　　　　　　　(b) 大根堆

图 7-35　建大根堆

建大根堆的要点是，从尾部的第一个内部结点开始调整，将以它为根结点的子树调整为大根堆。即从编号为 5 的结点开始调整其子树，然后是编号为 4 的结点，…，直到编号为 1 的结点。

第二步：堆排序，带有阴影的结点表示已排好序，具体过程见图 7-36。

第1趟堆排序情况：

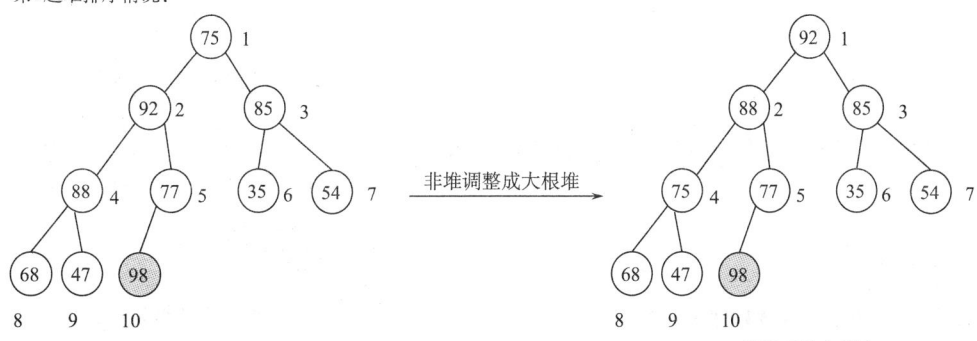

堆顶数据98与未排序堆中最末数据75对调　　　　　　　调整后的大根堆

第2趟堆排序情况：

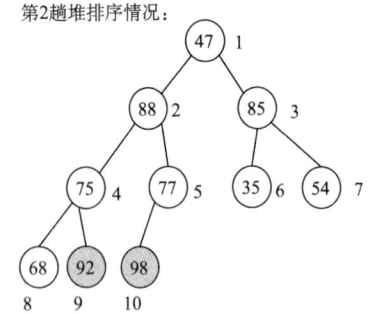 非堆调整成大根堆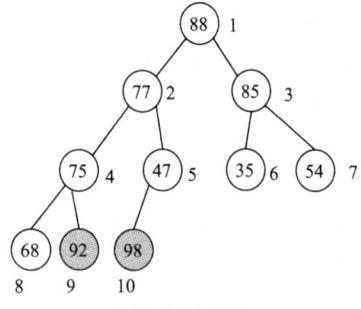

堆顶数据92与未排序堆中最末数据47对调　　　　　　调整后的大根堆

第3趟堆排序情况：

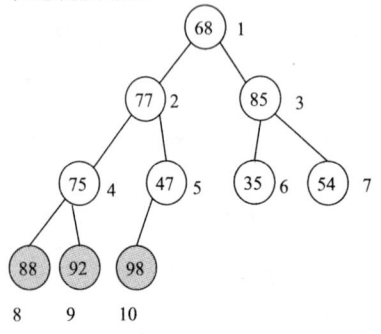 非堆调整成大根堆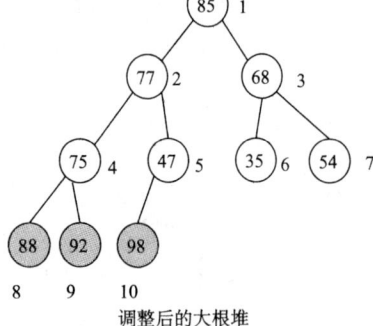

堆顶数据88与未排序堆中最末数据68对调　　　　　　调整后的大根堆

第4趟堆排序情况：

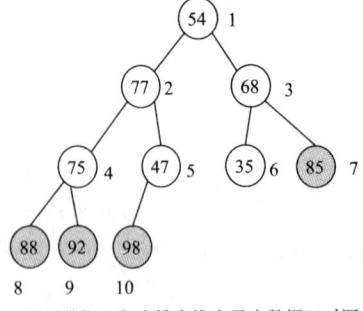 非堆调整成大根堆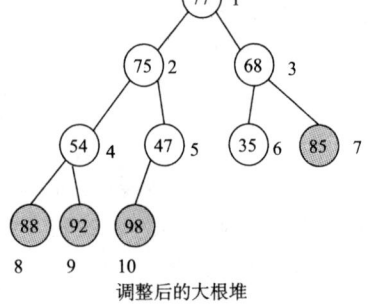

堆顶数据85与未排序堆中最末数据54对调　　　　　　调整后的大根堆

第5趟堆排序情况：

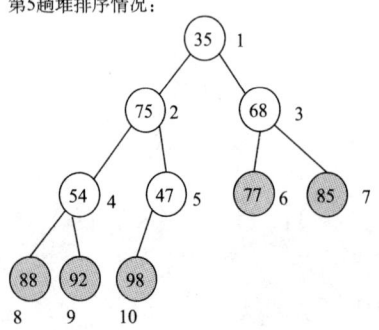 非堆调整成大根堆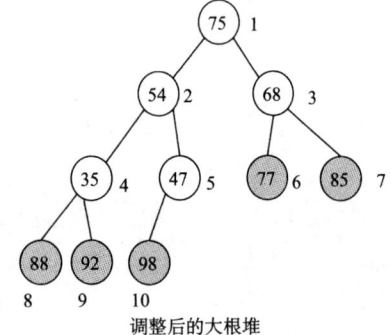

堆顶数据77与未排序堆中最末数据35对调　　　　　　调整后的大根堆

第6趟堆排序情况：

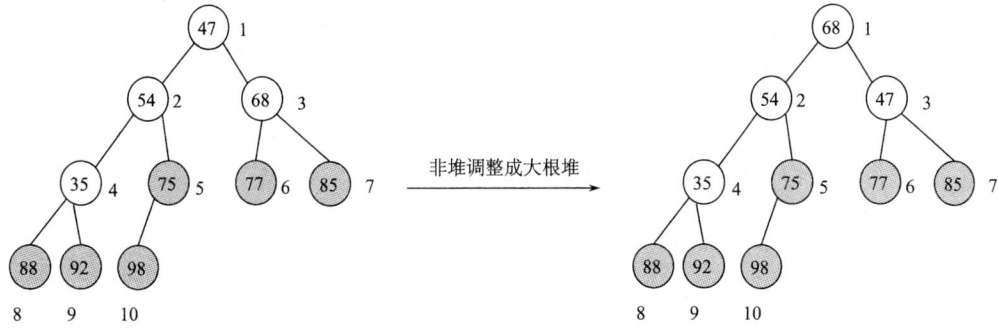

堆顶数据75与未排序堆中最末数据47对调　　　　　　调整后的大根堆

第7趟堆排序情况：

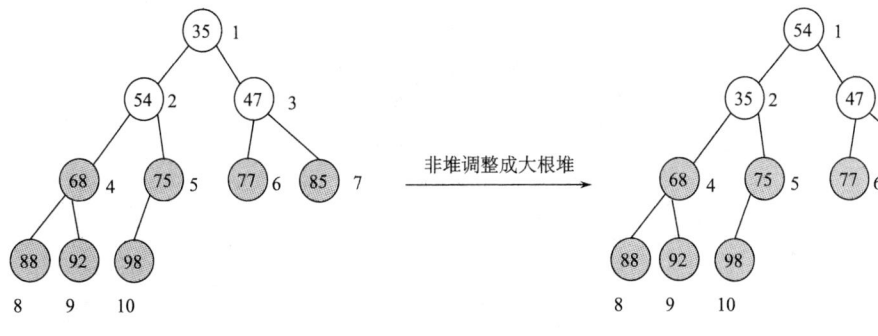

堆顶数据68与未排序堆中最末数据35对调　　　　　　调整后的大根堆

第8趟堆排序情况：

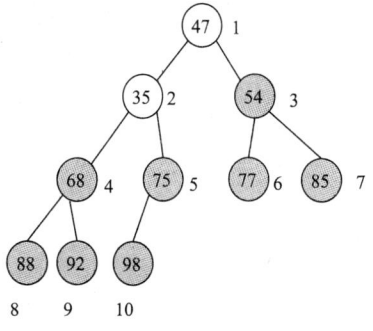
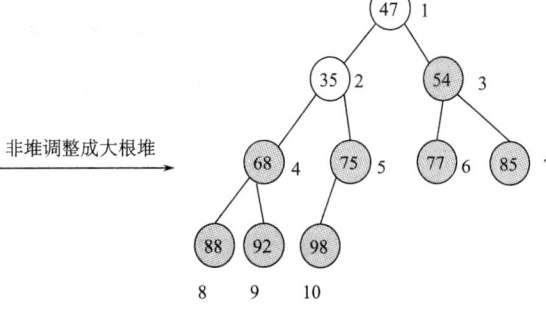

堆顶数据54与未排序堆中最末数据47对调　　　　　　调整后的大根堆

第9趟堆排序情况：

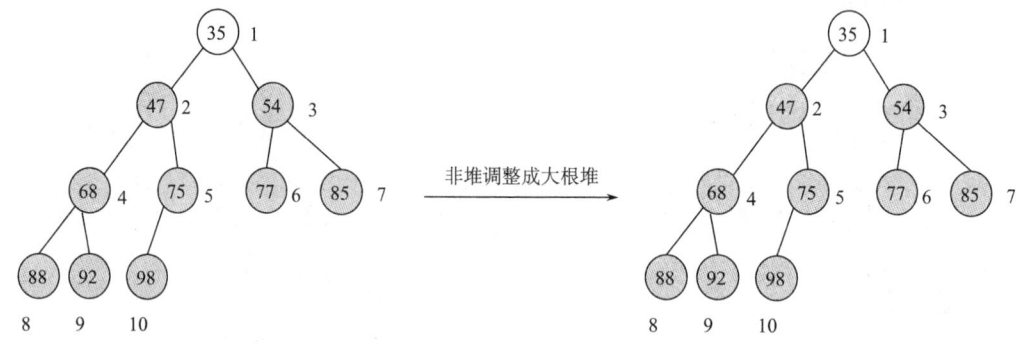

堆顶数据47与未排序堆中最末数据35对调　　　　　　调整后的大根堆

最终堆排序结果：

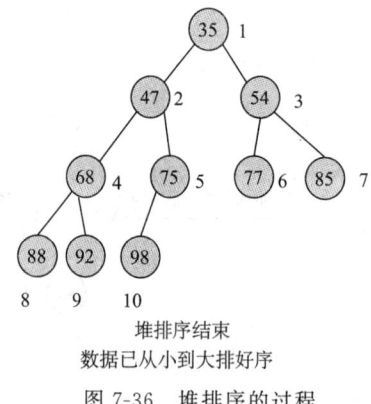

堆排序结束
数据已从小到大排好序

图 7-36　堆排序的过程

  由以上堆排序过程可以看出，因进行了 n－1 次排序后，剩余的一个数据一定是在待排序数据中关键字值最小的数据，该数据应排在其他数据的前面。所以，一个具有 n 个数据的待排序序列，采用堆排序需要进行 n－1 趟排序。堆排序法是一种不稳定的排序方法，其时间复杂度为 $O(n \log_2 n)$。

  3）交换类排序

  交换排序是一类在排序过程中借助于关键字交换操作来完成的排序方法。它的基本思想是：在待排序的序列中，找到满足有序性的两个关键字，交换它们的位置、以满足有序性；重复这个过程，直到该序列中所有的关键字都有序为止。交换排序的特点在于交换，常见的有冒泡和快速排序两种。

  (1) 冒泡排序。

  冒泡排序（bubble sort）是一种简单且使用较多的排序方法，其作法是将待排序的关键字值序列中的前两个数进行比较，按要求将此两数排好序（设为非递减排列），然后将排好序的第二个数与第三个数比较再进行排序，依此处理，直到将最后两个数比较完为止，这时序列中最大的数成为最后一个数，这如同一块重的石头沉入水底一样，而小的数据上浮，如同一个水泡浮起一样，因而这种排序方法形象地称为冒泡排序或起泡排序。

冒泡排序基本过程如下：

① 扫描整个线性表，逐次对相邻的两个数据元素进行比较，若为逆序，则交换；第一趟扫描的结果使最大（或最小）的元素排到表的最后（或最前）。

② 除最后（或最前）一个元素，对剩余的元素重复上述过程，将次大（或次小）的数排到表的倒数（或正数）第二个位置。

③ 重复上述过程，对于长度为 n 的线性表，冒泡排序需要对表扫描 n－1 遍，此时的线性表已经变为有序。

假设线性表的长为 n，则在最坏情况下，冒泡排序需要经过 n－1 遍的从前往后的扫描，需要的比较的次数为 n(n－1)/2。

【例 7-14】 设有"计算机文化基础"课程成绩数据集 D＝[77、68、54、47、75、35、85、88、98、92]，共有 10 个数据，为简单起见，此题中数据元素与其关键词相同，用冒泡排序进行从小到大排序。冒泡排序过程如图 7-37 所示，带有阴影的结点表示已排好序。

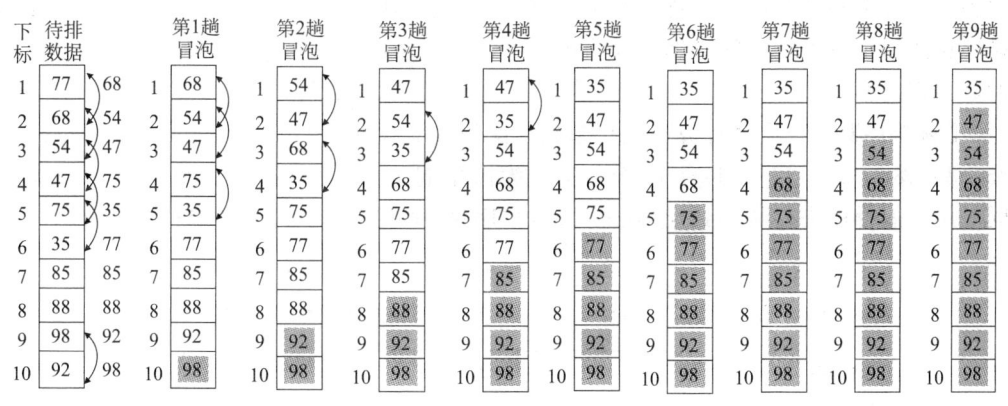

图 7-37　冒泡排序的过程

由以上冒泡排序过程可以看出，因进行了 n－1 次排序后，剩余的一个数据一定是在待排序数据中关键字值最小的数据，该数据应排在其他数据的前面。所以，一个具有 n 个数据的待排序序列，采用冒泡排序最多要进行 n－1 趟排序。冒泡排序法是一种稳定的排序方法，其时间复杂度为 $O(n^2)$。

冒泡排序比较简单，当初始序列基本有序时，冒泡排序有较高的效率，反之效率较低。这是因为当本趟排序未发生两个数据进行交换时，即可提前终止排序算法，请读者自行思考。

（2）快速排序。

快速排序（quick sort）又称划分交换排序。正如它的名字一样，这是目前内部排序个速度最快的一种排序方法。它的基本思想是：通过一趟排序，将待排序数据分割成独立的两个部分，其中一部分所有数据的关键字均比另一部分数据的关键字小，分别对这两部分数据继续进行排序，以使得整个序列有序。

在具体排序时，快速排序的基本做法是：在待排序的 n 个数据中，任选取一个数据，并设这个数据为枢轴（pivot），以它的值为基准，调整待排序序列中其他数据的位置。然后从序列的左侧向右侧扫描，将关键字值大于枢轴的关键字值的数据放到序列的右半部分；接着再从序列的右侧向左侧扫描，将关键值小于枢轴的关键字值的数据均放到序列的左半部分。这两部分的中间是关键字为枢轴的数据。这也是该枢轴数据最终排序的位置，该枢轴数据不再参加下一步排序。上述过程称为一趟快速排序（或一次划分）。在第一趟快速排序结束后，以枢轴为基准把整个待排序数据序列分成前后两部分，然后分别对这两部分重复上述方法，直到所有数据都处在它们的最终位置，此时排序完成。

在每一趟快速排序时，从待排序序列中选取的基准元素，称为枢轴（或支点）。它的选取决定了快速排序算法效率的高低。当以枢轴数据划分的两个部分序列中数据数目大致相当时，快速排序效率较高，当两个部分序列个数据数目相差较大时，快速排序的效率较差。如何从待排序列中选取枢轴数据呢？最好的办法就是从待排序序列中随机抽取数据，即选择恰当的随机数产生程序，并据此来选择待排序列中相应位置的数据作枢轴，常称为随机化的快速排序版本。但由于通过程序产生随机数过程本身就会给快速排序算法增加额外的时间开销。为简单起见，本节采用从待排序序列中选取位于首位置的数据作为枢轴。

【例 7-15】 设有"计算机文化基础"课程成绩数据集 D= [77、68、54、47、75、35、85、88、98、92]，共有 10 个数据，为简单起见，此题中数据元素与其关键词相同，用快速排序进行从小到大排序。快速排序过程如图 7-38 所示，带有 [ ] 的结点表

下标	1	2	3	4	5	6	7	8	9	10
初始关键词序列	[77]	68	54	47	75	35	85	88	98	92
第1次排序	35	68	54	47	75	[77]	85	88	98	92
第2次排序	[35]	68	54	47	75	[77]	85	88	98	92
第3次排序	[35]	47	54	[68]	75	[77]	85	88	98	92
第4次排序	[35]	[47]	54	[68]	75	[77]	85	88	98	92
第5次排序	[35]	[47]	[54]	[68]	75	[77]	85	88	98	92
第6次排序	[35]	[47]	[54]	[68]	[75]	[77]	85	88	98	92
第7次排序	[35]	[47]	[54]	[68]	[75]	[77]	[85]	88	98	92
第8次排序	[35]	[47]	[54]	[68]	[75]	[77]	[85]	[88]	98	92
第9次排序	[35]	[47]	[54]	[68]	[75]	[77]	[85]	[88]	92	[98]
快排结果	[35]	[47]	[54]	[68]	[75]	[77]	[85]	[88]	[92]	[98]

图 7-38 快速排序的过程

示已经排好位置。

由以上快速排序过程可以看出，因进行了 n−1 次排序后，剩余的一个数据一定是在待排序数据中关键字值最小的数据，该数据应排在其他数据的前面。所以，一个具有 n 个数据的待排序序列，采用快速排序最多要进行 n−1 趟排序。快速排序法是一种不稳定的排序方法，其平均时间复杂度为 $O(n \log_2 n)$，最坏时间复杂度为 $O(n^2)$。

4）各种内部排序方法的比较与选择

各种排序方法各有优缺点，故在不同情况下可作不同的选择。通常需考虑的因素有待排序的数据个数，数据本身的大小，数据的键值分布情况以及排序是否稳定等。不同内部排序方法的比较如下表 7-2 所示。

表 7-2 各种内部排序方法的比较

排序方法	平均时间	最坏情况	是否稳定	使用建议
简单插入排序	$O(n^2)$	$O(n^2)$	是	基本有序且数据规模 n 小的场合
希尔排序	$O(n(\log_2 n)^2)$	$O(n^{1.5})$	否	数据规模 n 中等大小的场合
简单选择排序	$O(n^2)$	$O(n^2)$	是	与数据分布无关且数据规模 n 小的场合
堆排序	$O(n \log_2 n)$	$O(n \log_2 n)$	否	数据规模 n 大的场合
冒泡排序	$O(n^2)$	$O(n^2)$	是	基本有序且数据规模 n 小的场合
快速排序	$O(n \log_2 n)$	$O(n^2)$	否	数据规模 n 大的场合，但逆序时会蜕变为冒泡排序

从表 7-2 中的各排序算法比较可知，在实际应用中，选择排序方法的一般建议如下。

（1）当待排序的数据规模 n 较小时，数据已接近有序时，又要求排序稳定可采用简单插入排序或冒泡排序；

（2）当待排序的数据规模 n 较小时，数据初始情况无法确定，且要求排序稳定时，可采用简单选择排序；

（3）当待排序的数据规模 n 较大，且关键字成随机分布，而不要求排序稳定时，可采用效率更高的快速排序；

（4）当待排序的数据规模 n 较大，且关键字出现正序或逆序情形，则可采用效率更高的堆排序。

另外，还可以将多种排序方法结合起来使用。例如，由于简单插入排序最为简单，当待排序数据 n 较小或待排序数据"基本有序"时，它是最佳的排序方法，因此，常将它和其他的排序方法综合在一起使用，如快速排序。

7.3 小结

通过对程序设计基础与基本数据结构的学习，明确了程序设计是一门实践性非常强的科学，领悟了程序的本质是算法和数据结构。通过学习结构化程序设计和面向对象程序设计方法的介绍，学习结构化程序设计是以后面向对象程序设计学习的前提与基础，同时掌握主流程序设计过程和步骤以及源代码的一般约定规范等。这将为后续更好地学习程序设计奠定坚实的理论和方法基础，同样适合其他语言的学习，而数据结构又是提升程序设计水平和效率最为重要的核心内容。先对既有区别又有紧密联系的算法与数据结构进行了学习，接着对线性表、栈、队列、树和二叉树等基本数据结构逐一进行了介绍，并围绕数据结构的两个应用查找和排序进行阐述，涉及的概念多、专业性强、深度高，扎实掌握本章所有内容将为读者后续的计算机相关内容学习以及所学知识的灵活应用打下坚实的基础。

7.4 习题

1. 什么是结构化程序设计方法？什么是面向对象程序设计方法？结构化程序设计方法与面向对象程序设计方法的区别在哪里？
2. 源程序的编写规范常包括哪些内容？
3. 什么是算法？算法的主要特征有哪些？
4. 什么是数据结构？常见的数据结构有哪些？
5. 写一个算法，判定某年是否为闰年，要求用传统流程图和N-S流程图表示。
6. 写一个算法，求100以内所有偶数的和，要求用传统流程图和N-S流程图表示。
7. 若有入栈元素的次序为A、B、C，求可能的出栈次序有哪些？若是入队元素的次序为A、B、C，求可能的出队次序有哪些？
8. 分别写出如下二叉树先序、中序和后序遍历的结果？

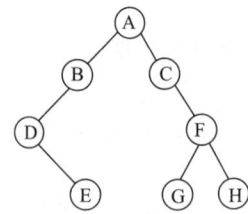

9. 在长度为64的有序线性表中进行顺序查找，最坏情况下需要比较的次数为多少？
10. 常见的内部排序方法有哪些？稳定的排序算法又有哪些？

第八章　数据库系统与软件工程基础

前一章学习了程序设计基础和数据结构的基础知识，对程序设计知识已经有了较深入的理解，本章将对数据库基础知识和软件工程的基本概念和基本理论进行介绍。

8.1　数据库系统基础

8.1.1　数据库系统概述

数据实际上就是描述事物的符号记录。从计算机出现起，数据的处理与管理就成为其主要任务之一。计算机能够处理的数据可以表现为多种形式，如：数字、文字、图形、图像、音频、视频、动画等，这些数据本身不是没有任何联系的信息的杂乱堆积，而是有一定结构的。利用计算机进行数据管理，其发展过程可以大体分为三个阶段：人工管理、文件系统和数据库管理系统。

1. 人工管理阶段

这一阶段（20 世纪 50 年代中期以前）计算机主要用于科学计算。外部存储器只有磁带、卡片和纸带等，还没有磁盘等直接存取存储设备。软件只有汇编语言，尚无数据管理方面的软件。数据处理方式基本是批处理。这个阶段有如下几个特点。

（1）计算机系统不提供对用户数据的管理功能。用户编制程序时，必须全面考虑好相关的数据，包括数据的定义、存储结构以及存取方法等。程序和数据是一个不可分割的整体。数据脱离了程序就无任何存在的价值，数据无独立性。

（2）数据不能共享。不同的程序均有各自的数据，这些数据对不同的程序通常是不相同的，不可共享；即使不同的程序使用了相同的一组数据，这些数据也不能共享，程序中仍然需要各自保存这组数据，不能省略。这种数据的不可共享性，必然导致程序与程序之间存在大量的重复数据，浪费了存储空间。

（3）不单独保存数据。数据与程序是一个整体，数据只为本程序所使用，数据只有与相应的程序一起保存才有价值，否则就毫无用处，所以，所有程序的数据均不单独保存。

2. 文件系统阶段

在这一阶段（20 世纪 50 年代后期至 60 年代中期）计算机不仅用于科学计算，还被用于信息管理。随着数据量的增加，数据的存储、检索和维护问题日益紧迫，数据结构和数据管理技术迅速发展起来。软件领域出现了操作系统和高级语言。操作系统中的文件系统是专门管理外存的数据管理软件，文件是操作系统管理的重要资源之一。数据处理方式有批处理，也有联机实时处理。这个阶段有如下几个特点。

(1) 数据以"文件"形式可长期保存在外部存储器上。由于计算机的应用转向信息管理,因此对文件要进行大量的查询、修改和插入等操作。

(2) 数据的逻辑结构与物理结构有了区别,但比较简单。程序与数据之间具有"物理独立性",即程序只需用文件名就可与数据打交道,不必关心数据的物理位置。由操作系统的文件系统提供存取方法(读/写)。

(3) 文件组织已多样化。有索引文件、链接文件和直接存取文件等,但文件之间相互独立、缺乏联系。数据之间的联系要通过程序去构造。

(4) 数据不再属于某个特定的程序,可以重复使用,即数据面向应用。但是文件结构的设计仍然是基于特定的用途,程序基于特定的物理结构和存取方法使用数据,因此程序与数据结构之间的依赖关系并未根本改变。

(5) 对数据的操作以记录为单位。这是由于文件中只存储数据,不存储文件记录的结构描述信息。文件的建立、存取、查询、插入、删除、修改等所有操作,都要用程序来实现。

随着数据管理规模的扩大,数据量急剧增加,文件系统显露出一些缺陷。

(1) 数据冗余。由于文件之间缺乏联系,造成每个应用程序都有对应的文件,有可能同样的数据在多个文件中重复存储。

(2) 不一致性。这往往是由数据冗余造成的,在进行更新操作时,稍不谨慎就可能使同样的数据在不同的文件中不一致。

(3) 数据联系弱。这是由文件之间相互独立、缺乏联系造成的。

文件系统阶段是数据管理技术发展中的一个重要阶段。在这一阶段中,得到充分发展的数据结构和算法丰富了计算机科学,为数据管理技术的进一步发展打下了基础,现在仍是计算机软件科学的重要基础。

3. 数据库管理系统阶段

这一阶段(20世纪60年代后期)数据管理技术进入数据库系统阶段。数据库系统克服了文件系统的缺陷,提供了对数据更高级、更有效的管理。这一阶段的程序和数据的联系通过数据库管理系统来实现(DBMS),如图8-1所示。

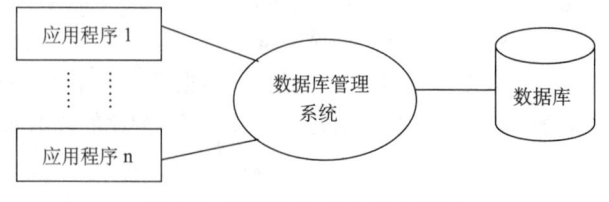

图 8-1 程序与数据之间的关系

1) 基本概念

(1) 数据库。

数据库(DB)是长期存储在计算机内的有组织、可共享的数据集合。数据库中的数据按一定的数据模型组织、描述和存储，具有较小的冗余度，较高的数据独立性和可扩展性，并可为各种用户共享。

（2）数据库管理系统。

数据库管理系统（DBMS）是数据库系统的核心软件，要在操作系统支持下工作，解决如何科学地组织和存储数据，如何高效地获取和维护数据的系统软件，主要功能包括以下五方面。

① 数据定义功能。包括 DDL（data definition language，数据定义语言）处理程序（包括外模式、模式、存储模式处理程序）、授权定义处理程序、完整性约束定义处理程序等。这些程序根据相应的定义进行语法、语义检查，把它们翻译为内部格式并存储在数据字典中。DDL 处理程序还根据模式定义负责建立数据库的框架，等待装入数据。

② 数据操纵功能。包括 DML（data manipulation language，数据操纵语言）处理程序、终端查询语言解释程序、数据存取程序、数据更新程序等。DML 处理程序或终端查询语言解释程序对用户数据操纵请求进行语法、语义检查，由数据存取或更新程序完成对数据库的存取操作。

③ 数据库运行管理。包括系统初始化程序，负责初始化 DBMS，建立 DBMS 的系统缓冲区、系统工作区，打开数据字典等。还有安全性控制、完整性检查、并发控制、事务管理、运行日志管理等程序模块，在数据库运行过程中监视着对数据库的所有操作，控制管理数据库资源，处理多用户的并发操作等。它们一方面保证用户事务的正常运行及其原子性，一方面保证数据库的安全性和完整性。

④ 数据库组织、存储和管理。包括文件读写与维护程序、存取路径（如索引）管理程序、缓冲区管理程序（包括缓冲区读、写、淘汰模块），这些程序负责维护数据库的数据和存取路径，提供有效的存取方法。

⑤ 数据库建立、维护和其他。为完成上述功能，DBMS 一般提供相应的数据语言。

a. 数据定义语言。它是用于描述数据库中要存储的现实世界实体的语言。一个数据库模式包含该数据库中所有实体的描述定义。这些定义包括结构定义、操作方法定义等。数据定义语言并非程序设计语言，DDL 是 SQL 语言（结构化查询语言）的组成部分。SQL 语言包括三种主要类别的语句：数据定义语言、数据操作语言及数据控制语言。

b. 数据操纵语言。DML 命令使用户能够查询数据库以及操纵数据库中的数据。具体包括 SELECT 查询语句、UPDATE 更新语句、INSERT 插入语句、DELETE 删除语句。

c. 数据控制语言。DCL（data control language，数据控制语言）主要包括权限的授予及回收命令，即 GRANT（授权命令），REVOKE（权限回收）命令。

关系型数据库管理系统提供的命令主要包括：

DDL：数据定义语言，用于定义和管理数据库中的所有对象的语言。

CREATE：创建数据库对象。

ALTER：修改数据库对象。

DROP：删除数据库对象。

DML：数据操作语言，处理数据等操作统称为数据操纵语言。
SELECT：查询数据。
INSERT：添加数据。
UPDATE：更新数据。
DELETE：删除数据。
DCL：数据控制语言，用来授予或回收访问数据库的某种特权，并控制数据库操纵事务发生的时间及效果，对数据库实行监视等。

（3）数据库系统。

数据库系统（DBS）由数据库（数据）、数据库管理系统（软件）、数据库管理员（人员）、系统平台之硬件平台（硬件）和软件平台（软件）构成。

（4）数据库应用系统。

数据库应用系统（DBAS）利用数据库系统进行应用开发，由数据库系统、应用软件、应用界面三者组成。

2）数据库系统的基本特点

（1）数据结构化。

数据结构化是数据库与文件系统的根本区别。在文件系统中，相互独立的文件的记录内部是有结构的。传统文件的最简单形式是等长同格式的记录集合。例如：一个学生的成绩记录文件，每个记录都有记录格式。

（2）数据的共享性高，冗余度低，易扩充。

数据库系统从整体角度描述数据，数据面向整个系统。因此数据可以被多个用户、多个应用共享。数据共享可以大大减少数据冗余，节约存储空间，还能够避免数据之间的不相容性与不一致性。所谓数据的不一致性，是指同一数据不同拷贝的值不一样。采用人工管理或文件系统管理时，由于数据被重复存储，当不同的应用使用和修改不同的拷贝时就很容易造成数据的不一致。在数据库中共享数据，减少了由于数据冗余造成的不一致现象。数据不仅可以被多个应用共享使用，而且容易增加新的应用，这就使得数据库系统弹性大，易于扩充，可以适应各种用户要求。可以选择整体数据的各种子集用于不同的应用系统，当应用需求改变或增加时，只要重新选取不同的子集或加上一部分数据便可以满足新的需求。

（3）数据的独立性高。

数据的独立性是数据库领域中的一个常用术语，包括数据的物理独立性和数据的逻辑独立性。物理独立性是指用户的应用程序与存储在磁盘上的数据库中的数据是相互独立的。数据在磁盘上的数据库中的存储是由 DBMS 管理的，用户程序不需要了解，应用程序要处理的只是数据的逻辑结构，这样当数据的物理存储改变时，应用程序不用改变。逻辑独立性是指用户的应用程序与数据库的逻辑结构是相互独立的，数据的逻辑结构改变了，用户程序也可以不变。数据与程序的独立，把数据的定义从程序中分离出去，加上数据的存取又由 DBMS 负责，从而简化了应用程序的编制，大大减少了应用程序的维护和修改。

（4）数据由 DBMS 统一管理和控制。

数据库的共享是并发的共享，即多个用户可以同时存取数据库中的数据，甚至可以同时存取数据库中的同一数据。为此，DBMS 还必须提供以下几方面的数据控制功能：数据的安全性（security）保护，数据的完整性（integrity）检查，并发（concurrency）控制，数据库恢复（recovery）。数据的安全性是指保护数据以防止不合法地使用造成数据的泄密和破坏。使每个用户只能按规定对某些数据以某些方式进行使用和处理。数据的完整性指数据的正确性、有效性和相容性。完整性检查将数据控制在有效的范围内，或保证数据之间满足一定的关系。当多个用户的并发进程同时存取、修改数据库时，可能会发生相互干扰而得到错误的结果，或使得数据库的完整性遭到破坏，因此必须对多用户的并发操作加以控制和协调。计算机系统的硬件故障、软件故障、操作员的失误，以及故意的破坏会影响数据库中数据的正确性，甚至造成数据库部分或全部数据的丢失。DBMS 必须具有将数据库从错误状态恢复到某一已知的正确状态（亦称为完整状态或一致状态）的功能，这就是数据库的恢复功能。

3）数据库系统的体系结构

数据库系统的逻辑可以分为三级模式：外模式（用户模式）、概念模式和内模式（物理模式）。（图 8-2）

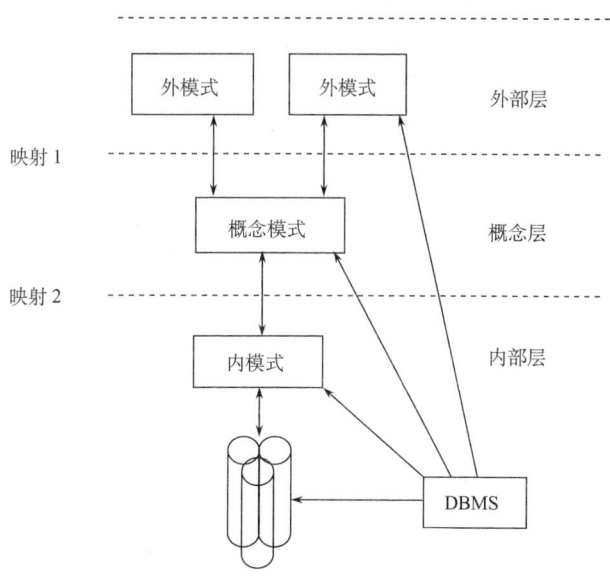

图 8-2　数据库系统的三级模式结构

外模式又称子模式或用户模式，对应于用户级。它是某个或某几个用户所看到的数据库的数据视图，是与某一应用有关的数据的逻辑表示。外模式是从模式导出的一个子集，包含模式中允许特定用户使用的那部分数据。用户可以通过外模式描述语言来描述、定义对应于用户的数据记录，也可以利用数据操纵语言对这些数据记录进行操作。

外模式反映了数据库的用户观。

概念模式又称为模式或逻辑模式,对应于概念级。它是由数据库设计者综合所有用户的数据,按照统一的观点构造的全局逻辑结构,是对数据库中全部数据的逻辑结构和特征的总体描述,是所有用户的公共数据视图(全局视图)。它是由数据库管理系统提供的数据模式描述语言来描述、定义的,体现、反映了数据库系统的整体。

内模式又称存储模式,对应于物理级,它是数据库中全体数据的内部表示或底层描述,是数据库最低一级的逻辑描述,它描述了数据在存储介质上的存储方式和物理结构,对应着实际存储在外部存储介质上的数据库。内模式由内模式描述语言来描述、定义,它是数据库的存储观。在一个数据库系统中,只有唯一的数据库,因而作为定义、描述数据库存储结构的内模式和定义、描述数据库逻辑结构的模式,也是唯一的,但建立在数据库系统之上的应用则是非常广泛、多样的,所以对应的外模式不是唯一的,也不可能是唯一的。

在数据库系统的三层模式之间存在数据库系统的两级映射。

(1) 概念模式到内模式的映射:实现了概念模式到内模式的转换。当存储结构发生变化时,可通过修改概念模式到内模式的映射,使数据逻辑模式不变,保证了很高的物理独立性。

(2) 外模式到概念模式的映射:实现了外模式到概念模式之间的相互转换。当逻辑模式发生变化时,通过修改外模式到概念模式的映射,使得用户所使用的那部分外模式不变,从而应用程序不必修改,保证较高的逻辑独立性。

数据库的三级模式是数据库系统在三个级别(层次)上的抽象,使用户能够逻辑地、抽象地处理数据而不必关心数据在计算机中的物理表示和存储。实际上,对于一个数据库系统而言,只有物理级数据库是客观存在的,它是进行数据库操作的基础,概念级数据库只不过是物理数据库的一种逻辑的、抽象的描述(即模式),用户级数据库则是用户与数据库的接口,它是概念级数据库的一个子集(外模式)。

用户应用程序根据外模式进行数据操作,通过外模式到模式的映射,定义和建立某个外模式与模式间的对应关系,将外模式与模式联系起来,当模式发生改变时,只要改变其映射,就可以使外模式保持不变,对应的应用程序也可保持不变;另一方面,通过模式到内模式映射,建立数据的逻辑结构(模式)与存储结构(内模式)间的对应关系,当数据的存储结构发生变化时,只需改变模式到内模式的映射,就能保持模式不变,因此应用程序也可以保持不变。

8.1.2 数据模型

数据(data)是描述事物的符号记录,而模型(model)是对现实世界的抽象。数据模型(data model)是数据特征的抽象,是数据库管理的形式框架,是数据库系统中用以提供信息表示和操作手段的形式构架。数据模型包括数据库数据的结构部分、数据库数据的操作部分和数据库数据的约束条件。

数据模型按不同的应用层次分为概念数据模型和逻辑数据模型。概念数据模型(也称为概念模型），主要包括 E-R 模型、扩充的 E-R 模型、面向对象的模型、谓词模型等；逻辑数据模型（数据模型）主要有层次模型、网状模型、关系模型、面向对象模型等。

1. 概念数据模型（概念模型）

概念模型，是面向数据库用户的现实世界的模型，主要用来描述世界的概念化结构，它使数据库的设计人员在设计的初始阶段，摆脱计算机系统及 DBMS 的具体技术问题，集中精力分析数据以及数据之间的联系等，与具体的数据管理系统无关。概念数据模型必须转换为逻辑数据模型，才能在 DBMS 中实现。

概念模型用于信息世界的建模，一方面应该具有较强的语义表达能力，能够方便直接表达应用中的各种语义知识，另一方面它还应该简单、清晰、易于用户理解。

在概念数据模型中最常用的是 E-R 模型、扩充的 E-R 模型、面向对象模型及谓词模型。这里主要学习 E-R 模型。

下面，首先介绍几个概念模型的基本概念。

(1) 实体：客观世界中的事物。

(2) 实体集：实体集是同一类实体的集合，如所有的学生实体构成学生实体集。

(3) 属性：客观事物某一方面的特性。

(4) 联系：现实世界中事物间的关系，对应于概念模型中实体集之间的关系，实体集间的关系有一对一、一对多、多对多三种类型。例如：校长与学校是一对一的关系；班级与学生之间是一对多的关系；课程与学生之间是多对多的联系。

(5) 码、候选码、超码、主码。

码，也称为关键字，是数据库系统中的基本概念。所谓码就是能唯一标识实体的属性，它是整个实体集的性质，而不是单个实体的性质。它包括超码、候选码、主码。

超码是一个或多个属性的集合，这些属性可以让我们在一个实体集中唯一地标识一个实体。如果 K 是一个超码，那么 K 的任意超集也是超码，也就是说如果 K 是超码，那么所有包含 K 的集合也是超码。

候选码是从超码中选出的，自然地候选码也是一个或多个属性的集合。超码的范围太大，而候选码是最小超码，它们的任意真子集都不能成为超码。例如，如果 K 是超码，那么所有包含 K 的集合都不能是候选码；如果 K，J 都不是超码，那么 K 和 J 组成的集合（K，J）有可能是候选码。从多个候选码中任意选出一个作为主码，如果候选码只有一个，那么候选码就是主码。

在 E-R 图中，使用一些图形元素来表示概念模型中的范畴，下面进行介绍。

(1) 实体集。在 E-R 图中用矩形表表示实体集，在矩形内写上实体集名称。如学生实体集、课程实体集。

(2) 属性。在 E-R 图中用椭圆表示属性，在椭圆内写上该属性的名称。如学生有属性：学号、姓名及年龄。

(3) 联系。在 E-R 图中用菱形表示，菱形内写上联系名，联系的类型需要在 E-R 图中标明，即分别在联系框两侧标 1 和 1、1 和 n 或 m 和 n。如学生与课程的联系为选课,联系类型为多对多。

属性依附于实体集,它们之间的联系关系用无向线段表示。属性也可依附于联系,也可用无向线段连接属性与联系,如选课联系可与成绩属性建立联系。实体集与联系间的连接关系也可用无向线段表示。

【例 8-1】 已知教务管理系统中包括学生和课程信息,通过分析可知学生实体集与课程实体集之间存在多对多联系,试以 E-R 图将其表示出来。图 8-3 就是此学生选课应用的 E-R 图。

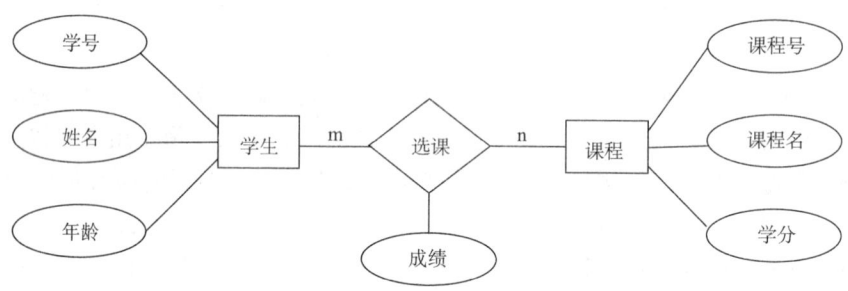

图 8-3 学生选课 E-R 图

2. 逻辑数据模型

1) 层次模型

层次模型是按照层次结构的形式组织数据库数据的数据模型,即用树型结构表示实体集与实体集之间的联系。其中用结点表示实体集,结点之间联系的方式是一对多。数据结构、操作都比较简单,对于实体间联系是固定的、且预先定义好的应用系统,有较高的性能,可以提供良好的完整性支持,不适合表示非层次性的联系,对于插入和删除操作的限制较多。

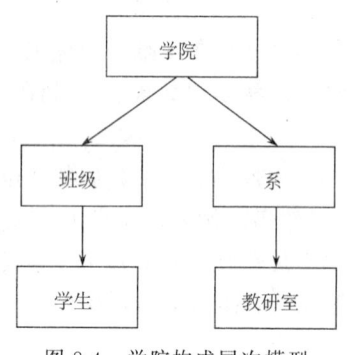

图 8-4 学院构成层次模型

层次模型的特点:每棵树有且仅有一个无双亲结点、称为根,树中除根外所有结点有且仅有一个双亲。如图 8-4 就是一种典型的层次模型的实例。

层次数据模型的优点主要有以下 4 点。

(1) 层次模型结构简单、层次分明,便于在计算机内实现。

(2) 在层次结构中,从根结点到树中任一结点均存在一条唯一的层次路径,这为有效地进行数据操纵提供了条件。

(3) 在层次结构中除根结点外所有结点有且只有一个双亲结点,因此实体集之间的联系可用双亲结点唯一地表示,因此层次模型 DBMS 对层次结构的数据有较高的处理效率。

(4) 层次数据模型提供了良好的完整性支持。

层次数据模型的缺点主要有以下 3 点。

(1) 层次数据模型缺乏直接表达现实世界中非层次型结构的复杂联系的能力，如多对多联系。

(2) 对插入或删除操作有较多的限制。

(3) 查询子女结点必须通过双亲结点。

2) 网状模型

为了克服层次模型结构描述非层次型事物的局限，20 世纪 60 年代末美国 CODASYL 委员会提出了网状数据模型，网状模型也是用结点表示实体集，结点之间联系的基本方式也是一对多，是一个不加任何条件限制的无向图，优于层次模型，使用时设计系统内部的物理因素较多，用户操作不方便，其数据模式与系统实现不甚理想。图 8-5 为一个简单的网状模型，可以看出，与层次模型不同，学生结点有两个父结点。

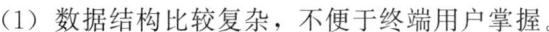

图 8-5 一个简单的网状模型实例

网状数据模型的优点主要有以下 2 点。

(1) 能够更为直接地描述现实世界。

(2) 具有存取效率高等良好性能。

网状数据模型的缺点主要有以下 3 点。

(1) 数据结构比较复杂，不便于终端用户掌握。

(2) 其数据定义语言、数据操作语言较为复杂，用户掌握使用较为困难。

(3) 数据独立性较差。

3) 关系数据模型

关系模型采用二维表（简称表）来表示，由表框架及表的元组组成。一个二维表就是一个关系。关系数据库系统的特点之一是它建立在数据理论的基础之上，有很多数据理论可以表示关系模型的数据操作，其中最为著名的是关系代数与关系演算。以下表 8-1 学生信息表就是一个关系，此表格的第一行为表框架，也称为关系模式，它描述了关系的构成情况（即关系包含哪些属性），其他行为元组，表格的每一列称为一个字段。关系中唯一区别每一个元组的属性集称为关系的码。每个列有一个取值范围称为值域。一个元组由 n 个元组分量组成，每个元组分量是表结构中每个属性的投影值。

表 8-1 学生信息表

学号	姓名	年龄	性别	系部号
20012304041	程宏	19	男	01
20012303011	王盟	20	男	02
20012310020	刘莎莎	21	女	03

一个二维表要满足下面 7 个性质就可称为一个关系。

(1) 二维表中元组个数是有限的。
(2) 二维表中元组均不相同。
(3) 二维表中元组的次序可任意交换。
(4) 二维表中元组的分量是不可分割的基本数据项。
(5) 二维表中属性名各不相同。
(6) 二维表中属性与次序无关，可任意交换。
(7) 二维表属性中的分量具有与该属性相同的值域。

在使用 E-R 图完成了概念模型的设计之后，接下来就要把概念模型转换为关系模型，将 E-R 图转换为关系模型实际上就是要将实体、实体的属性和实体之间的联系转化为关系模式，这种转换一般遵循如下原则。

(1) 一个实体型转换为一个关系模式。实体的属性就是关系的属性。实体的码就是关系的码。

(2) 一个 m∶n 联系转换为一个关系模式。与该联系相连的各实体集的码以及联系本身的属性均转换为关系的属性，而关系的码为各实体码的组合。

(3) 一个 1∶n 联系可以转换为一个独立的关系模式，也可以与 n 端对应的关系模式合并。如果转换为一个独立的关系模式，则与该联系相连的各实体的码以及联系本身的属性均转换为关系的属性，而关系的码为 n 端实体的码。

(4) 一个 1∶1 联系可以转换为一个独立的关系模式，也可以与任意一端对应的关系模式合并。

(5) 三个或三个以上实体间的一个多元联系转换为一个关系模式。与该多元联系相连的各实体的码以及联系本身的属性均转换为关系的属性，而关系的码为各实体码的组合。

(6) 同一实体集的实体间的联系，即自联系，也可按上述 1∶1、1∶n 和 m∶n 三种情况分别处理。

(7) 具有相同码的关系模式可以合并。例如图 8-3 中的 E-R 图可以按照这种方法转换为三个关系模式：

学生（学号，姓名，年龄），主码为学号字段；
课程（课程号，课程名，学分），主码为课程号字段；
选课（学号，课程号，成绩），主码为学号和课程号字段。

8.1.3 关系代数

关系是元组的集合，关系运算包括集合运算和专门的关系运算，传统的集合运算，对关系的元组进行运算，其运算是从关系的"水平"方向，即行的角度进行的，包括集合并、集合交、集合差、广义笛卡儿积；专门的关系运算，对关系的元组和域进行运算，包括选择、投影、连接、除法等。

1. 集合运算

两个关系 R 和 S 若进行并、交、差运算，则它们必须是相容的，即它们的属性数目必须相同。R 和 S 的对应属性的域相同。下面的实例中 R 和 S 分别为两个相容的关系。

1）并运算

设 R 和 S 是 n 元关系，并且两者各对应属性的数据类型也相同。则 R 和 S 的并运算其结果仍为 n 元关系，由属于 R 或属于 S 的元组构成。若对下面的两个关系 R 和 S 进行并运算，则结果如图 8-6 所示。

R

A	B	C
a	b	c
d	a	f
c	b	d

S

A	B	C
b	g	a
d	a	f

R∪S

A	B	C
a	b	c
d	a	f
c	b	d
b	g	a

图 8-6 集合的并运算

2）差运算

设 R 和 S 是 n 元关系，并且两者对应属性的数据类型也相同。则 R 和 S 的差运算其结果仍为 n 元关系，由属于 R 而不属于 S 的元组构成。若对下面的两个关系 R 和 S 进行差运算，则结果如图 8-7 所示。

R

A	B	C
a	b	c
d	a	f
c	b	d

S

A	B	C
b	g	a
d	a	f

R-S

A	B	C
a	b	c
c	b	d

图 8-7 集合的差运算

3）交运算

设 R 和 S 是 n 元关系，并且两者各对应属性的数据类型也相同，则 R 和 S 的交运算其结果仍为 n 元关系，由既属于 R 又属于 S 的元组构成。交运算可以通过差运算来重写：R∩S = R－（R－S）。若对下面的两个关系 R 和 S 进行交运算，则结果如图 8-8 所示。

R		
A	B	C
a	b	c
d	a	f
c	b	d

S		
A	B	C
b	g	a
d	a	f

R∩S		
A	B	C
d	a	f

图 8-8　集合的交运算

4）广义笛卡尔积

两个关系 R，S，其度分别为 n，m，则它们的广义笛卡尔积是所有这样的元组集合：元组的前 n 个分量是 R 中的一个元组，后 m 个分量是 S 中的一个元组，R×S 的度为 R 与 S 的度之和，R×S 的元组个数为 R 和 S 的元组个数的乘积。若对下面的两个关系 R 和 S 进行广义笛卡尔积运算，则结果如图 8-9 所示。

R		
A	B	C
a	b	c
d	a	f
c	b	d

S		
A	B	C
b	g	a
d	a	f

R×S					
R.A	R.B	R.C	S.A	S.B	S.C
a	b	c	b	g	a
d	a	f	b	g	a
c	b	d	b	g	a
a	b	c	d	a	f
d	a	f	d	a	f
c	b	d	d	a	f

图 8-9　集合的广义笛卡尔积

2. 专门的关系运算

除传统的集合运算外，关系代数还包括几个专门的关系运算。

1）选择运算

选择运算是从指定的关系中选择某些元组形成一个新的关系，被选择的元组是用某个需满足的逻辑条件来指定的。其中 R 是关系名，δ 是选择运算符，F 是逻辑表达式。如下的例子中逻辑表达式为 B=b。（图 8-10）

2）投影运算

投影运算对指定的关系进行投影操作，投影运算分两步产生一个新关系。
（1）选择指定的属性，形成一个可能含有重复行的二维表。
（2）删除重复行，形成新的关系。

R		
A	B	C
a	b	c
d	a	f
c	b	d

$\delta_{B=b}(R)$		
A	B	C
a	b	c
c	b	d

图 8-10 集合的选择运算

选择运算是从关系的水平方向上进行运算的，而投影运算则是从关系的垂直方向上进行的。投影运算可以改变关系的属性次序，投影后取消了某些属性列后就可能出现重复行，应该取消这些完全相同的行。所以投影之后，不但减少了属性，元组也可能减少。（图 8-11）

R		
A	B	C
a	b	c
d	a	f
a	b	d

$\pi_{A,B}(R)$	
A	B
a	b
d	a

图 8-11 集合的投影运算

3）连接运算

连接运算是两个表之间的运算，设有关系 R 和 S，将 R 和 S 依据一定逻辑条件合并的过程称为连接运算，即有条件的笛卡尔积运算，如下的连接条件为 R.B＝S.B，也就是首先计算笛卡儿积，然后选择满足条件 R.B＝S.B 的元组。（图 8-12）

R		
A	B	C
a	b	c
d	a	f
c	b	d

S		
A	B	C
b	b	a
d	a	f

$\delta_{R.B=S.B}(R \times S)$					
R.A	R.B	R.C	S.A	S.B	S.C
a	b	c	b	b	a
d	a	f	d	a	f
c	b	d	b	b	a

图 8-12 集合的连接运算

规范化理论是数据库逻辑设计的指南和工具，具体步骤如下。

（1）考察关系模型的函数依赖关系，确定范式等级。逐一分析各关系模式，确定它们分别属于第几范式，关系模式按照要求的严格程度由低到高分别为：1NF、2NF、3NF、BCNF、4NF、5NF。其中的 1NF 为第一范式，是关系数据库的最低要求，在实际的数据库设计中，一般满足 3NF 就可以了。

(2) 对关系模式进行合并或分解。根据应用要求，考察这些关系模式是否合乎要求，从而确定是否要对这些模式进行合并或分解，对于那些需要分解的关系模式，可以用规范化方法和理论进行模式分解。最后，对产生的各关系模式进行评价、调整，确定出较合适的一组关系模式。

关系规范化理论提供了判断关系模式优劣的理论标准，帮助预测模式可能出现的问题，是设计各种模式的算法工具，因此是设计人员的有力工具。

8.1.4 数据库设计与管理

1. 数据库设计过程

数据库技术是管理信息资源最有效的手段。数据库设计是指对于一个给定的应用环境，构造最优的数据库模式，建立数据库及其应用系统，有效存储数据，满足用户信息要求和处理要求。

数据库设计中需求分析阶段综合各个用户的应用需求（现实世界的需求），在概念设计阶段形成独立于机器特点、独立于各个DBMS产品的概念模式（信息世界模型），并用E-R图来描述。在逻辑设计阶段将E-R图转换成具体的数据库产品支持的数据模型如关系模型，形成数据库逻辑模式。然后根据用户处理的要求，安全性的考虑，在基本表的基础上再建立必要的视图（view）形成数据的外模式。在物理设计阶段根据DBMS特点和处理的需要，进行物理存储安排，设计索引，形成数据库内模式。

1）需求分析阶段

需求收集和分析，结果得到数据字典描述的数据需求（和数据流图描述的处理需求）。需求分析的重点是调查、收集与分析用户在数据管理中的信息要求、处理要求、安全性与完整性要求。

需求分析的内容主要有调查组织机构情况、调查各部门的业务活动情况、协助用户明确对新系统的各种要求、确定新系统的边界。常用的调查方法有跟班作业、开调查会、请专人介绍、询问、请用户填写调查表、查阅记录。

分析和表达用户需求的方法主要包括自顶向下和自底向上两类方法。自顶向下的结构化分析方法从最上层的系统组织机构入手，采用逐层分解的方式分析系统，并把每一层用数据流图和数据字典进行描述。

数据流图表达了数据和处理过程的关系。系统中的数据则借助数据字典（data dictionary，DD）来描述。数据字典是各类数据描述的集合，它是关于数据库中数据的描述，即元数据，而不是数据本身。数据字典通常包括数据项、数据结构、数据流、数据存储和处理过程五个部分（至少应该包含每个字段的数据类型和在每个表内的主外键）。

2）概念结构设计阶段

通过对用户需求进行综合、归纳与抽象，形成一个独立于具体DBMS的概念模型，可以用E-R图表示。概念模型用于信息世界的建模。概念模型不依赖于某一个DBMS

支持的数据模型。概念模型可以转换为计算机上某一类 DBMS 支持的特定数据模型。

概念设计阶段，一般使用语义数据模型描述概念模型。通常使用 E-R 模型作为概念设计的描述工具。使用 E-R 图进行概念设计可以采用如下两种方法。

（1）集中式模式设计法。首先设计一个全局概念数据模型，再根据全局数据模式为各个用户组或应用定义外模式。这种方法适合于中小型的系统开发。

（2）视图集成法。以各部分的需求说明为基础，分别设计各自的局部模式，这些局部模式相当于各部分的视图，然后再以这些视图为基础，集成一个全局模式。视图是按照某个用户组、应用或部门的需求说明，用 E-R 数据模型设计的局部模式。

现在的关系数据库设计通常采用视图集成法，这种方法更适合于大型系统的开发，采用这种方法的概念模型设计步骤可分为三步进行：首先进行局部 E-R 模式设计；然后集成局部视图，形成全局 E-R 模式；最后进行全局 E-R 模式的优化和评审。

3）逻辑结构设计阶段

将概念结构转换为某个 DBMS 所支持的数据模型（例如关系模型），并对其进行优化。设计逻辑结构应该选择最适于描述与表达相应概念结构的数据模型，然后选择最合适的 DBMS。

为了进一步提高数据库应用系统的性能，通常以规范化理论为指导，还应该适当地修改、调整数据模型的结构，这就是数据模型的优化。确定数据依赖，消除冗余的联系，确定各关系模式分别属于第几范式，确定是否要对它们进行合并或分解。

4）数据库物理设计阶段

为逻辑数据模型选取一个最适合应用环境的物理结构（包括存储结构和存取方法）。根据 DBMS 特点和处理的需要，进行物理存储安排，设计索引，形成数据库内模式。

5）数据库实施阶段

运用 DBMS 提供的数据语言（例如 SQL）及其宿主语言（例如 C 语言），根据逻辑设计和物理设计的结果建立数据库，编制与调试应用程序，组织数据入库，并进行试运行。数据库实施主要包括以下工作：用 DDL 定义数据库结构、组织数据入库、编制与调试应用程序、数据库试运行。

6）数据库运行和维护阶段

数据库应用系统经过试运行后即可投入正式运行。在数据库系统运行过程中必须不断地对其进行评价、调整与修改。包括：数据库的转储和恢复、数据库的安全性、完整性控制、数据库性能的监督、分析和改进、数据库的重组织和重构造。

2. 数据库管理

数据库管理技术包括建立、存储、修改和存取数据库中信息的技术，数据库管理是指为保证数据库系统的正常运行和服务质量，有关人员须进行的技术管理工作。负责这些技术管理工作的个人或集体称为数据库管理员（DBA）。数据库管理的主要内容有数据库的调优、数据库的重组、数据库的重构、数据库的安全管控、报错问题的分析和汇总及处理、数据库数据的日常备份。

要建立可运行的数据库，还需进行下列工作。

（1）选定数据库的各种参数，例如最大的数据存储空间、缓冲块的数量、并发度等。这些参数可以由用户设置，也可以由系统按默认值设置。

（2）定义数据库，利用数据库管理系统（DBMS）所提供的数据定义语言和命令，定义数据库名、数据模式、索引等。

（3）准备和装入数据，定义数据库仅建立了数据库的框架，要建立数据库还必须装入大量的数据，这是一项浩繁的工作。在数据的准备和录入过程中，必须在技术和制度上采取措施，保证装入数据的正确性。计算机系统中原已积累的数据，要充分利用，尽可能转换成数据库的数据。

8.2 软件工程基础

8.2.1 软件工程的概述

软件是计算机系统的组成部分，一个完整的计算机系统通常包括计算机硬件和计算机软件两大部分，计算机硬件与软件协同来为用户的应用提供服务，二者对一个计算机系统而言缺一不可。软件工程就是专门研究如何以工程化的方法完成计算机软件的开发和维护的一门学科，这其中既包括软件开发和维护工作中需要利用的技术方法、手段，也包括为了完成软件开发和维护工作所必须进行的管理活动，因此，可以说软件工程是技术与管理方法的统一。

1. 软件

计算机软件是计算机系统中与硬件相互依存的另一部分，是一个包括了程序、数据及相关文档的整体。其中的程序（也称为代码）是软件开发人员依据用户对计算机应用软件提出的需求而开发的用某种程序设计语言描述的指令（或语句）序列。而数据是为使程序完成需要的功能而提供的必要的数据结构。文档是涉及程序开发、维护和使用的有关的图文资料。因此软件由两部分组成：一是软件运行时需要的程序和数据；二是软件开发、运行、维护、使用等有关的文档资料。

关于软件，不同的机构或组织有不同的定义。中国国家标准（GB/T 11457—2006）中对计算机软件的定义为：与计算机系统的操作有关的计算机程序、规程、规则，以及可能有的文件、文档及数据。

软件在开发、生产及维护和使用等方面都与计算机硬件存在明显的差异。要深入理解软件的定义就需要了解软件的特点。

（1）软件属于逻辑实体，非物理实体，具有抽象性的特点。

（2）软件的生产与硬件不同，它没有明显的制作过程。一旦开发成功，就可以大量拷贝同一内容的副本。因此，对软件质量的控制，应着重于软件的开发过程，而不是生产过程。

（3）软件与硬件不同，在其运行、使用期间不存在磨损、老化问题。

（4）软件的开发和运行对计算机硬件和操作系统具有依赖性，这个限制也导致了软件移植问题的出现。

（5）通常情况下，软件的复杂性较高，成本也较高。

（6）软件开发和使用还会受到诸多社会因素的影响。

软件按其功能可以分为：应用软件、系统软件、支撑软件（或称工具软件）。应用软件是为特定领域的应用需要而开发的软件。系统软件是为计算机管理自身资源，提高计算机使用效率并为计算机用户提供各种服务的软件。支撑软件是介于系统软件和应用软件之间，协助用户开发软件的工具性软件，包括辅助和支持开发和维护应用软件的工具软件。

实际上，软件工程是为了解决软件危机这个问题而出现的。软件危机，泛指在计算机软件的开发和维护中所遇到的一系列严重问题，这些问题主要表现在成本、质量、生产率等方面。

软件危机的主要表现有以下六个方面。

（1）应用对软件需求的增长得不到满足。

（2）软件的开发成本和进度往往无法控制。

（3）软件变得不可维护或维护程度很低。

（4）软件的质量难以保证。

（5）软件的开发和维护成本不断提高。

（6）软件开发生产率的提高跟不上硬件的发展和应用需求的增长。

这些问题都造成了软件不能与计算机硬件和应用领域的需求相匹配。软件工程就是为了解决软件危机问题的。

2. 软件工程

对软件工程，不同的机构或组织同样也有不同的定义，中国国家标准（GB/T 11457—2006）中对软件工程的定义是：开发和维护软件的一整套方法、工具、文档、实践标准和工序。研究和应用软件工程的目的是提高软件生产率、提高软件质量、降低软件成本，包括两方面的内容。

（1）软件开发技术：主要包括软件开发方法学、软件工具和软件工程环境。

（2）软件工程管理：主要包括软件管理、软件工程经济学方面的内容。

对软件工程学科的研究，主要涉及软件工程三要素。

（1）方法：为完成软件工程项目的目标而采用的技术手段。

（2）工具：支持软件的开发、管理和文档生成的软件工具。

（3）过程：为了实现对软件开发各项任务的控制和管理；把方法和工具结合起来，以达到合理、及时地进行计算机软件的开发为目的，所需完成的一系列任务的框架，它规定了完成各项任务的工作步骤。

3. 软件生命周期

为方便对软件的开发和维护过程进行管理，可以将一个软件从其定义、开发、使用和维护，直到最终被废弃所经历的这个漫长的时期称为软件的生命周期。

软件的生命周期分为软件定义、软件开发及软件运行维护三个时期。而这其中的维护是持续时间最长，代价最大的一个时期，软件工程研究的一个主要目的就是提高软件的可维护性，降低维护代价。

具体来看，这三个时期又可以细分为以下的阶段。

1）软件定义时期

软件定义时期包括：问题定义、可行性研究和需求分析三个阶段。

（1）问题定义的关键任务是确定系统的总体目标。

（2）可行性研究的关键任务是探索此问题是否值得解决，是否有可行的解决方案和办法，不是具体地去解决这个问题。

（3）需求分析的主要任务是确定目标系统必须具备哪些功能，以及系统必须达到的性能要求等。

2）软件开发时期

软件开发时期的主要任务是设计和实现在前一时期定义的软件，它通常由下述四个阶段组成：总体设计，详细设计，编码和单元测试，综合测试。其中前两个阶段又称为系统设计，后两个阶段又称为系统实现。

（1）总体设计又称为概要设计，其关键问题是：以概括的方式确定如何实现目标系统。主要任务包括制订实现最佳方案的详细计划，同时确定此软件系统的体系结构，也就是确定此系统由哪些模块组成以及模块间的关系。总体设计阶段应该坚持的一条基本原理就是程序应该模块化。一个程序应该由若干个规模适中的模块按照合理的层次结构组织而成。参加总体设计的人员应包括系统分析员和高级程序员。总体设计结束时应生成总体设计规格说明书，这个文档也是后续详细设计工作的基础。

（2）详细设计也称为模块设计，是总体设计之后的软件工程任务，其主要工作内容是确定每一个模块的算法和相关的数据结构。这一阶段仍然不是编写程序，其作用相当于工程项目的蓝图。

（3）编码和单元测试主要包括编程和单元测试两个任务。编码即选择程序设计语言编程，实现详细设计阶段确定的算法，其关键任务是编写正确的容易理解和容易维护的程序模块。而单元测试是由程序开发人员针对自己开发的程序模块进行的测试，其目的是尽可能发现并改正程序中的错误，以提高程序的可靠性和质量。

（4）综合测试的关键任务是通过各种类型的测试（包括相应的调试）使软件达到预定的要求。按规定的各项需求，逐项进行有效性测试，决定已开发的软件是否合格，能否交付用户使用。

3) 运行与维护时期

运行与维护是软件生命周期的第三个时期,其中的软件维护是这个阶段的主要工作。其关键任务是采用各种必要的维护活动使系统持久地满足用户的需要,也就是通过维护来延长软件的使用时间,一般地,有四类软件维护活动。

(1) 改正性维护:诊断和改正在使用过程中发现的软件错误。
(2) 适应性维护:修改软件以适应环境的变化。
(3) 完善性维护:根据用户的要求改进或扩充软件使它更完善。
(4) 预防性维护:修改软件,为将来的维护活动做预先准备。

4. 软件开发环境及软件工具

在软件工程学中,方法和工具是同一个问题的两个不同方面,方法是工具研制的先导,工具是方法的具体体现,软件工程方法的研究成果要最终实现为软件工具和系统,才能充分发挥软件工程方法在软件开发中的作用。软件开发环境,就是围绕着软件开发的一定目标而组织在一起的一组相关软件工具的有机集合。

1) 软件开发环境

软件开发环境是指在计算机的基本软件的基础上,为了支持软件的开发而提供的一组工具软件系统。一个由 IEEE 和 ACM 支持的国际工作小组提出的关于"软件开发环境"的定义是:"软件开发环境是一组相关的软件工具集合,它支持一定的软件开发方法或按照一定的软件开发模型组织而成"。

20 世纪 70 年代,软件开发与设计方法由结构化程序设计技术向结构化设计技术发展,而后又发展出了结构化分析技术的一整套的相互衔接的方法学。在 20 世纪 80 年代中期与后期,主要是实时系统设计方法,以及面向对象的分析和设计方法的发展,它克服了结构化技术的缺点。在 20 世纪 90 年代主要是进行系统集成方法和集成系统的研究,所研究的集成 CASE(computer aided software engineering,计算机辅助软件工程)环境可以加快开发复杂信息系统的速度,确保用户软件开发成功,提高软件质量,降低投资成本和开发风险。

(1) 软件开发环境的特点。

软件开发环境的目标是提高软件开发的生产率和软件产品的质量,软件开发环境应该具有以下的特点。

① 软件开发环境应是高度集成的一体化的系统。
② 软件开发环境应具有高度的通用性。
③ 软件开发环境应易于定制、裁剪或扩充以符合用户要求,即软件开发环境应具有高度的适应性和灵活性。
④ 软件开发环境不但可应用性要好,而且是易使用的、经济高效的系统。
⑤ 软件开发环境应有辅助开发向半自动开发和自动开发逐步过渡的系统。

(2) 软件开发环境的分类。

软件开发环境是与软件生存期、软件开发方法和软件处理模型紧密相关的，其分类方法很多。

按解决的问题分类，包括：①程序设计环境；②系统合成环境；③项目管理环境：项目管理环境的责任是解决由于软件产品的规模大、生存期长、人们的交往多而造成的问题。

按软件开发环境的演变趋向分类：① 以语言为中心的环境；②工具箱环境：这类环境的特点是由一整套工具组成，供程序设计选择之用，如有窗口管理系统，各种编辑系统，通用绘画系统，电子邮件系统，文件传输系统，用户界面生成系统等；③基于方法的环境：这类环境专门用于支持特定的软件开发方法。

按集成化程度分类：①第一代，建立在操作系统上；②第二代，具有真正的数据库，而不是文件库；③第三代，建立在知识库系统上，出现集成化工具集。

2）软件工具

软件工具是软件开发环境中最主要的组成部分，软件开发环境的主要目标是提高软件开发的生产率、改善软件质量和降低软件成本。而这些目标的实现，只能直接依靠软件工具的广泛使用，所以对软件工具开发、设计和使用的研究是十分重要的。

软件工具是指为支持计算机软件的开发、维护、模拟、移植或管理而研制的程序系统，所以软件工具是一个程序系统。软件工具通常由工具、工具接口和工具用户接口三部分构成。工具通过工具接口与其他工具、操作系统或网络操作系统，以及通信接口、环境信息库接口等进行交互作用。当工具需要与用户进行交互作用时则通过工具的用户接口。

软件工具的发展有以下特点。

(1) 软件工具由单个工具向多个工具集成化方向发展。

(2) 重视用户界面的设计。

(3) 不断地采用新理论和新技术。

(4) 软件工具的商品化推动了软件产业的发展，而软件产业的发展，又增加了对软件工具的需求，促进了软件工具的商品化进程。

如何对软件工具进行分类，一直是人们研究的热点，自20世纪90年代以来掀起了新的热潮。一般地，将软件工具分为六类：模拟工具、开发工具、测试和评估工具、运行和维护工具、性能测量工具和程序设计支持工具。

8.2.2 结构化分析方法

需求分析是软件生命周期中软件定义时期的一项重要任务。软件定义阶段，问题定义与可行性研究是确定待开发目标和总的要求，给出它的功能、性能、可靠性以及接口等方面的可能方案，并对这些方案进行可行性研究，并制订完成软件开发的实施计划，而需求分析是上述阶段后期的工作，需针对待开发软件，由系统分析员和用户准确、详细、具体地确定系统的需求。在需求分析结束时,系统分析员应该完成并提交一份需求分析规格说明文档。

这里的需求包括:功能需求、性能需求、可靠性和可用性需求、出错处理需求、接口需求、约束、逆向需求和将来可能提出的需求等。

需求分析阶段的工作分为以下几个阶段:需求获取、需求分析、编写需求规格说明书、需求评审。(图 8-13)

这其中的需求获取是指如何获取用户的需求,其方法主要有:访谈、面向数据流自顶向下求精、简易的应用规格说明技术和快速建立软件原型的方法,确定系统各方面需求;全面地提炼出系统的功能性与非功能性需求。而需求分析是对指基于需求获取阶段的初步需求进行分析和综合,给出系统解决方案和逻辑模型。

需求规格说明书是对软件需求分析工作的总结、系统分析员需要完成此文档的编写,文档中需使用数据模型、功能模型和行为模型等对系统进行抽象描述,同时对系统的各项要求给出具体描述,为用户、设计人员的交流提供方便,还可作为控制软件开发进程的依据。此文档对软件开发非常重要,它是后续软件开发工作的基础和依据,因此其质量也将决定将来开发的软件质量。

在需求分析结束前,需要进行需求评审,评审的主要内容是对需求分析规格说明进行评价,如果评价结果获得通过,则可以继续进行后续开发工作,否则必须重新进行需求分析,修改需求分析规格说明,直到评审通过,复审需求分析阶段的工作,验证需求文档的一致性、可行性等。

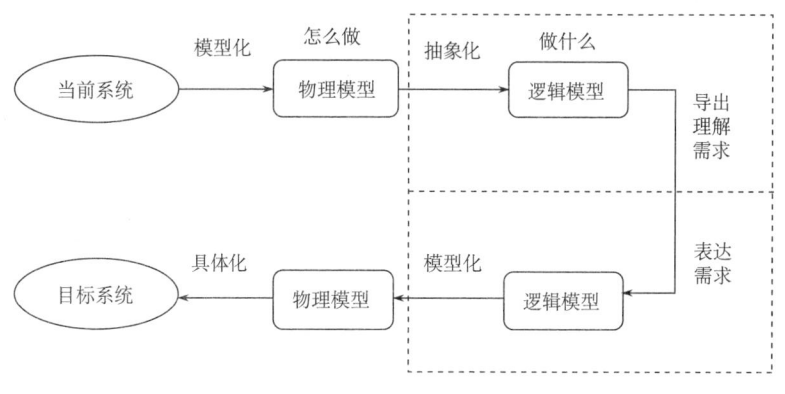

图 8-13 需求分析的步骤

1. 需求分析的步骤

结构化的需求分析方法主要包括:面向数据流的结构化分析方法;面向数据结构的结构化数据系统开发方法(DSSD)。

2. 结构化分析方法

1）定义

结构化分析方法是面向数据流进行需求分析的方法，采用自顶向下，逐层分解，建立系统的处理流程，以数据流图和数据字典为主要工具，建立系统的逻辑模型的方法。

2）结构化分析的主要步骤

通过对用户的调查，以软件的需求为线索，获取当前系统的具体模型；去掉具体模型中的非本质因素，抽象出当前系统的逻辑模型；根据计算机的特点分析当前系统与目标系统的差别，建立目标系统的逻辑模型；完善目标系统并补充细节，写出目标系统的软件需求规格说明。

3）结构化分析方法使用的常用工具

（1）数据流图

① 作用。从数据传递和加工的角度，在需求分析阶段以图形的方式描述数据流从输入到输出的移动变换过程，为系统建立逻辑模型。

【注意】数据流图中的箭头表示的是数据流。程序流程图中的箭头表示的是控制流。

② 数据流图中的基本图形符号及其意义。

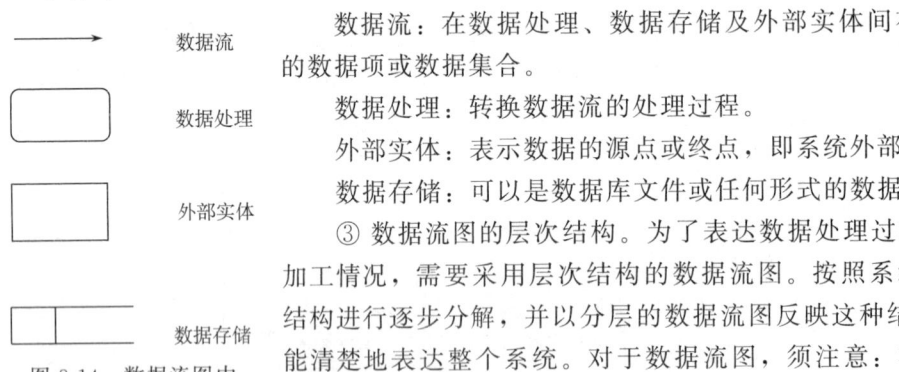

图 8-14 数据流图中的基本图形符号

数据流：在数据处理、数据存储及外部实体间有向流动的数据项或数据集合。

数据处理：转换数据流的处理过程。

外部实体：表示数据的源点或终点，即系统外部的实体。

数据存储：可以是数据库文件或任何形式的数据组织。

③ 数据流图的层次结构。为了表达数据处理过程的数据加工情况，需要采用层次结构的数据流图。按照系统的层次结构进行逐步分解，并以分层的数据流图反映这种结构关系，能清楚地表达整个系统。对于数据流图，须注意：在多层数据流图中，顶层流图仅包含一个加工，它代表被开发的系统，它的输入流是该系统的输入数据，输出流是系统所输出数据；底层流图是指其加工不需再做分解的数据流图，它处在最底层；中间层流图则表示对其上层父层流图的细化。它的每一加工可能继续细化，形成子图。

④ 建立数据流图的步骤。

第 1 步——由外向里：先画系统的输入输出，然后画系统的内部。

第 2 步——自顶向下：顺序完成顶层、中间层、底层数据流图。

（2）数据字典

① 定义。数据字典是所有与系统相关的数据元素的一个有组织的列表，以及精确、严格的详细定义。定义绝大多数复杂事物的方法，都是用被定义的事物的成分的某种组

合表示这个事物，这些组成成分又由更低层的成分的组合来定义。从这个意义上说，定义就是自顶向下的分解，所以数据字典中的定义就是对数据自顶向下的分解。一般说来，当分解到不需要进一步定义，每个和工程有关的人也都清楚其含义的元素时，这种分解过程就完成了。由数据元素组成数据的方式只有顺序、选择和重复三种基本类型，顺序就是以确定次序连接两个或多个分量；选择就是从两个或多个可能的元素中选取一个；重复就是把指定的分量重复零次或多次。

因此，可以使用上述三种关系算符定义数据字典中的任何条目。为了说明重复次数，重复算符通常和重复次数的上下限同时使用（当上下限相同时表示重复次数固定）。当重复的上下限分别为 1 和 0 时，可以用重复算符表示某个分量是可选的。但是，"可选"是由数据元素组成数据时一种常见的方式，把它单独列为一种算符可以使数据字典更清晰一些。因此，增加了第四种关系算符：可选，来表示一个分量是可有可无的（重复零次或一次）。

虽然可以使用自然语言描述由数据元素组成数据的关系，但是为了更加清晰简洁，建议采用下列符号：

＝意思是等价于或定义为。

＋意思是和，即连接两个分量。

［…｜…］意思是或，即从方括弧内列出的若干个分量中选择一个，通常用"｜"号隔开供选择的分量。

｛ ｝意思是重复，即重复花括弧内的分量。

（ ）意思是可选，即圆括号里的分量可有可无。

常常使用上限和下限进一步注释表示重复的花括号。一种注释方法是在开括号的左边用上角标和下角标分别表明重复的上限和下限；另一种注释方法是在开括号左侧标明重复的下限，在闭括号的右侧标明重复的上限。

【例 8-2】　某程序设计语言规定，用户说明的标识符是长度不超过 8 个字符的字符串，其中第一个字符必须是字母字符，随后的字符既可以是字母字符也可以是数字字符。使用上面介绍过的符号，可以像下面这样定义标识符：

标识符＝字母字符＋字母数字串

字母数字串＝0｛字母或数字｝7

字母或数字＝［字母字符｜数字字符］

由于和项目有关的人都知道字母字符和数字字符的含义，因此，关于标识符的定义分解到这种程度就可以结束了。

② 作用。对 DFD 中出现的被命名的图形元素的确切解释，数据字典与数据流图配合，能清楚地表达数据处理的要求。

③ 数据字典的组成。数据项：是数据的最小单位；数据结构：是若干数据项的有意义的集合；数据流：可以是数据项，也可以是数据结构，表示某一个处理过程的输入或输出；数据存储：处理过程中存取的数据，常常是手工凭证、手工文档或计算机文件；描述处理过程的常用的工具是 IPO 图。

（3）IPO 图。

IPO 图使用的基本符号既少又简单,因此很容易学会使用这种图形工具。在左边的框中列出有关的输入数据,在中间的框内列出主要的处理,在右边的框内列出产生的输出数据。处理框中列出处理的次序暗示了执行的顺序。在 IPO 图中还用粗大箭头指出数据通信的情况。图 8-15 为一个仓库管理系统中出库和入库模块的 IPO 图。

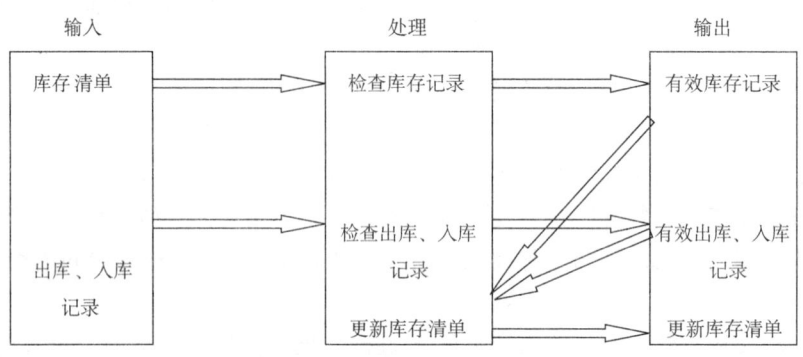

图 8-15　出库、入库 IPO 图

4) 面向数据流的结构化分析方法

该方法就是面向数据流自顶向下逐步求精进行需求分析的方法。可行性研究得出的是目标系统的高层数据流图,需求分析的目标之一就是把数据流和数据存储定义到元素级。面向数据流的结构化分析方法的步骤如下。

(1) 从数据流图的输出端着手分析,输出数据决定了系统必须具有的最基本的组成元素。输出数据组成元素通过调查访问不难搞清。每个输出数据元素又是从哪里来的呢?或者是从外面输入到系统中来,或者是通过计算由系统中产生出来的。

(2) 从输出端往输入端回溯,可确定每个数据元素的来源及有关的算法。但是,高层数据流图中许多细节没有包括,因此回溯时常常遇到下述问题:某个数据元素需要用到数据流图中目前还没有的数据元素,或者得出这个数据元素需要用的算法尚不完全清楚。此过程中:数据元素归入数据字典;算法记录在 IPO 图中;增补数据流图。

(3) 请用户复查,复查过程验证了已知的元素,补充了未知的元素,填补了文档中的空白。

(4) 追踪更详细的数据流,把数据流图扩展到更低的层次。通过功能分解完成数据流图的细化。在分析追踪时可能产生新的问题,这些问题的答案可能又在数据字典中增加一些新条目,或产生新的或精化的算法描述。最终得到对系统数据和功能要求的满意了解。

【例 8-3】　现有一家工厂的采购部每天需要一张订货报表,报表按零件编号排序,表中列出所有需要再次订货的零件。对于需要再次订货的零件应该列出下述数据:零件编号,零件名称,订货数量,目前价格,主要供应者,次要供应者。零件入库或出库称为事务,通过放在仓库中的 CRT 终端把事务报告给定货系统。当某种零件的库存数量少于库存量临界值时就应该再次订货。(图 8-16)

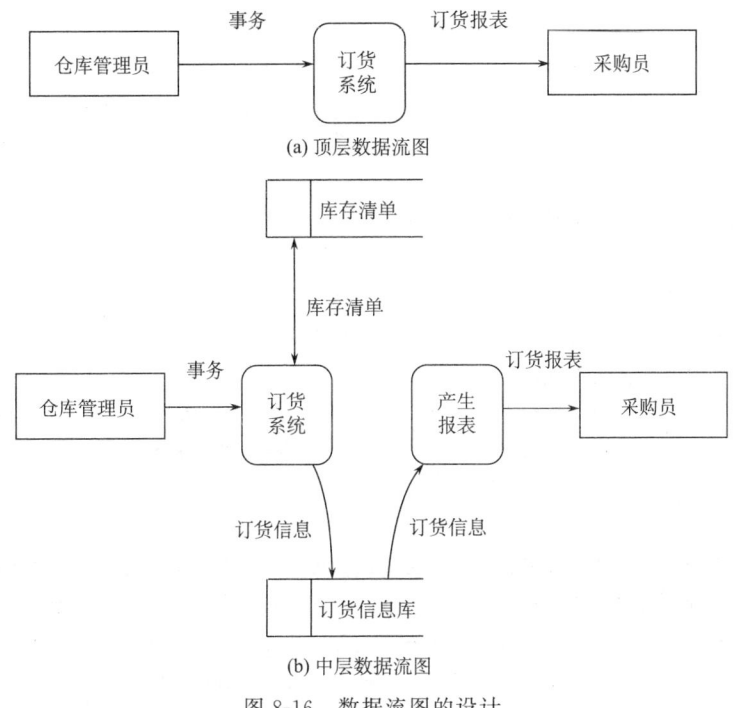

图 8-16 数据流图的设计

5) 面向数据结构的系统开发方法（DSSD 方法）

1974 年，法国人 J. D. Warnier 提出了一种 LCP 方法（logical construction of programs，逻辑构造程序）。他利用顺序、选择、重复三种结构表示信息的层次分解，并指出可以从信息层次结构推导出程序结构。

1981 年 Ken Orr 对 Warnier 的工作进行了扩充，使其不仅包含了 Warnier 的信息层次结构，还引进了数据流和处理功能，从而发展成为一种需求分析方法。

基于 DSSD 需求分析方法的主要步骤如下。

（1）标识与应用问题有关的实体。

（2）创建一种类似于数据流图的信息-过程图。

（3）创建 Warnier-Orr 原型图。

3. 软件需求规格说明书

软件需求说明书的编制是为了使用户和软件开发者双方对该软件的初始规定有一个共同的理解，使之成为整个开发工作的基础。

编制软件需求说明书的基本内容要求如下。

1 引言

1.1 编写目的

说明编写这份软件需求说明书的目的，指出预期的读者。

1.2 背景

说明：

（1）待开发的软件系统的名称；

（2）本项目的任务提出者、开发者、用户及实现该软件的计算中心或计算机网络；

（3）该软件系统同其他系统或其他机构的基本的相互来往关系。

1.3 定义

列出本文件中用到的专门术语的定义和外文首字母组词的原词组。

1.4 参考资料

列出用得着的参考资料，如：

（1）本项目经核准的计划任务书或合同、上级机关的批文；

（2）属于本项目的其他已发表的文件；

（3）本文件中各处引用的文件、资料，包括所要用到的软件开发标准。列出这些文件资料的标题、文件编号、发表日期和出版单位，说明能够得到这些文件资料的来源。

2 任务概述

2.1 目标

叙述该项软件开发的意图、应用目标、作用范围以及其他应向读者说明的有关该软件开发的背景材料。解释被开发软件与其他有关软件之间的关系。如果本软件产品是一项独立的软件，而且全部内容自含，则说明这一点。如果所定义的产品是一个更大的系统的一个组成部分，则应说明本产品与该系统中其他各组成部分之间的关系，为此可使用一张方框图来说明该系统的组成和本产品同其他各部分的联系和接口。

2.2 用户的特点

列出本软件的最终用户的特点，充分说明操作人员、维护人员的教育水平和技术专长，以及本软件的预期使用频度。这些是软件设计工作的重要约束。

2.3 假定和约束

列出进行本软件开发工作的假定和约束，例如经费限制、开发期限等。

3 需求规定

3.1 对功能的规定

用列表的方式（例如 IPO 表即输入、处理、输出表的形式），逐项定量和定性地叙述对软件所提出的功能要求，说明输入什么量、经怎样的处理、得到什么输出，说明软件应支持的终端数和应支持的并行操作的用户数。

3.2 对性能的规定

3.2.1 精度

说明对该软件的输入、输出数据精度的要求，可能包括传输过程中的精度。

3.2.2 时间特性要求

说明对于该软件的时间特性要求，如：

（1）响应时间；

（2）更新处理时间；

（3）数据的转换和传送时间；

（4）解题时间。

3.2.3 灵活性

说明对该软件的灵活性的要求，即当需求发生某些变化时，该软件对这些变化的适应能力，如：

（1）操作方式上的变化；

(2) 运行环境的变化；
(3) 同其他软件的接口的变化；
(4) 精度和有效时限的变化；
(5) 计划的变化或改进。
对于为了提供这些灵活性而进行的专门设计的部分应该加以标明。

3.3 输入输出要求

解释各输入输出数据类型，并逐项说明其媒体、格式、数值范围、精度等。对软件的数据输出及必须标明的控制输出量进行解释并举例，包括对硬拷贝报告（正常结果输出、状态输出及异常输出）以及图形或显示报告的描述。

3.4 数据管理能力要求

说明需要管理的文卷和记录的个数、表和文卷的大小规模，要按可预见的增长对数据及其分量的存储要求做出估算。

3.5 故障处理要求

列出可能的软件、硬件故障以及对各项性能而言所产生的后果和对故障处理的要求。

3.6 其他专门要求

如用户单位对安全保密的要求，对使用方便的要求，对可维护性、可补充性、易读性、可靠性、运行环境可转换性的特殊要求等。

4 运行环境规定

4.1 设备

列出运行该软件所需要的硬设备。说明其中的新型设备及其专门功能，包括：
(1) 处理器型号及内存容量；
(2) 外存容量、联机或脱机、媒体及其存储格式，设备的型号及数量；
(3) 输入及输出设备的型号和数量，联机或脱机；
(4) 数据通信设备的型号和数量；
(5) 功能键及其专用硬件。

4.2 支持软件

列出支持软件，包括要用到的操作系统、编译（或汇编）程序、测试支持软件等。

4.3 接口

说明该软件同其他软件之间的接口、数据通信协议等。

4.4 控制

说明控制该软件的运行的方法和控制信号，并说明这些控制信号的来源。

8.2.3 结构化设计方法

软件设计的基本目标是用比较抽象概括的方式确定目标系统如何完成预定的任务，软件设计是确定系统的物理模型。软件设计是开发阶段最重要的步骤，是将需求准确地转化为完整的软件产品或系统的唯一途径。需求分析解决做什么的问题，软件设计主要解决怎么做的问题。

从技术观点来看，软件设计包括软件结构设计、数据设计、接口设计、过程设计。

结构设计：定义软件系统各主要部件之间的关系。

数据设计：将分析时创建的模型转化为数据结构的定义。

接口设计：描述软件内部、软件和协作系统之间以及软件与人之间如何通信。

过程设计：把系统结构部件转换成软件的过程描述。

从工程管理角度来看，软件设计包括概要设计和详细设计。

1. 概要设计

在软件需求分析阶段，已经搞清楚了软件"做什么"的问题，并把这些需求通过规格说明书描述了出来，这也是目标系统的逻辑模型。进入了设计阶段，要把软件"做什么"的逻辑模型变换为"怎么做"的物理模型，即着手实现软件的需求，并将设计的结果反映在"设计规格说明书"文档中，所以软件设计是一个把软件需求转换为软件表示的过程，最初这种表示只是描述了软件的总的体系结构，称为软件概要设计或结构设计。

1）基本任务

（1）设计软件系统结构（简称软件结构）。

为了实现目标系统，最终必须设计实现组成这个系统的所有程序和数据库（文件），对于程序，则首先进行结构设计，具体为：

① 采用某种设计方法，将一个复杂的系统按功能划分成模块。

② 确定每个模块的功能。

③ 确定模块之间的调用关系。

④ 确定模块之间的接口，即模块之间传递的信息。

⑤ 评价模块结构的质量。

根据以上内容，软件结构的设计是以模块为基础的，在需求分析阶段，已经把系统分成层次结构。设计阶段，以需求分析的结果为依据，从实现的角度进一步划分为模块，并组成模块的层次结构。软件结构的设计是概要设计关键的一步，直接影响到下一阶段详细设计与编码的工作，软件系统的质量及一些整体特性都在软件结构的设计中决定。

（2）数据结构及数据库设计。

对于大型数据处理的软件系统，除了控制结构的模块设计外，数据结构与数据库设计也是很重要的。

逐步细化的方法也适用于数据结构的设计。在需求分析阶段，已通过数据字典对数据的组成、操作约束、数据之间的关系等方面进行了描述，确定了数据的结构特性，在概要设计阶段要加以细化，详细设计阶段则规定具体的实现细节。在概要设计阶段，宜使用抽象的数据类型。

数据库的设计指数据存储文件的设计在前面的章节中已有详细介绍，此处不再赘述。

（3）编写概要设计文档。

文档主要有：

① 概要设计说明书。

② 数据库设计说明书：主要给出所使用的 DBMS 简介、数据库的概念模型、逻辑设计、结果。

③ 用户手册：对需求分析阶段编写的用户手册进行补充。

④ 修订测试计划：对测试策略、方法、步骤提出明确要求。

（4）评审。

对设计部分是否完整地实现了需求中规定的功能、性能等要求，设计方案的可行性，关键的处理及内外部接口定义正确性、有效性，各部分之间的一致性等进行评审。

2）软件设计的基本原理

软件设计中最重要的一个问题就是软件质量问题，用什么标准对软件设计技术进行衡量呢？本节介绍几种基本原理。

（1）模块化。

何为模块？模块在程序中是数据说明、可执行语句等程序对象的集合，或者是单独命名和编址的元素，如高级语言中的过程、函数、子程序等。模块是可组合、分解和更新的单元。模块有以下基本属性。

接口：指模块的输入与输出。

功能：指模块实现什么功能。

逻辑：描述内部如何实现要求的功能及所需的数据。

状态：该模块的运行环境，即模块的调用与被调用关系。

功能、状态与接口反映模块的外在特性，逻辑反映它的内在特性。

模块化是指解决一个复杂问题时自顶向下逐层把软件系统划分成若干模块的过程。模块完成一个特定的子功能，所有的模块按某种方法组装起来成为一个整体，完成整个系统所要求的功能。

开发一个大而复杂的软件系统，将它进行适当地分解，不但可降低其复杂性，还可减少开发工作量，从而降低开发成本，提高软件生产率，但是模块划分越多，块内的工作量减少，模块之间接口的工作量增加了，如图 8-17 所示。因此在划分模块时，应减少接口的代价，提高模块的独立性。

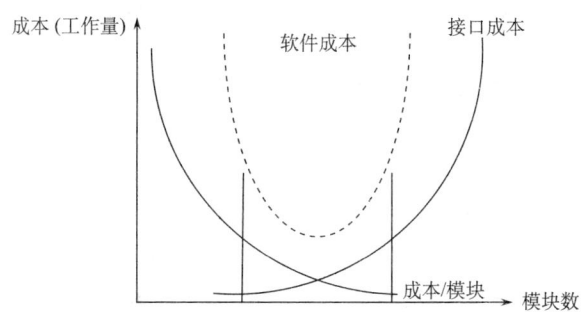

图 8-17　软件开发成本与模块数间的关系

(2) 抽象。

抽象是认识复杂现象过程中使用的思维工具，即抽出事物本质的共同性而暂不考虑它的细节，不考虑其他因素。抽象的概念被广泛应用于计算机软件领域，在软件工程学中更是如此。软件工程过程中的每一步都可以看作是对软件解决方法的抽象层次的一次细化。

(3) 信息隐蔽。

通过抽象，可以确定组成软件的过程实体。通过信息隐蔽，可以定义和实现对模块的过程细节和局数据结构的存取限制。信息隐蔽指在设计和确定模块时，使得一个模块内包含的信息（过程或数据），对于不需要这些信息的其他模块来说，是不能访问的。

(4) 模块独立性。

为了降低软件系统的复杂性，提高可理解性、可维护性，必须把系统划分成为多个模块，模块不能任意划分，应尽量保持其独立性。模块独立性指每个模块只完成系统要求的独立的子功能，并且与其他模块的联系最少且接口简单。

如何衡量软件的独立性呢？根据模块的外部特征和内部特征，提出了两个定性的度量标准：耦合性和内聚性。

耦合性，指软件系统结构中各模块间相互联系紧密程度的一种度量。模块之间联系越紧密，其耦合性就越强，模块的独立性则越差。模块间耦合高低取决于模块间接口的复杂性、调用的方式及传递的信息。模块的耦合性有以下几种类型。

① 直接耦合。指两个模块之间没有直接的关系，它们分别从属于不同模块的控制与调用，它们之间不传递任何信息。因此模块间耦合性最弱，模块独立性最高。

② 数据耦合。指两个模块之间有调用关系，传递的是简单的数据值，相当于高级语言中的值传递。

③ 标记耦合。指两个模块传递的是数据结构，如：高级语言中的数组名、记录名、文件名等这些名字即为标记，其实传递的是这个数据结构的地址。

④ 控制耦合。指一个模块调用另一个模块时，传递的是控制变量（如开关、标志等），被调模块通过该控制变量的值有选择地执行块内某些功能。

⑤ 公共耦合。指通过一个公共数据环境相互作用的那些模块间的耦合。公共数据环境可以是全局变量或数据结构、共享的通信区、内存的公共覆盖区及任何存储介质上的文件、物理设备等。

⑥ 内容耦合。这是最高程度的耦合，也是最差的耦合。当一个模块直接使用另一个模块的内部数据，或通过非正常入口而转入另一个模块内部，这种模块之间的耦合为内容耦合，这种情况往往出现在汇编程序设计中。

内聚性，指模块内部各组成部分之间联系的紧密程度，若一个模块内各元素（语句之间、程序段之间）联系得越紧密，则它的内聚性就越高，内聚性有以下几种类型。

① 偶然内聚。指一个模块内的各处理元素之间没有任何联系。

② 逻辑内聚。指模块内执行几个逻辑上相似的功能，通过参数确定该模块完成哪一个功能。

③ 时间内聚。把需要同时执行的动作组合在一起形成的模块为时间内聚模块。

④ 通信内聚。指模块内所有处理元素都在同一个数据结构上操作（有时称之为信息内聚），或者指各处理使用相同的输入数据或者产生相同的输出数据。

⑤ 顺序内聚。指一个模块中各个处理元素都密切相关于同一功能且必须顺序执行，前一功能元素的输出就是下一功能元素的输入。

⑥ 功能内聚。这是最强的内聚；指模块内所有元素共同完成一个功能，缺一不可。

耦合性与内聚性是模块独立性的两个定性标准，将软件系统划分模块时，尽量做到高内聚低耦合，提高模块的独立性，为设计高质量的软件结构奠定基础。

3) 结构化设计方法

面向数据流的设计方法是以需求分析阶段产生的数据流图为基础，按一定的步骤映射成为软件结构的方法，因此又称结构化设计（structured design，SD）。该方法由美国 IBM 公司 L. Constantine 和 E. Yourdon 等于 1974 年提出，与结构化分析（SA）衔接，构成为完整的结构化分析与设计技术，是目前使用最广泛的软件设计方法之一。

要把数据流图（DFD）转化为软件结构，首先必须研究 DFD 的类型。各种软件系统，无论 DFD 如何庞大和复杂，一般可分为变换型和事务型。

变换型的 DFD 是由输入、变换和输出组成，如图 8-18 所示。

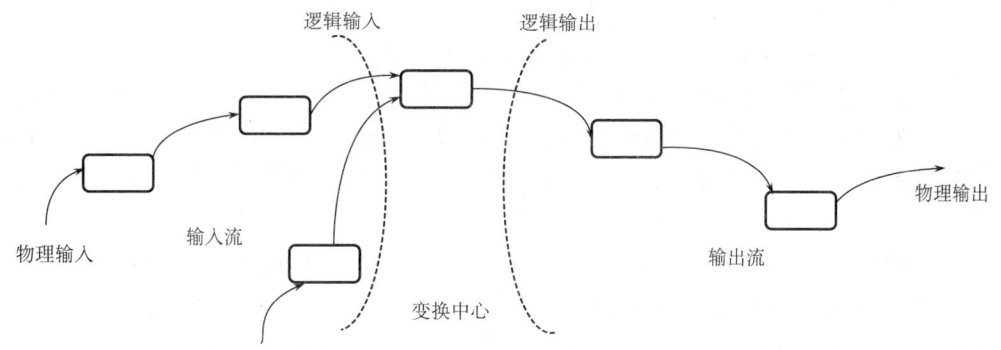

图 8-18 变换型数据流图

变换型数据处理的工作过程一般分为三步：获得数据、变换数据和输出数据，这三步体现了变换型 DFD 的基本思想。变换是系统的主加工，变换输入端的数据流为系统的逻辑输入，输出端为逻辑输出。

若某个加工将它的输入流分离成许多发散的数据流，形成许多加工路径，并根据输入的值选择其中一条路径来执行，这种特征的 DFD 称为事务型的数据流图，这个加工称为事务处理中心，如图 8-19 所示。

面向数据流的设计方法，其设计过程如下。

(1) 精化 DFD。指把 DFD 转换成软件结构图前，设计人员要仔细地研究分析 DFD 并参照数据字典，认真理解其中的有关元素，检查有无遗漏或不合理之处，进行必要的修改。

(2) 确定 DFD 类型，如果是变换型，确定变换中心和逻辑输入、逻辑输出的界线，

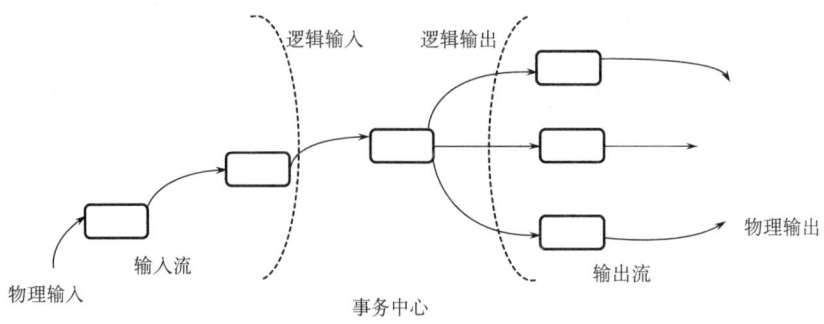

图 8-19 事务型数据流图

映射为变换结构的顶层和第一层；如果是事务型，确定事务中心和加工路径，映射为事务结构的顶层和第一层。

（3）分解上层模块，设计中下层模块结构。

（4）根据优化准则对软件结构求精。

（5）描述模块功能、接口及全局数据结构。

（6）复查，如果有错，转向（2）修改完善，否则进入详细设计。

对变换型的数据流图，应该应用变换分析方法完成数据流图的转换，其过程如下。

（1）确定 DFD 中的变换中心、逻辑输入和逻辑输出。

（2）设计软件结构的顶层和第一层即变换结构。变换中心确定以后，就相当于决定了主模块的位置，这就是软件结构的顶层。其主要功能是完成所有模块的控制，它的名字应该是系统名称，以体现完成整个系统的功能。主要模块确定后，设计软件结构的第一层。第一层一般至少有三种功能的模块：输入、输出和变换模块。

（3）设计中、下层模块。对第一层的输入、输出、变换模块自顶向下逐层分解。

① 输入模块下属的设计。输入模块的功能是向它的调用模块提供数据，所以必须有数据来源。每个输入模块可以设计成两个下属模块：一个接收，一个转换，用类似的方法一直分解下去，直到物理输入端。

② 输出模块下属模块的设计。输出模块的功能是将它的调用模块产生的数据送出。这样每个输出模块可以设计成两个下属模块：一个转换，一个发送，直到物理输出端。

③ 变换模块下属模块的设计。

④ 设计的优化。以上步骤设计出的软件结构仅是初始结构，还必须根据设计准则对初始结构精化和改进。

对于具有事务型特征的 DFD，则采用事务分析的设计方法。

（1）确定 DFD 中事务中心和加工路径。

（2）设计软件结构的顶层和第一层即事务结构。

① 接收分支：负责接收数据，它的设计与变换型 DFD 的输入部分设计方法相同；

② 发送分支：通常包含一个调度模块，它控制管理所有的下层的事务处理模块。当事务类型不多时，调度模块可与主模块合并。

（3）事务结构中、下层模块的设计、优化等工作同变换结构。

最终在应用结构化设计方法之后,可以把系统的总体结构确定下来,并以层次型模块图形式表示出来,图 8-20 为使用此方法确定的一个正文加工系统的模块结构图。

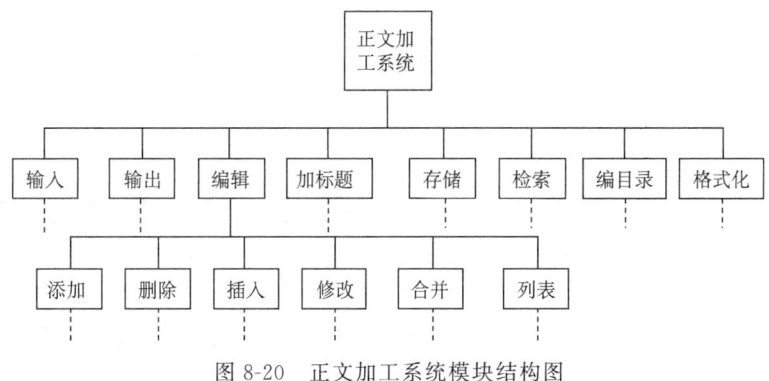

图 8-20　正文加工系统模块结构图

2. 详细设计

根本目标是确定应用怎样具体的实现所要求的系统,不是具体的编写程序,而是要设计程序的"蓝图"。为软件结构图中的每一个模块确定实现算法和局部数据结构,用某种选定的表达工具表示算法和数据结构的细节。

详细设计的工具主要有程序流程图、N-S 图、PAD 图（problem analysis diagram,问题分析图）、PDL（procedure design language,过程设计语言）、判定表、判定树等。

1）程序流程图

程序流程图,是软件开发者最熟悉的一种算法表达工具。它独立于任何一种程序设计语言,比较直观和清晰地描述过程的控制流程,易于学习掌握。因此,至今仍是软件开发者最普遍采用的一种工具。流程图中只能使用下述的五种基本控制结构。

（1）顺序型。顺序型由几个连续的处理步骤依次排列构成,如图 8-21（a）所示。

（2）选择型。选择型是指由某个逻辑判断式的取值决定选择两个处理中的一个,如图 8-21（b）所示。

（3）while 型循环。while 型循环是先判定型循环,在循环控制条件成立时,重复

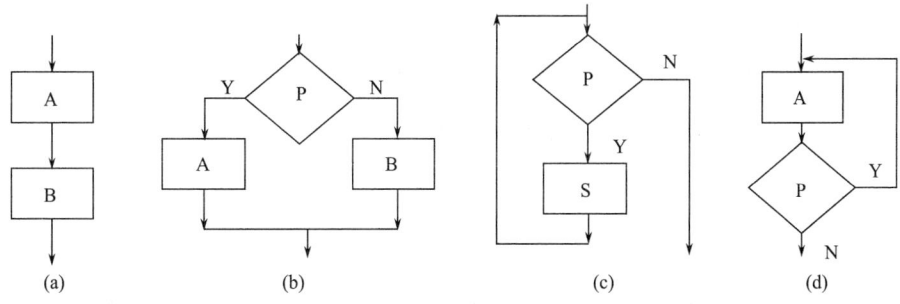

图 8-21　程序流程图基本结构

执行特定的处理，如图 8-21（c）所示。

（4）until 型循环。until 型循环是后判定型循环，重复执行某些特定的处理，直到控制条件成立为止，如图 8-21（d）所示。

（5）多分支。多分支列举多种处理情况，根据控制变量的取值，选择执行其一，如图 8-22 所示。

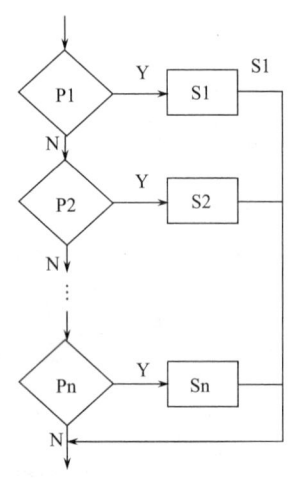

图 8-22　多分支结构

2）N-S 图

N-S 图是一种符合结构化程序设计原则的图形描述工具。在 N-S 图中，为了表示五种基本控制结构，规定了五种图形构件，如图 8-23 所示。

（1）顺序型。如图 8-23（a）所示，在顺序型中，先执行 A，后执行 B。

（2）选择型。如图 8-23（b）所示，在选择型结构中，如果条件 P 成立，则可执行 T 下面的 A 的内容，当条件 P 不成立时，则执行 F 下的内容。

（3）while 重复型。如图 8-23（c）所示，在 while 重复型循环结构中，先判断 P 的值，再执行 S。其中 P 是循环条件，S 是循环体。

（4）until 重复型。如图 8-23（d）所示，在 until 重复型循环结构中，先执行 S，后判断 P 的值。

（5）多分支型，如图 8-23（e）所示。

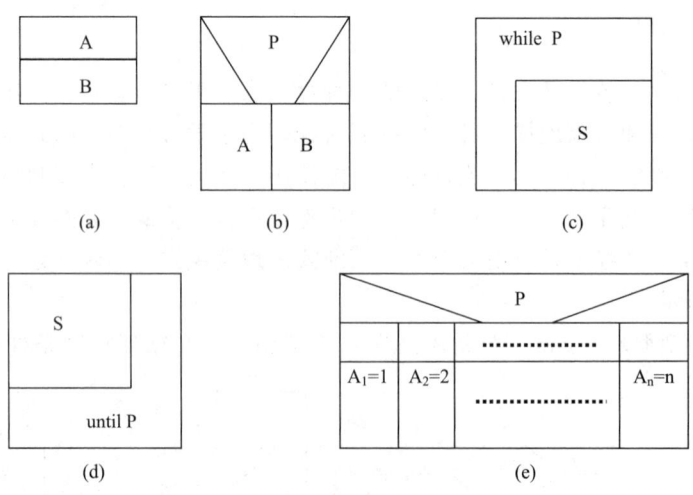

图 8-23　N-S 图基本结构

3）PAD 图

用二维树形结构的图来表示程序的控制流。PAD 图的基本符号，如图 8-24 所示。PAD 图的主要优点如下。

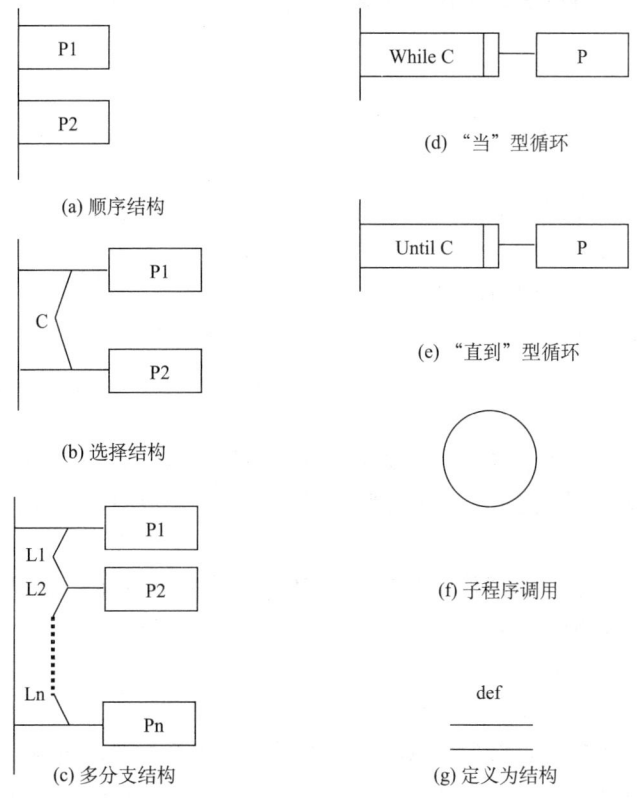

图 8-24　PAD 图基本结构

(1) 使用 PAD 符号设计的程序必然是结构化程序。

(2) PAD 图所描绘的程序结构十分清晰。最左面的竖线是程序的主线,即第一层结构。随着程序层次的增加,PAD 图逐渐向右延伸。每增加一个层次,图形向右扩展一条竖线。图中竖线的总条数就是程序的层次数。

(3) PAD 图表现的程序逻辑,易读、易懂、易记。程序从图中最左竖线上端的结点开始执行,自上而下,从左向右顺序执行,遍历所有结点。

(4) 容易将 PAD 图转换成高级语言源程序,这种转换可用软件工具自动完成。

(5) 可表示程序逻辑,也可描绘数据结构。

(6) 支持自顶向下、逐步求精方法的使用。

开始时可以定义一个抽象的程序,随着设计的深入,使用 def 符号逐步增加细节,直至完成详细设计。

4) PDL

PDL 也称为伪代码,是用正文形式表示数据和处理过程的设计工具。一般的,PDL 可以选择某种程序设计语言中控制流相关的命令作为其控制流关键字(如 C 语言),而具体的操作则使用类似于自然语言的描述来表达。下面为一段用于拼写检查的

PDL，其选择了 C 语言的关键字作为控制流关键字。

```
spellcheck
{
    while（当前行不是最后一行）
    {
        把当前行分割为单词；
        查字典；
        显示字典中查不到的单词；
        造一新词；
    }
}
```

PDL 的优点包括：可以作为注释直接插在源程序中间。可以使用普通的正文编辑程序或文字处理系统，方便地完成书写和编辑工作。已经有自动处理程序存在，可以自动生成程序代码。

PDL 的缺点包括：不如图形工具形象直观，描述复杂的条件组合与动作间的对应关系时，不如判定表清晰简单。

5）判定表

判定表的构成共分为四部分，条件、动作、条件组合、对应动作。每个条件组合对应一条规则，每个对应动作表明系统应当做出的一种反应，而每个动作表明在相应的条件组合下，系统是否会做出该动作反应。

绘制判定表时应注意对其条件与动作，条件与动作均应转换为判断的句式，即条件组合与对应动作应保持以布尔型的形式描述，只填写"是"与"否"，当然也可以是"真"和"假"，"1"和"0"。

下面以计算出差补助为例，介绍一下判定表法的使用。

【例 8-4】 当员工办理长期出差时，无论是否出差，出差到哪里，每月固定补助 1000 元。当员工未办理长期出差时，如果出差到省会城市，则每月补助 1500 元，否则补助 800 元。使用判定表描述其计算过程。

此例很适合直接采用判定表法，条件很容易可以看出是：是否办理长期出差、是否出差、是否出差到省会城市这几个，而动作很容易看出是补助为 0、1000、1500、800，明确了条件与动作，就很容易确定判定如表 8-1 所示。

表 8-1　出差补助判定表

条件	是否办理长期出差	1	1	1	1	0	0	0	0
	是否出差	1	0	1	0	1	1	0	0
	是否出差到省会城市	1	0	0	1	1	0	1	0

第八章 数据库系统与软件工程基础

续表

动作	补助为 1000	1	1	1	1			
	补助为 1500					1		
	补助为 800						1	
	补助为 0							0	0

6）判定树

判定树又称决策树，是一种描述加工的图形工具，适合描述问题处理中具有多个判断，而且每个决策与若干条件有关的情况。使用判定树进行描述时，应该从问题的文字描述中分清哪些是判定条件，哪些是判定的决策，根据描述材料中的联结词找出判定条件的从属关系、并列关系、选择关系，根据它们构造判定树。与判定表相比，判定树更为直观且容易掌握。

【例 8-5】 某工厂对工人的超产奖励政策为：该厂生产两种产品 A 和 B。凡工人每月的实际生产量超过计划指标者均有奖励。奖励政策为：

对于产品 A 的生产者，超产数 N 小于或等于 100 件时，每超产 1 件奖励 2 元；N 大于 100 件小于等于 150 件时，大于 100 件的部分每件奖励 2.5 元，其余的每件奖励金额不变；N 大于 150 件时，超过 150 件的部分每件奖励 3 元，其余按超产 150 件以内的方案处理。

对于产品 B 的生产者，超产数 N 小于或等于 50 件时，每超产 1 件奖励 3 元；N 大于 50 件小于等于 100 件时，大于 50 件的部分每件奖励 4 元，其余的每件奖励金额不变；N 大于 100 件时，超过 100 件的部分每件奖励 5 元，其余按超产 100 件以内的方案处理。

上述处理功能用判定树描述，如图 8-25 所示。

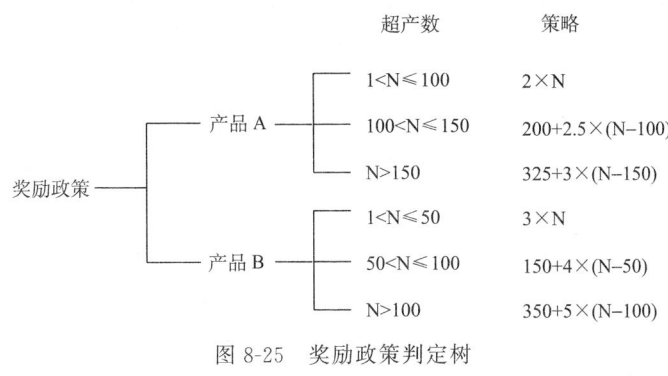

图 8-25 奖励政策判定树

在详细设计中，对一个过程设计工具的选择原则是：过程描述是否易于理解、复审和维护，进而过程描述能否自然地转换成代码，并保证详细设计与代码完全一致。

8.2.4 软件测试

1. 软件测试

软件测试主要工作内容是验证（verification）和确认（validation），下面分别给出其概念。

1）验证

验证是保证软件正确地实现了一些特定功能的一系列活动，即保证软件做了你所期望的事情。

(1) 确定软件生存周期中的一个给定阶段的产品是否达到前阶段确立的需求的过程。

(2) 程序正确性的形式证明，即采用形式理论证明程序、符号设计规约规定的过程。

(3) 评定、审查、测试、检查、审计等各类活动，或对某些项处理、服务或文件等是否和规定的需求相一致进行判断和提出报告。

2）确认

确认是一系列的活动和过程，目的是想证实在一个给定的外部环境中软件的逻辑正确性。即保证软件以正确的方式做了这个事情。

(1) 静态确认，不在计算机上实际执行程序，通过人工或程序分析来证明软件的正确性。

(2) 动态确认，通过执行程序做分析，测试程序的动态行为，以证实软件是否存在问题。

软件测试的对象不仅是程序测试，软件测试应该包括整个软件开发期间各个阶段所产生的文档，如需求规格说明、概要设计文档、详细设计文档，当然软件测试的主要对象还是源程序。

① 测试是为了发现程序中的错误而执行程序的过程。

② 好的测试方案是极可能发现迄今为止尚未发现的错误的测试方案。

③ 成功的测试是发现了至今为止尚未发现的错误的测试。

然而，这种观点指出测试是以查找错误为中心，而不是为了演示软件的正确功能。但是只从字面意思理解，可能会产生误导，认为发现错误是软件测试的唯一目的，查找不出错误的测试就是没有价值的测试，实际上并非如此。

① 测试并不仅仅是为了找出错误。通过分析错误产生的原因和错误的发生趋势，可以帮助项目管理者发现当前软件开发过程中的缺陷，以便及时改进。

② 这种分析也能帮助测试人员设计出有针对性的测试方法，改善测试的效率和有效性。

③ 没有发现错误的测试也是有价值的，完整的测试是评定软件质量的一种方法。

2. 软件测试的分类

从是否需要执行角度分为静态测试和动态测试方法，从功能划分可分为白盒测试和黑盒测试方法。静态测试不实际运行软件，主要通过人工进行。动态测试是基于计算机的测试，是为了发现错误而执行程序的过程。可通过使用测试用例去运行程序，以发现错误。

1) 静态测试

静态测试包括代码检查、静态结构分析、代码质量度量等。代码检查主要检查代码和设计的一致性，包括代码的逻辑表达的正确性，代码结构的合理性等方面。代码检查包括：

(1) 代码审查：小组集体阅读、讨论检查代码。
(2) 代码走查：小组成员通过仔细研究、执行程序来检查代码。
(3) 桌面检查：由程序员自己检查自己编写的程序。

2) 动态测试

动态测试方法从是否关心软件内部结构和具体实现的角度划分可分为黑盒测试和白盒测试。

(1) 黑盒测试。

黑盒测试也称功能测试，它是在已知产品所应具有的功能的情况下，通过测试来检测每个功能是否都能正常使用，在测试时，把程序看作一个不能打开的黑盒子，在完全不考虑程序内部结构和内部特性的情况下，测试者在程序接口进行测试，它只检查程序功能是否按照需求规格说明书的规定正常使用，程序是否能适当地接收输入数据而产生正确的输出信息，并且保持外部信息（如数据库或文件）的完整性。黑盒测试方法主要有等价类划分、边界值分析、因果图、错误推测等，主要用于软件确认测试。黑盒测试着眼于程序外部结构、不考虑内部逻辑结构、针对软件界面和软件功能进行测试。

等价类划分是一种典型的黑盒测试方法。它是将程序的所有可能的输入数据划分成若干等价类，然后从每个等价类中选取数据作为测试用例。使用等价类划分设计测试方案，需首先把输入数据划分为若干等价类，而等价类包括：

① 有效等价类：合理、有意义的输入数据构成的集合。
② 无效等价类：不合理、无意义的输入数据构成的集合。

边界值分析法是对各种输入、输出范围的边界情况设计测试用例的方法。使用边界值分析方法设计测试用例，确定边界情况应考虑选取正好等于、刚刚大于或刚刚小于边界的值作为测试数据，这样发现程序中错误的概率较大。

错误推测法的基本思想是：列举出程序中所有可能有的错误和容易发生错误的特殊情况，根据它们选择测试用例。错误推测法针对性强，可以直接切入可能的错误，直接定位，是一种非常实用、有效的方法。

(2) 白盒测试。

白盒测试也称结构测试或逻辑驱动测试，它是知道产品内部工作过程的情况下进行的测试，可通过测试来检测产品内部动作是否按照规格说明书的规定正常进行，按照程序内部的结构测试程序，检验程序中的每条通路是否都能按预定要求正确工作，而不顾它的功能，白盒测试的主要方法有逻辑覆盖测试、基本路径测试等，主要用于软件验证。白盒测试法需要全面了解程序内部逻辑结构、对所有逻辑路径进行测试。在使用这一方案时，测试者必须检查程序的内部结构，从检查程序的逻辑着手，得出测试数据。

逻辑覆盖泛指一系列以程序内部的逻辑结构为基础的测试用例设计技术。程序中的逻辑表示有判断、分支、条件等几种表示方式。

① 语句覆盖：选择足够的测试用例，使程序中每个语句至少都能被执行一次。

② 判定覆盖：使设计的测试用例保证程序中每个分支至少经历一次。

③ 条件覆盖：设计的测试用例保证程序中每个判断的每个条件的可能取值至少执行一次。

④ 判断-条件覆盖：设计足够的测试用例，使判断中每个条件的所有可能取值至少执行一次，同时每个判断的所有可能取值分支至少执行一次。

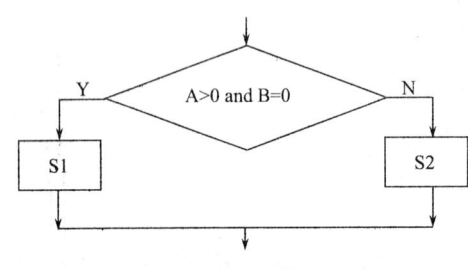

图 8-26　一个简单程序段的流程图

【例 8-6】　试为流程图（图 8-26）所描述的程序段设计足够的测试用例，分别实现对程序的判定覆盖、条件覆盖和条件组合覆盖。

针对此流程图，分别涉及测试用例使其满足不同的逻辑覆盖要求，设计结果如表 8-2。

表 8-2　测试用例设计结果

覆盖种类	需满足的条件		测试数据	期望结果
判定覆盖	A>0, B=0		A=2, B=0	执行 S1
	A>0, B≠0 或		A=2, B=1 或	
	A≤0, B=0 或		A=0, B=0 或	执行 S2
	A≤0, B≠0		A=0, B=1	
条件覆盖	以下四种情况各出现一次			
	A>0	B=0	A=2, B=0	执行 S1
	A≤0	B≠0	A=0, B=1	执行 S2
条件组合覆盖	A>0, B=0		A=2, B=0	执行 S1
	A>0, B≠0		A=2, B=1	执行 S2
	A≤0, B=0		A=0, B=0	执行 S2
	A≤0, B≠0		A=0, B=1	执行 S2

上例中判定覆盖的测试用例同时满足语句覆盖的要求，事实上，判定覆盖的测试用例一定满足语句覆盖的要求。

基本路径测试的思想和步骤是，根据软件过程性描述中的控制流程确定程序的环路复杂性度量，用此度量定义基本路径集合，并由此导出一组测试用例对每一条独立执行的路径进行测试。

从软件开发的过程来看，测试按阶段划分可分为：单元测试、集成测试、确认测试、验收测试、系统测试。

（1）单元测试。

单元测试的对象是软件设计的最小单位：模块。单元测试的依据是详细设计描述，单元测试应对模块内所有重要的执行路径设计测试用例，以便发现模块内部的错误。单元测试多采用白盒测试技术，系统内多个模块可以并行地进行测试。

单元测试任务包括：模块接口测试；模块局部数据结构测试；模块边界条件测试；模块中所有独立执行通路测试；模块的各条错误处理通路测试。

一般认为单元测试应紧接在编码之后，当源程序编制完成并通过复审和编译检查，便可开始单元测试。测试用例的设计应与复审工作相结合，根据设计信息选取测试数据，将增大发现上述各类错误的可能性。在确定测试用例的同时，应给出期望结果。

应为测试模块开发一个驱动模块（Driver）和（或）若干个桩模块（Stub）。驱动模块在大多数场合称为"主程序"，它接收测试数据并将这些数据传递到被测试模块，被测试模块被调用后，"主程序"打印"进入-退出"消息。

驱动模块和桩模块是测试使用的软件，而不是软件产品的组成部分，但它需要一定的开发费用。若驱动和桩模块比较简单，实际开销相对低些。遗憾的是，仅用简单的驱动模块和桩模块不能完成某些模块的测试任务，这些模块的单元测试只能采用下面讨论的综合测试方法。

提高模块的内聚程度可简化单元测试，如果每个模块只能使用一个测试用例，所需测试用例数目将显著减少，模块中的错误也更容易发现。

（2）集成测试。

时常有这样的情况发生，每个模块都能单独工作，但这些模块集成在一起之后却不能正常工作。主要原因是，模块相互调用时接口会引入许多新问题。例如，数据经过接口可能丢失；一个模块对另一模块可能造成不应有的影响；几个子功能组合起来不能实现主功能；误差不断积累达到不可接受的程度；全局数据结构出现错误，等等。综合测试是组装软件的系统测试技术，按设计要求把通过单元测试的各个模块组装在一起之后，进行综合测试以便发现与接口有关的各种错误。

一些设计人员习惯于把所有模块按设计要求一次全部组装起来，然后进行整体测试，这称为非增量式集成。这种方法容易出现混乱。因为测试时可能发现一大堆错误，为每个错误定位和纠正非常困难，并且在改正一个错误的同时又可能引入新的错误，新旧错误混杂，更难断定出错的原因和位置。与之相反的是增量式集成方法，程序一段一段地扩展，测试的范围一步一步地增大，错误易于定位和纠正，界面的测试亦可做到完全彻底。下面讨论两种增量式集成方法。

首先介绍自顶向下集成的方法。自顶向下集成是构造程序结构的一种增量式方式，它从主控模块开始，按照软件的控制层次结构，以深度优先或广度优先的策略，逐步把各个模块集成在一起。深度优先策略首先把主控制路径上的模块集成在一起,至于选择哪一条路径作为主控制路径,这多少带有随意性,一般根据问题的特性确定。自顶向下综合测试的具体步骤为:

① 以主控模块作为测试驱动模块,把对主控模块进行单元测试时引入的所有桩模块用实际模块替代;

② 依据所选的集成策略(深度优先或广度优先),每次只替代一个桩模块;

③ 每集成一个模块立即测试一遍;

④ 只有每组测试完成后,才着手替换下一个桩模块;

⑤ 为避免引入新错误,须不断地进行回归测试(即全部或部分地重复已做过的测试);

⑥ 从第二步开始,循环执行上述步骤,直至整个程序结构构造完毕。

自顶向下集成的优点在于能尽早地对程序的主要控制和决策机制进行检验,因此能较早地发现错误。缺点是在测试较高层模块时,低层处理采用桩模块替代,不能反映真实情况,重要数据不能及时回送到上层模块,因此测试并不充分。解决这个问题有几种办法,第一种是把某些测试推迟到用真实模块替代桩模块之后进行,第二种是开发能模拟真实模块的桩模块;第三种是自底向上集成模块。第一种方法又回退为非增量式的集成方法,使错误难于定位和纠正,并且失去了在组装模块时进行一些特定测试的可能性;第二种方法无疑要大大增加开销;第三种方法比较切实可行。

接着,介绍另一种称为自底向上集成的方法。自底向上集成测试是从"原子"模块(即软件结构最低层的模块)开始组装测试,因测试到较高层模块时,所需的下层模块功能均已具备,所以不再需要桩模块。

自底向上综合测试的步骤分为:

① 把低层模块组织成实现某个子功能的模块群(Cluster);

② 开发一个测试驱动模块,控制测试数据的输入和测试结果的输出;

③ 对每个模块群进行测试;

④ 删除测试使用的驱动模块,用较高层模块把模块群组织成为完成更大功能的新模块群。

从第一步开始循环执行上述各步骤,直至整个程序构造完毕。

自底向上集成方法不用桩模块,测试用例的设计亦相对简单,但缺点是程序最后一个模块加入时才具有整体形象。它与自顶向下综合测试方法优缺点正好相反。因此,在测试软件系统时,应根据软件的特点和工程的进度,选用适当的测试策略,有时混合使用两种策略更为有效,上层模块用自顶向下的方法,下层模块使用自底向上的方法。

此外,在集成测试中尤其要注意关键模块,所谓关键模块一般都具有下述一个或多个特征:对应几条需求;具有高层控制功能;复杂、易出错;有特殊的性能要求。关键模块应尽早测试,并反复进行回归测试。

(3) 确认测试。

通过集成测试,软件已完全组装起来,接口方面的错误也已排除,软件测试的最后一步:确认测试,即可开始。确认测试应检查软件能否按合同要求进行工作,即是否满足软件需求说明书中的确认标准。

实现软件确认要通过一系列黑盒测试。确认测试同样需要制订测试计划和过程，测试计划应规定测试的种类和测试进度，测试过程则定义一些特殊的测试用例，旨在说明软件与需求是否一致。无论是计划还是过程，都应该着重考虑软件是否满足合同规定的所有功能和性能，文档资料是否完整、确定人机界面和其他方面（例如，可移植性、兼容性、错误恢复能力和可维护性等）是否令用户满意。

确认测试的结果有两种可能，一种是功能和性能指标满足软件需求说明的要求，用户可以接受；另一种是软件不满足用户的需求，这个阶段才发现严重错误和偏差一般很难在预定的工期内改正，因此必须与用户协商，寻求一个妥善解决问题的方法。

确认测试的另一个重要环节是配置复审。复审的目的在于保证软件配置齐全、分类有序，并且包括软件维护所必须的细节。

事实上，软件开发人员不可能完全预见用户实际使用程序的情况。例如，用户可能错误的理解命令，或提供一些奇怪的数据组合，亦可能对设计者自认明了的输出信息迷惑不解，等等。因此，软件是否真正满足最终用户的要求，应由用户进行一系列"验收测试"。验收测试既可以是非正式的测试，也可以是有计划、有系统的测试。有时，验收测试长达数周甚至数月，不断暴露错误，导致开发延期。一个软件产品，可能拥有众多用户，不可能由每个用户验收，此时多采用称为 α、β 测试的过程，以期发现那些似乎只有最终用户才能发现的问题。

α 测试是指在软件开发公司对即将面市软件产品（称为 α 版本）进行测试，试图发现错误并修正。α 测试的关键在于尽可能逼真地模拟实际运行环境和用户对软件产品的操作并尽最大努力涵盖所有可能的用户操作方式。经过 α 测试调整的软件产品称为 β 版本。紧随其后的 β 测试是指软件开发公司组织各方面的典型用户在日常工作中实际使用 β 版本，并要求用户报告异常情况、提出批评意见。然后软件开发公司再对 β 版本进行改错和完善。

3. 软件调试

对程序进行成功的测试之后，进行程序调试（Debug，又称排错）。程序调试的任务是诊断和改正程序中的错误。程序调试由两个步骤组成，首先根据错误的迹象确定程序中错误的确切性质、原因和位置，然后对程序进行修改，排除这个错误。

1）程序调试的基本步骤

一般地，程序调试的基本步骤包括：① 错误定位；② 修改设计和代码，排除错误；③ 进行回归测试，防止引进新的错误。

2）程序调试的基本原则

（1）确定错误的性质和位置时的注意事项：① 分析思考与错误征兆有关的信息；② 避开死胡同：在调试中陷入困境，最好暂时避开，留到适当时间再考虑；③ 只把调试工具当作辅助手段来使用；④ 避免用试探法，最多只能把它当作最后手段。

(2) 修改错误的原则：① 在出错的地方，可能还有别的错误；② 修改错误的一个常见的失误是只修改了这个错误的征兆或错误的表现，却没有修改错误本身；③ 注意修正一个错误的同时可能会引入新的错误；④ 修改错误的过程将迫使人们暂时回到程序设计阶段；⑤ 修改源代码程序，不要改变目标代码。

3）静态调试和动态调试

调试的关键在于推断程序内部的错误位置及原因。从是否跟踪和执行程序的角度，类似于软件测试，软件调试分为静态调试和动态调试。

静态调试主要是指通过人的思维来分析源程序代码和排错，是主要的调试手段。

动态调试是辅助静态调试的，主要调试方法可以采用：试探法、回溯法、对分查找法、归纳法、演绎法。

(1) 试探法。

分析错误征兆，猜测发生错误的大概位置，然后利用有关的调试技术进一步获得错误信息。这种策略往往是缓慢而低效的。

(2) 回溯法。

首先检查错误征兆，确定最先发现错误的位置，然后人工沿程序的控制流往回追踪源程序代码，直到找出错误根源或确定故障范围为止。

回溯法对于小程序而言是一种比较好的调试策略。但是对于大程序，其回溯的路径数目会变得很大，以至使彻底回溯成为不可能。

回溯法的另一种形式是正向追踪，即使用插入打印语句的方法检查一系列中间结果，以确定最先出现错误的地方。

(3) 对分查找法。

在程序的中点附近输入某些变量的正确值（如利用赋值语句或输入语句），然后观察程序的输出。若输出结果正确，则说明错误出现在程序的前半部分；否则，说明程序的后半部分有错。对于程序中有错的那部分再重复使用这个方法，直到把错误范围缩小到容易诊断的程度为止

(4) 归纳法。

归纳法：是从个别推断全体，即从线索（错误征兆）出发，通过分析这些线索之间的关系而找出故障。这种方法主要有以下四个步骤：

① 收集已有的使程序出错与不出错的所有数据；
② 整理这些数据，以便发现规律或矛盾；
③ 提出关于故障的若干假设；
④ 证明假设的合理性，根据假设排除故障。

(5) 演绎法。

演绎法是从一般原理或前提出发，经过删除和精化的过程，最后推导出结论。

用演绎法排错时，首先要列出所有可能造成出错的原因和假设，然后逐个排除，最后证明剩下的原因确实是错误的根源。演绎法排错主要有以下四个步骤：

① 设想所有可能产生错误的原因；

② 利用已有的数据排除不正确的假设；
③ 精化剩下的假设；
④ 证明假设的合理性，根据假设排除故障。

8.3 小结

本章在数据库系统部分，首先通过对数据库、数据库管理系统、数据库系统、数据模型、实体联系模型及 E-R 图、从 E-R 图导出关系数据模型的方法进行介绍。接着介绍关系代数及运算，包括集合运算及选择、投影、连接运算，最后对数据库规范化理论及数据库设计方法和步骤进行了介绍。

在软件工程部分，主要围绕软件工程、软件生命周期、软件工具与软件开发环境、结构化分析方法、数据流图、数据字典、软件需求规格说明书、结构化设计方法、总体设计与详细设计、软件测试的方法、白盒测试与黑盒测试、软件测试的实施、单元测试、集成测试和系统测试及程序的调试、静态调试与动态调试等软件工程基本知识进行了介绍。

作为计算机等级考试中计算机公共基础部分的考试内容，本章对所涉及的数据库和软件工程方面进行了较为全面的介绍，熟练掌握相关知识将会对参加计算机等级考试有所帮助。

8.4 习题

一、选择题

1. 软件设计中划分模块的一个准则是
   A. 低内聚低耦合　　　　　B. 高内聚低耦合
   C. 低内聚高耦合　　　　　D. 高内聚高耦合

2. 下列选项中不属于结构化程序设计原则的是
   A. 可封装　　　　　　　　B. 自顶向下
   C. 模块化　　　　　　　　D. 逐步求精

3. 数据库管理系统是
   A. 操作系统的一部分　　　B. 在操作系统支持下的系统软件
   C. 一种编译系统　　　　　D. 一种操作系统

4. 在 E-R 图中，用来表示实体联系的图形是
   A. 椭圆形　　　　　　　　B. 矩形
   C. 菱形　　　　　　　　　D. 三角形

5. 以下叙述中正确的是
   A. 程序设计的任务就是编写程序代码并上机调试
   B. 程序设计的任务就是确定所用数据结构
   C. 程序设计的任务就是确定所用算法

D. 以上三种说法都不完整

6. 软件按功能可以分为：应用软件、系统软件和支撑软件（或工具软件）。下面属于应用软件的是

A. 编译软件　　　　　　　B. 操作系统

C. 教务管理系统　　　　　D. 汇编程序

7. 下面叙述中错误的是

A. 软件测试的目的是发现错误并改正错误

B. 对被调试的程序进行"错误定位"是程序调试的必要步骤

C. 程序调试通常也称为 Debug

D. 软件测试应严格执行测试计划，排除测试的随意性

8. 耦合性和内聚性是对模块独立性度量的两个标准。下列叙述中正确的是

A. 提高耦合性降低内聚性有利于提高模块的独立性

B. 降低耦合性提高内聚性有利于提高模块的独立性

C. 耦合性是指一个模块内部各个元素间彼此结合的紧密程度

D. 内聚性是指模块间互相连接的紧密程度

9. 数据库应用系统中的核心问题是

A. 数据库设计　　　　　　B. 数据库系统设计

C. 数据库维护　　　　　　D. 数据库管理员培训

10. 有两个关系 R，S 如下：

R

A	B	C
a	3	2
b	0	1
c	2	1

S

A	B
a	3
b	0
c	2

由关系 R 通过运算得到关系 S，则所使用的运算为

A. 选择　　B. 投影　　C. 插入　　D. 连接

二、问答题

1. 程序流程图中的矩形框、菱形框分别表示何种操作？

2. 软件开发过程包括哪些阶段？

3. 在数据库技术中，实体集之间的联系有哪几种类型？

4. 人员基本信息一般包括：身份证号，姓名，性别，年龄等。请问可以作为主关键字的是哪一个？如果给定人员中没有重名，则主关键字又是什么？

5. 软件测试可分为白盒测试和黑盒测试，白盒测试及黑盒测试分别有哪些常用测试技术？

6. 结构化程序设计中的三种基本控制结构是什么？

参 考 文 献

[1] 陈富贵,等. 数据结构. 北京:机械工业出版社,2001.
[2] 陈海波,等. 新编程序设计方法学. 杭州:浙江大学出版社,2004.
[3] 耿焕同,等. C语言程序设计. 镇江:江苏大学出版社,2012.
[4] 古德里奇,等. 计算机安全导论. 葛秀慧,等译. 北京:清华大学出版社,2012.
[5] 黄国兴,陶树平,丁岳伟. 计算机导论. 2版. 北京:清华大学出版社,2008.
[6] 贾学明. 大学计算机基础. 北京:中国水利水电出版社,2012.
[7] 教育部考试中心. 全国计算机等级考试二级教程——公共基础知识(2013年版). 北京:高等教育出版社,2013.
[8] 李师贤. 面向对象程序设计基础. 北京:高等教育出版社,2005.
[9] 李泽年,等. 多媒体技术教程. 史元春,等译. 北京:机械工业出版社,2007.
[10] 龙马工作室. Word/Excel/PowerPoint 2010三合一. 北京:人民邮电出版社,2011.
[11] 马利,范春年. 大学计算机基础. 2版. 南京:东南大学出版社,2010.
[12] 买桂英,等. Word/Excel/PPT三合一高效办公从入门到精通. 北京:科学出版社,2013.
[13] 诺顿. 计算机导论. 6版. 杨继萍,等译. 北京:清华大学出版社,2009.
[14] 邵丽萍. 计算机安全技术. 北京:清华大学出版社,2012.
[15] 神龙工作室. Office 2010中文版从入门到精通. 北京:人民邮电出版社,2012.
[16] 王国胜. Office实战技巧精粹词典. 北京:中国青年出版社,2012.
[17] 王珊,萨师煊. 数据库系统概论. 4版. 北京:高等教育出版社,2006.
[18] 王永玲. 计算机软件技术基础. 北京:北京邮电大学出版社,2004.
[19] 王宇. 计算机应用基础(win7+office2010). 长沙:湖南师范大学出版社,2013.
[20] 谢希仁. 计算机网络. 6版. 北京:电子工业出版社,2013.
[21] 徐士良. 计算机软件技术基础. 3版. 北京:清华大学出版社,2010.
[22] 严蔚敏,等. 数据结构(C语言版). 北京:清华大学出版社,2012.
[23] 叶丽珠,马焕坚. 大学计算机基础项目式教程. 北京:北京邮电大学出版社,2013.
[24] 张海藩. 软件工程导论. 5版. 北京:清华大学出版社,2008.
[25] 张小川,邵桂芳. 多媒体实用技术. 2版. 北京:电子工业出版社,2010.
[26] 郑阿奇,唐锐,栾丽华. 新编计算机导论(基于计算思维). 北京:电子工业出版社,2013.
[27] 郑德庆. 计算机应用基础(windows7+office2010). 北京:中国铁道出版社,2011.
[28] 郑少京,季建莉. Office 2010基础与实战. 北京:清华大学出版社,2012.
[29] Microsoft. Word 2010 教程. http://office.microsoft.com/zh-cn/word-help/HA101830016.aspx [2014-01-15].

附录 A 标准 ASCII 码表

DEC	HEX	CHAR	DEC	HEX	CHAR	DEC	HEX	CHAR	DEC	HEX	CHAR	DEC	HEX	CHAR	DEC	HEX	CHAR	DEC	HEX	CHAR	DEC	HEX	CHAR
0	0	NUL	16	10	DLE	32	20	SPACE	48	30	0	64	40	@	80	50	P	96	60	`	112	70	p
1	1	SOH	17	11	DC1	33	21	!	49	31	1	65	41	A	81	51	Q	97	61	a	113	71	q
2	2	STX	18	12	DC2	34	22	"	50	32	2	66	42	B	82	52	R	98	62	b	114	72	r
3	3	ETX	19	13	DC3	35	23	#	51	33	3	67	43	C	83	53	S	99	63	c	115	73	s
4	4	EOT	20	14	DC4	36	24	$	52	34	4	68	44	D	84	54	T	100	64	d	116	74	t
5	5	ENQ	21	15	NAK	37	25	%	53	35	5	69	45	E	85	55	U	101	65	e	117	75	u
6	6	ACK	22	16	SYN	38	26	&	54	36	6	70	46	F	86	56	V	102	66	f	118	76	v
7	7	BEL	23	17	ETB	39	27	'	55	37	7	71	47	G	87	57	W	103	67	g	119	77	w
8	8	BS	24	18	CAN	40	28	(	56	38	8	72	48	H	88	58	X	104	68	h	120	78	x
9	9	HT	25	19	EM	41	29	)	57	39	9	73	49	I	89	59	Y	105	69	i	121	79	y
10	A	LF	26	1A	SUB	42	2A	*	58	3A	:	74	4A	J	90	5A	Z	106	6A	j	122	7A	z
11	B	VT	27	1B	ESC	43	2B	+	59	3B	;	75	4B	K	91	5B	[	107	6B	k	123	7B	{
12	C	FF	28	1C	FS	44	2C	,	60	3C	<	76	4C	L	92	5C	\	108	6C	l	124	7C	|
13	D	CR	29	1D	GS	45	2D	-	61	3D	=	77	4D	M	93	5D	]	109	6D	m	125	7D	}
14	E	SO	30	1E	RS	46	2E	.	62	3E	>	78	4E	N	94	5E	^	110	6E	n	126	7E	~
15	F	SI	31	1F	US	47	2F	/	63	3F	?	79	4F	O	95	5F	_	111	6F	o	127	7F	DEL

注：DEC 表示十进制数；HEX 表示十六进制数；CHAR 表示 ASCII 字符

NUL 空　　　　　SOH 标题开始　　STX 正文开始　　ETX 正文结束　　EOT 传输结束　　ENQ 请求　　　ACK 收到通知　　BEL 响铃
HT 水平制表符　 LF 换行键　　　 VT 垂直制表符　 FF 换页键　　　 CR 回车键　　　 SO 移位输出　 SI 移位输入　　DLE 数据链路转义
DC2 设备控制 2　DC3 设备控制 3　DC4 设备控制 4　NAK 否定　　　 SYN 同步空闲　 ETB 传输块结束 CAN 取消　　　 EM 介质中断
ESC 溢出　　　　FS 文件分隔符　 GS 分组符　　　 RS 记录分离符　 US 单元分隔符　SPACE 空格　　 DEL 删除　　　　SUB 替补　DC1 设备控制 1

附录 B 全国计算机等级考试一级 MS Office 考试大纲（2013 年版）

- 基本要求

1. 具有微型计算机的基础知识（包括计算机病毒的防治常识）。
2. 了解微型计算机系统的组成和各部分的功能。
3. 了解操作系统的基本功能和作用，掌握 Windows 的基本操作和应用。
4. 了解文字处理的基本知识，熟练掌握文字处理 MS Word 的基本操作和应用，熟练掌握一种汉字（键盘）输入方法。
5. 了解电子表格软件的基本知识，掌握电子表格软件 Excel 的基本操作和应用。
6. 了解多媒体演示软件的基本知识，掌握演示文稿制作软件 PowerPoint 的基本操作和应用。
7. 了解计算机网络的基本概念和因特网（Internet）的初步知识，掌握 IE 浏览器软件和 Outlook Express 软件的基本操作和使用。

- 考试内容

一、计算机基础知识
1. 计算机的发展、类型及其应用领域。
2. 计算机中数据的表示、存储与处理。
3. 多媒体技术的概念与应用。
4. 计算机病毒的概念、特征、分类与防治。
5. 计算机网络的概念、组成和分类；计算机与网络信息安全的概念和防控。
6. 因特网网络服务的概念、原理和应用。

二、操作系统的功能和使用
1. 计算机软、硬件系统的组成及主要技术指标。
2. 操作系统的基本概念、功能、组成及分类。
3. Windows 操作系统的基本概念和常用术语，文件、文件夹、库等。
4. Windows 操作系统的基本操作和应用：
（1）桌面外观的设置，基本的网络配置。
（2）熟练掌握资源管理器的操作与应用。
（3）掌握文件、磁盘、显示属性的查看、设置等操作。
（4）中文输入法的安装、删除和选用。
（5）掌握检索文件、查询程序的方法。
（6）了解软、硬件的基本系统工具。

三、文字处理软件的功能和使用
1. Word 的基本概念，Word 的基本功能和运行环境，Word 的启动和退出。

2. 文档的创建、打开、输入、保存等基本操作。

3. 文本的选定、插入与删除、复制与移动、查找与替换等基本编辑技术；多窗口和多文档的编辑。

4. 字体格式设置、段落格式设置、文档页面设置、文档背景设置和文档分栏等基本排版技术。

5. 表格的创建、修改；表格的修饰；表格中数据的输入与编辑；数据的排序和计算。

6. 图形和图片的插入；图形的建立和编辑；文本框、艺术字的使用和编辑。

7. 文档的保护和打印。

四、电子表格软件的功能和使用

1. 电子表格的基本概念和基本功能，Excel 的基本功能、运行环境、启动和退出。

2. 工作簿和工作表的基本概念和基本操作，工作簿和工作表的建立、保存和退出；数据输入和编辑；工作表和单元格的选定、插入、删除、复制、移动；工作表的重命名和工作表窗口的拆分和冻结。

3. 工作表的格式化，包括设置单元格格式、设置列宽和行高、设置条件格式、使用样式、自动套用模式和使用模板等。

4. 单元格绝对地址和相对地址的概念，工作表中公式的输入和复制，常用函数的使用。

5. 图表的建立、编辑和修改以及修饰。

6. 数据清单的概念，数据清单的建立，数据清单内容的排序、筛选、分类汇总，数据合并，数据透视表的建立。

7. 工作表的页面设置、打印预览和打印，工作表中链接的建立。

8. 保护和隐藏工作簿和工作表。

五、PowerPoint 的功能和使用

1. 中文 PowerPoint 的功能、运行环境、启动和退出。

2. 演示文稿的创建、打开、关闭和保存。

3. 演示文稿视图的使用，幻灯片基本操作（版式、插入、移动、复制和删除）。

4. 幻灯片基本制作（文本、图片、艺术字、形状、表格等插入及其格式化）。

5. 演示文稿主题选用与幻灯片背景设置。

6. 演示文稿放映设计（动画设计、放映方式、切换效果）。

7. 演示文稿的打包和打印。

六、因特网（Internet）的初步知识和应用

1. 了解计算机网络的基本概念和因特网的基础知识，主要包括网络硬件和软件，TCP／IP 协议的工作原理，以及网络应用中常见的概念，如域名、IP 地址、DNS 服务等。

2. 能够熟练掌握浏览器、电子邮件的使用和操作。

- 考试方式

1. 采用无纸化考试，上机操作。考试时间为 90 分钟。

2. 软件环境：Windows 7 操作系统，Microsoft Office 2010 办公软件。
3. 在指定时间内，完成下列各项操作：
（1）选择题（计算机基础知识和网络的基本知识）。（20 分）
（2）Windows 操作系统的使用。（10 分）
（3）Word 操作。（25 分）
（4）Excel 操作。（20 分）
（5）PowerPoint 操作。（15 分）
（6）浏览器（IE）的简单使用和电子邮件收发。（10 分）

附录 C 全国计算机等级考试二级公共基础知识考试大纲（2013 年版）

- 基本要求

  1. 掌握算法的基本概念。
  2. 掌握基本数据结构及其操作。
  3. 掌握基本排序和查找算法。
  4. 掌握逐步求精的结构化程序设计方法。
  5. 掌握软件工程的基本方法，具有初步应用相关技术进行软件开发的能力。
  6. 掌握数据库的基本知识，了解关系数据库的设计。

- 考试内容

  一、基本数据结构与算法

  1. 算法的基本概念；算法复杂度的概念和意义（时间复杂度与空间复杂度）。
  2. 数据结构的定义；数据的逻辑结构与存储结构；数据结构的图形表示；线性结构与非线性结构的概念。
  3. 线性表的定义；线性表的顺序存储结构及其插入与删除运算。
  4. 栈和队列的定义；栈和队列的顺序存储结构及其基本运算。
  5. 线性单链表、双向链表与循环链表的结构及其基本运算。
  6. 树的基本概念；二叉树的定义及其存储结构；二叉树的前序、中序和后序遍历。
  7. 顺序查找与二分法查找算法；基本排序算法（交换类排序，选择类排序，插入类排序）。

  二、程序设计基础

  1. 程序设计方法与风格。
  2. 结构化程序设计。
  3. 面向对象的程序设计方法，对象，方法，属性及继承与多态性。

  三、软件工程基础

  1. 软件工程基本概念，软件生命周期概念，软件工具与软件开发环境。
  2. 结构化分析方法，数据流图，数据字典，软件需求规格说明书。
  3. 结构化设计方法，总体设计与详细设计。
  4. 软件测试的方法，白盒测试与黑盒测试，测试用例设计，软件测试的实施，单元测试、集成测试和系统测试。
  5. 程序的调试，静态调试与动态调试。

  四、数据库设计基础

  1. 数据库的基本概念：数据库，数据库管理系统，数据库系统。
  2. 数据模型，实体联系模型及 E-R 图，从 E-R 图导出关系数据模型。

3. 关系代数运算，包括集合运算及选择、投影、连接运算，数据库规范化理论。

4. 数据库设计方法和步骤：需求分析、概念设计、逻辑设计和物理设计的相关策略。

- **考试方式**

1. 公共基础知识不单独考试，与其他二级科目组合在一起，作为二级科目考核内容的一部分。

2. 考试方式为上机考试，10 道选择题，占 10 分。